国家出版基金项目　"十三五"国家重点图书出版规划项目

主　编　石　斌

新兴大国崛起与全球秩序变革

第四卷 /

国际安全治理重大议题

崔建树 等 著

南京大学出版社

图书在版编目(CIP)数据

国际安全治理重大议题 / 崔建树等著. —— 南京：南京大学出版社，2023.3
（新兴大国崛起与全球秩序变革 / 石斌主编；第四卷）
ISBN 978-7-305-22817-9

Ⅰ.①国… Ⅱ.①崔… Ⅲ.①国家安全－研究－世界 Ⅳ.①D815.5

中国版本图书馆 CIP 数据核字(2019)第 299743 号

出版发行	南京大学出版社
社　　址	南京市汉口路 22 号　　邮编　210093
出 版 人	王文军
丛 书 名	新兴大国崛起与全球秩序变革·第四卷
丛书主编	石　斌
书　　名	国际安全治理重大议题
	GUOJI ANQUAN ZHILI ZHONGDA YITI
本卷主编	崔建树
本卷作者	崔建树　方婷婷　姜振飞　王婉潞　肖　杰　张海燕
责任编辑	官欣欣
照　　排	南京南琳图文制作有限公司
印　　刷	苏州工业园区美柯乐制版印务有限责任公司
开　　本	718 mm×1000 mm　1/16　印张 27.5　字数 380 千
版　　次	2023 年 3 月第 1 版　2023 年 3 月第 1 次印刷
ISBN 978-7-305-22817-9	
定　　价	168.00 元

网址：http://www.njupco.com
官方微博：http://weibo.com/njupco
官方微信号：njupress
销售咨询热线：(025) 83594756

* 版权所有，侵权必究
* 凡购买南大版图书，如有印装质量问题，请与所购
　图书销售部门联系调换

主　　　办　南京大学亚太发展研究中心

学术委员会

王月清（南京大学哲学系）

孔繁斌（南京大学政府管理学院）

石之瑜（台湾大学政治学系）

石　斌（南京大学亚太发展研究中心）

朱庆葆（南京大学历史学院）

孙　江（南京大学学衡研究院）

时殷弘（中国人民大学国际关系学院）

沈志华（华东师范大学周边国家研究院）

张凤阳（南京大学政府管理学院）

陈云松（南京大学社会学院）

陈冬华（南京大学商学院）

陈志敏（复旦大学国际关系与公共事务学院）

洪银兴（南京大学商学院）

秦亚青（外交学院暨山东大学政治学与公共管理学院）

阎学通（清华大学国际关系研究院）

蔡永顺（香港科技大学人文社会科学院）

蔡佳禾（南京大学中美文化研究中心）

樊吉社（中国社会科学院美国研究所）

编辑部：

主　编：石　斌

副主编：毛维准

成　员：祁玲玲　蒋昭乙　殷　洁
　　　　曹　强　王婉潞

总　序

"南京大学亚太发展研究中心"于2016年夏初创设并渐次成长,得"南京大学亚太发展研究基金"之专项全额资助,实乃一大助缘、大善举;众多师友、同道的鼓励、扶持乃至躬身力行,同样厥功至伟。

此一学术平台之构建,旨在通过机制创新与成果导向,以国际性、跨国性与全球性议题为枢纽,将人文社会科学诸领域具有内在关联之学科方向、研究内容与学术人才,集成为国际关系、国家治理、经济发展、社会文化等多个"研究群",对大亚太地区展开全方位、多层次、跨学科研究,并致力于承担学术研究、政策咨询、人才培养、社会服务与国际交流等功能。

所谓"亚太",取其广义,乃整个亚洲与环太平洋地区之谓。不特如此,对于相关全球性问题的关切,亦属题中之义。盖因世界虽大,却紧密相连。值此全球相互依存时代,人类命运实为一荣损相俦、进退同步之共同体,断难截然分割。面对日益泛滥的全球性难题,东西南北,左邻右舍,各国各族,除了风雨同舟,合作共赢,又岂能独善其身,偷安苟且? 所谓"发展",固然有"政治发展"、"经济发展"、"社会发展"等多重意蕴,亦当有"和平发展"与"共同发展"之价值取向,其理亦然。

吾侪身为黉门中人,对于大学之使命,学人之天职,理当有所思虑。故欲旧话重提,在此重申:育人与问学,乃高等教育之两翼,相辅相成、缺一不可。大学之本是育人,育人之旨,在"养成人格",非徒灌输知识、传授技能;大学之根是学问,学问之道,在"善疑、求真、创获"。二者之上,更需有一灵魂,是为大学之魂。大学之魂乃文化,文化之内核,即人文价值与"大学精神":独立、开放、理性、包容、自由探索、追求真理、禀持理想与信念。大学之大,盖因有此三者矣!

南京大学乃享誉中外之百年老校,不独底蕴深厚、人文荟萃,且英才辈出、薪火相续。于此时代交替、万象更新之际,为开掘利用本校各相关领域之丰厚学术资源,凝聚研究团队,加强对外交流,促进学术发展,展示亚太中心学术同仁之研究成果与学术思想,彰显南京大学之研究水平与学术风格,我们在《南大亚太评论》、《现代国家治理》、《人文亚太》、《亚太艺术》等学术成果已相继问世的基础上,决定再做努力,编辑出版《南大亚太论丛》。

海纳百川,有容乃大。自设门户、画地为牢,绝非智者所为。所谓"智者融会,尽有阶差,譬如群流,归于大海",对于任何社会政治现象,唯有将各种研究途径所获得的知识联系起来,方能得到系统透彻的理解,否则便如朱子所言,"见一个事是一个理",难入融会贯通之境。办教育、兴学术,蔡元培先生主张"囊括大典,网罗众家,思想自由,兼容并包"。《论丛》的编纂,亦将遵循此种方针。

故此,《论丛》之内容,并不限于一般所谓国际问题论著。全球、区域、次区域及国家诸层面,内政外交、政治经济、典章制度与社会文化诸领域的重要议题,都在讨论范围之内。举凡个人专著、合作成果、优秀论文、会议文集,乃至特色鲜明、裨利教学的精品教材,海外名家、学术前沿的迻译之作,只要主题切合,立意新颖,言之有物,均在"网罗"、刊行之列。此外我们还将组织撰写或译介各种专题系列丛书,以便集中、深入探讨某些重要议题,推动相关研究进程,昭明自身学术特色。

要而言之,南京大学亚太发展研究中心所执守之学术立场,亦即《论丛》之编辑旨趣:一曰"本土关怀,世界眼光";再曰"秉持严谨求实之学风,倡导清新自然之文风";三曰"科学与人文并举,学术与思想共生,求真与致用平衡"。

一事之成,端赖众力。冀望学界同仁、海内贤达继续鼎力支持、共襄此举,以嘉惠学林,服务社会。值出版前夕,爰申数语,以志缘起。

石 斌

2018年元旦于南京

主编的话

从跨学科视野理解"大变局"时代的全球秩序

这是由十个分卷构成的一部书,而不是各自完全独立、互不相干的十本书。虽然每一卷都有自己的研究重点和研究视角,包括不同的学科视角,因此也具有相对的独立性,但各分卷都是对主题的细化和展开,是一个不可分割的整体。

本书由来自国际关系、比较政治、国际法、经济学、历史学、军事学、环境科学等多个学科的 40 余位学者共同撰写,耗时多年且长达 300 余万字,因此需要交代的事情很多,然而篇幅本身已足够庞大,与其繁复累赘、画蛇添足,不如长话短说,仅就本书的研究目标、论述框架、研究方法和主要内容等略作说明。

一、研究之缘起与意义

从学术理论的角度看,国际秩序或内容更为广泛的全球秩序,其历史、现状与走向,是世界政治与国际关系发展进程中最具全局性、长期性与战略性的重大问题,因此是国际政治研究始终不可忽略的一个重要主题。由于民族国家迄今为止仍然是最重要的国际政治行为体,国际秩序自然也是世界秩序的核心内容,因此本书的研究重点和主要内容是"国际秩序",即主要与国家行为体有关、由民族国家交往互动所形成的秩序。然而很明显的是,当今世界的许多实际问题或现实议题已经远远超出了国家间关系和国际秩序的范围,需要从"世界政治""世界秩序"或"全球秩序"等更加广阔的视野来加以审视。要理解当今世界所面临的各种问题,仅仅关注国家间关系或国家间秩序是远远不够的。国际政治或国际关系研究日益走向世界政治研究或全球国际关系学,相应的世界秩序或全球秩序研究也日渐发展,实为与时俱进的合理之举和必然趋势。

从现实的角度看,当今世界正在发生许多堪称前所未有的深刻变化,"百年未有之大变局"便是就此提出的一个重大判断。这个大变局可能有多重含义,但核心是国际体系正在发生的结构性变迁,即国际力量对比的变化以及与此密切相关的国际秩序观念及国际交往规则、规范与制度的变化。这些变化的主要动力来自一批新兴大国和新兴市场经济体的崛起。国际体系的变化必然导致国际秩序产生相应的变化。近年来全球政治经济领域的一系列重要事态表明,国际秩序正处于某种调整或转型的关键时期。中共二十大报告指出,"世界百年未有之大变局加速演进,新一轮科技革命和产业变革深入发展,国际力量对比深刻调整,我国发展面临新的战略机遇。同时,世纪疫情影响深远,逆全球化思潮抬头,单边主义、保护主义明显上升,世界经济复苏乏力,局部冲突和动荡频发,全球性问题加剧,世界进入新的动荡变革期"。在这个背景下,国际秩序的走向再次成为国际社会普遍关注的一个重大问题。新一轮围绕国际秩序与全球治理体系变革的竞争正在迅速展开。各主要国际力量都在调整自己的对外战略,力图使国际秩序朝着有利于自身的方向发展。

21世纪是国际政治经济秩序大调整的时代,新兴国家群体的崛起是这个时代最具标志性的事件。战后以来,围绕国际秩序变革的斗争始终未曾停息,且出现过多次高潮,但由于发达国家在国际体系中的总体优势地位,改革进程步履艰难,国际秩序迄今主要反映的还是发达国家的权力、利益与价值偏好。因此,一大批新兴市场经济国家在冷战后的出现,特别是以中国为代表的新兴大国群体的崛起,为国际秩序变革提供了新的动力和可能性。在国际体系发生结构性变迁的过程中,新兴大国如何抓住机遇、应对挑战,推动国际秩序朝着更加公正、合理、和平的方向发展,同时进一步改善自己的国际地位与处境,是一个意义深远的重大课题。中国是最大的发展中国家和新兴大国中的佼佼者,是国际体系与国际秩序发展进程中的一个重要角色,中国学者更有责任从新兴大国的处境、需求和视角出发,就国际秩序与全球治理体系变革所涉及的各种理论与实践问题,特别是中国在其中的地位、目标与作用展开深入、细致的研究。

二、论述框架与研究方法

国际秩序或全球秩序是一个涉及国内、国际、全球等多个层面,政治、经济、安全、法律、文化等众多领域的宏大主题和复杂问题,任何单一学科的思维模式、研究路径或研究方法,都不免有盲人摸象之嫌,只有通过跨学科对话与交流才有可能获得更全面、更深入的理解。由于这个论题本身的重要性,有关国际秩序的研究论著即使称不上汗牛充栋,也可谓相当丰富,但总的来说还存在几个明显的不足:其一是缺乏跨学科综合研究,一般都是各相关学科按照自己的学科思维和研究路径,就自己擅长或关心的某些方面展开独立研究,鲜有学科间的对话与合作;其二是对具体实践领域的探讨还很不全面,一般都着重讨论传统的政治、安全或经济秩序问题,对金融、法律等重要领域或环境、能源、资源等重大新型挑战的关注还很不充分,对网络、外空、极地、深海等国际政治"新疆域"或"新场域"所涉及的秩序问题的探讨,甚至可以说还处于初始阶段;其三是以定性研究和规范研究为主,定量分析和实证研究很少见。国外的相关研究虽然更为丰富甚至更为深入,但也存在许多类似问题,何况国外尤其是西方学者的研究视角和智识关切与我们大不相同,因而并不能代替我们自己的独立思考。

因此,我们在研究设计上做了一些尝试,力图使我们的论述框架、研究内容和研究方法能够契合这一复杂主题本身的要求,更全面地反映国际秩序在理论、历史与现实等方面的发展脉络和重要议题,体现中国学者基于自身观察视角和价值关切所做出的学术努力。在研究视角上,我们主要立足于发展中国家的立场与视角,力图反映中国等新兴大国在国际秩序及其变革进程中的处境、地位、作用与需求;在研究框架上,我们试图建立一个相对完整的跨学科研究体系,将研究内容分为"历史考察→理论探索→议题研究→定量分析→战略思考"五个板块,并注意突出它们之间在逻辑上的相互联系和层次递进关系;在研究方法上,把定性研究与定量分析结合起来,使研究具有更多的科学一实证基础,以求获得逻辑与经验的统一;在研究议题上,除了讨论政治与安全秩序以及经济贸易与金融秩序问题,特别注意探讨国际政治学界过去较少讨论然而十分重要的国际法律秩序与制度规范问题,以及一些新兴政治场域和新兴战略领域的国际秩序问题。

总之,这是一项尝试将历史与现实、理论与实践、宏观战略思考与微观实证研究、定性研究与定量分析结合起来的跨学科探索。

三、主要内容与各卷主题

本书的总体目标,是从发展中国家的视角来探讨国际秩序的理论、历史、现状与发展趋势以及中国等新兴大国在国际秩序与全球治理体系变革过程中的地位与作用问题。基于对国际体系结构与国际秩序内涵的独立见解,本书试图从跨学科视野出发,构建一个相对完整的研究体系和有自身特色的分析框架,其中所涉及的基本要素包括:一种结构,即多极三元化的政治经济结构;三类国家,即发展中国家、新兴大国、发达国家;四个层次,即历史、理论、议题、战略;三大领域,即国际政治与安全秩序、经济贸易与金融秩序、国际法律秩序与制度规范。此外,国际体系与国际秩序还涉及一个更为深层、复杂且影响无处不在的因素,即作为其思想与观念支撑的文化价值基础与意识形态格局问题。这显然也是本书主题必然涉及一个重要方面,但我们没有采取集中论述的方式,而是在各卷相关部分联系具体问题加以讨论。

我们认为,当前国际政治经济体系早已超越了冷战时期的两极二元结构(东西政治两极和南北经济二元),日益呈现出一种多极三元化结构,即政治上日益多极化(包含中美俄日欧等多种政治力量),经济上日益三元化(发展中国家、新兴大国、发达国家三类经济水平)。就国际体系的力量结构以及与此密切相关的国际秩序观念与利益诉求而言,发达国家、发展中的新兴大国群体与一般发展中国家的三分法尽管也只是一种粗略划分,但相对于传统的南北关系或发达国家与发展中国家的二分法,可能更加贴近当今世界政治经济格局的现实。总之,我们有必要把中国等新兴大国视为具有许多独特性的国际政治经济力量。与此相关,发达国家、新兴大国、发展中国家这三类国家在国际体系中的实力地位以及它们在国际秩序观念与政策取向方面的共性与差异,或许是理解当今国际秩序稳定与变革问题的一个重要视角。就此而论,在中国的国际战略与对外政策实践中,如何区别对待和有效处理与这三类不同国家之间的关系,是一个值得深入研究的问题。此外我们还应该看到,中国等新兴大国目前尚未进入发达国家行列,但综合实力又明显强于大部分发展中国家,在某些领域甚至接近或超过了许多发达国家,因此随着主客观条件的变化,它们在国际身份、发展需求与实际作用等方面可能具有某种可进可退、可上可下的"两重性",这种两重性在国际秩序的变革进程中既是一种独特优势,也可能意味着某些特殊困难。深刻认识和准确把握这种两重性的实践含义,有助于新兴国家合理确定国际秩序的改革目标,准确定位自己的身份与作用,从而制定合理的外交战略,采用有效的政策工具。

本书内容由以下五个板块(十个分册)构成,它们在逻辑上具有内在联系,在研究层次上具有递进关系。

理论探索:即第一卷《国际秩序的理论探索》。旨在厘清国际秩序理论所涉及的核心问题;通过对当前国际政治经济体系结构及其发展趋势的重新界定和阐释,以及三类国家国际秩序观念及其成因的比较分析,揭示现有国际体系、国际秩序和全球治理相关理论在解释力上的价值与缺陷,特别是西方国际政治理论所蕴含的秩序观念、有关国际秩序的各种流行观点及其现实背景;最后着眼于新兴大国的理论需求与可能的理论贡献,为研究具体问题以及发展中国家参与国际秩序变革、应对各种实际问题提供理论参考或理论说明。

历史考察:即第二卷《战后国际秩序的历史演进》。目的是联系二战后国际体系的演变历程,厘清国际秩序的发展脉络,揭示当前国际秩序的历史根源、基本性质、主要特点和发展趋势;总结过去数十年里发展中国家在寻求国际政治经济秩序变革过程中的经验教训,凸显新兴大国在"大变局"时期所面临的机遇和挑战;此卷旨在为"理论探索"提供经验依据,为"议题研究"提供历史线索,为"战略思考"提供历史借鉴。

议题研究:包括第三卷《国际政治与安全秩序概观》、第四卷《国际安全治理重大议题》、第五卷《国际经济秩序的失衡与重构》、第六卷《国际秩序的法治化进阶》、第七卷《地区秩序与国际关系》。这是全书的重点内容,目的是讨论当代国际政治与安全秩序、国际经济贸易与金融秩序、国际法律秩序以及地区秩序等主要领域的具体、实际问题。其中对环境、能源等新型安全挑战,网络、外空、极地等新兴领域以及作为国际秩序之重要基础的国际法律体系的探讨,也许是本书最具特色的内容。从"问题-解决"的角度看,只有弄清楚这些重要实践领域的现状、趋势、关键问题及其性质,才能明确变革的方向、目标和重点。

定量分析:即第八卷《国际体系与国际秩序定量分析》。旨在通过比较分析新兴大国与主要发达国家在软硬实力方面的主要指标,了解中国等新兴大国在国际体系与国际秩序中的实际地位与发展需求,在重要实践领域的能力和影响力变化趋势,从而为合理的战略设计与政策选择提供较为具体、可靠的事实依据。

战略思考:包括第九卷《大国的国际秩序观念与战略实践》、第十卷《全球秩序变革与新兴大国的战略选择》。这个部分很大程度上是对上述议题的归纳、总结以及实践应用上的转换。国际关系是一个互动过程,在思考中国等新兴大国参与塑造国际秩序的理念与战略时,还应该了解其他国家的观点与政策,这样才能做到知己知彼。因此我们首先考察了各主要国家或国家集团的国际秩序观念、战略目标与相关政策取向,在此基础上进而探讨中国等新兴大国的战略选择。我们研究国际秩序问题,最终还必须联系中国特色大国外交的实践,回到当前中国自身的理念与政策上来。因此全书最后一章介绍了中国领导人的相关论述,实际上是对新时期中国的国际秩序观念和政策取向的一个分析和总结,故作为全书的一个"代结论"。总之,在思考中国等新兴大国推动国际秩序与全球治理体系变革的战略与策略问题时,我们主张遵循这样一些基本原则:吸取历史教训、注意理论反思、针对实际问题、基于客观条件、做出合理反应。

最后,感谢40余位作者的鼎力支持和辛勤劳动。各卷的主要作者,如宋德星、肖冰、葛腾飞、崔建树、舒建中、蒋昭乙、毛维准、祁玲玲等等,都是各自学科领域的优秀学者,也是与我们长期合作的学术同道;许多同行也给我们提供了很多非常具体、中肯和富于启发性的意见和建议,在此表示衷心感谢。特别要感谢南京大学出版社金鑫荣社长、杨金荣主任和诸位编辑工作者的支持和鼓励。尤其是责任编辑官欣欣女士,她不仅以极大的热情和坚韧的毅力襄助我们这项困难重重、久拖不决、有时几乎令人绝望的工作,还参与了有关章节的撰写和修订。

此书的研究和写作,先后被列入"十三五"国家重点出版规划项目和国家出版基金支持项目,这至少表明,此项研究本身以及我们的跨学科尝试,是一项有意义的工作。然而国际秩序或全球秩序是一个极为复杂的主题,且正处于一个重大转型时期。开放式的跨学科探索,其好处自不待言,但由于学科思维的不同,研究途径与方法的多元,观点上的差异乃至分歧也在所难免,对一些相关概念的理解也不尽相同,我们无法、似乎也不宜强求统一。我们的初衷是跨学科对话,在基本宗旨和核心关切尽可能一致的前提下,不同学科的作者可以从各自专业视角出发提出自己的见解。当然,在同一个论述框架内如何避免逻辑上的矛盾,如何更合理地求同存异,尤其是在核心概念和重要问题上尽可能形成共识,仍是一项需要继续努力磨合的工作。

更重要的是,由于此项研究本身前后耗时多年,研究内容复杂、时空跨度较大,而正处于"百年未有之大变局"的世界,变化之大、变速之快,出乎很多人的预料,许多新现象、新问题我们甚至还来不及仔细思考,遑论在书稿中反映出来。一些章节由于写作时间较早,文献资料或论断不免显得有些陈旧,我们也只能在有限的时间内尽可能做一些更新工作。尽管对这一主题的研究和思考不会结束,但由于各种主客观条件的限制,此项工作本身却不能无限期拖延下去。因此,缺点乃至谬误都在所难免,许多观点还很不成熟,各部分的内容和质量也可能不够平衡。总之,较大规模的跨学科研究其实是一件非常困难的事情。我们虽然自不量力做了多年努力,仍然有事倍而功半之感,希望将来还有进一步完善的机会。敬请学界同仁和读者诸君予以谅解并提供宝贵意见。

石斌

2022 年 10 月 1 日于南京

目 录

绪 言 …………………………………………………………………… 1

第一章 构筑全球战略稳定：冷战后的国际核秩序及其治理（姜振飞、崔建树）
………………………………………………………………………… 10

  第一节 国际核秩序的内涵与冷战后国际核秩序 …………… 11
    一、国际核秩序的基本内涵 ………………………………… 11
    二、冷战后国际核秩序的转换 ……………………………… 18

  第二节 冷战后国际核治理面临的挑战 ……………………… 24
    一、国际核治理中的不公正性加剧 ………………………… 24
    二、《不扩散核武器条约》的瑕疵问题没有得到解决 ……… 26
    三、主要核武器国家竞相推动核力量现代化 ……………… 30
    四、《反导条约》和《中导条约》失效对国际核治理构成严峻挑战
    ……………………………………………………………… 38
    五、超级大国核战略的"双重标准"和进攻性核政策冲击国际核治理
    ……………………………………………………………… 50
    六、美国核禁忌销蚀与国际核治理 ………………………… 55

  第三节 冷战后国际核治理的新思路：人类核命运共同体 … 59
    一、人类命运共同体与人类核命运共同体 ………………… 59
    二、构建人类核命运共同体的必要性与可能性 …………… 60
    三、构建人类核命运共同体的途径 ………………………… 63

第二章 探索"新边疆"安全机制:网络电磁空间秩序及其治理(崔建树)

.... 69

第一节 网络电磁空间的内涵及其战略意义 71
　一、网络电磁空间的内涵 72
　二、网络电磁空间的战略价值 73

第二节 主要大国网络电磁空间竞争 81
　一、确保霸权:美国的网络电磁空间能力建设 81
　二、着眼国家安全:俄罗斯的网络电磁空间能力建设 ... 86
　三、维持世界领先地位:欧盟的网络电磁空间能力建设 ... 88
　四、力图跻身一流:日本的网络电磁空间能力建设 ... 89

第三节 网络电磁空间治理面临的挑战 89
　一、网电空间主导权博弈 90
　二、关键互联网资源博弈 95
　三、网络空间安全博弈 101
　四、分布式拒绝服务攻击 105
　五、网络电磁空间领域的情报博弈 107
　六、网络战 108
　七、网络恐怖主义 111

第四节 网络空间治理路径 113
　一、探索确立网络空间领域的治理主体 113
　二、合理分配互联网关键资源 114
　三、遏制网络空间的霸权行为 118
　四、加强网络空间的隐私保护 120
　五、厘清"网络空间主权" 122
　六、加强网络空间的国际法立法工作 124

目　录

第三章　利用"高边疆"服务人类：外层空间安全挑战与国际太空治理（肖杰）
　　………………………………………………………………………… 125

　第一节　外层空间的稀缺性问题 ………………………………… 127
　　一、空间频轨资源稀缺问题 ……………………………………… 127
　　二、空间频谱资源的稀缺性 ……………………………………… 128
　　三、空间轨道资源的稀缺性 ……………………………………… 130

　第二节　外层空间面临的安全挑战 ……………………………… 133
　　一、外层空间卫星频率干扰问题 ………………………………… 134
　　二、太空碎片影响太空安全 ……………………………………… 136
　　三、太空的军事化与武器化问题 ………………………………… 141

　第三节　外层空间国际安全治理的历史与现状 ………………… 148
　　一、20世纪50至70年代：联合国太空安全治理机制的初步构建
　　　………………………………………………………………… 149
　　二、20世纪80至90年代末：太空多极化趋势下的多层次治理
　　　………………………………………………………………… 154
　　三、21世纪至今：太空复合多极化趋势下多层次专门化治理 … 166

　第四节　外层空间安全国际治理困境与出路 …………………… 180
　　一、现行治理规范的有效性不足 ………………………………… 181
　　二、外层空间商业化方面存在的法律问题 ……………………… 187
　　三、治理机构的效能有待提升 …………………………………… 191
　　四、治理共识严重缺失 …………………………………………… 192

第四章　推进"远边疆"领域合作：极地治理及其秩序构建（王婉潞）…… 196
　第一节　南极国际治理与秩序构建 ……………………………… 197
　　一、南极国际治理缘起与南极条约体系 ………………………… 197
　　二、南极治理的主要议题及其发展历程 ………………………… 201
　　三、南极治理格局与南极秩序的演变 …………………………… 206
　第二节　北极国际治理与秩序构建 ……………………………… 208

一、北极国际治理缘起与多层治理架构 …………………… 208
　　二、北极国际治理的主要议题及其发展历程 ……………… 214
　　三、北极地缘政治格局与安全态势 ………………………… 220
第三节　中国参与极地治理的历史进程与经验思考………… 223
　　一、中国参与南极治理的历史进程 ………………………… 224
　　二、中国参与北极治理的历史进程 ………………………… 226
　　三、中国参与极地治理与极地秩序建构的思考 …………… 228

第五章　守护人类家园：环境安全及其治理（张海燕）…………… 232
第一节　全球环境治理体制的发展演变历程………………… 233
　　一、全球环境治理体系的萌芽阶段 ………………………… 234
　　二、全球环境治理体系的形成阶段 ………………………… 235
　　三、全球环境治理体系的发展阶段 ………………………… 237
　　四、全球环境治理体系的徘徊分化阶段 …………………… 238
　　五、全球环境治理体系的加速阶段 ………………………… 239
第二节　全球环境治理体系………………………………………… 241
　　一、大气环境治理 …………………………………………… 241
　　二、土地环境治理 …………………………………………… 246
　　三、淡水环境治理 …………………………………………… 249
　　四、海洋环境治理 …………………………………………… 251
　　五、生物多样性 ……………………………………………… 253
　　六、化学品与废弃物 ………………………………………… 255
第三节　全球环境治理的参与主体……………………………… 259
　　一、联合国体系 ……………………………………………… 260
　　二、主权国家 ………………………………………………… 261
　　三、次国家行为体 …………………………………………… 271
　　四、非国家行为体 …………………………………………… 273
第四节　全球环境治理体系的特点……………………………… 274

一、环境问题的全球性与公共性 ………………………………………… 275
　　二、科学共识推动全球环境治理 ………………………………………… 276
　　三、全球环境治理体系内部的复杂性与矛盾性 ………………………… 279
　　四、全球环境治理体系的多维性 ………………………………………… 280
　第五节　全球环境治理发展展望 …………………………………………… 282
　　一、全球环境持续恶化推动全球环境治理转型 ………………………… 282
　　二、全球环境治理机制碎片化向整体化转变 …………………………… 283
　　三、全球环境治理领导力东移，多边治理加强 ………………………… 285

第六章　着眼可持续发展：能源安全与全球能源治理（方婷婷）………… 287
　第一节　能源问题研究历史及现状 ………………………………………… 287
　　一、能源问题得到学术界的广泛重视 …………………………………… 288
　　二、能源问题研究的新视角 ……………………………………………… 289
　　三、能源问题治理研究的不足 …………………………………………… 291
　第二节　国际政治经济学理论框架下的能源安全观 ……………………… 292
　　一、国际政治经济学视角下的能源安全 ………………………………… 293
　　二、政治经济学不同流派的能源安全观 ………………………………… 296
　第三节　全球能源治理模式的转变 ………………………………………… 298
　　一、世界政治、全球经济与能源转型之间的互动 ……………………… 299
　　二、当前能源安全内涵的转变 …………………………………………… 302
　第四节　全球能源治理的范围和目标 ……………………………………… 304
　　一、全球能源治理中的不同能源安全观的关注焦点 …………………… 304
　　二、能源安全的治理路径 ………………………………………………… 307
　第五节　全球能源治理体系的"碎片化" …………………………………… 309
　　一、能源安全治理中的主权悖论 ………………………………………… 309
　　二、能源安全治理中的政府间组织 ……………………………………… 311
　　三、能源安全治理中的其他非国家行为体 ……………………………… 313
　　四、能源治理机制的目标及其破碎性 …………………………………… 314

第六节　中国参与全球能源治理的战略选择……316
一、树立和倡导新能源安全观……317
二、维护新兴经济体与发展中国家的共同能源利益……318
三、推动能源转型……319
四、推进全球能源治理制度机制创新……319
五、提高国内能源治理能力……320

第七章　消除全球政治毒瘤：国际反恐合作与反恐机制构建（肖杰）……322
第一节　当代国际恐怖主义问题……323
一、当代国际恐怖主义的形成与发展（20世纪80年代至1998年2月）……324

二、当代国际恐怖主义的暴恐集群化（1998年2月至2011年5月）……327

三、当代恐怖主义的复合多元化发展（2011年5月至今）……330

第二节　当代反恐国际治理的历史演变……335
一、冷战时期国际反恐治理的发展成形（20世纪60年代末至冷战结束）……336

二、后冷战时期国际反恐治理的巩固与发展（冷战结束至"9·11"事件发生前）……339

三、"9·11"事件以来国际反恐治理的深化与拓展……343

第三节　当前国际反恐的类型与现状……354
一、基于权力的霸权式反恐治理……354

二、基于利益的国际组织反恐治理……358

三、基于知识的混合型反恐治理……381

参考文献……385

索　引……412

绪　言

诚如巴里·布赞在《人、国家与恐惧——后冷战时代的国际安全研究议程》中所认为的那样,"安全——无论是个人安全、国家安全还是国际安全——是人类面临的最突出问题之一",安全是国际政治的核心问题。[1] 自人类有文字记载以来,解决安全问题就是人类的历史任务之一,政治家忙于通过外交活动缔结限制战争或其他暴力的条约,思想家也一直在构建"永久和平"理论。

不过,"安全"概念虽然重要,要为之下一个确切的定义却非常困难。根据《韦氏国际大词典》,安全包含四个方面的含义:(1)安全的状态或特征,即客观上没有威胁,主观上不感到恐惧;(2)预防措施和防御手段;(3)维护安全的机构;(4)安全的组成部分,即军事安全、经济安全、政治安全、文化安全等。[2] 多米尼克·戴维(Dominique David)在《战略词典》中从主观认知的角度给出了如下的"安全"定义:"一个主体认为自己没有面临某种危险的威胁,或

---

[1] [英]巴里·布赞:《人、国家与恐惧——后冷战时代的国际安全研究议程》,闫健、李剑译,北京:中央编译出版社,2009年,第1页。
[2] 参见王凡、卢静主编:《国际安全概论》,北京:世界知识出版社,2010年,第16页。

者认为即使危险变成现实,自己也有办法应对。"①

"安全"概念包括"个人安全""国家安全"和"国际安全"。其中,国家安全居于核心地位,因为个人安全需要国家保护,国际安全的实现需要国家间的合作或奉行审慎的外交政策。"国家安全"概念最早是由美国著名专栏作家沃尔特·李普曼于1943年在《美国外交政策:共和国之盾》一书中提出来的。② 他认为,"如果一国希望避免战争,它并不因此会在一定程度上冒牺牲其核心价值的风险;而如果遇到挑战,它能够通过打赢战争保住这些核心价值",那么这个国家就是安全的。③ 李普曼给国家安全下的定义隐含的意思是国家安全与敌国的军事力量有关。美国学者阿诺德·沃尔弗斯缘着李普曼的思路,对国家安全下了一个更简洁的定义,即"对已获得价值的某种程度的保护"④。换句话说,"安全"作为一种价值,是对衡量一国物质方面拥有数量的"财富"(wealth)和影响或控制其他国家行动能力的"权势"(power)的保护程度。这也意味着安全的定义包含主观和客观两个方面。从客观上讲,安全衡量的是对已获取的价值受到威胁的程度;从主观上来说,安全衡量的是对这些价值将遭受的损害所持的恐惧程度。由此可见,国家安全概念的弹性很大。不同国家以及一国内部的不同集团对同一外部情势做出反应时会有很大差异。其中一些往往会夸大危险,而另一些则会低估危险。所以,在对安全做出评估时,各国的观点差异非常大:有的国家感到近乎根本没有安全或安全感,而有的国家则感到近乎绝对的安全或根本没有恐惧感,其他国家的感受则是上述二者

---

① [法]夏尔-菲利普·戴维:《安全与战略:战争与和平的现时代解决方案》,王忠菊译,北京:社会科学文献出版社,2011年,第32页。
② Walter Lippmann, *U. S. Foreign Policy: Shield of the Republic*, Boston: Little, Brown & Co. , 1943, p. 51.
③ Walter Lippmann, *U. S. Foreign Policy: Shield of the Republic*, Boston: Little, Brown & Co. , 1943, p. 51.
④ Arnold Wolfers, "'National Security' as an Ambiguous Symbol," *Political Science Quarterly*, Vol. 67, No. 4, 1952, pp. 481 – 502.

之间的任意一种情况。所以,"各国为获取更多的安全而做出的努力将会是不同的。有些国家可能会发现,它们所面临的危险完全是正常的,是符合它们的适当的安全预期的,而同样是这些危险,在另一些国家看来则是无法容忍的"①。从这个角度看,"国家安全"确如沃尔弗斯所言,是一个模糊符号。另一位美国学者斯蒂芬·沃尔特承袭了沃尔弗斯的观点,认为安全研究可被定义为"对威胁或威胁使用军事力量以及控制军事力量的研究,探讨可能使用武力的条件,以及使用武力对个人、国家、社会的影响方式,考察国家为准备战争、防止战争爆发和从事战争所采用的政策"②。从这个定义看,沃尔特将安全的主体视为国家,安全的对象设定为军事力量。冷战结束后,美国学者罗伯特·曼德尔认为:"国家安全牵涉政府防止此类(危及国家政治体制、公众或社会生活方式的)源头在国外的直接威胁的各项政策。"③综合国内外学者就安全问题发表的不同观点,安全的内涵可以界定为:通过消除外部的客观威胁或挑战和心理上的恐惧感,实现对国家政治经济体制、权力、财富、生活方式等已获价值的保护。换句话说,安全的内涵涉及如下五个问题:(1)要保护的价值是什么;(2)这些价值面临什么样的威胁;(3)如何看待和保护这些价值;(4)由谁来保护这些价值;(5)由谁支付安全成本。

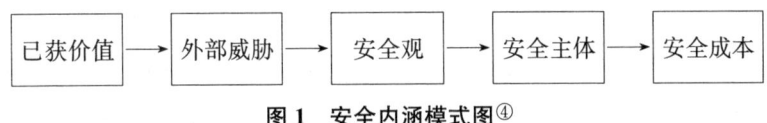

图 1 安全内涵模式图④

---

① Arnold Wolfers, "'National Security' as an Ambiguous Symbol," *Political Science Quarterly*, Vol. 67, No. 4, 1952, pp. 481–502.

② S. Walt, "The Renaissance of Security Studies," *International Studies Quarterly*, Vol. 35, No. 2, 1991, p. 212.

③ Robert Mandel, *The Changing Face of National Security: A Conceptual Analysis*, Westport, Conn.: Greenwood Press, 1994, pp. 21–22.

④ Radoslav S. Dimitrov, "Water, Conflict, and Security: A Conceptual Minefield," *Society and Natural Resources*, Vol. 15, No. 8, 2002, pp. 677–691;陆忠伟:《非传统安全论》,北京:时事出版社,2003年,第13页。

近代，随着战争频度与烈度的增加，解决安全问题的任务更加迫切。1815年的维也纳和约创造了"选择性安全"机制治理模式，即通过大国协调实现欧洲安全；1919年的凡尔赛和约创造了"普遍性安全"治理机制，体现为带有明显理想主义色彩的"集体安全"安排；1945年的联合国机制安排借鉴了"选择性安全"机制治理模式和"普遍性安全"治理模式的优点，创造了通过赋予联合国安全理事会五个常任理事国特权和联合国大会成员国平权的模式进行安全治理。在冷战时期，这一安全治理模式取得了一定的成效，国际局势虽然紧张，甚至在1962年古巴导弹危机时出现了核大战风险，但人类终究"和平地"结束了"冷战"。冷战结束之初，西方政界和思想界洋溢着一片乐观气氛，"霸权稳定论""主权过时论""单极时代论""民主和平论""历史终结论"甚嚣尘上，但冷战结束后国际安全的现实却出乎人们意料，人类毁灭于核战争的危险虽然降低，大国地缘政治竞争却并未结束，而且随着信息技术的发展和经济全球化的推进，安全威胁来源日益多元化，从长远看，部分领域的安全威胁程度不亚于爆发一场核战争。主要表现在：

第一，事关全球战略稳定的国际核秩序受到冲击。核武器由于其惊人的毁伤能力和短时间内决定战争结果的现实，成为全球战略稳定的基石。冷战时期，为防止两大集团在核大战中同归于尽，美苏两国出于共同利益和国际社会的压力，构筑了一整套防止核武器扩散的国际机制，并在核禁忌方面形成共同遵守的默契。但是，冷战结束后，现行的国际核秩序面临严峻挑战。首先是核武器的扩散，表现为拥有核武器的国家，特别是美国积极推动核武器系统现代化导致的核武器纵向扩散，以及印度、巴基斯坦和朝鲜等国取得核计划成功的横向扩散。其次是美国奉行进攻性核战略，使大国战略协调难度加大。再次是美国退出《反导条约》和《中导条约》等重要防止核武器扩散的基础性机制，损害了双边和多边核军备控制机制的可信性和权威性。最后是信息技术革命冲击了传统的核秩序，模糊了传统军备控制领域的界限。

第二,信息技术革命催生了网络电磁空间这一"新边疆"。对大国竞争来说,网络电磁空间是全新的战略竞争高地,同时,网络空间领域还是新型违法犯罪的"天堂"。美国核武器现代化的一个关键领域是推进战略核武器的指挥、控制和通信(NC3)系统的现代化,使核武器系统的发展与网络电磁空间紧密联系起来,相互赋能,网络电磁空间越来越成为大国称霸的"控制域";犯罪分子也把网络作为犯罪的工具,他们利用"暗网"(Deep Web)从事非法交易,其交易规模之大远超普通人的想象,用网络手段攻击金融、交通、电力等基础设施造成的危害不亚于一场核恐怖袭击。因此,建立合理、高效的网络空间电磁秩序,加强网络电磁空间治理是当前国际安全治理的重大议题。

第三,作为"高边疆"的外层空间和太空安全秩序面临太空资源争夺和军事化的风险。自从苏联成功发射第一颗人造卫星起,太空争夺就拉开了帷幕。在冷战期间,苏联发起过多项太空计划,如"神风"卫星、米格-105"螺旋"、"钻石"空间站和"极地号"战斗空间站等,并成功研制出了以共轨拦截器为代表的一系列太空武器。美国在里根政府时期大力推动"高边疆战略"。冷战结束后,由于太空技术的扩散,参与太空竞争的主体大大增加,中国、印度、英国、日本、欧盟等国或政治实体都在大力参与太空竞争。为赢得太空竞争,俄罗斯、美国、法国、日本等国先后成立了空天军或"宇宙作战部队"。大国的太空争夺政策和空天军的成立,导致国际社会和平利用太空的目标受到严峻挑战。另外,太空虽然广阔,但太空频谱资源却相当有限,掌握太空技术的国家和企业竞争也相当激烈。遏制太空军事化,以及尽可能地合理利用太空资源,使太空服务于人类和平目的,成为太空安全治理的主要内容。

第四,极地是国家的"远边疆",其战略意义和资源价值在冷战结束后日渐凸显。虽然地球的南北极相差很大(南极是大陆,北极是海洋,南极的生物多样性要高于北极),但二者都有重要的战略意义和经济价值。从气候上讲,两极是地球的"冷却器",通过对流降低大气温度,使地球生物能够生存。从战略上讲,极地,特别是北极,是"战略堡垒区",可为战略核潜艇提供理想的隐蔽场所。随着全球气候变暖,北极冰层融化,北极航道开通后,北极的战略价值将更加突出。从经济上讲,极地资源蕴藏量丰富,世界四分之一的石油和天然气在北极,世界82%的淡水资源以冰的形式存在于两极。随着资源日益枯竭、气候变暖和环境污染,油气资源和淡水资源的战略价值会越来越大,围绕油气和淡水资源的争夺也将随之激烈。当前,国际社会在南极的安全治理方面虽已有了较为成熟的机制,但这一机制在国际争夺日渐激烈的背景下并不稳固。与南极安全治理相比,北极虽然有北极科学家委员会、北方论坛、巴伦支欧洲-北极地区合作机制等多层治理架构,但是,美国、俄罗斯、加拿大等北极国家反对模仿南极治理模式制定《北极条约》,北极治理无法形成一个具有整体性的安全治理框架。随着海洋资源争夺趋于激烈,不排除北极地区爆发冲突的可能性。

第五,与战略核领域、网络电磁空间和太空等领域的安全问题不同,人类目前面临的包括气候问题在内的环境问题是人类遇到的最大挑战。根据NASA提供的数据,与1880年相比,目前全球平均气温上升了1.8℃,远超出过去一万年地球平均气温的波动区间。从2000年至2019年,全球共发生6681起气候灾难,比之前的20年增加了83%。面对环境恶化挑战,中国政府积极倡导建立合理有效的全球环境治理机制。2021年4月22日,习近平主席在全球领导人气候峰会上提出环境治理的"六个坚持",即坚持人与自然和谐共生、坚持绿色发展、坚持系统治理、坚持以人为本、坚持多边主义、坚持共同但有区别的责任原则。[①] 但并不是所有国家都能够认识到"绿水青山就是

---

① 《为强加强全球环境治理提出"中国方案"》,中国青年报,2021年4月26日,https://baijiahao.baidu.com/s? id=16980632102456498 78&wfr=spider&for=pc。

金山银山",能够做到"像保护眼睛一样保护自然和生态环境"。国际政治的现实往往恰恰相反,部分国家不顾环境恶化给人类带来的厄运,将环境问题作为打压战略竞争对手的工具,还在环境问题上逃避责任。比如,美国政府虽然签署了《生物多样性公约》《京都议定书》等国际社会重要的基础性环境条约,但是美国国会却没有批准上述条约。不仅如此,美国特朗普政府甚至退出了《巴黎协定》,大幅消减对全球环境基金和绿色气候基金的捐助,严重阻碍了全球环境治理向前推进。

第六,"智能化新能源时代"的到来冲击了传统工业时代的能源秩序和安全治理机制。能源事关一国的战略安全和经济安全,因此世界上多数重要国家都提出了自己的能源战略。据测算,GDP的增速与能源消费量的增速的相关系数高达90%。石油、天然气和煤炭等化石能源是当前世界的主要能源来源,其中油气资源的战略意义格外突出。从历史上看,每一次工业革命或技术革命都会引发能源使用方式的转型。在世界进入第六次技术革命的背景下,"智能化新能源时代"即将到来,传统工业化背景下的能源秩序和安全治理有可能面临"革命性"重组。

第七,国际恐怖主义毒瘤越长越大,国际治理机制效果不彰。恐怖主义是政治瘟疫,在当代社会,它已与宗教极端主义、民族分裂主义融为一体,在欧亚非大陆上形成了一个动荡弧。这一瘟疫不仅肆虐于贫穷落后的发展中国家,而且侵入了发达国家的肌体。2001年9月11日,以本·拉登为首的基地组织对美国发动恐怖袭击,造成近3000人死亡。9月20日,美国前总统乔治·W.布什宣布发动"反恐战争"。他宣称,除非世界上每个恐怖组织都被找到、阻止或打败,否则反恐战争不会结束。为惩罚基地组织和支持基地组织的阿富汗塔利班政府,美国发动了阿富汗战争。2021年8月31日,美国拜登政府宣布从阿富汗撤出所有美军,结束了为期20年的反恐战争。在这场战争中,美国付出了巨大代价,其结果却是塔利班在阿富汗重新掌权。美国全球反恐怖战争的失败凸显出治理国际恐怖主义的难度。面对未来更加严峻的反恐形势,中国政府本着以"互信、互利、平等、协作"为核心的新安全观,倡导以联合国为核心构建国际反恐治理多边机制,主张对国际恐怖主义标本兼治。如果中国政府的这一政策能够得到国际社会的认可和采纳,相信未来国际恐怖主义治理机制的效能将得到大幅提升,全球安全环境也将得到较大程度改善。

概言之,核武器、网络电磁空间、太空、极地、环境、能源和国际反恐是当前全球安全治理的重大议题,其中:核武器的安全治理涉及全球战略稳定,遏制核武器的横向和纵向扩散,防止核恐怖主义是国际社会避免生死存亡这一重大安全问题的基础;作为"控制域"的网络电磁空间是全球安全治理的枢纽;太空作为人类活动的"高边疆",在太空享有优势地位是一国获得优势地位的前提;极地属于人类的"远边疆",其战略意义、资源价值和环境功能日渐受到国际社会的重视,极地安全治理关系到人类未来命运;能源是人类发展的基础,第六次科技革命对传统工业时代形成的能源秩序和能源利用形态产生重大冲击,能否形成合理的能源秩序和有效的能源安全治理机制关系到国际社会的稳定;环境问题是当前人类面临的最重大的安全挑战,尽管形势严峻,但民族国家的现实政治博弈和部分国家领导人的短视,具有整体意义的框架性环境安全治理机制尚未形成。时不待人,如果在可见的未来还无法达成合理的和可执行的碳中和协议,环境问题将会加速恶化,部分岛屿国家和沿海国家有可能面临灭顶之灾;国际恐怖主义虽然早已有之,但冷战结束后不合理的国际秩序为国际恐怖分子的泛滥提供了肥田沃土,美国反恐战争的失败鼓舞了国际恐怖分子的士气,未来国际反恐形势不容乐观,国际反恐治理机制亟待完善。冷战后的国际政治实践证明,靠霸权主义、单边主义无法建立公正合理的安全治理机制,更不要说解决国际安全问题了。那么,以何种指导思想构建合理的国际安全秩序和安全治理机制呢?答案也许在于"人类命运共同体"理念。在全球化时代,所有国家面临的问题不是如何脱离全球化大潮,而是如何在大潮中克服其带来的贫富分化、社会冲突、政治失序、环境恶化的负面后果。国家之间只有基于公平竞争、相互合作、和平发展,即"人类命运共同体"理念,才能实现上述目的,因为它是国际关系中的最大公约数。

第一章
构筑全球战略稳定：冷战后的国际核秩序及其治理

姜振飞　崔建树

1945年7月16日5点29分45秒，美国新墨西哥州"三一试验场"一道强烈闪光标志着人类进入了核时代。这一闪光如此之强，以至于240千米之外，"有一位双目失明的年轻姑娘'看'到了这道闪光"。[①] 1945年10月3日，美国总统杜鲁门在致国会的信中表达了他对核武器问世所产生的革命性后果的看法："核能的释放如同在国内事务中一样，也在国际关系中形成了一种极具革命性的力量，无法在旧有的思维框架中来思考它。"[②] 总体来说，由于核武器具有惊人的大规模杀伤能力和能产生令人极度恐怖的心理效果，几乎所有的国

[①] [美]约翰·纽豪斯：《核时代的战争与和平》，军事科学院外国军事研究部译，北京：军事科学出版社，1989年，第150页。

[②] Marc Trachtenberg, *The Development of American Strategic Thought: Writings on Strategy, 1945—1951*, New York: Garland Pub., 1987, p. 1.

际战略问题,特别是国家安全问题,都与战略核武器有着直接或间接的关系。[①] 核武器成为拥核国家国防战略的基础,也成为全球战略稳定的基石。从某种意义上讲,冷战时期就是核武器主导下的"恐怖和平"时期,冷战后的历史虽然在某种程度上缓解了和平的"恐怖性",但核恐怖主义仍是挥之不去的阴影,大国之间的核力量竞争也仍在继续,国际社会面临着严重的核失序局面。为人类和平计,有必要在考察学界相关研究成果的基础上进一步探讨冷战后国际核秩序、核危机、核治理之间的互动关系,寻求解决冷战后国际核失序的途径。

第一节 国际核秩序的内涵与冷战后国际核秩序

在40多年的冷战期间,美国和苏联围绕着争夺核优势展开了激烈的核军备竞赛,将世界推向核战争边缘。为了避免人类的毁灭,国际社会试图通过国际规范、国际制度和道德观念对美苏等主权国家的核活动加以约束,逐步在国际核领域形成了一种稳定而有序的状态,即国际核秩序。

一、国际核秩序的基本内涵

国际核秩序的基本内涵包括:(1)国际社会达成的诸多双边核军控条约,如1972年的《反导条约》;(2)国际社会创建的相关核条约履行情况的监督机构,如1957年成立的国际原子能机构;[②](3)拥核国家战略核力量的平衡与国

[①] Samuel Glasstone and Philip J. Dolan, *The Effects of Nuclear Weapons*, The United States Department of Defense and The United States Department of Energy, 1977; Robert Jervis, "The Political Effectives of Nuclear Weapons: A Comment," *International Security*, Vol. 13, No. 2, 1988, pp. 80—90.

[②] 刘华秋主编:《军备控制与裁军手册》,北京:国防工业出版社,2000年,第504—505页。

际核俱乐部的相对稳定;(4)有核国家与无核国家履行其国际核军控条约义务并遵守国际核秩序的有关规范。

首先,冷战时期的核秩序是核大国维护它们之间的战略核平衡及其在核裁军方面所承担的国际义务与责任。进入核时代以来,美国与苏联(俄罗斯)等国在进行核军备竞赛的同时,出于缓和其核军备竞赛的烈度与维护核垄断地位等的战略需求,美、苏(1991年后的俄罗斯)、英、法等国间签署了一系列关于防止核战争、限制反弹道导弹防御系统及进攻性战略武器、限制地下核试验的双边或多边条约,它们大体包括:20世纪70年代的《美苏关于减少爆发核战争危险的措施的协定》《美苏关于限制反弹道导弹系统条约》《美苏防止核战争协定》《美苏限制地下核武器试验条约》《苏法防止意外或未经授权使用核武器协定》《苏英防止意外发生核战争协定》《美苏限制进攻性战略武器条约》;20世纪80年代的《美苏中导条约》《美苏关于防止危险军事行动的协定》;20世纪90年代及苏联解体后的《美苏削减战略武器条约》《美俄关于建立反弹道导弹全球防护体系的联合声明》《美俄关于进一步削减和限制进攻性战略武器条约》《哈萨克斯坦和美国关于拆除哈境内核武器的框架条约》《美国、俄罗斯、乌克兰关于全部销毁乌境内核武器的协议》;等等。

其次,冷战时期形成的国际核不扩散机制。国际核不扩散机制的基本内容包括以下几点。第一,防止核扩散的国际条约、法规和准则等。例如,国际社会在1968年达成的《不扩散核武器条约》。第二,限制核武器开发的条约。例如,1963年苏、美、英缔结的《部分禁止核试验条约》,1996年国际社会达成的《全面禁止核试验条约》等。第三,依照有关国际公约、条约设立的国际核出口控制和核查机构,包括国际原子能机构、核出口委员会和核供应国集团等。1957年国际社会推动成立了国际原子能机构;20世纪70年代初期形成的桑戈委员会;1975年,美国联合加拿大等7个核出口国在伦敦多次召开会议,形成了"核供应国集团";等等。

最后,国际核秩序方面的有关规范。主权国家与国际组织是国际核秩序的行为主体,有核武器国家与无核武器国家是国际核秩序内主权国家的国家身份,国家身份的差别导致国际核秩序内主权国家在实力等级、地位以及权利与义务上存在差异。国际核秩序包括有核国家与无核国家所要担负的一系列的国际义务。有核国家与无核国家各自承担的国际义务,有核国家做出的核安全保证,包括单方面承诺、声明、双边和多边联盟义务等。在国际社会就达成《不扩散核武器条约》进行的谈判中,为了调和不同国家相对立的核立场并结束在这个条约上所进行的谈判,美国和苏联一起与无核国家达成了两项交易协议。首先,此条约确认任何国家都有和平利用原子能的权利。作为交换,无核国家同意不发展核武器,并接受对它们的和平核活动与和平核出口活动实施预防措施。其次,尽管条约并没有对有核国家达成具体的裁军目标设立最后期限,但它要求有核国家要在核裁军方面做出努力。因此,《不扩散核武器条约》规定,无核国家放弃核武器计划,从而拥有和平利用原子能的权利;有核国家承诺进行核裁军并对无核国家不得使用核武器。

对无核国家的安全保证是国际核秩序规范的一个有机组成部分。对无核国家的安全保证可分为两类:(1) 消极安全保证,即合法拥有核武器的国家有义务不对无核国家使用或威胁使用核武器;(2) 积极安全保证,即无核国家遭到核武器威胁或攻击时,合法拥有核武器的国家有义务援助这些无核国家。积极安全保证基本上是通过美苏(俄罗斯)各自的双边或多边联盟义务来实现,并通过以下方式得到加强:(1) 在无核国家部署核武器;(2) 在敌对状态发生时向无核国家转让核武器;(3) 战时在战区部署核海军力量;(4) 宣布不首先使用核武器;(5) 提出建立无核区的主张。早在《不扩散核武器条约》谈判过程中,广大无核国家就要求核国家提供相应安全保证。为了安抚无核国家,1968年6月19日联合国安理会通过了由美国、苏联和英国作为共同提案国的第255号决议,确认安理会尤其是安理会常任理事国在无核国家遭受使用核武器的侵略或侵略威胁时,有义务采取行动。1978年联合国召开第一届裁军特别联大,多数无核国家要求有核国家就提供安全保证问题达成具有法律约束力的国际安排。会议期间,美国卡特政府声明,不对签署《不扩散核武器条约》的任何无核国家使用核武器,除非该国与一个核国家结盟攻击美国或其盟国。[1]

建立无核区也是国际核秩序的一种有效规范。无核区是防止核武器在全球扩散的重要举措,往往是某一地区相邻的几个国家在取得共识的基础上,通过签署集体条约并公之于国际社会的形式来确立的。条约一般规定缔约国不得进行核试验,不得研制、生产、储存核武器及其他核爆炸物,也不得利用其他方式获取并控制核武器;此外,缔约国不得允许其他国家在无核区储存核武器或核武器材料。国际社会推动建立无核区的努力包括:1959年《南极条约》使南极地区成为世界上第一个无核区;拉美和加勒比地区14个国家于1967年2月14日在墨西哥城的特拉特科洛尔区签署《拉美及加勒比禁止核武器条约》,宣布拉美无核化;南太平洋13国首脑于1985年8月6日在库克群岛举行的拉罗汤加会议上缔结了《南太平洋无核武器区条约》;1992年9月,时任蒙古国总统奥其尔巴特在第47届联合国大会上宣布蒙古国为无核区,开创了单个国家建立无核武器区的先例;1997年正式生效的《东南亚无核武器区条约》;1996年4月6日,49个非洲国家的代表在开罗签署《非洲无核武器条约》;2014年5月6日,中国、美国、俄罗斯、英国和法国五个核武器国家,在联合国总部与哈萨克斯坦、吉尔吉斯斯坦、塔吉克斯坦、土库曼斯坦、乌兹别克斯坦五个《中亚无核武器条约》缔约国举行了条约议定书的签署仪式。建立无核武器区是全球核领域治理的重要内容,也是实现无核武器世界的重要步骤,对

---

[1] Garyt. Gardner, *Nuclear Non-Proliferation*, Boulder & London: Lynne Rienner Publishers, 1994, p.41.

推进全球核不扩散进程,提升地区和全球核安全水平作出了重要贡献。

有关的核禁忌等也是国际核秩序的一项重要内容与规范。正义战争理论有两大原则,即"区别原则"(discrimination)和"适度原则"(proportionality)。第一个原则要求战争必须将军人和平民区别对待,第二个原则意在限制战争的破坏性。① 这两个原则是"核禁忌"(Nuclear Taboo)产生的重要渊源。所谓核禁忌,即国际社会反对使用核武器的禁止性规范。从理论上讲,禁忌有两个功能:"一是规制性(regulative)作用,即决策者将核禁忌作为成本之一,进行成本收益计算,在这种模式下,核禁忌没有内化,决策者从工具理性的角度来看待这一规范;二是构成性(constitutive)作用,即决策者不做成本收益计算,而是发自内心地认为使用核武器的行为是不道德的,不符合文明国家的定位。"② 就严格意义的核禁忌而言,国际社会已形成具有广泛共识的、强烈的反对使用核武器的禁止性规范。相对而言,"威胁使用核武器"的情况要复杂得多。作为终极武器(absolute weapon),核武器的最主要功能是达到慑止核战争甚至常规战争的目的,而核威慑(Nuclear Deterrence)功能的实现离不开威胁使用核武器。所以,在实践上,威胁使用核武器没有形成禁止性规范。不仅如此,国际法院在1996年曾发布过一份决定,认为在核战争迫在眉睫时应允许威胁使用核武器。③ 核禁忌对维持世界和平与核秩序具有重大意义。在核武器诞生之初,由于没有形成上述禁止性规范,美国杜鲁门政府的军事决策层受传统军事思维的影响,仅把核武器看成一种新型的可用于战争的武器。例如杜鲁门在成功进行核试验后称:"我认为原子弹是一种战争武器,从来没有

---

① 参见[美]迈克尔·沃尔泽:《正义与非正义战争:通过历史实例的道德论证》,任辉献译,南京:江苏人民出版社,第168—176页。
② 吴日强:《正义战争、核禁忌与无核武器世界》,载《世界经济与政治》,2009年第10期,第52—53页。
③ Michael N. Schmitt, "The International Court of Justice and the Use of Nuclear Weapons," *Naval War College Review*, Vol. 52, No. 2, 1998, pp. 91 - 116.

人怀疑过可以应用它。"[1]在解释用原子弹轰炸广岛时,杜鲁门又提到了原子弹的使用问题:"有了原子弹,我们就得使用它。现在我们已经用原子弹惩罚那些曾经在珍珠港对我们不宣而战的人,惩罚那些不让美国战俘吃饭、拷打并枪杀他们的人,惩罚那些干脆全然不遵守国际战争法规的人。"[2]杜鲁门将核武器视为实战武器的观点并非个例,美国决策层的文官集团与军方高级领导人也多将核武器看作一种"能给敌人极大震撼的"新式武器,可以用它尽快结束战争。[3] 但是,核武器给决策层提出了严肃的道德问题。首先,核武器的大规模杀伤效应严重违背了正义战争的"适度原则"。核武器的问世大大增强了战略轰炸的破坏力,"在原子弹面前,所有其他形式的军事力量都是小巫见大巫"[4]。一架挂载核武器的战略轰炸机造成的破坏效果相当于之前200架飞机。[5] 其次,核武器严重挑战了正义战争的"区别原则"。广岛和长崎的轰炸表明,一枚原子弹足可摧毁一座规模较大的城市,导致成千上万无辜民众而非敌方作战人员受难。据美国原子能委员会主席大卫·利连撒尔的回忆,杜鲁门曾对他说:"我认为不到万不得已我们不应该使用这个东西。下令使用这种我们以前从来没有过的破坏力如此可怕的武器,是一件可怕的事情。你必须懂得这并不是一种军事武器。这是用来消灭妇女、儿童和没有武器的老百姓的,并没有军事上的用途。因此我们必须把它与步枪、大炮和其他普通武器区

---

[1] [美]杜鲁门:《杜鲁门回忆录》(上卷),李石译,北京:东方出版社,2007年,第383页;另参见[美]麦乔治·邦迪:《美国核战略》,褚广友等译,北京:世界知识出版社,1991年,第83页。

[2] Lawrence Freedman, *The Evolution of Nuclear Strategy*, New York: St. Martin's Press, p. 38.

[3] Henry Stimson and McGeorge Bundy, *On Active Service in Peace and War*, N.Y.: Harper and Bros., 1947, p. 617.

[4] Peter Paret ed., *Makers of Modern Strategy: from Machiavelli to the Nuclear Age*, New Jersey: Princeton University Press, 1986, p. 736.

[5] H. H. Arnold, "Air Force in the Atomic Age," in Dexter Master and Katherine Way eds., *One World or None*, New York, 1946, p. 27.

别开来才对。"①核武器这一巨大的毁灭能力"让人厌恶","即便是经历了先前大战的洗礼后依然如此"②。核武器使用产生的人道主义灾难和国际社会对核武器使用的强烈反感,促使决策层重新思考核武器的功能。杜鲁门对核武器功能的上述认识,可以部分解释朝鲜战争时期美国政府为何没有采纳麦克阿瑟动用核武器的请求。据迪安·腊斯克回忆:"麦克阿瑟竭力主张与中国进行全面战争……发动全面战争就必须摧毁中国的大批城市,那样,我们就会世世代代背上残杀同类的罪名,这样的政治影响是不堪设想的,杜鲁门对这种方案连想都没有想过。"③不仅杜鲁门这样看待核武器,美国军方高层也有人这样看待核武器。例如阿内森在朝鲜战争局势危急之时受命前往五角大楼询问参联会主席布雷德利可否使用原子弹,布雷德利斩钉截铁地回答称:"当然不行,别再打这个算盘。"④由"核禁忌"的形成及其实践可以看出,上述禁止性规范的约束力"是如此强大,即使突破这些规范能够获得一些现实利益,但决策者不敢突破这些规范。甚至,有时候,决策者都想不到可以突破这些规范"⑤。核禁忌就是指将不使用核武器作为一种规范。上文布雷德利要阿内森不要打核武器的主意就是一例。从理论上讲,"核禁忌的有效性越高,拥有核武器的国家发动核进攻的可能性就越小,核威慑的价值就越小"⑥。质言之,由于核禁忌的形成与内化,使用核武器必然遭到全球的讨伐,付出巨大的道德代价,甚至被排除出世界"文明"国家的行列。换句话说,"核禁忌"成为核领域的一种道德规范。尽管不使用核武器并没有成为一种普遍的禁止性规范,但它在

---

① Lawrence Freedman, *The Evolution of Nuclear Strategy*, New York: St. Martin's Press, p. 41.
② Peter Paret ed., *Makers of Modern Strategy: From Machiavelli to the Nuclear Age*, New Jersey: Princeton University Press, 1986, p. 737.
③ [美]约翰·纽豪斯:《核时代的战争与和平》,军事科学院外国军事研究部译,北京:军事科学出版社,1989年,第150页。
④ 同上,第149页。
⑤ 李彬:《军备控制理论与分析》,北京:国防工业出版社,2006年,第208页。
⑥ 李彬、肖铁峰:《重审核武器的作用》,载《外交评论》,2010年第3期,第5页。

推动一系列核军控条约以及扩大无核武器区的建设过程中起到了一定的作用。

二、冷战后国际核秩序的转换

冷战结束前国际核秩序有鲜明特点,主要表现为:(1) 美苏两大国尖锐对立并形成两大对立集团;(2) 美苏两国均储备有大量核武器;(3) 危机管理与遏制战争升级;(4) 美苏投巨资构建核武器指挥与控制系统;(5) 军备控制谈判;(6) 核力量透明化;(7) 对外公布核战略。[①] 在冷战期间核对抗态势下,美苏两国领导人清醒地认识到,核大国之间如果爆发战争,唯一的结果只能是相互毁灭。为了避免这一结局,两国在古巴导弹危机后逐渐建立了诸如元首热线之类的沟通渠道与机制,国际政治由核僵持之初的"俄罗斯轮盘赌"结构转向传统的均势与制衡结构,为维持现状而管理"危机"成为美苏两国的重要战略目标。[②]

1991年,苏联解体,西方世界弥漫着浓厚的"历史终结"的乐观气氛。[③] 但是,苏联的解体并没有让西方高兴多久,美苏两大国你死我活的斗争虽然结束了,但国际安全形势却变得更加复杂,也更难应付。1994年美国《年度国防报告》(Annual Defense Report)对冷战后出现的复杂安全形势进行了总结,主要有以下九个方面:(1) 国际战略形势的发展变得愈发难以预测;(2) 安全威胁由单一转为多元;(3) 国家利益面临的主要问题变为民主制度和市场经济改革的失败;(4) 军事实力成为世界首强,但经济上支配地位不复存在;(5) 同盟关系由相对固定走向更加灵活;(6) 核武器有用于恐怖主义袭击的可能;

---

① Robert P. Haffa, Jr., Ravi R. Hichkad, Danna. J. Johnson, *Deterrence and Defense in the Second Nuclear Age*.
② Keith A. Dunn, William O. Staudenmaier, *Alternative Military Strategies for the Future*, New York: Westview Press, 1985. pp. 184 – 485.
③ Francis Fukuyama, *The End of History and the Last Man*, New York: Free Press, 1992.

(7)战争的规模可以得到有效控制;(8)主要现实威胁由苏联军事力量转变成与美国敌对的地区强国;(9)安全攸关区域从欧洲中心扩展至更广泛的地区。① 概言之,国际核秩序由"第一核时代"转型为"第二核时代"。

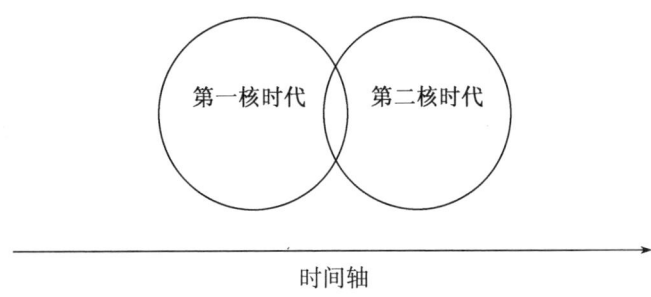

图1-1 "第一核时代"与"第二核时代"②

在"第二核时代",随着国际核安全环境的变化,国际核秩序呈现出以下特点:

第一,常规力量的威慑作用提升。冷战时期,核武器是美苏争霸的核心领域,也是两国外交与防务关系的基础,全球战略态势在很大程度上是由主要国家的核力量塑造的。但是,随着网络空间技术的发展,常规威慑力量的作用得到彰显。1991年美国在海湾开展的军事行动完全打破了第一次世界大战开启的大规模集团军群作战传统,常规威慑的效力为世人所认识。③ 由于核威慑与常规威慑功能的此消彼长,美国试图凭借常规力量优势称雄世界,因此致力于推动核裁军和反核扩散,降低核武器在国际安全中的地位。但是,在常规力量方面与美国存在明显差距的受其压制的其他大国则致力于推进核力量现代化。

---

① Les Aspin, *Annual Report to the President and the Congress*, Washington D. C.: U. S. Government Printing Office, 1994, p. 2.
② Paul Bracken, "The Second Nuclear Age", St. Martin's Griffin, November 26, 2013, p. 53.
③ 翟晓敏:《冷战后的美国军事战略——论当代美军战略转型》,陕西:陕西师范大学出版社,2004年,第46—49页。

第二,核角色增多,而且非国家行为体也谋求在核秩序中发挥作用。新的核角色的特点表现为:它们拥有秘密核计划;它们的核计划植根于其民族主义对自身国家安全和地区安全的担忧;它们愿意与其他核扩散者合作并容易受政治变革的影响。[1] 这些新核角色出现的根源在于以下几点。(1)随着大国核保护伞可信性下降,冷战后国际体系更具流动性和碎片化。该体系里历史上的敌对和不安全感迫使各国寻求单边安全出路。(2)冷战约束减弱导致世界不稳定性突出。(3)超级大国的核政策给国际核不扩散机制带来挑战。该机制的核心在于世界各国在政治上承担核不扩散义务,而不是在技术方面提出解决办法。冷战时期国际核军控最显著的进展是就核不扩散规范的全球性发展和强化。冷战后国际核领域的最显著特征则是,支撑国际核不扩散机制的国际社会在政治上发挥协调一致的功能。冷战后美国却给这种协调带来两种挑战:通过修改国际核不扩散机制的某些技术规则来加强该机制;以军事思想和观念来影响核不扩散问题。

另外,大量新兴的非国家行为体也谋求参与核秩序。非国家行为体包括政府间国际组织、非政府间国际组织、跨国公司和个人。随着经济相互依赖和全球性问题的出现,非国家行为体蓬勃发展。在 20 世纪,全球有 38000 个政府间组织和非政府间组织问世,差不多每天诞生 1 个。[2] 在冷战结束之前,由于美、苏尖锐对立,非国家行为体的影响力受到限制。冷战结束后,非国家行为体的能量得以释放。在全球治理领域,非国家行为体通过议程设置、社会宣传、政治游说和共同行动参与全球治理。但是,非国家行为体在全球治理方面起到正面作用的同时,也使国际安全变得更加复杂。

---

[1] Josiane Gabel, "The Role of U. S. Nuclear Weapons after September 11," *The Washington Quarterly*, Winter, 2004/2005, p. 184.

[2] Thomas G. Weiss, D. Conor Seyle, Kelsey Coolidge, The Rise of Non-State Actor in Global Governance: Opportunities and Limitations, https://acuns.org/wp-content/uploads/2013/11/gg-weiss.pdf, p. 7.

第三,国际核恐怖主义阴云不散。恐怖主义自古有之,但恐怖主义活动的大爆发是在冷战结束以后。造成这一现象的原因除了全球贫富分化加剧、西方国家对发展中国家奉行新殖民主义政策、宗教极端势力崛起之外,信息技术发展造成的传统媒体扩散和自媒体崛起也与之息息相关。[①] 冷战结束后,国际社会发生了诸如2001年"9·11"事件、2004年马德里连环爆炸案、2005年伦敦地铁爆炸案、2015年巴黎枪击事件、2016年德国维尔茨堡袭击事件等有重大伤亡的恐怖主义袭击事件。从统计数字看,冷战结束后全球范围内的恐怖主义袭击事件发生频率居高不下。为扩大影响,国际恐怖组织力图获得核武器。前基地组织首领本·拉登在1998年发布过一项名为"伊斯兰核炸弹"的声明,直言不讳地称"尽可能地搞到核武器对真主的敌人实施恐怖活动是穆斯林的一项义务"。[②] 本·拉登的上述声明并非危言耸听。早在1993年,基地组织的间谍贾马尔·阿迈德·阿尔-法德尔(Jamal Ahmad al-Fadl)就曾在苏丹四处活动,企图购买用于核武器制造的高浓铀。美军推翻阿富汗塔利班政权后在基地营地找到大量已下载的核武器资料。[③] 到目前为止,国际恐怖组织还没有使用包括"脏弹"在内的核武器实施作案,但鉴于目前国际防扩散机制尚不健全,恐怖分子利用偷窃、走私等手段获取核武器制造材料后进行组装的可能性无法排除。

---

① [美]奥德丽·克罗宁:《恐怖主义如何终结》,宋德星、蔡焱译,北京:金城出版社,2017年,前言部分。

② Graham Allison, Nuclear Terrorism Fact Sheet, April 2010, https://www.belfercenter.org/publication/nuclear-terrorism-fact-sheet; "US Terrorism Analyst Claims Osama Bin Laden has Purchased Former Soviet Tactical Nuclear Weapons," October 5, 1999, https://www.nti.org/analysis/articles/us-terrorism-analyst-claims-osama-bin-laden-has-purchased-former-soviet-tactical-nuclear-weapons/; Antonia Ward, Is Threat of Nuclear Terrorism Distracting Attention from More Realistic Threats? July 27, 2018, https://www.rand.org/blog/2018/07/is-the-threat-of-nuclear-terrorism-distracting-attention.html.

③ 中国国际战略研究基金会:《应对核恐怖主义:非国家行为体的核扩散与核安全》,北京:社会科学文献出版社,2012年,第18—19页。

由于恐怖主义势力和美国实力不对称，谋取核武器遂成为其对付美国的不对称手段。要消除核恐怖主义威胁，客观上要求美国中东政策改弦更张，国际社会在消除世界贫困与各国经济发展差距上下功夫。然而，美国反核恐怖主义政策却在某种程度上对国际社会反核恐怖主义努力产生了负面影响。冷战后美国把其反核扩散政策与其反恐政策混杂在一起，与打击其所谓的"邪恶轴心"国家联系在一起。"9·11"事件发生后，美国以"反恐"为名，毫无根据地把"无赖"国家污蔑为恐怖主义分子庇护者。2002年6月，美国总统小布什在纽约西点军校的讲话中声称："在朝鲜等'流氓国家'及其支持的恐怖分子能使用大规模杀伤性武器来对付我们之前，我们须做好准备以制止它们。"[①]他在这里重点列出了美国为"流氓国家"捏造的两项罪名：支持恐怖主义与开发大规模杀伤性武器。2008年10月，美国国务院宣布暂时将朝鲜从"支持恐怖主义国家"名单中除名。但2017年11月20日，美国再次将朝鲜列入支恐国家名单。至于其他国家，美国国务院的《2009年度全球恐怖主义形势报告》继续将伊朗、苏丹、古巴和叙利亚四国列入支恐国家黑名单。美国2010年的《核态势评估》报告虽声称美国不会对遵守《不扩散核武器条约》的国家首先使用核武器，但伊朗和朝鲜除外。在伊朗个案上，这是美国官方文件中第一次明确威胁使用核武器对付一个无核国家。[②] 2019年4月，美国总统特朗普宣布将伊朗伊斯兰革命卫队列为恐怖组织。这也是美国首次将一国武装力量列为恐怖组织。

　　需要指出的是，核恐怖主义不会由国家发动，它主要来自核黑市，而与国家联系不大。恐怖主义分子也不大可能从美国所称的"无赖国家"手里获得核

---

① President Bush Delivers Graduation Speech at West Point, United States Military Academy, West Point, New York, http://www.whitehouse.gov/news/releases/2002/06/20020601-3.html.

② Kayhan Barzegar, "Nuclear Terrorism, Iran and the NPR," 26 April, 2010, http://www.worldbulletin.net/news_detail.php?id=57644.

材料,这些国家不大可能故意把核武器提供给恐怖主义组织。一个核国家把它最有力的武器提供给恐怖主义分子不仅不理智,而且该武器还有可能反过来威胁到提供这一武器的国家本身。受核恐怖主义袭击的国家将会对提供核武器给恐怖主义分子的国家进行猛烈反击。这一预期也使核国家不敢轻易把其核武器提供给恐怖主义分子。这就意味着恐怖主义势力获得核材料最有可能的途径是通过非法购买或是偷窃。核恐怖主义离不开全球非法经济。要想防止这种情况的发生,美国核不扩散的重心应从所谓"无赖国家"转向那些不能对非法活动进行有效防范的国家。美国把朝鲜与伊朗等国与恐怖主义不加区别地混杂在一起,只会增加国际社会解决地区核问题的难度,从而不利于冷战后国际核秩序的稳定。

第四,地区核问题严重影响了国际核秩序的稳定。地区核问题具有如下特点:它们大都发生在世界上具有地缘战略意义的地区,如东亚、中东与南亚等;它们的产生与发展不仅涉及直接当事国的国家利益,而且也与大国及地区国家的利益相关;都对冷战后的地区与国际安全产生严重影响;其发展变化都受到国际与地区格局的制约;都对冷战后核秩序构成了严峻挑战。目前,这些核问题中,伊拉克与利比亚核问题已得到解决,但其解决方式与其领导人的最终命运却对其他地区核问题产生了负面影响。印度、巴基斯坦与朝鲜核问题发展的结果则产生了三个核国家。伊朗核问题的发展变化不仅对中东地区安全构成了挑战,甚至还引发了某些中东国家的核开发欲望。2006年12月,海湾合作委员会六国首脑会议决定着手制定核能联合开发计划。[①] 2018年3月,沙特王储穆罕默德·本·萨勒曼表示,如果伊朗实现核武化,沙特将走同样道路。

第五,冷战结束与美俄关系的缓和为签署新的核裁军条约创造了条件。

[①] Jalil Roshandel, "Commentary: New wave of nuclear development," http://www.metimes.com/storyview.php? StoryID=20070321-050702-1082r.

2010年,美俄达成《美俄新削减战略武器条约》。1996年,国际社会又达成新的限制核武研发条约,其中以《全面禁止核试验条约》最具代表性。

第二节 冷战后国际核治理面临的挑战

冷战结束后,冷战约束机制消失,国际战略环境、地区安全环境以及国际核安全环境的变化等导致国际核治理面临严峻挑战。

一、国际核治理中的不公正性加剧

国际核治理本来就存在着不合理、不公正之处,但冷战后这一不公正性有所加剧。主权国家与国际组织是国际核秩序的行为主体,拥有合法地位的核国家与无核国家是国际核秩序内主权国家的国家身份,但国家身份的差别导致核秩序内主权国家在实力等级、地位以及权利与义务上存在差异。国际核秩序主体就是核国家与无核国家各自担负其核军控条约义务。《不扩散核武器条约》明确规定了核国家与无核国家的国际责任与义务:核国家不得向无核国家直接或间接转让核武器,不帮助无核国家制造核武器,停止核军备竞赛,进行核裁军;无核国家保证不研制、不接受和不谋求核武器;核国家把其和平核设施置于国际原子能机构监督之下。此条约确认了任何国家都有和平利用核能的权利。作为交换,无核国家同意不研发核武器,接受对其和平核活动实施预防措施。尽管条约没对核国家核裁军设立最后期限,但它要求核国家进行核裁军。

现存国际核治理中不公正的第一个主要表现是核国家与无核国家的权利与义务不对等导致它们在国家安全方面的不平等。现在几乎所有《不扩散核武器条约》的无核成员国已履行了其条约义务,但某些核国家却违背了条约义务。《不扩散核武器条约》明文规定核国家须保证不首先使用核武器,不对无核国家使用或威胁使用核武器,保证不搞核讹诈。可是尽到了保证不首先使用核武器义务的大国,只有中国。近年来,作为最大拥核国的美国在冷战后不仅不承担相应责任,反倒不断强调核武器的作用并提高核武器在其国家安全战略中的地位,不断推进其核武库的升级换代,不断滥用核力量,不断降低其核武器的使用门槛,不断用核武器威胁、恐吓其他国家,公然把核威慑作为维护其霸权的最重要手段,使得全世界特别是不愿意臣服于美国的无核国家无法具有安全感。

核国家与无核国家权利与义务的不对等导致它们在国家安全方面的不平等,这主要表现在防核扩散成了某些国家谋取地缘安全利益的工具,成为其不断发动战争的借口。冷战后美国核战略服务其全球和地区战略目标的本质没改。美国采取该核战略除了要阻止所谓"不负责任"的国家或非国家行为体发动核袭击的可能这个公开原因外,其背后更重要的考虑是防止更多国家获得拥有核武器后的那种外交杠杆。这些因素加重了与美国有矛盾的无核国家在安全方面的不平等,刺激了这些国家核武器研发的欲望。这就使这些国家在其国家安全问题得不到保证之前,不会轻易对美国让步,而美国与它们之间的核争端又使冷战后的国际核秩序面临严峻挑战。

现存国际核治理中不公正的第二个主要表现是国际核领域的话语权掌握在核大国特别是超级大国手里,无核国家与中小国家在现存国际核治理中失语严重。例如,美国在应对进行核开发的无核国家时,通常会极力利用自己在核领域的话语权等软实力,制造不利于其对手的舆论环境,例如给朝鲜等国扣上诸如"流氓国家""支持恐怖主义"之类的帽子。在无核国家根据《不扩散核武器条约》所应享有的权利与承担的义务方面,冷战后防核扩散机制存在着强化无核国家的义务而淡化其应享有的权利的倾向。对无核国家是否有权从事既可用于核武器也可用于民用核能的两用核技术,条约没有明确答案。在伊朗核问题方面,美国将伊朗浓缩铀活动看作发展核武的前奏,伊朗则将其解释为该国应享有的权利。由于《不扩散核武器条约》对此没有明确规定,造成了美伊各说各话。

冷战后国际组织在维护国际核秩序方面的功能弱化表现在超级大国在处理核扩散问题时,对有关国际组织的态度是合则用,不合则把其丢在一边。例如在伊拉克核问题上,美国利用联合国安理会与国际原子能机构对伊拉克核设施进行了核查,在确认伊拉克没有核武器后,它就绕过安理会单方面对伊拉克发动了打击,这无疑大大损害了联合国安理会与国际原子能机构等在冷战后核秩序中应有的权威。在应对伊朗与朝鲜核问题方面,美国还极力推动联合国安理会等国际组织对这两国进行强力制裁。但有关国际组织却几乎没有对美国核战略中的单边主义以及不履行其核裁军义务等进行谴责、批评,更不要说进行制裁了。这也导致相关国家对联合国安理会等国际组织的权威性产生怀疑,也不怎么理会联合国安理会的制裁决议。

二、《不扩散核武器条约》的瑕疵问题没有得到解决

《不扩散核武器条约》作为核军备控制的"宪法性"条约,是国际防止核武器扩散治理机制的核心。该条约于1968年7月1日签署,1970年生效,主要内容包括不转让和不扩散核武器、核保障监督、和平利用核能、裁军义务、条约修改、生效和期限,以及退约程序等。在不转让和不扩散核武器方面,条约规定核武器国家不得"直接或间接向任何接受国转让核武器或其他核爆炸装置或对这种武器或爆炸装置的控制权;并不以任何方式协助、鼓励或引导任何无核武器国家制造或以其他方式取得核武器或其他核爆炸装置或对这种武器或爆炸装置的控制权";无核武器国家不得"直接或间接从任何让与国接受核武器或其他核爆炸装置或对这种武器或爆炸装置的控制权的转让;不制造或以其他方式取得核武器或其他核爆炸装置;也不寻求或接受在制造核武器或其

他核爆炸装置方面的任何协助"。但是,该部分内容存在如下重大缺陷:

首先,核武器国家身份问题。条约将1967年1月1日前拥有核武器的国家,即美国、苏联、英国、法国、中国等五国视为法定拥核国家,但是该日期之后拥有核武器的国家,即以色列、印度、巴基斯坦、朝鲜等国如何处理?如果上述国家被赋予核武器国家身份,会强烈刺激其他国家谋取核武器;如果不赋予这一身份,这些国家在国际法上就不承担不扩散义务,从而导致《不扩散核武器条约》的效力大打折扣。

其次,条款中"制造"一词语义模糊。在谈判时,美国代表提出的解释是"有事实表明某行为目的是获取核爆炸装置,因而可能会不遵守条约"。根据这一解释,制造实验室用的核爆炸装置或"样弹"属于"制造核武器"范畴,但问题是,该条约并未赋予国际原子能机构核查缔约国是否拥有发展"核样弹"装置或核武器部件的权利。

再次,该条约没有明确规范无核武器缔约国协助非《不扩散核武器条约》缔约国"制造"核武器的条款。还有一点需要注意的是,美国在《不扩散核武器条约》谈判过程中发表过一项"战时保留权"的解释性声明,称该条约在战争发生时停止生效,意在美苏爆发战争时,北约盟国可以不受国际法约束参与和行使"核分享"安排。

最后,《不扩散核武器条约》在核材料控制方面存在重要瑕疵。制造核武器需要具备一定数量的武器级裂变材料,为防止核武器扩散,必须对裂变材料进行控制。这也是《不扩散核武器条约》重点规定的内容,即核保障条款。条约第三条就是"核保障条款",第三条第1款规定"每个无核武器的缔约国承诺接受按照国际原子能机构规约及该机构的保障制度与该机构谈判缔结的协定中所规定的各项保障措施,其目的专为核查本国根据本条约所承担的义务的履行情况,以防止将核能从和平用途转用于核武器或其他核爆炸装置。原料或特殊裂变物质,无论是正在任何主要核设施内生产、处理或使用,或在任何这种设施之外,均应遵从本条所要求的保障措施的程序。本条所要求的各种保障措施应适用于该国领土之内,其管辖之下或其控制之下的任何地方进行的一切和平核活动中的一切原料或特殊裂变物质"。第三条第 2 款规定:"每个缔约国承诺不将(a)原料或特殊裂变物质,或(b)特别为处理、使用或生产特殊裂变物质而设计或配备的设备或材料,提供给任何无核武器国家,以用于和平的目的,除非这种原料或特殊裂变物质受本条所要求的各种保障措施的约束。"为保障上述条款的执行,国际社会于 1957 年成立了国际原子能机构(IAEA),用于履行缔约国的核查职能,令无核武器缔约国获得的核项目不用于军事目的。客观地说,《不扩散核武器条约》的核保障条款在防止核武器扩散方面发挥了重大作用,但仍有一些不完善之处。首先,在条约的实际执行过程中,部分国家以"军事秘密"为由不让国际原子能机构进行核查。其次,《不扩散核武器条约》对非缔约国的核活动缺少约束力。尽管国际社会努力寻求对非缔约国实施全面的保障监督措施,但少数核供应国为了追求商业利润,仍然为其提供核材料和设备。最后,国际社会尚未建立国际钚贮存库(IPS)。国际原子能机构要求成员国不得拥有超过和平利用核能的特种裂变材料。但是,由于测量方面存在很大的不确定性,难以对大量可用于制造核武器的核材料实施保障监督。更重要的是,由于缔约国在撤走所贮存材料的程序方面存在争议,国际钚贮存库尚未建立起来。部分缔约国利用核电站运营产生的核废料进行后处理,得到了大量核燃料。1988 年,美国与日本签署了《日美核能协定》,允许日本在国际原子能机构监督之下从事铀浓缩和核废料处理。美国甚至还给日本提供了 300 千克武器级钚帮助其推进核能研究。[①] 经过数十年累积,以六所村再处理工厂(Rokkasho Reprocessing Plant)为代表的日本核

[①] 《日本推扩大钚储备计划引发核扩散担忧》,纽约时报中文网,https://cn.nytimes.com/asia-pacific/20140414/c14nuclear/。

燃料处理企业已为日本提炼出了47吨钚,远远超出核电站的发电需要,引起国际社会的极大担忧。

还有一点需要指出的是,根据《不扩散核武器条约》,无核武器国家放弃发展核武器加入该条约可取得和平利用核能的权利,但是某些国家却钻了这一条款的空子,在"和平利用核能"上作文章。核裂变可以释放出大量能量。从理论上推算,0.9千克核燃料裂变释放出的能量相当于295万吨标准煤释放出的能量,利用核能发电对缺少能源的国家吸引力更大。条约第四条第2款规定:"所有缔约国承诺促进并有权参加在最大可能范围内为和平利用核能而交换设备、材料和科学技术情报。"为减少一些国家打着和平利用核能的幌子发展核武器,美国力推在核电站采用轻水反应堆。轻水反应堆相对于重水反应堆而言,是以普通的水和汽水混合物作为冷却剂和慢化剂的反应堆。它有两种基本类型:压水反应堆(Pressured Water Reactors)和沸水反应堆(Boiling Water Reactor)。与重水反应堆相比,轻水反应堆对防止核燃料用于军事目的有三个优点。首先,轻水反应堆产生的钚较少。其次,很难用化学再处理的方法进行提炼。轻水反应堆中燃料的放射时间比较长,即燃烧程度高,因此放射性强,这就使得提炼技术和防护技术门槛高。最后,轻水反应堆在添加原料时需要关机,比较容易监督核燃料的使用情况和燃料流向。基于上述几点,国际原子能机构甚至一度认为轻水反应堆中产生的钚不可能用于核武器制造。但实际上,国际原子能机构的估计过于乐观了,生产10亿瓦电能的轻水反应堆每年可产生出250千克的钚(制造核弹头大约只需要5千克钚)。核武器扩散的关键是控制核裂变材料,即武器级高浓缩铀或钚。但是,对轻水反应堆产生的钚进行提炼并非难事。随着气体离心技术的发展,拥有生产低浓缩铀的气体离心厂就可以很容易地将低浓缩铀精炼成武器级的铀。以低浓缩铀制成的二氧化铀燃料球,进行浓缩时可以越过由铀矿提炼成气体六氟化铀所需要经过的六道程序。① 换句话说,标准的轻水反应堆可以作为反生钚的反应堆。如果轻水反应堆落入恐怖分子手里,会给国际社会造成重大的安全问题。但是,部分怀有长远目的的国家千方百计地获得国际社会许可,建设轻水反应堆,对核能进行所谓"和平利用"。如 2010 年,沙特阿拉伯王国在首都利雅得建立了阿卜杜拉国王原子能和可再生能源城(King Abdullah City for Atomic and Renewable Energy,KACARE),次年宣布计划建造 16 座轻水反应堆。阿里·艾哈迈德在《原子科学家公告》杂志上认为:"沙特阿拉伯王国追求核技术的动机并非基于能源方面的经济考虑,而是基于更加复杂的安全与政治盘算。"②卫星图片显示,沙特的首个实验性反应堆在 2019 年已初现雏形,大大超过国际社会的预期。虽然到访沙特的美国国务卿蓬佩奥表示决不允许沙特制造核武器,但仍然难解国际社会对沙特阿拉伯王国核计划的忧虑。③ 从现实国际政治和媒体披露出来的信息看,类似沙特这样的案例绝非个别,而《不扩散核武器条约》的保障监督条款对之却难以发挥理想的效能。

三、主要核武器国家竞相推动核力量现代化

核秩序的稳定基于核力量对比的平衡,它也是核治理的基础。但是,随着大国地缘政治竞争日趋激烈,主要核国家开始投入巨资推进本国核力量的现代化,形成核武器的纵向扩散,从而动摇了冷战后核秩序的基础。

美国方面,奥巴马与特朗普政府时期,美国核政策的根本目标仍是维护其核领域的主导地位、超级大国地位、绝对国家安全与在世界具有重要地缘战略

---

① Henry Sokolski, *Taming the Next Set of Strategic Weapons Threats*, Lulu. com, 2014, chapter 5.
② Ali Ahmad, "The Saudi Proliferation Questions," December 17, 2013, http://thebulletin. org/saudi-proliferation-question.
③ Jim Green, "Saudi Arabia's Nuclear Power Program and Its Weapons Ambitions," September 18, 2014, https://www. wiseinternational. org/nuclear-monitor/791/saudi-arabias-nuclear-power-program-and-its-weapons-ambitions?.

意义地区的地缘政治利益。为此,两个时期都启动了美国核武库的大规模现代化计划。奥巴马政府时期,美国核现代化计划设想对美国三位一体核力量予以整体更新,开发新一代弹道导弹核潜艇、洲际弹道导弹、轰炸机、核巡航导弹,该计划在25年内的总投入估计高达1.2万亿美元。[1]

特朗普政府上台后,美国夸大国际核安全环境的不确定性与其面临的多样化核威胁,以此为借口极力推动奥巴马政府出台的核武器现代化计划。2017年3月16日,白宫管理和预算办公室(OMB)发布了《美国第一——让美国再次强大的预算蓝图》,美国2018财政年度用于核开发的预算增长了11%,这充分体现了特朗普的核武器现代化雄心。[2] 这份预算纲要声称这一增长"表明了政府确保我们拥有一个几乎无人能及的核力量"[3]。美国2017年《国家安全战略报告》也指出:"维持美国核武库和基础设施需要大量投资,以在未来几十年内能够应对国家安全威胁。"[4]美国2018年《核态势评估》报告更是将美国核现代化计划具体化。该报告指出:"未来十年将需要持续投资,以确保国家核安全管理局能以必要速度交付评估所指出的三种核武器,以支持美国在2030年及以后的核威慑战略。哥伦比亚计划将交付至少12艘哥伦比亚级潜艇以取代目前的俄亥俄级潜艇舰队。陆基战略威慑计划准备在2029年取代民兵-3式导弹。美国已开发和部署了名为'突袭者'(Raider)的下一代轰炸机B-21。目前非战略核力量只包括一小批B61重力炸弹,由F-15E和盟国核常兼备飞机(DCA)携带。美国正将核能力纳入可前沿部署、

---

[1] Alexander Glaser and Zia Mian, "Japan and U. S. Nuclear Arms Control and Disarmament Policy Under the Trump Administration: A Look into the Cloudy Crystal Ball," April 15, 2017, http://apjjf.org/2017/08/Glaser.html.

[2] Office of Management and Budget, "America First: A Budget Blueprint to Make America Great Again," 16 March 16, 2017.

[3] Office of Management and Budget, "America First: A Budget Blueprint to Make America Great Again," 16 March 16, 2017.

[4] *National Security Strategy of the United States of America*, December 2017, https://www.whitehouse.gov/wp-content/uploads/2017/12/NSS-Final-12-18-2017-0905-2.pdf.

具有核投射能力的 F-35 战机,更替目前老旧的核常兼备飞机。"①

除了出台文件对核现代化予以战略规划外,特朗普政府还积极将该计划付诸实施。在新型核炸弹开发方面,美国国家核安全局 2017 年 8 月发布公告称,美国空军于 8 月 8 日在内华达州托诺帕试验场成功完成了 B61-12 型重力核炸弹的第二次质量鉴定飞行试验。② 该型核炸弹是 B61 系列核炸弹中的一种新型号。为了未来替换老旧的现役核炸弹,美国在融合已有 B61-3、B61-4 和 B61-10 三型战术核炸弹性能基础上研发了该型核炸弹。B61-12 具有打击精度高、可由多种机型搭载,且可在 300 吨、5000 吨、10000 吨和 50000 吨之间灵活选择当量的性能优势,并可能在未来"有限核战争"、常规战争乃至"定点清除"中作为一种"可用的核武器"被使用。美军将从 2020 年起开始实战部署该型核炸弹。③ 按照美国核力量现代化计划,美国将在 2025 年之前生产约 480 枚该型核炸弹,并部署在德国等 5 个国家的 6 个空军基地。在新型核导弹上,美国空军于 2017 年 8 月初先后签署了下一代核空射巡航导弹项目和陆基洲际弹道导弹项目相关的重要合同,标志着美国空军所有战略核武器均进入更新发展阶段。其中,美国空军核武器中心分别与洛克希德·马丁公司、雷神公司签订了总价值达 18 亿美元的"远程防区外"武器项目合同,计划在 2022 年完成新型核空射巡航导弹的研制,并最终生产 1000 枚该型导弹,到 2030 年彻底取代自 1986 年就开始服役的 AGM-86 空射巡航导弹。未来这种新型巡航导弹将配装在 B-21、B-2A 和 B-52 三类核轰炸机上。

---

① Office of the Secretary of Defense, *Nuclear Posture Review*, February 2, 2018, https://media.defense.gov/2018/Feb/02/2001872886/-1/-1/1/2018-NUCLEAR-POSTURE-REVIEW-FINAL-REPORT.PDF.

② National Nuclear Security Administration, B61-12 Continues to Meet Qualification Test Schedule, August 28, 2017, https://nnsa.energy.gov/mediaroom/pressreleases/b61-12-continues-meet-qualification-test-schedule.

③ National Nuclear Security Administration, NNSA Reaches Important Milestone with B61-12 Life Extension Program, August 1, 2016, https://nnsa.energy.gov/mediaroom/pressreleases/nnsa-reaches-important-milestone-b61-12-life-extension-program.

同时美国空军近年来还在尽力推动成本高昂的"陆基战略威慑系统"项目,以求最终取代已服役 45 年的 LGM-30G"民兵-3"陆基弹道导弹。①

俄罗斯方面,尽管近年来经济发展因原油价格下降受到重挫,但俄罗斯依然将致力于提升战略核力量作为大国复兴的基石,并为此提出了一些新构想,增强战略核力量的打击能力。② 在陆基核力量现代化方面,据美国估计,除 RS-24 外,俄罗斯正在研制的新型超级重型洲际弹道导弹 RS-28"萨尔马特人"(北约编号 SS-X-30"撒旦"2)将于 2020 年服役。"萨尔马特人"可携带 10 枚重型核弹头或 15 枚轻型核弹头,能挂载在高超音速飞行器(hypersonic glide vehicle)YU-71 上。③"伊斯坎德尔"-M1 是俄对抗美国及北约的"撒手锏",每个"伊斯坎德尔"-M1 旅编 3 个导弹营,每营装备 4 套"伊斯坎德尔"-M1 系统,每套系统备弹 4 枚;每旅共编配 12 辆机动发射车、12 辆运输装填车、11 辆指挥控制车、1 辆维修保障车、1 套数据处理系统,还包括若干的弹道导弹和巡航导弹储备。俄陆军 2014 年在西部军区部署 2 个"伊斯坎德尔-M1"导弹旅,又于 2016 年 10 月在飞地加里宁格勒(距美国在波兰的贝斯基德导弹基地仅 300 多千米)进行了部署。俄国防部 2011 年与 KBM 设计局签订了一份长期供货合同,每年交付 2 个旅的"伊斯坎德尔-M1"导弹系统,2013 年 6 月交付了首个旅,2018 年 11 月交付了第 12 个旅。根据俄国防部部长绍伊古 2019 年 1 月宣布的计划,俄陆军已于 2019 年底接收了第 13 个旅,从而全部完成"伊斯坎德尔"-M1 系统的交付与换装任务,使所有导弹旅都装备"伊斯坎德尔"-M1 系统。另外,俄在 2019 年还完成:S-350"勇士"近中程防

---

① National Nuclear Security Administration, B61-12 Continues to Meet Qualification Test Schedule, August 28, 2017, https://nnsa.energy.gov/mediaroom/pressreleases/b61-12-continues-meet-qualification-test-schedule.

② U.S. Department of Defense, "The Nuclear Posture Review," February 2, 2018, https://www.defense.gov/News/SpecialReports/2018NuclearPostureReview.aspx, p. 9.

③ Franz-Stefan Gady, "Russia Inducted 80 New ICBMs in Last 5 Years," January 4, 2018, https://thediplomat.com/2018/01/russia-inducted-80-new-icbms-in-last-5-years.

空导弹系统的升级工作，并交付列装了首批系统；最新改进型米－26T2V重型运输直升机的初步试验，并首批订购10架。在空基核力量现代化方面，俄空天军新型轰炸机原型机完成方案设计，图波列夫设计局喀山航空厂开始制造，按计划于2025年首飞。俄空天军持续推动图－160M2的生产和图－22M3M的试飞，图－95轰炸机于2019年5月开始换装NK－12MPM发动机，进一步提升了航程和有效载荷。在海基核力量现代化方面，俄"北风之神－A"级战略核潜艇首艇完成国家试验，成功发射鱼雷击中水面和水下目标，并首次成功试射"布拉瓦"RSM－56洲际弹道导弹。据美国CNN报道，俄罗斯正在对位于加里宁格勒的核武器储存库进行大规模的现代化改造。①

英、法是美、俄之外的两个重要核武器国家，它们也将核力量的现代化列入优先完成的任务。英国在2007年经议会投票，通过了一项在21世纪30年代前维持英国核威慑能力的项目。英国政府2015年的《战略防卫和安全评估》再次确认了英国将作为一个"独立、小规模但值得信赖的"核力量。2016年，英国议会也以压倒性的投票重申了维持海上核威慑力量的立场。英国政府在2019年的宣言中承诺，将会维持现有的三叉戟导弹核威慑，这是英国安全的根本。② 为了维护英国的国家安全和北约盟友的安全，英国在2019年投入了116亿美元用于其无畏级战略导弹核潜艇的弹头更新计划③。同年5月，英国国防部确认了将会在改进三叉戟核弹头方面"提供更好的选项和技术

---

① CNN, "New Satellite Images Suggest Military Buildup in Russia's Strategic Baltic Enclave," https://www.unian.info/world/10303203-cnn-new-satellite-images-suggest-military-buildup-in-russias-strategic-baltic-enclave.html.

② Defence Secretary Announces Programme to Replace the UK's Nuclear Warhead, https://www.gov.uk/government/news/defence-secretary-announces-programme-to-replace-the-uks-nuclear-warhead.

③ DWP, Benefit Expenditure and Case Load Tables 2018, Table 1b; MOD, Defence departmental resources, 2019.

手段来满足政府的要求"。①

2008年时任法国总统萨科齐表示法国的核武库核弹头存量将会减至300枚以下,但也重申法国致力于核威慑,将其比作"国家的生命保险"。奥朗德和马克龙分别在2015年和2017年重申了此目标。② 奥朗德在2015年就承认法国的核力量由300枚核弹头和能够承担发射的48枚潜射洲际弹道导弹和54枚巡航导弹组成。2019年,法国的核弹头数量维持在300枚左右,大部分用于潜射发射,少部分用于战略轰炸机的空射巡航导弹发射。尽管法国的航空母舰戴高乐号通常不携带具有核打击能力的ASMP－A超声速核巡航导弹,但舰上装载有可以"快速部署"的备用导弹,以备执行核打击行动。根据法国国防部的计划,法国政府将会在2019至2023年拨款250亿欧元用于增强核力量。③ 其中,在2020年之前,所有潜艇都将配备更新的M51.2型潜射导弹,该型导弹可以携带TNO(tête nucléaire océanique)弹头,每枚导弹可携带最多6个15万吨级分导式多弹头装置,相比之前的TN75型弹头具有更好的隐身性能。同时,空客和赛峰集团正在开发新型号的M51.3潜射导弹,预计将于2025年完工。④ 2019年4月,法国和德国宣布合作开发第六代战斗机,该型战斗机将具备核武器投放能力。

印度和巴基斯坦是两个新兴的核国家。虽然财政资源有限,但两国在核武器的现代化方面却不吝金钱。印度的主要核力量是三到四支核轰炸中队,

---

① UK Parliamentary Records Concerning Trident Missiles, https://www.parliament.uk/business/publications/written-questions-answers-statements/written-question/Commons/2019-05-21/257003/.
② Hans M. Kristensen & Matt Korda (2019) French nuclear forces, 2019, Bulletin of the Atomic Scientists, 75:1, 51–55, DOI: 10.1080/00963402.2019.1556003.
③ Defense News: Macron Signs French Military Budget into Law, https://www.defensenews.com/global/europe/2018/07/16/macron-signs-french-military-budget-into-law-heres-what-the-armed-forces-are-getting/.
④ Defense News: Airbus and Safran Agree to Space Launcher Joint Venture, https://www.defensenews.com/space/2016/05/10/airbus-and-safran-agree-to-space-launcher-joint-venture/.

由旧型号的法国制幻影-2000和美洲豹IS/IB组成,直至2003年印度才开发出"烈火"洲际导弹,目前已有五代。此外,印度还配备"大地"系列型号的短程弹道导弹,目前已有两代,但大地-2仍在实验中。2019年6月,印度在夜间于东部奥迪沙邦一个综合试验场成功试射了一枚大地-2(Prithvi-Ⅱ)短程导弹①,同年11月在夜间成功试射了一枚"烈火-2"导弹,并于12月在夜间成功完成了"烈火-3"的发射。这一系列的夜间发射意味着印度陆基弹道导弹的测试保障水平有了提高。同时,印度为强化其潜射导弹能力,弥补旧型号K-15射程仅700千米的不足,于11月发布了新型号K-4的试射计划,射程将增加至3500千米。② 巴基斯坦核力量的发展在中等国家中独树一帜,它是唯一一个明确公开宣布开发战术核武器的国家。这一决定主要是针对印度的"冷启动学说",防止印度对其领土和武装力量进行报复性的、大规模的、远超巴基斯坦承受能力的常规攻击。巴基斯坦相信仅仅依靠常规力量是难以抵抗印度攻击的,因此选择了开发战术核武器。其战术核武器的基石是NASR(Hatf-9)短程弹道导弹,设计初射程仅为60千米,现已扩展到70千米。除此之外,巴基斯坦的战术核武器还包括陆基短程弹道导弹Hatf-2、Hatf-3、Hatf-7和空基巡航导弹Hatf-8。2019年1月,巴陆军战略部队司令部对其Nasr/Hatf-9近距离弹道核导弹进行了测试。根据巴基斯坦的一份官方声明,该实验旨在"测试极端条件下飞行稳定性,特别是其末端的稳定性",NASR导弹能够"通过精确打击,击败任何邻近国家已有或准备采购的弹道

---

① The Diplomat: India Test Fires Short-Range Nuclear-Capable Ballistic Missile, https://thediplomat.com/2019/06/india-test-fires-short-range-nuclear-capable-ballistic-missile/.
② The Economic Times: India to Test-Fire 3,500 km Range K-4 Nuclear Missile, https://economictimes.indiatimes.com/news/defence/india-to-test-fire-3500-km-range-k-4-nuclear-missile/articleshow/71934973.cms?utm_source=contentofinterest&utm_medium=text&utm_campaign=cppst.

导弹防御系统"。① 同年5月,巴基斯坦成功完成了沙欣-2(Shaheen-Ⅱ)型中程弹道导弹的试射,该型导弹可搭载核武器,部分实现了其"实现战略威慑稳定平衡"的需要。11月,为对抗印度"烈火-2"的首次夜间试射,巴基斯坦对沙欣-1型中程弹道导弹也进行了导弹测试,旨在提高其战略部队的应急反应能力。②

核武器的新晋国朝鲜在"特金会"失败后也加紧了对核力量的建设。朝鲜在2019年核力量现代化上的进展主要有五个成果。一是KN-23短程弹道导弹。朝鲜于2019年5月首次测试了该型导弹的发射,其射程涵盖韩国和日本,它配备有飞翼,可以进行低空飞行,具备一定的突防能力。③ 二是新型弹道导弹核潜艇。朝鲜于2019年7月披露了金正恩在造船厂中视察巨型潜艇制造的照片。④ 外界推测,尽管仍处在原型设计阶段,该型潜艇具备核导弹潜射能力。2019年10月3日,朝鲜成功试射了潜射弹道导弹"北极星-3",最大射程估计为2000千米。三是多级火箭推进技术。据朝中社2019年7月的报道,朝鲜已经对新型多级火箭推进系统进行了两次成功测试,金正恩对此非常满意。⑤ 该系统使其获得了更远的投射距离,且泄露出的构造表明它不仅仅是简单的"火箭",可能具有制导能力。四是成功试射了一种新型的短程弹道导弹。2019年8月,朝鲜称其成功试射了一种新型短程弹道导弹,金正恩亲临现场视察发射现场。该型导弹性能暂时不明,但是专家从官方的报道中分

---

① The Diplomat: Pakistan Conducts Second Nasr Nuclear-Capable Ballistic Missile Test in a Week, https://thediplomat.com/2019/02/pakistan-conducts-second-nasr-nuclear-capable-ballistic-missile-test-in-a-week/.

② India Today: Pakistan Successfully Conducts Test Launch of Surface-to-Surface Ballistic Missile, https://www.indiatoday.in/world/story/pakistan-successfully-conducts-test-launch-of-surface-to-surface-ballistic-missile-1620211-2019-11-18.

③ CSIS Missile Defense Project: KN-23, https://missilethreat.csis.org/missile/kn-23/.

④ NY News: Kim Jong Un Inspects "Newly-Built" Submarine, State Media Says, https://www.nknews.org/2019/07/kim-jong-un-inspects-newly-built-submarine-state-media-says/?c=1563869447449.

⑤ 38 North: North Korea Unveils New "Multiple Launch Guided Rocket System", https://www.38north.org/2019/08/vvandiepen080619/.

析认为,该型导弹具有移动发射能力,使用固体燃料,射程约 400 千米,略小于 KN-23 型导弹。分析者表示新型号的短程导弹战略定位与 KN-23 存在重合,外界猜测这两款导弹同时启动研发又同时获得了成功,都投入了生产。[1]五是大型火箭发动机研发取得突破。2017 年 12 月,朝鲜中央通讯社称,朝鲜已经成功掌握大型火箭发动机技术,这项技术"将对朝鲜的战略地位产生重大影响"。

上述核武器国家竞相推进核武器系统现代化的努力导致核军备竞赛抬头,国际核力量对比陷于不稳定状态,严重困扰着当前及未来相当长一段时期的核治理。

四、《反导条约》和《中导条约》失效对国际核治理构成严峻挑战

大国核力量的战略平衡是国际核秩序稳定与否的标志与核心内容。冷战后中俄两国与美国战略核力量的相对平衡仍有力地支撑着国际核秩序的稳定。但冷战后美国奉行霸权主义核战略,其突出表现是不顾国际社会的强烈反对先后单方面退出了《反导条约》与《中导条约》,严重冲击了国际核秩序,造成治理难题。

《反导条约》衍生自"相互确保摧毁"理论,该条约签署的背景是美苏两大对抗集团形成核僵局。在实践中如何让被威慑方相信威慑方会使用战略核力量对之进行报复是一个巨大的难题,因为核武器破坏力惊人,任何一方发动核打击都会被认为是"疯了",威慑也就被看成"讹诈",从而导致威慑失败。威慑的"可信性问题"(issue of credibility)遂成为核战略理论家关心的主题。[2]艾

---

[1] The New York Times: North Korea Says It Tested New Type of Missile, Further Enhancing Its Arsenal, https://www.nytimes.com/2019/08/11/world/asia/north-korea-missile-test.html.

[2] D. Marc Kilgour, Frank C. Zagare, "Credibility, Uncertainty, and Deterrence," *American Journal of Political Science*, Vol. 35, No. 2, 1991, pp. 305-334.

森豪威尔政府出台的"大规模报复"战略引发了学者们围绕核威慑"可信性问题"的激辩。1952年5月,美国国务卿杜勒斯在《生活》杂志上撰文称:"建立一支公开表明随时决心用来对付任何武装侵略事件的共同体惩罚力量,用自己选择的武器、对自己选择的目标、在自己选定的时间进行报复,其威慑力量将是压倒性的。"[1]1954年1月22日,参加柏林四国外长会议前,杜勒斯在纽约对外关系委员会发表演说,称"目前的基本决策是主要依靠一支庞大的报复力量,它能够用我们选择的武器与我们选择的地点立即进行报复"。[2] 这一战略即"大规模报复"战略。在辩论时,美国的战略学者们运用包括数理分析在内的各种分析方法,从打击目标选择和遂行首轮打击还是第二打击的角度对之进行了探讨。威廉·考夫曼在汲取冯·诺依曼的博弈论和赫尔曼·卡恩的逐步升级理论基本思想的基础上提出了打击军事目标的核战略。[3] 这一核战略思想的要点是,如果苏联对欧洲发动大规模常规战争,或者对美国发动核进攻,美军可以不像战略空军计划的那样用所有核力量进行回击,而是仅对城市以外的苏军部队、飞机跑道和导弹基地进行攻击。[4] 同时,美军向外宣布,它保留一部分核力量在第一次交锋之后苏联仍不停止进攻的情况下攻击苏联城市。考夫曼的这一核战略构想被称为"避开城市-适度反击"战略。[5] 考夫曼的上述核战略思想对麦克纳马拉产生了很大影响。在1962年11月21日提交的第二份总统备忘录中,麦克纳马拉为美国核力量确定了两个战略目标。

---

[1] Dulles, "A Policy of Boldness," *Life*, Vol. 32, May 1952, pp. 151–152;石斌:《杜勒斯与美国对苏战略》,北京:中国社会科学出版社,2004年,第143页。
[2] John F. Dulles, *Piety, Pragmatism, and Power in U. S. Foreign Policy*, p. 83.
[3] 参见[美]赫尔曼·康恩:《论逐步升级》,北京编译社译,北京:世界知识出版社,1965年。
[4] [美]德博拉·沙普利:《承诺与权力:麦克纳马拉的生活和时代》,李建波等译,南京:江苏人民出版社,1999年,第223页。
[5] 考夫曼在数理经济学家大卫·麦加维和弗兰克·特灵柯的协助下模拟美苏核大战中用核武器袭击城市和袭击军事目标的结果,发现用核武器袭击城市时,首轮袭击便会造成1.5亿人死亡和60%的工业生产能力被摧毁,如果采用"打击城市"的方法,可以避免1亿美国民的死亡。参见:张曙光:《威慑理论:美国国际战略学的一个重要领域》,载《美国研究》,1990年第2期,第31—60页。

"第一,确保美国拥有严密保护之下的报复力量,足以在敌人的全力攻击后生存下来,有能力在必要时有计划、有节制地回击并摧毁苏联城市。"第二个目的是减少损失,"不让敌人存有通过攻击我们的核力量取胜的侥幸心理"[1]。"避开城市-适度反击"的核战略思想虽得到官方认可,但也有不少人对此提出疑问。美军空军中将格伦·肯特认为,将"减少损失"作为美国政策的主要目标完全不可行。肯特的研究结果显示,综合运用反弹道导弹系统、民防和对敌人核力量发动进攻,虽然可以保住美国55%—60%的工业生产能力,但是代价高昂,如果美国花1美元来增强保护自己免于核攻击毁灭的体系,敌人只要用30美分加强进攻力量就可以抵消美国的努力。鉴于减少损失体系的技术费用巨大,而采取比较简单便宜的方法就可以使攻击力量倍增,因此进攻的一方总会获胜。肯特的这一研究结果对麦克纳马拉钟情的"避开城市-适度反击"战略当头浇了一盆冷水。当然,除了受肯特的研究结论的影响外,还有其他因素让美国决策层不再青眼于"避开城市-适度反击"的核战略思想:一是美国政治精英无法接受在苏联对美发动攻击后再进行核反击的理论,他们更钟情于先机制敌;二是打击军事力量需要核武器库库存充足,因为摧毁对方一个战略核导弹发射井至少需要两枚核弹头,[2]打击敌方军事力量的核战略为战略核力量部队扩大预算提供了依据,在20世纪60年代初,美军的战略核力量的预算达到150亿美元,已占国防预算的三分之一;三是受古巴导弹危机和柏林危机的影响,在这个时候推出"有节制的反应"的核战略有违"政治正确"。1964年12月,麦克纳马拉提交的核力量问题总统备忘录将"确保摧毁"作为美国核战略的核心,"减少损失"则退居次要考虑。围绕核威慑可信性的另一个问题

---

[1] [美]德博拉·沙普利:《承诺与权力:麦克纳马拉的生活和时代》,李建波等译,南京:江苏人民出版社,第223—224页。
[2] 参见[美]罗杰·斯皮德:《八十年代战略威慑》,秦志高译,北京:战士出版社,1983年,第53—72页。

是,到底是以第一次打击威胁对手有效还是以报复性的第二次打击威胁有效。数理学家、兰德公司研究员阿伯特·沃尔斯泰特(Albert J. Wohlstetter)认为,所冒风险大小是影响对抗各方决策的主要因素,在核时代,遂行先发制人打击可以极大地降低"风险",也就是说首先使用核武器打击对手所获取的战略价值要大于核报复所获得的战略价值。[①] 而以莫顿·卡普兰为代表的核战略理论家则坚持认为,威慑可信性来自反击控制(counter force dominance),即在遭到敌方首次核打击后能够保存住足以让敌人不可承受的报复能力。[②] 卡普兰的反击控制理论受到麦克纳马拉的青睐,上文提到的"确保摧毁"即来自这一思想。基于上述认识,自1965年起美国开始将美苏战略稳定建立在"确保相互摧毁"的基础之上。这一战略的核心内容是慑止对方发动第一次打击的企图,如果威慑失败有能力通过第二次核打击使之遭到其无法承受的损失。在这一思想的指导下,时任美国国防部部长的麦克纳马拉反对建立导弹防御系统,同时邀请苏联就军备控制问题举行谈判。经过多轮艰苦谈判,美苏于1972年5月签署了《限制反弹道导弹系统条约》(Treaty on the Limitation of Anti-Ballistic Missile Systems,ABM,简称《反导条约》)。条约规定,美苏双方只可以在以首都和洲际弹道导弹发射井为中心、半径150千米的区域内部署导弹防御系统。但是,部署在首都的导弹防御系统不得超过100个反弹道导弹发射架和100枚反弹道导弹拦截弹,部署的反弹道导弹雷达不得超过6部;部署在洲际弹道导弹发射井区域的弹道导弹防御系统不得超过100个反弹道导弹发射架和100枚反弹道导弹拦截弹,可部署2部大型相控阵反弹道导弹雷达和不超过18部小型反弹道导弹雷达。条约还规定美苏双方不研

[①] Albert J. Wohlstetter, "The Delicate Balance of Terror," *Foreign Affairs*, Vol. 37, No. 2, 1959, pp. 209–304.

[②] Morton Kaplan, The Strategy of Limited Retaliation, Center of Internal Studies, Policy Memorandum, No. 19, Princeton University, 1959.

制、试验或部署以海洋、空中、太空为基地的以及陆地机动的反弹道导弹系统及其组成部分。

《反导条约》把美苏的"恐怖平衡"固化下来,构成了全球战略稳定的基础。但是,必须看到,美国签署《反导条约》只是苏攻美守态势下的权宜之计,意在限制苏联发展战略核力量,它不会在实质上接受苏联与之"平起平坐",只要有可能,它就会无视甚至退出《反导条约》,以达到谋取核优势的目的。罗纳德·里根入主白宫后,开始积极利用美国在反导领域的技术优势,提出"战略防御计划"(Strategic Defense Initiative, SDI)。美国政府从1985年开始对《反导条约》进行重新解释。1990年伊拉克入侵克威特后,美国率领的联军部队发动了第一次海湾战争。当时的伊拉克拥有较强的导弹力量,部署了数种射程为70—900千米的弹道导弹。美国紧急动用战略空军部队把在欧洲的爱国者导弹运至以色列和沙特阿拉伯。在作战中,爱国者导弹发挥了重要作用。1991年1月20日,伊拉克军队向沙特首都利雅得发射了十枚导弹,其中两枚用于攻击美国空军基地达兰(Dhahran),被美军爱国者导弹拦截。美军将领查尔斯·霍尔纳(Charles A. Horner)在次日接受记者采访时称:"昨晚可以算是海湾战争的转折点。如果侯赛因击中了利雅得的空军基地,摧毁了六架空中预警机或者对达兰的F-15投放化学战剂的话,试想美国人民会怎么想,说不定会改变支持战争的意志。大家不要低估爱国者系统在这场战争中的价值。"[1]另外,在这场战争中,萨达姆·侯赛因为动员阿拉伯民族主义,于1991年1月18日起对未参加多国部队的以色列发动导弹袭击。这些导弹多半被爱国者导弹拦截下来。因为有爱国者导弹,以色列在战争中保持了克制,没有对伊拉克发动先发制人的大规模打击,从而在一定程度上避免了海湾战争的

---

[1] K. Scott McMahon, *Pursuit of the Shield: The US Quest for Limited Ballistic Missile Defense*, Lanham, Maryland: University Press of America, Inc., 1997, Chapter 4.

升级。爱国者弹道导弹拦截系统在海湾战争中的出色表现引起美国重视,老布什政府提出了"全球防御有限导弹攻击计划"(Global Protection Against Limited Strikes,GPALS)。克林顿政府时期,美国提出部署国家导弹防御系统(TMD)和战区导弹防御系统(NMD)计划。从国际法的角度讲,包括在海湾战争期间用爱国者系统拦截伊拉克导弹在内的上述美国行为已经违背了《反导条约》的第六条第 1 款的规定,即"对于反弹道导弹截击导弹、反弹道导弹发射架或反弹道导弹雷达以外的导弹、发射架或雷达,不应使它们拥有截击处在飞行轨道中的战略弹道导弹或其组成部分的能力,并且不用反弹道导弹的方式来试验它们"。对此,美国心知肚明,并提出与俄罗斯协商修改《反导条约》。鉴于和俄罗斯的谈判陷入困局以及国际社会的强烈反对,克林顿政府于 2000 年 9 月宣布推迟部署导弹防御系统。但是,共和党人乔治·沃克·布什当选美国总统后,美国的新保守主义占据了上风,导弹防御问题再次成为国家安全的争论焦点。2001 年 5 月,布什总统在美国国防大学发表演讲,称"较之于冷战时期,当前美国面临的最大威胁不是源于苏联的强大核武库,而是源于一些国家拥有的导弹……我们需要一种新的既有赖于进攻性武器也有赖于防御性武器的威慑战略"[①]。一心想部署导弹防御系统的布什政府借口"9·11"事件于 2001 年 12 月 13 日宣布退出《反导条约》。

美国不顾国际社会反对撕毁《反导条约》给冷战后国际核秩序带来严重冲击。首先,它强化了美国在核领域的优势地位。建立弹道导弹防御系统技术要求先进,费用巨大,就目前而言只有美国有能力建立较为成熟的导弹防御系统,而导弹防御系统的建立必然会削弱其他核大国的战略威慑力,从而使美国达到它所追求的所谓"绝对安全",这也是其他国家"不安全"的根源。其次,美

[①] "President Bush's Speech on Nuclear Strategy," *Arms Control Today*, Vol. 31, No. 5, June 2001.

国退出《反导条约》导致世界主要国家努力追求建立本国的反导系统。在美国的示范之下,同时也由于条约失效后没有了国际法的约束,世界主要国家都在努力构建本国的反导系统。美国的反导系统对俄罗斯的影响最大,直接打击了其复兴世界大国地位的努力。为反击美国,尽管经济能力有限,但俄还是投入巨资建立了国土反导系统和以 S-400 为代表的战区反导系统。除俄罗斯外,中国、以色列、印度、韩国和欧盟等均发展了各自的反导系统。再次,美国退出《反导条约》后,世界主要核大国投巨资对核武器系统进行现代化。为应对美国退出反导条约,俄罗斯启动了战略核力量现代化进程。2007 年,俄罗斯成功试射被称为"洲际导弹之王"的 RS-24 亚尔斯(PC-24 Ярс,北约编号 SS-29)。这种导弹是专门针对美国的反导系统设计的,射程可达 11000 千米,携带 3—6 枚当量为 15—50 万吨不等的核弹头(MIRVs)。[①] 2017 年 11 月,俄罗斯战略火箭部队参谋长亚历山大·潘诺马伦科中将(Lieutenant-General Alexander Ponomarenko)称,在过去 5 年里俄罗斯列装了 80 枚 RS-24 型洲际弹道导弹。据美国估计,除 RS-24 外,俄罗斯正在研制的新型超级重型洲际弹道导弹 RS-28"萨尔马特人"(北约编号 SS-X-30"撒旦"2)将于 2020 年服役。"萨尔马特人"可携带 10 枚重型核弹头或 15 枚轻型核弹头,能挂载在高超音速飞行器(hypersonic glide vehicle)YU-71 上。[②] 对于俄罗斯大力推进核力量现代化,美国国家情报委员会(U. S. National Intelligence Council)指责称:"在过去 20 年里,美国和俄罗斯的核战略相背而行,美国的目标是降低核武器在美国国家安全中的地位,而俄罗斯则致力于追求扩大核武器在国家安全中的地位。由于经济发展因原油价格下降受到重挫,俄罗斯

[①] Franz-Stefan Gady, "Russia Inducted 80 New ICBMs in Last 5 Years," January 4, 2018, https://thediplomat.com/2018/01/russia-inducted-80-new-icbms-in-last-5-years.

[②] Franz-Stefan Gady, "Russia Inducted 80 New ICBMs in Last 5 Years," January 4, 2018, https://thediplomat.com/2018/01/russia-inducted-80-new-icbms-in-last-5-years.

选择以提升战略核力量作为大国复兴的基石,并为此提出了一些新构想,增强战略核力量的打击能力。"[1]为突破美国弹道导弹拦截网,中国研制出了机动固体燃料弹道导弹、分导式重返大气层载具(MIRVs)和新一代核动力弹道导弹潜艇,这使中国的战略核力量有了质的提升。印度也拥有了洲际弹道导弹,其海基核力量正在形成作战能力。简言之,美国退出《反导条约》牵动的国际核军备竞赛使主要大国核力量态势发展复杂化。最后,大国竞相发展高超音速武器。发展高超音速武器是突破美国导弹防御网的重要方法之一。据媒体报道,俄罗斯研发出了一种名为"匕首"的高超音速武器,速度可以达到10马赫。2018年12月,俄罗斯对"先锋"高超音速导弹进行了最后一次试射,总统普京亲自前往指导。此次试射的"先锋"高超音速导弹的速度达到20马赫,飞行6000千米后准确命中目标。[2] 据媒体报道,中国的高超音速武器在世界上亦属领先水平,其中WU-14高超音速飞行器和"星空2号"承波体高超音速巡航导弹(HCM)的性能得到世界公认,后者"可以突破任何反导系统"。2019年中国国庆阅兵中展示了一款高超音速武器——东风-17。印度也在努力发展高超音速武器,它对烈火-1弹道导弹进行改装,于2019年6月进行了首次试射。尽管这次试验以失败告终,但印度发展高超音速武器的脚步不会停止。鉴于中俄在高超音速武器领域取得巨大成就,美国每年也在该领域投入巨资(超过10亿美元)进行研究。美、俄、中、印等国在高超音速武器领域形成竞争态势,用科罗拉多大学博尔德分校的航空工程师伊恩·博伊德的说法:"这是登月竞赛式的竞争。"[3]此外,中俄高超音速武器的发展也迫使美国不得不升

---

[1] U. S. Department of Defense, "The Nuclear Posture Review," February 2, 2018, https://www. defense. gov/News/SpecialReports/2018NuclearPostureReview. aspx,p. 9.
[2] 《先锋高超音速导弹最后试射,普京现场助阵,俄罗斯后期发力很猛》,米尔军事网,2008年12月31日,https://baijiahao. baidu. com/s? id=1621178753583466831&wfr=spider&for=pc。
[3] 《美媒:中国高超音速武器破坏性太强 几乎不可能击落》,新浪军事,2020年1月13日,http://mil. news. sina. com. cn/china/2020-01-13/doc-iihnzhha2121326. shtml。

级导弹防御系统,使之成为美国财政上的巨大负担,这不能不说是对美国全力推进导弹防御系统建设的讽刺。

在退出《反导条约》后,美国又于2018年10月宣布退出《中导条约》。中程弹道导弹由于造价低,使用灵活,核常兼备,是一种实战性武器。1977年,苏联开始在欧洲部署SS-20弹道导弹。该款弹道射程为5000千米,采用固体燃料,机动性强,可携带3枚核弹头,误差也只有300—400米。为应对苏联在欧洲的核优势,北约外长和国防部部长在1979年12月召开的会议上通过了一个"双重决议",即推动北约战区核力量现代化和支持美国与苏联开展关于中程弹道导弹的谈判。美国威胁称,如果美苏到1983年底达不成协议,美国将用五年的时间在欧洲分阶段部署包括弹道导弹潘兴-Ⅱ在内的572枚新式中程导弹,其中108枚潘兴-Ⅱ导弹全部部署在联邦德国,余下的464枚巡航导弹分别部署在英国(160枚)、意大利(112枚)、联邦德国(96枚)、比利时(48枚)和荷兰(48枚)。美苏两国在欧洲的中程导弹军备竞赛拉开帷幕。美苏在欧洲的军备竞赛引起国际社会不安,西欧掀起了声势浩大的反核和平运动,美苏两国决策层也面临国内压力,于是从1981年11月底开始,两国围绕中程导弹问题进行谈判。此次谈判旷日持久,斗争激烈。谈判初期,苏联政治领导人更换频繁,勃列日涅夫、安德罗波夫和契尔年科先后去世,1985年,年仅54岁的戈尔巴乔夫成为苏联最高领导人。在谈判时,美国提出"零点方案",要求美苏两国在全球范围内销毁所有陆基中程导弹,而苏联则要求"一揽子"解决中程导弹问题,应将陆基、海基和空基中程导弹全部销毁,并要求把其他西方国家的中程导弹也纳入销毁范围。[①] 里根认为,苏联必然会在谈判中做出让步,因为"1986年,我们获得越来越多的证据表明,苏联经济已经陷入

[①] Avis Bohlen, William Burns, Steven Pifer, John Woodworth, "The Treaty on Intermediate Range Nuclear Forces: History and Lessons Learned," *Brookings Institute Arms Control Series Paper*, No. 9, December 2012, p. 9.

可怕的困难境地。这使得我们相信,如果不出现意外,苏联经济的糟糕状况将迫使戈尔巴乔夫在削减军备的问题上转变立场"[1]。果不出美国所料,急欲摆脱困境的戈尔巴乔夫寻求妥协。他借1987年联邦德国青年鲁斯特驾机独闯莫斯科红场事件之机撤掉立场强硬的国防部部长索洛科夫。戈尔巴乔夫掌握了军队大权后,苏联在谈判中的立场开始软化。1987年2月,戈尔巴乔夫不再坚持中导问题要"一揽子解决"的立场,同意就单独消除中导问题同美国达成协议。美苏中导谈判柳暗花明。1987年12月7日,戈尔巴乔夫访问美国,美苏领导人在华盛顿签署了《美苏消除两国中程和中短程导弹条约》(简称《中导条约》,英文名称为"Treaty between the United States of America and the Union of Soviet Socialist Republics on the Elimination of their Intermediate-range and Shorter-range Missiles")。条约共17条,规定条约生效后两国禁止生产和试验500—5500千米的中短程弹道导弹,美国需要销毁865枚导弹和238套发射装置,苏联则要销毁1752枚导弹和845套发射装置。这项条约的重大意义在于它是美苏达成的第一个真正的裁减核军备的条约,而且实现了不对称裁减军备。[2]

但是,俄罗斯认为《中导条约》是苏联处在不利地位时戈尔巴乔夫做出了大量妥协的情况下签署的,不符合俄罗斯的战略利益。2007年2月,普京在参加慕尼黑安全会议时称,因为"朝鲜、韩国、印度、伊朗、巴基斯坦、以色列等一批国家已经拥有了这种导弹。其他许多国家正在研制这种系统,并计划将其用于武装。只有美国和俄罗斯承担着不制造类似武器系统的义务",《中导

---

[1] [美]罗纳德·里根:《里根回忆录——一个美国人的生平》,何力译,北京:新华出版社,1991年,第499页。

[2] "Treaty between the United States of America and the Union of Soviet Socialist Republics on the Elimination of Their Intermediate Range and Shorter Range Missiles," *United Nation Treaty Series*, Vol. 1657, NY: United Nations, 2001, p. 22;贾春阳、陈宇:《争执再起:俄罗斯退出〈中导条约〉?》,载《世界知识》,2014年第16期,第17页。

条约》已经"不再具有普遍意义"。① 乌克兰危机爆发后,美俄关系日益恶化。2014年7月,美国国务院发布年度军备控制履约报告,指责俄罗斯违反《中导条约》中不拥有、不制造、不试射中程导弹的规定。但这份报告并未明确指出俄罗斯试验的何种武器违反了《中导条约》。② 美国的指责引起俄罗斯方面的强烈反应,认为美国的报告"饱含偏见和无礼",并同时指责美国研制的武装直升机、MK-41垂发导弹,以及为进行反导试验生产的射程为2000千米和1100千米的靶弹均违反了《中导条约》的规定。③ 2019年2月1日,美国特朗普政府以俄罗斯违反《中导条约》为由,宣布暂时停止履行条约义务,并启动退约进程。同年3月4日,俄罗斯总统普京也签署停止履行《中导条约》文件。8月2日,国务卿蓬佩奥对外宣布,美国《中导条约》正式失效,俄也同时宣布该条约失去效力。对于美国的上述政策,俄罗斯表示遗憾。其实,俄罗斯对美国退出《中导条约》虽然不快,但其不快的只是美国未赋予其对等签署条约的地位。如前文所述,俄罗斯本来就对《中导条约》心存不满,认为其不符合它的战略利益。再者,该条约没有限制第三国陆基中程导弹的发展,它和美国一样认为该条约已不适应当前形势的发展。2019年8月,《中导条约》失效后,美国国防部旋即于同月宣布美军于该月中旬在加利福尼亚圣尼古拉斯岛试射了一枚射程为500千米的"战斧"常规陆基巡航导弹,精确命中目标。同时,美国国

---

① 赵玉明:《〈中导条约〉30年:美俄都想废了它?》,载《世界知识》,2018年第6期,第30页。
② U. S. State Department, "Adherence to and Compliance with Arms Control, Nonproliferation, and Disarmament Agreements and Commitments," July 2014, http://www.state.gov/documents/organization/230108.pdf.
③ Russion Ministry of Foreign Affairs, "Comments on the Report of the U. S. Department of State on Adherence to and Compliance with Arms Control, Nonproliferation, and Disarmament Agreements and Commitments," Moscow, August 12, 2014, http://www.mid.ru/brp_4.nsf/0/D2D396AE143B098144257D2A0054C7FD;蒋翊民:《美俄〈中导条约〉履约争议及其未来走向》,载《现代国际关系》,2015年第2期,第26页。

防部还公开了多项发展中程导弹的计划。① 2019 年 12 月,美国又在加利福尼亚州范登堡空军基地试射了一枚中程弹道导弹。如果发展顺利,预计美国到 2025 年可形成高低搭配、远中近结合、核常兼备的陆基中导武器体系,满足美军"灵活定制"的威慑战略需求,将对美国军事能力提升及国际安全格局产生重要影响。在俄罗斯方面,美国退出《中导条约》后,普京在 2019 年 8 月 5 日召开的俄罗斯联邦国家安全委员会上强调,如果美国启动中程导弹试验,俄罗斯将全面研发类似导弹。② 据俄罗斯官方透露,俄正在研制射程为 4500 千米的"口径"- M 巡航导弹,该导弹采用了新型发动机,预计 2027 年前完成研制。俄还对外透露"萨尔马特"重型导弹的战术性能。俄国防部还在 2019 年 8 月透露可能重启"巴尔古津"铁路导弹系统。

《中导条约》的废除对冷战后核秩序的冲击更为严重。首先,大国关系的稳定受到影响。条约被废后,俄罗斯的不安全感大增。俄副外长里亚布科夫称,美国在欧洲部署中程导弹"将使美国人获得相当大的额外潜力,对俄境内目标进行打击。对俄而言,这种潜力实际上是战略性的"。③ 为反击美国,俄有可能在短时间内在境内部署中程导弹。美俄两国拥有先进的中程导弹技术,这种技术付诸应用后对国际战略局势会产生深远影响。美国的中程导弹有可能会部署到印太地区,牵动地区形势发展,特别是冲击中美关系的战略稳定;俄罗斯的中程导弹则会对欧洲安全产生影响,这也是欧洲对《中导条约》的失效反应强烈的原因。俄国部署中程导弹必然以欧洲为目标,换句话说,美国退出条约是以牺牲欧洲安全为代价的。对此,欧洲国家领导人有深刻认识,德国总理默克尔称坚决反对在德国境内部署中程导弹,法国与德国的立场相似。

---

① 《退出〈中导条约〉不到一月,美国就试射"违规"导弹》,环球网,https://m. huanqiu.com/article/9CaKrnKmjpW。
② 《普京:俄罗斯或将被迫研发中程导弹》,央广网,https://baijiahao. baidu. com/s? id=1641070639974997873&wfr=spider&for=pc。
③ 郭晓兵:《〈中导条约〉退场冲击国际战略稳定》,载《世界知识》,2019 年第 5 期,第 58 页。

其次,国际核军备竞赛将再掀波澜。就如美国退出《反导条约》导致世界主要国家研发与部署本国的导弹防御系统、加快核武器现代化和发展高超音速武器一样,美国退出《中导条约》也会引发新一轮的中程导弹竞赛。最后,该条约失效会导致国际军控领域谈判复杂化。《中导条约》失效后,为稳定国际核军备态势,美俄必然推动多边军备控制谈判,把中国、印度等国纳入谈判进程是两国的重要战略诉求。但是,中印等发展中国家无论在核武器质量还是数量方面与美俄还存在很大差距,这一战略诉求在短期内是不现实的。美俄与其他发展中国家纳入与反纳入的较量必然强化国际军备控制领域谈判的角力。

五、超级大国核战略的"双重标准"和进攻性核政策冲击国际核治理

冷战后超级大国的核战略往往与其全球战略、绝对安全、大国竞争、夺取地缘政治优势等战略目标结合在一起。这就导致了国际防核扩散政治中的双重标准,从而侵蚀了国际防核扩散努力的道义基础。这种"双重标准"在美国防核扩散政策中有着鲜明的体现。冷战后美国防核扩散政策中的"双重标准"的思想是基于以下三个假设:(1)核武器不是根本问题,当核武器落入恐怖主义组织或所谓"流氓"国家手里时它才变成了一个安全问题;(2)全球规范有它们自己的功能,但应对核扩散最有效的手段是民主国家结盟,如果有必要就使用军事力量;(3)应避免对美国和其他民主国家的核能力进行限制。[1] 在这一思想指导下,美国防核扩散政策矛头主要指向了对美国全球和地区利益构成威胁的国家,如朝鲜和伊朗等。美国凭借着自己"一超独大"的军事地位,对不服从自己的某些所谓"邪恶轴心"国家采取种种霸权主义行动[2],用经济制

---

[1] James E. Goodby, "Nuclear Nonproliferation's Missing Link," *PacNet Newsletter*, December 1, 2006.

[2] David Krieger, "US Policy and the Quest for Nuclear Disarmament," http://www.wagingpeace.org/articles/2004/07/00_krieger_us-policy-quest.htm.

裁、军事封锁甚至军事打击等各种方法对付它们。

对符合美国全球战略和地缘政治需要的所谓民主国家,美国对它们的核武开发不但不制止,而且采取了容忍或默认态度,甚至暗中相助,如以色列和印度。特别是小布什政府为了利用印度牵制中国,不仅解除了自1998年印度核试验以后对其施加的制裁,而且不顾印度仍没有加入《不扩散核武器条约》(NPT)的事实,与其签署了核能合作协议。该协议的签订使已签署NPT而拥有先进核技术的无核国家对NPT产生了信任危机,也给解决伊朗和朝鲜核问题增加了难度。美国民主党众议员爱德华·马基就批评道:"我们不能在为印度破例的同时还指望其他国家遵守规定。"① 美国选择性核政策加重了美国所谓的"流氓"国家在安全方面的不平等,这就导致它不仅不会从根本上杜绝核扩散,反而可能会引发进一步核扩散。② 对美国所谓的"流氓"国家来说,"拥核自保"就成了一种很有吸引力的选择。正是美国的选择性防核扩散政策为某些与美国有矛盾的国家的核开发提供了借口。

此外,在对待伊朗和朝鲜方面,美国核政策中的"双重标准"也有突出表现。由于朝鲜已拥有了核武器,与朝鲜发生冲突存在重大风险,故而朝核问题在小布什政府第二任期有所缓和。到了奥巴马政府时期,美国对朝核问题推行"战略忍耐"政策,进行冷处理。特朗普政府上台后,美朝甚至实现了首脑会晤。但在伊朗核问题上,美国却是一味强硬,特朗普政府不仅退出了《伊朗核协议》,还对伊朗进行了全方位制裁,并在海湾地区与伊朗形成了军事对峙。美国对待同为所谓"邪恶轴心"的朝鲜和伊朗的这种"双重标准",其缘由在于:中东地区在美国地区和全球战略中的分量较重,美国在这里面临的挑战更复杂;对美国来说,伊朗已成了其中东战略的主要障碍,它不能容忍伊朗挑战它

---

① "State's Joseph Urges 'Diplomacy of Action' Against WMD Threat", http://usinfo.state.gov/is/Archive/2005/Aug/19-655914.html.
② "Proliferation Security Initiative," http://www.state.gov/t/np/c10390.htm.

在中东的地位；伊朗还没有研制出核武器，对其进行制裁风险相对较小。

美国核政策中的"双重标准"还表现在它自己毫无约束地通过扩大和改进它的核武库进行纵向核扩散。美国拒不签署《全面禁止核试验条约》，为改进其原有核武器和试制新型核武器创造条件；发展小型核武器，为其"先发制人"战略奠定物质基础；不顾国际社会反对一意孤行，部署全球反导系统。这些政策大大降低了美国在冷战后核秩序中的公信力与道义基础，并导致伊朗与朝鲜等国在核开发问题上持一种更为强硬的立场。

另外，美国特朗普政府核政策的倒退与逆核裁军行为对冷战后的国际秩序构成了前所未有的严重冲击。特朗普政府时期，相对于奥巴马政府建立"无核武器世界"的核政策，美国的核政策出现了危险而不合理的转折。作为核大国的美国开始推行比小布什政府更为严重的逆核裁军政策，更为强调核武器在美国国家安全战略中的作用，侧重发展战术核武器，降低美国核武器使用门槛，扩大美国核武器的使用范围，并强调非战略性核力量的发展及其威慑作用，等等。

其一，在大国竞争背景下，当前美国核政策更为强调美国核武器的作用，特朗普政府结束了奥巴马政府降低核武器在美国国防政策中的作用的政策。[1] 美国2018年《核态势评估》报告明确指出，"这一评估基于一个基本的事实：在可预见的将来，核武器将在遏制核武器攻击和防止核武器国家之间的大规模常规战争中发挥关键作用。这种对防止敌人的核打击有独特和关键性的威慑效应是美国的头等要务"。[2] 该报告之所以强调核武器在可见的将来仍将继续发挥关键作用，是因为美国认为单靠非核力量"不能提供可比性的威

---

[1] Donald Trump's Nukes Strategy could See US 'Blundering into Nuclear War with Russia, Critics Fear 14 Jan 2018.
[2] Nuclear Posture Review, February 2, 2018, https://media.defense.gov/2018/Feb/02/2001872886/-1/-1/1/2018-NUCLEAR-POSTURE-REVIEW-FINAL-REPORT.PDF.

慑效应"与"不能充分确保很多盟友和伙伴的国家安全"。① 相比之下,美国2010年《核态势评估》报告却认为,"美国核武器的基础作用是阻止对美国、我们的盟友和伙伴的核攻击",它肯定美国可以在较低的核力量水平且同时减少对核武器的依赖的情况下为盟友提供威慑和保证,不仅考虑到安全环境,还考虑到美国无可匹敌的常规军事能力和导弹防御系统能力的提高。它致力于加强常规能力,减少核武器在遏制非核武器袭击中的作用。②

其二,当前美国核政策扩大了美国核武器的使用范围,甚至包括用其对付针对美国的网络攻击,从而大大降低了美国核武器的使用门槛。早在当选美国总统之前,特朗普就曾威胁动用美国的核武器。2016年3月2日,美国总统特朗普在纽约市政厅出席微软全国有线广播电视公司的一个节目时说:"在美国遭到伊拉克和叙利亚的攻击时,它会考虑使用核武器。"③至于美国核边缘政策,他对让全世界包括欧洲面临核打击的威胁持开放态度。特朗普称:"如果我们有核武器,为什么我们不能使用它们?"④美国2018年《核态势评估》报告也阐述了扩大美国核武器使用范围的问题。根据该报告,美国没有不首先使用核武器的政策或规定核武器的唯一目的是阻止核攻击的学说。这意味着美国政府在其他不是应对核攻击的情况下有权首先使用核武器,如应对拥有核武器或不遵守其核不扩散义务国家的使用常规、化学或生物武器对美

---

① Lynn Rusten, "The Trump Administration's 'Wrong Track' Nuclear Policies," *Arms Control Today*, March 2018, pp. 6 – 11.

② Lynn Rusten, "The Trump Administration's 'Wrong Track' Nuclear Policies," *Arms Control Today*, March 2018, pp. 6 – 11.

③ Kristina Wong, "Trump Says He Wouldn't Take Use of Nuclear Weapons 'Off the Table'," March 30, 2016, http://thehill.com/policy/defense/274730-trump-says-he-would-not-take-nuclear-off-the-table-in-any-situation.

④ Mitchell Blatt, Trump's Reckless Threat of a Nuclear Arms Race, http://www.china.org.cn/opinion/2016 – 12/28/content_39996246.htm.

国的攻击。^① 该报告还威胁使用核武器来阻止或惩罚核恐怖主义。它指出："作为有效的威慑,美国将追究任何支持或允许恐怖分子获取或使用核武器的国家、恐怖集团或其他非国家行动体的全部责任。尽管美国核武器在打击核恐怖主义中的角色是有限的,我们的敌对者必须明白,恐怖分子针对美国或其同盟国和伙伴的核攻击将被视为'极端情况';在极端情况下美国可能考虑使用终极报复手段。"[②]美国2018年《核态势评估》报告还规定美国核武器可以用来应对非核战略攻击。它重新定义了"极端情况",这些情况不仅包括核袭击,还包括意义重大的非核战略攻击,包括但不限于"对美国及其盟国和合作伙伴的平民人口或基础设施的攻击,以及对美国及其盟国的核力量,其指挥、控制、预警与袭击评估系统的攻击"[③]。

其三,美国政府高调宣扬非战略性核武器的作用,并要以非战略核能力提高威慑效果。特朗普政府提出了美国非战略性核武器所具有的更大的威慑作用,这体现在美国开发新的核能力以在欧洲对付俄罗斯的计划中。美国2018年《核态势评估》报告确定了美国与别国存在"区域威慑能力差距",这必须通过开发两种新型的低当量核武器予以解决,一种是潜射弹道导弹,另外一种是"海上战略巡航导弹"(SLCM)。[④] 2017年8月初,美军参谋长联席会议副主席保罗·塞尔瓦空军上将宣称,为提升核威慑能力,美军未来需要发展爆炸当量低于两万吨的战术核武器。塞尔瓦还透露,美国空军目前正在论证研发低

---

① Donald Trump's Nuclear Policy: Global Implications – Analysis, November 5, 2016, http://www.eurasiareview.com/05112016-donald-trumps-nuclear-policy-global-implications-analysis/.
② Nuclear Posture Review, February 2, 2018, https://media.defense.gov/2018/Feb/02/2001872886/-1/-1/1/2018-NUCLEAR-POSTURE-REVIEW-FINAL-REPORT.PDF.
③ Lynn Rusten, "The Trump Administration's 'Wrong Track' Nuclear Policies," *Arms Control Today*, March 2018, pp.6-11.
④ Lynn Rusten, "The Trump Administration's 'Wrong Track' Nuclear Policies," *Arms Control Today*, March 2018, pp.6-11.

当量新型洲际弹道导弹以及其他低当量核武器的可行性。①

美国的上述做法引起其他核国家,特别是被美国视为战略竞争对手的国家的警觉,纷纷调整本国的核政策。

六、美国核禁忌销蚀与国际核治理

冷战后,由于受美国核政策的倒退、核武器小型化等因素影响,冷战时期形成的核禁忌遭到弱化,这在一定程度上增加了核治理的难度。

冷战结束初期,美国因外部威胁由超级大国苏联变成不对称对手,老布什政府开始致力于降低核武器在国家安全中的地位。但是,特朗普当选美国总统后,将降低核门槛作为核战略的重要内容。美国国防部部长吉姆·马蒂斯(Jim Mattis)称:"为回应俄罗斯和中国气势汹汹地更新核武库,以及朝鲜开发核武器的挑衅性行为和难以捉摸的伊朗核野心,(美国)需要拿出新的举措。"②言下之意就是美国在未来战争中将降低核门槛。对此,有不少学者表达了忧虑之情。美国核威慑倡议主席琼·罗尔风(Joan Rohlfing)在军控协会的项目会上说:"当前美国已拥有强大的核威慑能力。我们的这种核威慑能力正在世界各地发挥作用……(这么干)并不是像他们在评估中所说的那样提高了核武器的使用门槛,我认为是降低了使用门槛并使动用核武器的可能性大大提高。这是破坏稳定,而不是增加了稳定性。"③美国旨在将核武器实战化的战略在很大程度上侵蚀了不使用核武器的国际禁忌。

不使用核武器的禁忌在美国社会中逐渐销蚀。2002年美国民调机构

---

① 王鹏:《美国着力研发新型核武器 或将改变核政策》,中国青年报,2017年9月7日,http://www.china.com.cn/txt/2017-09/07/content_41545397.htm。

② Jacqueline Klimas, "Trump Plan Calls for New Nuclear Weapons," https://www.politico.com/story/2018/02/02/trump-plan-nuclear-weapons-386087.

③ Jamie McIntyre, "Trump's Nuclear Weapons Plan: 'Low Yield' Bombs Set off Furious Debate," https://www.washingtonexaminer.com/trumps-nuclear-weapons-plan-low-yield-bombs-set-off-furious-debate.

CCFR 就核武器使用问题进行了一次民意调查,结果显示 22% 的受调查者认为无论在任何情况下都不得使用核武器,55% 的受调查者认为在受到核打击时可以使用核武器,21% 的受调查者认为在某些情况下可以使用核武器。2010 年,美国 CNN 的民意调查显示,12% 的受调查者认为未来十年很可能会爆发核战争,26% 的受调查者认为存在核战争的可能性,29% 的受调查者认为可能性不大,仅有 32% 的受调查者认为不存在爆发核战争的可能性。[1] CNN "新闻 60 分钟"栏目在 2014 年 9 月的调查显示,35% 的受调查者担心核战争毁灭人类,高居首位。[2] 民众对核战争的担心并非空穴来风。1994 年,克林顿政府制定的"5027"作战计划(OPLAN 5027)包含对朝鲜地下核设施使用战术核武器的内容。2015 年,美国对上述作战计划进行修订,推出了"5015"作战计划,旨在"必要时"对朝鲜发动先发制人的打击。使用战术核武器和对朝鲜核设施进行打击同样是这份作战计划的重要内容。[3] 美军在军事计划中将对朝鲜、伊朗使用核武器作为重要内容,需要对民众进行宣传。这种宣传导致核禁忌在美国普通民众中受到侵蚀。不仅如此,由于美国的影响力,这种侵蚀又传播到世界其他地区。

核弹头的小型化侵蚀了传统的核禁忌。核禁忌源自核武器的大规模杀伤效应和难以区分杀伤对象。但是,随着技术发展,核武器越来越小型化,打击

---

[1] "Public Opinion about Using Nuclear Weapons," Feburary 18, 2015, https://ropercenter.cornell.edu/blog/public-opinion-about-using-nuclear-weapons.

[2] "Public Opinion about Using Nuclear Weapons," Feburary 18, 2015, https://ropercenter.cornell.edu/blog/public-opinion-about-using-nuclear-weapons.

[3] "Operations Plan 5015," https://www.koreatimes.co.kr/www/news/opinon/2015/10/202_188216.html; Michael Peck, "Inside OPLAN 5015: America's Strategy to Defeat North Korea in a Bloody War," October 21, 2019, https://news.yahoo.com/inside-oplan-5015-americas-strategy-000000139.html?guccounter=1&guce_referrer=aHR0cHM6Ly93d3cuZ29vZ2xlLmNvbS8&guce_referrer_sig=AQAAAGTcYx0niA9qEzS8dvMltX9rge0bbEltq6ncnitt3NlGFQ475Wj7BGGdKG4IZf6gnPKZ3qZcxCIeBm_9PICRCvZyDC4RZfToEqu76XL2R26MtvJVCM5_4fEp4ZGCHxmkKF2JNlDtEpXnj7blrCdfuQWSW7lbmOUrUBW_4ZBt-Nlz.

精度也越来越高,部分国家大力发展可用于战场的核武器。核武器的小型化可以增加运载工具的射程。例如,美国"民兵"导弹核弹头重量每减少1千克,导弹射程可增加约17.7千米。核武器命中精度的提高可以实现精准打击目标,在增大破坏力的同时减少附带损伤。根据大量模拟试验,核物理学家得出如下战略核武器杀伤力公式:$K = Y^{2/3} \div C^2$(K代表杀伤力,Y代表核武器当量,C代表精度)。[①] 据此公式计算,在核武器命中精度不变的情况下,核武器当量提高4倍,杀伤力仅提高1倍。而在爆炸当量不变的情况下,精度提高1倍,杀伤力可提高8倍。基于这一点,美国越来越致力于销毁大当量核武器,发展高精度的小当量核武器。2011年10月25日,美国高调销毁了当量高达900万吨的B53核弹头。与此同时,1993年,美国国会曾通过《斯普拉特-弗斯修正案》,禁止美国研发和生产低当量核武器。所谓小型的低当量核武器,按美国《1994财年国防授权法》的标准,是指爆炸当量低于5千吨TNT的核武器。但是,"9·11"事件发生后,小布什政府为威慑恐怖分子,重新开始重视小型核武器在美国战略核武库中的作用。在2002年初发布的《核态势评估》报告中,国防部提出美国的核力量建设要着眼于更大的灵活性,能对各种目标进行核打击。在此情况下,低当量核武器研发得以松绑。奥巴马当选美国总统后打出"无核武器世界"口号,一度停止发展核力量,即"不制造新的核弹头、不赋予核武器新的军事任务、不为现有核武器提供新的军事能力"。[②] 但是,特朗普上台后,发展小型低当量核武器成了美国的优先选项。之所以如此,是因为特朗普政府认为小当量核武器可以增加核威慑的灵活性。大当量核武器由于杀伤力巨大,无法轻易使用。如果对手只对美国或其盟友发动蚕食性行动,美国自身要做出进行大规模核打击的决定将会非常艰难,美国的盟友也难

---

① 吴大辉:《防范与合作:苏联解体后的俄美核安全关系(1991—2005)》,北京:人民出版社,2005年,第55页。
② 史建斌:《特朗普政府鼓励发展低威力核武器,用意何在》,载《世界知识》,2008年第5期。

以相信它会使用大当量核武器进行还击。特朗普政府认为,小当量核武器可以作为现有核威慑能力的补充,解决大当量核武器造成的"自我威慑"困境,从而增强核威慑的可信性。在 2018 年版《核态势评估》中,美国国防部明确提出,为强化核威慑和盟国的信心,将加大发展低当量核武器的力度。在发展低当量核武器方面,美国的近期目标是对一小部分海基弹道导弹(Sea-Launched Ballistic Missile, SLBM)核弹头进行改进,降低其当量;远期目标是开发一种先进的可以携带核弹头的海基巡航导弹(Sea-Launched Cruise Missile, SLCM)。美国国防部认为,发展低当量海基弹道导弹核弹头成本低廉,在功能上能够阻止战略竞争对手误判美国的地区威慑能力;而发展低当量海基巡航导弹核弹头是对俄罗斯"违反"《中导条约》的回应。在《核态势评估》报告中,美国国防部宣称:"如果俄罗斯重新遵守核军备控制义务,削减战术核武器库,并且改正其他破坏稳定的行为,美国或许会重新考虑研制海基巡航导弹的计划。"①特朗普政府研发小当量核武器的决定降低了核武器的使用门槛,大大增加了核战争风险。另外,据美国《外交政策》杂志和《防务新闻》报道,美国正在斥巨资把现役的 B61-3、B61-4、B61-7、B61-10 和 B61-11 型核航弹改造为精度更高的 B61-12 型核航弹,使其命中精度由 10 米左右提高到 3 米以内。B61-12 型核航弹的当量虽然只有 5 万吨 TNT,但其杀伤力效果不低于 35 万吨级战略核武器,可以摧毁深藏地下 300 米处的目标。根据计划,该型核弹在 2020 年研制成功,2024 年完成改造部署。2018 年 8 月 16 日,美国桑迪亚国家实验室向外界公布了美国空军投掷 B61-12 核航弹的画面,展示

---

① U. S. Department of Defense, *The Nuclear Posture Review*, Washington DC, February 2, 2018, p. 55.

其巨大的威力,并称之为美国核武库中"最致命"的武器。①

国际核秩序所面临的上述挑战导致冷战后国际核失序局面的出现,凸显了国际社会共同努力构建人类核命运共同体的极端必要性。

第三节 冷战后国际核治理的新思路:人类核命运共同体

随着全球化深入发展,世界各国相互联系、相互依存的程度空前加深,国际社会日益成为你中有我、我中有你的命运共同体。同时,国际社会也开始面临越来越多的人类共同安全问题,如恐怖主义与核扩散等。而没有国家能单独解决这些问题。这就要求提升世界各国的命运共同体意识。国际社会应超越国际关系中陈旧的"零和博弈"与危险的冷战、热战思维,要以人类命运共同体的新视角,以同舟共济、合作共赢的新理念,寻求人类共同利益和共同价值的新内涵,寻求合作应对全球性挑战的新途径。

一、人类命运共同体与人类核命运共同体

在全球化背景下,中国在世界上首倡构建人类命运共同体。2015年9月,中国国家主席习近平在联合国总部发表讲话指出:"我们要继承和弘扬联合国宪章的宗旨和原则,构建以合作共赢为核心的新型国际关系,打造人类命运共同体。"②2017年10月18日,习近平总书记在党的十九大报告中倡导构

---

① 《对俄威慑? 美B61核弹测试曝光 B61-12将成为美国"最致命"核弹》,央视网,2018年8月25日,https://world.huanqiu.com/article/9CaKrnKbOmj; Hans M. Kristensen, "Video Shows Earth-Penetrating Capability of B61-12 Nuclear Bomb," January 14, 2016, https://fas.org/blogs/security/2016/01/b61-12_earth-penetration/。

② 《习近平在第七十届联合国大会一般性辩论时的讲话(全文)》,新华网,2015年09月29日。

建人类命运共同体,促进全球治理体系变革。① 构建"人类命运共同体"理念,是在涉及世界前途命运的根本问题上提供了中国智慧和治理之道,得到了国际社会的认可。2017年2月联合国社会发展委员会将该理念载入联合国决议。

在构建人类命运共同体的努力中,构建人类核命运共同体应成为其中的重要一环与应有之义。所谓人类核命运共同体,是指国际社会要树立在面临核威胁时的命运共同体意识,世界各国与国际组织等各类非国家行为体都需群策群力,推动国际社会建立人类核命运共同体的相关机制,制订相关政策与计划,采取具体步骤与措施,以应对冷战后愈益严重的国际核失序问题。

冷战后国际核秩序中出现的核军备竞赛、核扩散甚至核冲突的风险,其影响将是全球性的。冷战后国际核失序关系到整个人类的命运,没有哪个国家可以置身事外。作为一个全球性问题,其解决又远超单个国家或国际组织的能力范围。故而构建人类核命运共同体应成为国际社会的战略选择。国际社会急需提高应对冷战后国际核失序的紧迫性,把人类核命运共同体思想作为应对核失序局面的指导思想,努力构建休戚与共的人类核命运共同体。

二、构建人类核命运共同体的必要性与可能性

冷战后国际社会构建人类核命运共同体的必要性是出于国际核安全环境恶化、核武器的摧毁力与核扩散的危险性等诸多挑战性因素。冷战结束后,地区安全局势复杂化导致了地区核问题的频繁出现、国际核角色增多、超级大国核政策的单边主义与"双重标准"等消极影响,国际核秩序本身的缺陷等因素也导致了国际核秩序面临严峻挑战。国际核失序的影响又是多方面的。在传

---

① 《习近平在中国共产党第十九次全国代表大会上的报告》,http://cpc.people.com.cn/n1/2017/1028/c64094-29613660.html。

统安全方面,冷战后国际核失序会影响有关国家的国家安全、地区安全、国际安全、大国战略核力量平衡与防核扩散机制等。在非传统安全方面,冷战后核失序会影响到与人类生存密切相关的生态与环境安全、社会安全与公共安全等。正是国际核秩序面临的各类挑战及国际核失序影响的全球性,使得构建人类核命运共同体成为当今时代的必然要求。

核武器的巨大摧毁力与核扩散的严重危险性。核武器自诞生之日起就对国际关系产生了巨大影响。核国家在意识形态和具体的国家利益问题上的差异,给予它们发展和维持各自核武器库以理由。但核武器不应成为使不同价值观和生活方式永久化的保护者。在国家层面,核扩散属于传统安全范畴,归入国家追逐军事能力的传统安全范围。但进入次国家甚至非国家层面后,核扩散就将导致国际核秩序的严重失衡,其破坏力难以想象。这种国家与非国家行为体在"超杀"能力上的博弈,显然不为传统安全概念所涵盖。在兼及传统与非传统的安全领域中,核扩散正是当今世界最为关注的核心安全问题之一。冷战后核扩散接连发生,根本内在动因是国家安全与国际安全之间的失衡,根源在于两者之间的利益与合法性的不尽一致。无论哪个国家拥有了核武器,都将从中受益,也要付出代价。核武器能够增进相关国家的威望、盟友、力量、独立以及免受攻击的安全性,但也刺激其对手获取或增加核武器,并使得核拥有国成为战争中的核攻击目标。故而核扩散既不符合核拥有国的国家利益,实质上也不符合无核国家的国家利益,还会导致国际核秩序的混乱与无序状态,对全人类的利益造成损害。构建人类核命运共同体既是出于核武器的巨大摧毁力与核扩散的严重危险性,更是基于全人类的共同利益需求。

建立人类核命运共同体的可能性。为了应对冷战后国际核失序问题,国际社会已做出了不少努力,为构建人类核命运共同体奠定了基础。冷战结束后,全球核保护存在不少问题,核材料与核技术有被滥用的危险。数据显示,世界现存大量可用于制造核武器的核材料,它们足以制造出超过十万枚核炸弹。然而在许多地区,核材料和核技术缺乏有效保护,它们一旦落入恐怖主义分子之手,可能造成灾难性后果,国际核秩序将遭受巨大冲击,围绕全球核军控的方向与进程会更加复杂。应对核恐怖主义需要国际社会的齐心协力。在全球层面,在面对核扩散以及发生核恐怖主义的可能时,国际社会达成了《反核恐怖主义全球倡议》,并召开了核安全峰会。根据美国总统奥巴马的倡议,2010年4月,首届核安全峰会在华盛顿举行。随后,核安全峰会又先后于2012年、2014年与2016年在韩国首尔、荷兰海牙、美国华盛顿举行。核安全峰会的召开反映了国际社会对国际核扩散与核恐怖主义等现实核威胁的共识,是国际社会通过多边合作寻求共同安全的重要尝试。这些峰会及其成果,既构筑了国际社会对核恐怖主义威胁的政治共识,又为各国强化核安全措施和行动指明了方向,有助于构建人类核命运共同体。

但在这几次核安全峰会结束后,由于缺少政治领导人的推动,后续有关协议与行动计划陷入难以落实的困境。全球极端势力又呈复苏之势,"伊斯兰国"被打散后,"独狼式"袭击不断。同时,科技发展使制造核武器的门槛大为降低。国家和核恐怖组织之间的博弈将影响全球核军控的效果。由于核材料走私、核技术门槛降低等,核恐怖主义正成为全球核军控面临的新问题。目前国际社会迫切需要在峰会已取得的现有成就的基础上,继续为构建人类核命运共同体而进一步努力。

在地区层面,围绕朝核问题、伊朗核问题,相关大国及地区国家先后举行了两个六方会谈。虽然朝核问题六方会谈至今未能重启,但这一持续十几年的多边防核扩散努力至少表明了相关国际组织、大国以及地区国家都意识到了核扩散的巨大风险,而防核扩散也是国际社会的主流民意。因此,尽管朝鲜已成为核国家,但它仍在2018年4月《板门店宣言》中承诺继续推动"半岛完全无核化"目标,并在同年6月朝美首脑新加坡峰会中重申了这一承诺。也就是说,只要国际社会做出足够努力,朝核问题的逆转也不是完全没有可能。至于伊朗核问题,虽然美国已退出《伊朗核协议》,但中、俄与英、法、德等相关国家仍坚持这一协议,并努力寻求推动美国重返这一协议。这说明相关国家在面对核扩散时拥有共同利益与命运共同体意识。这种意识就是建立人类核命运共同体的潜在基础。相关国家与国际组织如俄罗斯、欧盟等有必要共同做美国与朝鲜、伊朗的工作,特别是需要说服美国从全人类的共同利益与国际核秩序的大局出发,适当让步,重返《伊朗核协议》,重启两个六方会谈,并从区域治理角度推动朝核、伊核六方会谈升级为地区核安全机制。在此基础上,再进一步向国际核秩序的全球治理方向努力。

另外,有关大国也为应对国际核失序问题做出了不少努力。其中,中国就倡导理性、协调、并进的核安全观。美国在奥巴马政府时期曾提出"无核武器世界"倡议,尽管其根本目的在于重新恢复它在核军控领域的话语权与主导地位,但这客观上唤醒了国际社会对核扩散危险性的认识,推动了国际防核扩散合作。此外,与冷战时期仅仅达成主要是限制性的国际核军控条约不同的是,美俄在冷战后通过核裁军条约已进行了实质性核裁军,其库存核武器已从冷战后期的数以万计降到目前的几千件,尽管这种核裁军是受到了经济压力、核安全环境变化以及国际舆论压力等因素的影响。

三、构建人类核命运共同体的途径

世界各国所进行的上述努力,说明了建立人类核命运共同体是有一定基础的,不仅是必要的,也是有可能的。

为了应对冷战后国际核失序问题,建立人类核命运共同体,国际社会可以从以下几个方面做出努力:

第一,核国家与无核国家都需切实履行其核军控责任与义务。从国际核军控体系来讲,核国家须作出不首先使用核武器,不威胁无核国家,不搞核威慑、核讹诈与核军备竞赛的承诺。在防核扩散方面,超级大国要摒弃其核政策中的单边主义、双重标准、强权政治与强制外交,平等对待大国与小国的安全诉求。无核国家也应切实履行其核不扩散义务,维护国际防核扩散事业与核秩序稳定的大局,不能以和平利用原子能的名义,把民用核工业转用于军事目的。

第二,以中国儒家思想中的和合主义作为构建人类核命运共同体的指导思想。和合主义在维护冷战后国际核秩序的实践中所追求的是和平与合作。所谓和平就是通过双边与多边谈判的方式和平解决核争端,而不是动不动就诉诸武力威胁、武装冲突的方式解决问题。合作就是大国与小国都应该从人类核命运共同体的共同利益与价值观的角度出发,合作应对冷战后国际核失序问题。建立人类核命运共同体中儒家思想中的和合主义主要体现在有关各方的共同价值观、共同利益与身份认同(加强命运共同体意识)。在其建设过程中需要各国相互合作、理解、求同存异,应平衡照顾各方在冷战后国际核秩序中的合理的安全关切。

第三,在应对地区核问题方面,有关国家与国际组织同时也应从安全方面平等对待有关国家,如朝核问题。朝核问题的解决是一个地缘政治的博弈过程,更应是一个有关各方为了地区和平与稳定以及冷战后核秩序稳定的大局而相互妥协的过程。在这一过程中,有关大国特别是美国必须照顾有关各方的利益与安全关切,而不是夹带各种私利与目的。朝鲜半岛处于东北亚一个敏感爆发点与战略支点的地位,在朝鲜半岛分裂的背景下,共同安全有着特殊的重要性和紧迫性。在朝核问题上,相关各方的目标应是共同安全,而不只是个别国家的绝对安全。就如美国著名学者亨利·基辛格曾指出的那样,寻求绝对安全必然引发国家间对抗:"一个国家追求绝对安全意味着所有其他国家的绝对不安全。"[①]

[①] Quoted in David C. Hendrickson, "Toward Universal Empire: The Dangerous Quest for Absolute Security," *World Policy Journal*, Vol. 19, No. 3 (Fall 2002), p. 9.

在"9·11"事件后,美国在处理与其他国家关系方面一刀切,认为要么是在支持美国,要么就是反对美国,这甚至推动了朝鲜向着更为不可逆的核开发方向转变。共同安全方法通过它对其他国家的行为产生影响摆脱了交互安全困境的恶性循环。因此,遵循依赖于对国家之间的相互关系和相互依存的认识的共同安全方法,美国必须退后一步,在面对核武器问题时,重新评估其外交政策戒条"按我说的做,别照我做的做"的道德与实践意义。在五大国以外的国家不能拥有核武器的原则问题上,必须一视同仁。

第四,在应对核扩散问题方面应尽量减少硬实力手段转而加强软实力手段的作用。国际社会在应对国际核扩散方面,需更多考虑软实力手段的作用,更多尝试采用软的一手。冷战后国际核危机是一个综合问题,但国际社会的应对方式却过于强调"治表",强调施压、制裁,如朝核问题。联合国关于朝核问题的历次决议,既谴责和制裁朝鲜,也强调维护朝鲜半岛和东北亚地区的和平与稳定,要求各方以外交与政治方式和平解决朝鲜问题,即排斥使用军事手段,包括军事威胁。但是,美国一贯无视联合国决议的这方面内容,不与朝鲜签订和平条约,在朝鲜周围布置重兵,无数次威胁使用军事手段。国际规则制定者如此露骨地、反复地违反国际规则,却从来没有受到过联合国制裁,甚至极少受到谴责。从朝核问题发展历程来看,硬实力方式不仅没有迫使朝鲜弃核,反而事与愿违,现在不仅朝鲜导弹与核武器从质与量两个方面都得到了提升,朝核问题恶化也导致美朝双方陷入战略两难。特朗普等待的时间越长,朝鲜讨价还价的筹码就越大。[1] 国际社会应对朝核问题应更多考虑软实力手段的作用,加强沟通、了解,互谅互让,换位思考,要以维护冷战后国际核秩序稳定与人类核命运共同体的大局为重。

---

[1] Leon V. Sigal, "One Impulse for Trump to Heed," *Arms Control Today*, Jan/Feb 2017, pp. 14-17.

第五，在构建人类核命运共同体方面，核大国应负起责任，发挥榜样作用，彼此之间需要进一步加强互信、协调与合作。在构建人类核命运共同体方面，说到底，核大国的作用是不可替代的。核大国应该以身作则，切实肩负起应有的责任与义务，在构建人类核命运共同体方面发挥榜样作用。虽然国际原子能机构是协调国际核问题的重要渠道，但各大国间在核武器这一关乎人类存亡的重大议题上仍缺少充分的交流、协调与合作。大国需要加强构建人类核命运共同体方面的共同利益与使命意识，增强彼此间的战略互信。尤其是超级大国应放弃其核战略中的单边主义与"双重标准"。为此，国际社会应共同推动美国摒弃其核政策中存在的冷战思维、对抗思维与强制外交，促其放弃利用对付地区核问题夺取地缘政治优势与遏制中俄的企图。朝核问题发展到今天这地步，与美国在东北亚仍存在冷战思维有着很大关系。美国在冷战后一直力图在东亚地区巩固与扩大其地区主导地位。为此，美国一方面努力加强与日韩两国的防务合作，另一方面竭力遏制中国崛起，并建立针对中俄的反导体系。美国甚至忽视中国为解决朝核问题付出的巨大努力与中国在此问题上的安全利益，甚至施压中国采取超出自身能力范围的甚至是违反中国国家利益的方式对朝鲜施压。这些都不利于中美在朝核问题上的合作与战略互信。美国需充分认识朝鲜核开发的危险性与冷战后核秩序面临的巨大挑战，从全人类的共同利益与共同安全出发，理解中美在朝核问题上客观存在的利益差异，尊重并考虑中国的感受与安全利益，认真与中国等国进行合作。朝核问题如此，维护冷战后国际核秩序与构建人类核命运共同体更是如此。

第六，探索把全球核治理作为构建人类核命运共同体的重要途径。冷战后国际核秩序的维系与人类核命运共同体的构建本质上都属于全球治理的范畴。因此，为了构建人类核命运共同体，恢复国际核秩序从而实现核安全，国际社会应探索把全球核治理作为一种重要途径。用全球核治理模式维系构建人类核命运共同体是一种既治标又治本的核治理模式。在其中起主导作用的,可能仍然是美国、俄罗斯与中国等主要核国家。但参与冷战后国际核秩序维系与人类核命运共同体的构建的,不能仅局限于核大国、相关国家与当事国,还应包括联合国及其安理会、国际原子能机构等核军控组织与机构、相关地区组织与国家、非政府组织、智库甚至个人等。冷战后国际核秩序的维系与人类核命运共同体的构建应更多考虑政治、经济、文化、外交等层面的举措。

小 结

综上所述,影响冷战后国际核秩序的因素是复杂的,更是多样的。它们包括:世界各国在核裁军和核不扩散孰先孰后问题上的分歧,国际地缘政治经济格局变化等所引发的对核扩散担忧并加重核威慑,国际核角色的增多,核大国核政策的缺失、核危机与核恐怖主义的频繁出现等。在这些影响因素中,核危机的持续不断是冷战后国际核秩序的一个主要破坏因素。核危机的出现往往是综合因素作用的结果,但国际社会对核危机的管控却存在诸多不足之处。当然,冷战后核危机频繁出现也与某些大国所推行的核政策有一定的关系。而大国所推行的核政策又存在着复杂的、多层次的动因,受到其文化传统、国际秩序观、安全观以及国家利益、国家安全战略、外交战略、地区与全球战略等的影响。为了彻底解决核危机,恢复国际核秩序从而实现核安全,国际社会应探索把全球核治理作为一种重要的核治理模式。在核全球治理中起主导作用的,仍然是美国、俄罗斯与中国等主要核国家。但参与核危机等全球治理的,不能仅局限于核大国、相关国家与当事国,还应包括联合国及其安理会、国际原子能机构等核军控组织与机构、相关地区组织与国家、非政府组织、智库甚至个人等。而核危机等的全球治理除了军事方面的举措外,更应多考虑政治、经济、文化、外交等多层面的举措。为解决冷战后严重的国际核失序问题,需要对新出现的核角色进行正确且有力的规范,需要因时制宜对现存的核秩序存在的固有缺陷进行修补,更需要对核大国的战略进行协调。由于冷战后国际核失序会影响到人类共同安全,而且该问题的应对又超出了单个国家或国际组织的能力范围。构建人类核命运共同体理应成为国际社会的战略选择。

第二章
探索"新边疆"安全机制：网络电磁空间秩序及其治理

崔建树

现代互联网的前身就是美国国防部构建的"阿帕网"。1969年，美国国防部为确保美国重要的计算机系统在发生核大战时仍能正常运作，下令其下属的高级研究计划局（Advanced Research Projects Agency，ARPA）研究计算机联网问题。到20世纪70年代末期，国防部高级研究计划局又建立了若干个计算机局域网并投入使用。为解决局域网之间的通信问题，高级研究计划局着手研究将不同局域网联结起来形成广域网的新方法，并建成了一个广域的计算机互联网。自互联网问世以来，其在技术方面的突破可谓一日千里，网络连接触及全球的每一个角落，"展现出史无前例的力量"[①]，世界也实现了由"分散"向"整体"跨越的质变。随着信息科技的发展，"Cyberspace"一词应运

[①] Jose Vericat, "Is the Google World a Better Place," *Journal of International Affairs*, Vol. 24, No. 1, 2010.

而生。根据学者考证,"Cyber"一词源于希腊语"κνβερνητης",意为"掌舵"。1834年,法国物理学家安培把管理国家的科学称为"cybernetigue"(控制论)。受安培启发,美国科学家维纳出版的《控制论:或关于在动物与机器中控制与通信的科学》一书引入"Cyber"作为"控制论"(Cybernetics)一词的词根。① 在这本书的导言中,维纳特别说明:"我们决定把这个善于既是机器中又是动物中的控制和通信理论的整个领域叫作 cybernetics(控制论),这个字是我们从希腊字'κνβερνητης'或'掌舵'变来的。"② 由此可见,"Cyber"的内涵是"信息控制"之意。③ 1984年,加拿大科幻小说家威廉·吉布森(William Gibson)出版的小说《神经漫游者》(Neuromancer)使用了"Cyberspace"一词,意指计算机信息系统与人的神经系统相连接产生出的一种虚拟空间。④ 随着互联网的兴起,Cyberspace 被作为专业词汇接受下来。2006年,美国参谋长联席会议发布的《网络空间国家军事战略》报告为之下了一个定义,即"通过网络化系统及相关物理基础设施,利用电子和电磁谱存储、修改并交换数据的领域"。这一定义对 Cyberspace 的界定相当宽泛,不仅仅是指计算机网络,还指由红外波、雷达波、微波等产生的电磁能量构成的物理系统,或者说,凡是可利用电磁能量进行侦察、打击或可以被电磁能量入侵的物理系统都被纳入了"Cyberspace"之内。换句话说,美军已将电磁频谱、电子系统和网络化基础设施确立为与陆、海、空、天并列的第五大"作战域"。正如人的神经系统控制人的行为一样,各个行业和领域的运转,也是由通过网络空间实施的"控制行为"来操纵的。在

---

① 刘兴:《赛博(cyber)及其相关词语的来源和概念》,载《指挥信息系统与技术》,2010年第2期,第55页。
② [美]诺伯特·维纳:《控制论》,王文浩译,北京:科学出版社,1962年,第11页。
③ 参见杨福义:《对"Cyberspace"中文名与术语定名的思考》,载《中国科技术语》,2014年第6期,第25—27页。
④ 参见[美]托马斯·里德、马克·埃克:《战争 2.0——信息时代的非正规战争》(War 2.0: Irregular War in the Information Age),第77—78页。"Cyberspace"指的是玩电子游戏的孩子们进入的梦幻世界。

第二章　探索"新边疆"安全机制：网络电磁空间秩序及其治理

整个人类历史上，凡是能够最有效地从人类活动的一个领域迈向另一个领域的国家，都取得了巨大的战略优势。[①] 特别是，在信息通信技术加速迭代和交叉融合的情况下，在人工智能和下一代互联网及物联网技术的推动下，网络空间的战略意义将大大增加。因此，21世纪掌握制网络权与19世纪掌握制海权、20世纪掌握制空权一样具有决定意义。鉴于网络空间的特殊性和战略意义，网络空间的战略竞争日趋激烈，加强网络空间治理越来越引起国际社会的关注。可喜的是，2016年9月，网络空间治理迈出关键性一步，因合同到期和国际社会的强烈要求，美国商务部放弃了对互联网名称与数字地址分配机构（ICANN）的控制权。

第一节　网络电磁空间的内涵及其战略意义

美国国防部科学家设计网络的最初目的是为受到核战争破坏的通信网寻找替代的通信工具，解决战争期间的指挥与控制问题。所以网络在发展的最初阶段主要被用于通信。但是随着计算机计算和信息处理能力的增强，计算机网络又增加了信息处理功能，此前网络通信这一核心功能退居次要位置，通信的网络演变为信息的网络。而随着大数据、人工智能、物联网和云计算的兴起，网络的核心职能变成了"计算"，也即信息网络发展成了计算网络。未来，网络空间将发展成为智能物理空间（cyber-physical space），人类社会的物理元素将被引入计算机系统，实现智能化。[②]

[①] ［美］丹尼尔·奥·格雷厄姆：《高边疆——新的国家战略》，张健志、马俊才、傅家祯译，北京：军事科学出版社，1988年，第5页。
[②] 参见周宏仁：《网络空间崛起与战略稳定》，载《国际展望》，2019年第3期，第24—26页。

一、网络电磁空间的内涵

在因特网构建形成之初,美国相关部门和智库就敏锐地意识到因特网的巨大军事意义,将之视为"第五空间"。不过,有学者认为人类社会只有物理空间和虚拟空间,陆、海、空、天均属于物理空间,这四个领域的物理空间都会映射到网络空间,而且这种映射是一种同态映射而非同构映射,即不是一对一的映射(参见图2-1)。[①] 关于网络空间的结构,学术界有不同看法。有学者认为包括三个层面:一是物理层,由有线或无线信息传输网,以及相关支撑设施(如电力网)组成;二是语法层,即信息提供者与用户发给计算机的命令、程序和各类协议等;三是语义层,主要是计算机所含的信息和服务于操作系统的信息。[②] 也有学者将之界定为五个层面,即物理层、协议层、逻辑/代码层、内容层和关系层。[③] 还有学者将网络空间结构划分为物理域、信息域、认知域、社会域和治理域。[④]

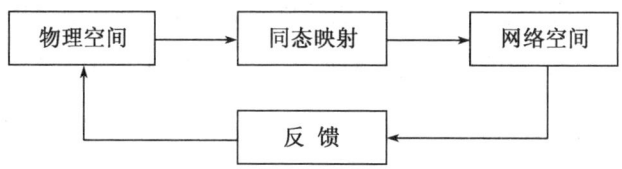

图2-1 网络空间与物理空间的互动[⑤]

---

① 周宏仁:《网络空间崛起与战略稳定》,载《国际展望》,2019年第3期,第23页。
② [美]马丁·C.利比基:《兰德报告:美国如何打赢网络战争》,薄建禄译,北京:东方出版社,2013年,第11页。
③ 沈逸:《美国国家网络安全战略》,北京:时事出版社,2013年,第200—201页。
④ 沈雪石:《国家网络空间安全战略》,长沙:湖南教育出版社,2017年,第39—40页。
⑤ 周宏仁:《网络空间崛起与战略稳定》,载《国际展望》,2019年第3期,第23页。

二、网络电磁空间的战略价值

由于网络空间是物理空间的同态映射,其战略价值巨大。早在互联网商业化不久,美国就已认识到网络空间的战略意义,意识到美国未来的军事战略必须适应信息技术的发展。1995年8月,美国陆军训练与条令司令部颁发了题为《信息战概念》的"525-69手册",提出将所有维度(海、陆、空、天)的作战空间和战场系统(指挥控制系统、机动系统、火力支援系统)用数据链连接起来,建立态势感知共享加上具有连续作战能力的"21世纪部队",使之能够比敌人更迅速、更精准地实施侦察、制定决策、展开行动。[1] 1998年10月,美军发布了《信息作战联合条令》,称信息战就是影响敌方的信息和信息系统,并保护己方的信息和信息系统。……信息优势就是使用信息并阻止敌人使用信息的能力。[2] 美国前总统小布什在2001年5月25日的美国海军学院毕业典礼上发表讲话,强调将信息技术作为美军建设的核心:"……我们必须利用战争技术的革命性进步来建设我们的军队,使我们能用我们所定义的战争方式来维护和平。我们将致力于建设一支主要以机动性和快速性而非规模和人数来衡量实力的未来军队,建设一支更易于部署和保障的军队,建设一支更依赖于隐身精确制导武器和信息技术的军队。"[3]21世纪以来,网络空间技术的发展成为美国国防转型计划的动力源泉。具体而言,网络空间的战略意义表现在以下几个方面。

第一,网络空间可以为武器赋能,成倍提高火力打击的效果。网络赋能弹药分为地面网络化弹药、网络赋能制导弹药和有组网功能的侦察/攻击一体化巡飞弹三类。这类弹药的核心是"利用双向数据传输能力,实现改变飞行弹

---

[1] Thomas Rid and Marc Hecker, *War 2.0: Irregular War in the Information Age*, London: Praeger Security International, 2009, p.37.
[2] Thomas Rid and Marc Hecker, *War 2.0: Irregular War in the Information Age*, p.57.
[3] 美国国防部呈国会报告:《网络中心战》,第11—12页。

道、更新目标数据或重新指定打击目标等"。① 由于有网络空间支持,网络赋能弹药打击在时敏目标和移动目标方面具有重要优势。根据美国的经验,"战术数据链的使用使飞行员极大地提高了对作战空间的感知,最终导致了战斗力的增强"。美国空军组织的 F-15C 飞机执行空中对抗任务的演习表明,使用数据链的 F-15C 飞机的杀伤率提高了一倍以上。②

第二,战争形态由以平台为中心开始转向以网络为中心。当前,信息技术成为军队转型的支撑,相应地,战争样式正在从"以平台为中心"向"以网络为中心"转型。网络中心战概念最早由美国人阿瑟·切布罗夫斯基和约翰·加斯特卡提出。③ 两位作者在《网络中心战:起源与未来》一文中认为,在 20 世纪末人类进入了一个新的战争时代,"社会业已变化,潜在的经济和技术业已改变,美国的商业也发生了变化,如果美国的军事不发生变化,我们就应该诧异和震惊了"④。质言之,网络中心战的核心是将战争中的物理域、信息域和认知域"网络化"。⑤ 切布罗夫斯基和加斯特卡提出的"网络中心战"概念被美国官方迅速采纳。2002 年,美国国防部向国会提交《网络中心战》(Network-

---

① 柏席峰:《信息空间的真实火力——网络赋能弹药的发展现状与趋势》,载《国防科普》,2011 年第 2 期,第 77—79 页。

② David S. Alberts, John J. Garstka, Frederick P. Stein, *Network Centric Warfare: Developing and Leveraging Information Superiority*, CCRP Publication Series, 2000, p.100.

③ Arthur K. Cebrowski and John J. Garstka, "Network-Centric Warfare: Its Origin and Future," *Proceedings*, January 1998.

④ Arthur K. Cebrowski and John J. Garstka, "Network-Centric Warfare: Its Origin and Future," *Proceedings*, January 1998.

⑤ 物理域是部队企图影响态势存在的领域。信息域是创造、处理并共享信息的领域。它是促进作战人员之间信息交流、传送现代军队的指挥控制信息和传递指挥官作战意图的领域。在争取信息优势的关键斗争中,信息域是斗争焦点。认知域是知觉、感知、理解、信仰和价值观存在的领域,是通过推理作出决策的领域。这一领域包括领导才能、士气、部队凝聚力、训练水平与经验、情势感知和公众舆论等无形因素。此外,作战人员对指挥官意图、条令、战术、技术与规程等的理解也发生在这一领域。美军在物理域要实现的目标是部队的各个组成部分都通过网络可靠地连接起来,从而实现安全、无缝地连通;在信息域要实现具有收集、共享、接入和保护信息的能力;具备在信息领域进行协同的能力,这使部队能通过关联、融合和分析等处理过程改善其信息地位,能在信息领域取得针对敌人的信息有利地位;在认识领域,美军要达到具备产生和共享高质量情势感知的能力,具备就指挥官作战意图进行交流的能力和具备使其作战活动实现自我同步的能力。参见美国国防部呈国会报告:《网络中心战》,第 11 页。

Centric Warfare)报告,提出将网络中心战作为国防转型的指南。该报告称:"以网络为中心的部队是一支能够创造并利用信息优势,从而大幅度提高战斗力的部队,它能够提高国防部维护全球和平的能力,并在需要其担负恢复稳定的任务时在所有各种类型的军事行动中占据优势地位。"[1]与平台中心战相比,网络中心战具有无可比拟的优点。

首先,网络中心战使战场透明化。战争的胜负并非取决于谁把最多的资金、人力和技术投放到战场上,而在于谁拥有有关战场的最佳信息。[2]几个世纪以来,战争中一直存在不确定性和阻力,使得战争难以预测,克劳塞维茨称之为"战争的迷雾",而现在终于能逐步揭开这层迷雾了。[3]

其次,网络中心战能够极大地提高火力打击效果。以平台为中心的打击过程,探测和打击能力同归于一个平台,而一个平台基于从其他平台获得信息进而遂行打击任务的能力非常有限。如图2-2所示,最外部的圆圈表示传感器的探测范围,阴影部分表示武器的最大杀力范围。作战时,只有当平台携带的传感器为武器提供交战质量感知,以及目标处于武器最大杀伤力范围之中时,才能产生实际战斗力。传感器能够提供交战质量感知的范围和武器最大杀伤范围重叠的区域才是有效打击范围,即下图中的黑色阴影区域。

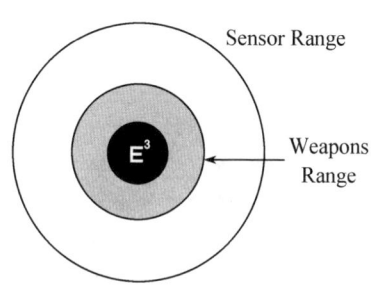

图2-2 平台中心战的作战范围[4]

在作战平台协同作战方面,网络中心战更优于平台中心战。图2-3(a)

---

[1] 美国国防部呈国会报告:《网络中心战》,第11页。
[2] [美]约翰·阿奎拉等著:《决战信息时代》,宋正华等译,长春:吉林人民出版社,2001年,第25页。
[3] Thomas Rid and Marc Hecker, *War 2.0: Irregular War in the Information Age*, p. 37.
[4] David S. Alberts, John J. Garstka, Frederich P. Stein, *Network Centric Warfare: Developing and Leveraging Information Superiority*, CCRP Publication Series, 2000, p. 97.

和(b)分别是以平台为中心的武器系统和以网络为中心的两个邻近武器系统并肩作战的打击效果图,黑色阴影部分是有效打击范围。以平台为中心的武器系统,探测和打击能力是由同一平台决定的,两个武器系统不能共享作战信息,其打击范围也不能超出该平台武器最大杀伤力范围,故有效打击范围有限。而在以网络为中心的作战中,战斗力提高的动力源自网络之间信息流的容量、质量和实时性的提高。信息流的增加是作战空间感知得以共享和提高信息精确性的关键。网络将各个单元的局部图像汇总后组成一幅完整的作战空间图,然后再将决策方案立即传送至武器打击系统,大大提高了武器系统的效率,所以图(b)中的有效打击范围远大于图(a)。

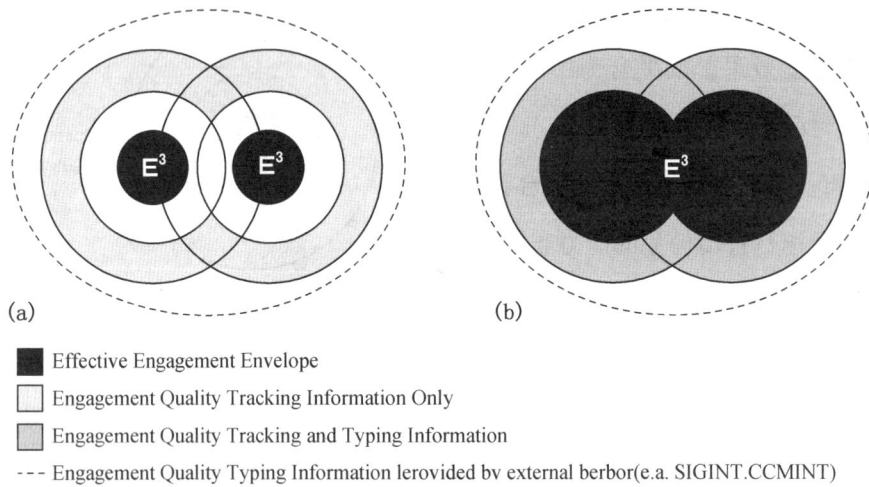

■ Effective Engagement Envelope
□ Engagement Quality Tracking Information Only
▨ Engagement Quality Tracking and Typing Information
--- Engagement Quality Typing Information lerovided bv external berbor(e.a. SIGINT.CCMINT)

图2-3 以平台为中心的武器系统(a)与以网络为中心的武器系统(b)战斗力比较[1]

再次,网络中心战大大提高了指挥效率。通常情况下,作战过程由以下几个要素组成:探测目标、识别目标、作出打击目标的决策、把决策传送给武器、武器瞄准和开火。这一过程中,起决定作用的是从探测目标到开火的反应时

---

[1] David S. Alberts, John J. Garstka, Frederich P. Stein, *Network Centric Warfare: Developing and Leveraging Information Superiority*, CCRP Publication Series, 2000, p.102. 黑色阴影部分为有效打击范围。

第二章 探索"新边疆"安全机制：网络电磁空间秩序及其治理

间和火力打击范围。反应时间取决于传感器和武器的作用距离、武器的杀伤半径、通信和信息处理所需要的时间，以及做出决策花费的时间。以平台为中心的武器系统，各武器系统之间的联系靠话音来实现，不能直接指挥武器进行交战；而在网络中心战中，感知、指挥、控制以及交战等各项能力通过具有"鲁棒"效应的数字数据链路连接成网络，网络节点之间信息流的容量、质量和实时性极大地提高了武器系统的战斗力。据研究，当指挥员可以成功指挥的作战分队为 n 时，其制定计划成功的概率为 $1-0.95^n$。按这一公式计算，当 $n=5$ 时，成功概率为 22.6%；当 $n=10$ 时，成功概率为 40.1%；当 $n=25$ 时，成功概率为 72.3%。[①]由此可见，作战分队和信息搜集节点的增加会大幅提高网络的整体作战能力。

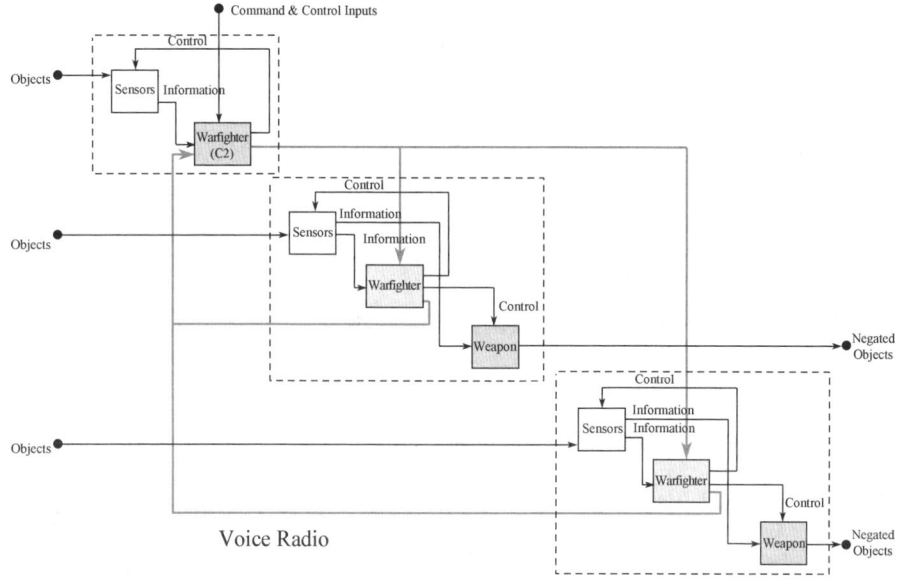

图 2-4 平台中心战武器系统[②]

---

① David S. Alberts, John J. Garstka, Frederich P. Stein, *Network Centric Warfare: Developing and Leveraging Information Superiority*, CCRP Publication Series, 2000, p.104.
② David S. Alberts, John J. Garstka, Frederich P. Stein, *Network Centric Warfare: Developing and Leveraging Information Superiority*, CCRP Publication Series, 2000, p.98.

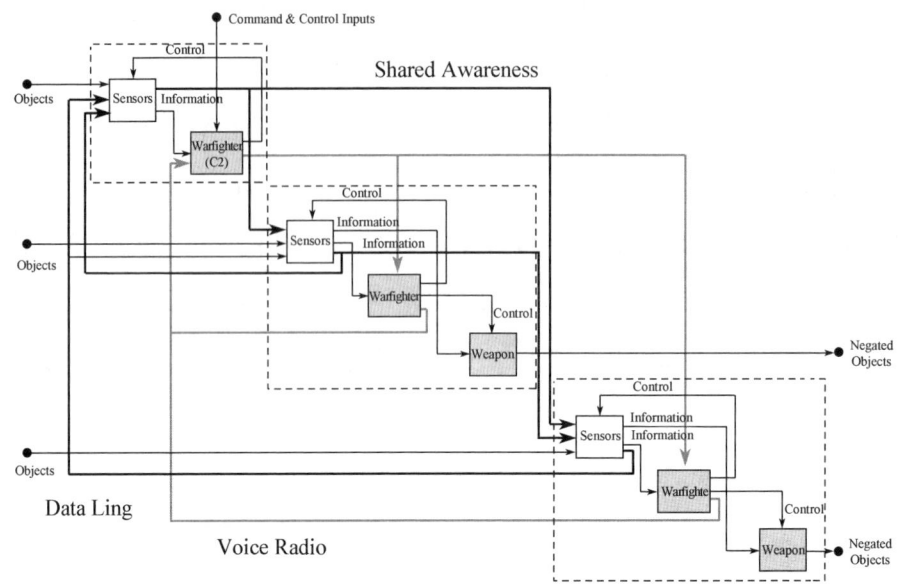

图 2-5　网络中心作战模式①

最后,节省资源。在机械化战争时代,由于信息共享水平比较低,各军兵种武器装备都是松散地组织在一起,作战行动主要以各自平台为中心而展开,相互之间缺乏有效的信息沟通和协作机制。因此,在装备研制发展上,机械化战争更多关注武器平台的建设,强调武器装备本身要一代比一代射程更远、探测范围更广、机动性更好、防护能力更强,而不是强调各军兵种武器装备在信息探测、火力打击、战场防护等方面的横向互补、协同。为适应各种不同的战场环境需要,机械化战争要求单一平台要同时具备多个复杂的战斗系统,具有对空、对海、对潜的预警、侦察、探测和远、中、近程的打击与防护能力等,而所有这些功能由于缺乏信息协作机制主要为本身服务,造成极大浪费。同时,以平台为中心的武器系统的更新换代,使武器平台越来越庞大,越来

---

① David S. Alberts, John J. Garstka, Frederich P. Stein, *Network Centric Warfare: Developing and Leveraging Information Superiority*, CCRP Publication Series, 2000, p. 98.

越复杂。信息化时代的网络中心战完全不同,它强调在军事网格的框架下把各军兵种软硬件打击武器、传感器、通信设备和保障装备等融合为一个整体,组合成一台超级规模的精确武器,实施体系与体系、系统与系统的整体对抗。

综合美军冷战结束到目前为止出台的战略报告和建军规划来看,美军正在不断加大获取网络电磁空间信息的力度。如在20世纪90年代末提出C^4ISR时,美军的要求是网络电磁空间能为作战提供四个"任意",即"任意时间、任意信息、任意地点、任意人"。而2003年启动全球信息网格建设时则旨在让网络电磁空间提供五个"恰当",即"恰当时间、恰当地点、恰当信息、恰当形式、恰当人"。到2008年,美军又提出通过建立网络电磁空间环境,实现"三个全球能力",即"全球警戒能力、全球到达能力和全球作战能力",达成全谱优势。由此可见,美国将会竭尽全力利用网络赋能来拓展美军的作战实力,维护美国的军事霸权。

第三,网络空间的发展催生了数字经济(Digital Economy)。所谓数字经济,虽没有统一的定义,但其特点却是明晰的,即商品的关键性生产要素是数字信息,载体是信息网络。1994年,美国网景公司开发出一款浏览器,数字经济进入了网络时代。1995年雅虎公司、亚马逊公司和易贝公司创立;1998年谷歌和腾讯公司成立;1999年中国的阿里巴巴也开始起步。网络硬件供应商思科、3COM和海湾网络公司的营业收入超过10亿美元。随着5G通信技术的成熟,数字经济将迅速向物联网、大数据和人工智能转型。数字商机巨大。以物联网为例,该行业的市场规模和发展速度极为惊人。从产业链角度看,物联网产业包括上游感知、中游传输和下游应用三大部分。据Garter发布的数据,2017年,接入全球物联网的设备为83.81亿台,2020年达到205亿台。2020年,全球物联网终端市场规模达到2.93万亿美元,未来5年的复合增速将达到23.4%。中国物联网市场规模2013年为5000亿元,2020年突破了

2万亿元大关。①

第四,网络空间极大改变了社会感知与认知模式。在人与信息关系方面,网络出现之前,主要的信息获取途径是通过纸质"索引"寻找需要的信息;而在网络时代,则主要是通过搜索引擎寻找信息,信息获取的成本极大降低。在人与人的关系方面,即时通信工具的出现使世界变成一个真正的地球村,人际交往的范围扩大到了极限,人际关系的内容也更加丰富了。根据加拿大的新闻传播理论家麦克卢汉"媒介即讯息"的观点,自媒体和社交媒体在网络空间的兴起将在一定程度上解构传统社会的权力模式。表现之一是网络事件不断。由于网络信息传播快、成本低、影响大,某些国家将网络作为颠覆别国政权的工具。2009年,摩尔多瓦大选后发生"颜色革命",这场革命也被称作"Twitter革命"。在美国的支持下,摩尔多瓦"HydePark"和"ThinkMoldova"两个组织在美国国务院文化与教育部门的资助下,策动了这场"Twitter革命"。关于这次颜色革命的策划过程,"ThinkMoldova"组织领导人纳塔利娅·莫拉里在自己的博客里是这样描述的:"6个人,只用了10分钟的快速思考便做出了决定,然后用数小时通过博客、短信和电子邮件将消息传播出去……结果1.5万名年轻人走上街头。"② 2011年发生的震惊世界的"阿拉伯之春"运动更是与网络空间密切相关。民众的政治诉求在网络上得到张扬,西方的一些组织如"AccessNow"和"Electronic Frontier Foundation"等积极加入这场运动,为运动提供网络基础设施的支持。③ 埃及的穆巴拉克政府在这次运动中垮台,利比亚政治领导人卡扎菲则命丧黄泉,当前的叙利亚仍在这场

---

① 《2020年全球物联网产业规模及设备数量预测》,中国产业信息网,http://www.chyxx.com/industry/201612/481181.html;另参见《物联网行业研究报告:万物互联,万象更新》,未来智库网,https://www.vzkoo.com/news/2408.html。

② 《网络颠覆:不容小觑的安全威胁》,中国新闻网,http://www.chinanews.com/cul/news/2009/08-06/1806701.shtml。

③ 菲利普·霍华德、穆扎米·侯赛因:《数字媒体与阿拉伯之春》,载《东方历史评论》,2013年12月,http://www.fangkc.com/wp-content/uploads/2014/01/digital_media_and_arab_spring.pdf。

运动的余震中不能自拔。

第二节 主要大国网络电磁空间竞争

如前文所述,连接计算机和海量传感器的网络是当前已经融为一体的世界的神经,而掌握住制网络电磁空间权就等于控制了这个世界的神经系统,其意义甚至大大超过19世纪的制海权、20世纪的制空权。所以,世界主要国家和非国家行为体无不高度重视对网络电磁空间的能力建设。相关能力建设的动态变化影响着网络电磁空间秩序的形成与演变。

一、确保霸权:美国的网络电磁空间能力建设

在大国中,美国最早意识到网络空间的战略意义,在网络空间能力建设方面投资最多,法规也最完善。

第一,加强战略规划。自互联网商用以来,美国政府、国会和相关部门制定了大量战略文件。1998年,克林顿总统签发《关键基础设施保护》总统令(PDD-63),该文件指出,美国虽然是世界上最强大的国家,但越来越依赖"那些对国家十分重要的物理性的以及基于计算机的系统和资产,它们一旦受损或遭到破坏,将会对国家安全、国家经济安全和国家公众健康及保健产生破坏性的冲击"[1]。2000年12月,克林顿签署《全球化时代的国家安全战略》文件,将网络安全作为国家安全战略的重要组成部分。[2] 2009年1月,奥巴马出任

---

[1] The White House, *National Plan for Information Systems Protection Version 1.0: An Invitation to a Dialogue*, 2000, http://fas.org/irp/offdocs/pdd/CIP-plan.pdf.

[2] White House, *A National Security Strategy For A Global Age*, December 2000, http://www.globalsecurity.org/military/library/policy/national/nss-0012.pdf.

美国总统后不久便根据美国战略与国际问题研究中心向他提交的《确保新总统任内网络电磁空间安全》专题报告,提出要像1957年10月苏联发射第一颗人造地球卫星那样,举行类似的全民大讨论,提高美国民众网络电磁空间安全意识。[①] 经过充分酝酿后,美国政府在2011年集中出台了多项报告,其中比较重要的有《网络电磁空间可信身份认证国家战略》(National Strategy for Trusted Identities in Cyberspace,2011年3月)、《网络电磁空间国际战略》(International Strategy for Cyberspace,2011年5月)、《国防部网络电磁空间行动战略》(Department of Defense Strategy for Operating in Cyberspace,2011年7月)和《国防部网络电磁空间政策报告》(Department of Defense Cyberspace Policy Report,2011年11月)。这些报告无不涉及网络电磁空间安全战略问题。2018年9月,特朗普政府发布《国家网络战略》,提出将"以实力求和平"作为发展网络能力的指导原则。2019年,美国总统行政办公室联合美国科学技术委员会推出了《联邦网络安全研究与发展战略计划》(Federal Cybersecurity Research and Development Strategic Plan),提出威慑、保护、侦测和响应等四项网络防御能力和量子信息科学、人工智能等优先网络空间研究领域。

第二,强化网络电磁空间领域的立法工作。美国是法治社会,政府的所有行动必须有法可依。"9·11"事件发生后不久,为防止发生电子"9·11"事件(e-9/11 event),小布什总统发布13231号行政命令——《保护信息时代的关键基础设施》。[②] 在13231号行政命令的基础上,小布什政府在2003年2月又颁发了《关键基础设施和重要资产物理保护的国家战略》。[③] 这份文件把通

---

① 中国国际战略学会军控与裁军研究中心:《美国网络空间安全战略文件汇编》,第156页。
② Executive Order 13231 of October 16, 2001, *Critical Infrastructure Protection in the Information Age*, http://www.fas.org/irp/offdocs/eo/eo-13231.htm.
③ *National Strategy for the Physical Protection of Critical Infrastructures and Key Assets*, February 2003. http://www.dhs.gov/xlibrary/assets/Physical_Strategy.pdf.

信、信息技术、国防工业基础等18个基础设施部门列为关键基础设施,把核电厂、政府设施等5项界定为重要资产。同月,美国颁布了首份有关网络电磁空间安全的国家战略——《确保网络电磁空间安全国家战略》。该份文件长达76页,为美国保护网络电磁空间安全确立了领导框架和优先目标。2009年5月,奥巴马政府出台了《网络电磁空间政策评估报告》。该报告称要"针对下一代网络的国家安全与应急准备通信的能力,制定一个协调计划"。[①]

第三,着力顶层设计,理顺管理网络电磁空间安全的组织机构。美国实行的是联邦式的西方自由民主制度,其执政理念是"小政府",国会和民众都不愿政府太多地干预社会生活。在克林顿政府时期,学术机构虽然屡屡向白宫建言设立负责管理和协调网络电磁空间安全的部门,但是当时美国没有出现小布什政府时期的大停电事故、恐怖主义袭击等灾难,所以克林顿政府仅设立了一个跨部门的协调机构——总统关键基础设施保护委员会。从实施效果来看,这个机构作用有限。"9·11"事件后,小布什政府首次设立由委员会主席担任的"总统网络安全顾问",但其职权比较小。2003年国土安全部成立后,美国政府把负责美国网络电磁空间安全的职责移交给该部。2009年3月,美国网络电磁空间安全委员会向刚刚走马上任的总统奥巴马提交了名为《确保新总统任内网络电磁空间安全》的报告,称:"网络电磁空间安全问题是美国国家安全所面临的严重的挑战之一。网络电磁空间安全工作不仅仅是信息技术办公室首席信息官的任务。它也不只是国土安全和反恐问题……它是与防止规模杀伤性武器扩散以及打击全球'圣战'同等重要的战略大事。联邦政府要担负主要职责。"[②]在专家学者的反复呼吁下,白宫也认识到,"如果没有一个中央协调机制,没有更新国家战略,没有各行政部门制定和协调的行动计划,

---

① 中国国际战略学会军控与裁军研究中心:《美国网络空间安全战略文件汇编》,第188页。
② 中国国际战略学会军控与裁军研究中心:《美国网络空间安全战略文件汇编》,第99页。

以及没有国会的支持,靠单打独斗的工作方式不足以应对这一挑战"。① 为此,白宫组建了"白宫网络安全办公室",并设立了能与总统密切联系的"白宫网络安全协调员"。经过奥巴马政府的整合,美国联邦政府目前设有六大网络安全专职机构:隶属国土安全部的"美国计算机应急响应小组",隶属国防部的"联合作战部队全球网络行动中心"和"国防网络犯罪中心",隶属联邦调查局的"国家网络调查联合任务小组",隶属国家情报总监办公室的"情报界网络事故响应中心",隶属国家安全局的"网络空间安全威胁行动中心"。奥巴马政府对网络安全管理体制的调整主要是为了提高网络安全组织领导效率,形成一体化的综合性国家网络电磁空间安全领导和协调体制。特朗普在入主白宫后不久,就于2017年5月签署了题为《增强联邦政府网络与关键性基础设施网络安全》的总统行政令,从国家关键基础设施的网络安全、国家信息系统安全和国家安全三个层面解决网络安全问题。

第四,加强网络基础设施建设。就如发达的交通离不开四通八达的高速公路一样,要取得信息优势,也离不开无所不至的宽带网络。1993年1月,美国克林顿政府出台《国家信息基础设施计划》(National Information Infrastructure,NII)文件,提出投资4000—5000亿美元在美国建立高速光纤通信网,即"信息高速公路",把每一个办公室和家庭都用网络连接起来,形成四通八达的信息高速公路网。次年,美国政府又发布了《全球信息基础设施行动计划》(Global Information Infrastructure,GII)。在信息基础设施建设的拉动下,美国一大批数字企业崛起,如谷歌、微软、亚马逊、苹果等成为行业龙头,美国企业的劳动生产率也提高了20%至40%。在启动"信息高速公路"后不久,美国军方也开始着手设计国防信息基础设施(DII)建设。2020年9月,美国众议院又出台了《量子网络基础设施法案》,拟议推进美国量子技术发展。

---

① 中国国际战略学会军控与裁军研究中心:《美国网络空间安全战略文件汇编》,第163页。

第五,加强网络战能力建设。美国开始着手培育网络战电磁空间战能力的时间远远早于其他国家。据新闻界公开报道的消息,1995年6月,美军16名"第一代网络空间战战士"从美国国防大学毕业。同年10月1日,美军在南卡罗来纳州空军基地组建了第一支网络电磁空间战部队,即第9航空队第609中队。1998年10月,美国国防部正式将信息战列入作战条令,同时批准成立"计算机网络防御联合特种部队"。2006年初,美国空军建立研究网络电磁空间问题的"网络特别小组",由空军参谋长特别助理拉尼·卡斯博士任组长。同年底,美国空军正式宣布成立一个8000人的临时网络电磁空间司令部,罗伯特·J. 埃尔德中将担任司令之职。[1] 2007年,美国空军以第8航空队为依托,组建了空军网络电磁空间战司令部,海军也组建了"海军计算机应急反应分队",西点军校成立了网络电磁空间科学中心。2009年,美国国防部部长盖茨宣布正式成立"网络电磁空间战司令部",美国国家安全局局长、四星上将基思·亚历山大被提名担任司令。美国国防部副部长阿什顿·卡特在2013年7月18日举行的阿斯彭安全论坛上称,美国网军即将部署到位。[2] 这标志着美国已经吹响了争夺网络空间霸权的号角。在网络防御能力建设方面,美国政府在2002年就启动了"爱因斯坦计划"。2009年美国启动"全面国家网络空间安全计划"(The Comprehensive National Cybersecurity Initiative, CNCI),爱因斯坦计划被并入该计划,并更名为"国家网络空间安全保护系统"(National Cybersecurity Protection System, NCPS),或者更准确地说,"国家网络空间安全保护系统"就是爱因斯坦计划。爱因斯坦计划分三个阶段展开:第一阶段主要是实现信息采集和安全信息共享;第二阶段是检测入侵系统,用以扫描所有互联网流量以及政府电脑(包括私人通信部分)的

---

[1] Thomas Rid and Marc Hecker, War 2.0: Irregular War in the Information Age, Westport: Praeger Security International, 2009, p. 58.
[2] 《美国网军即将部署到位》,载《参考消息》2013年7月20日,第5版。

副本数据；第三阶段是入侵防御系统，它有能力对恶意攻击代理进行检测，并阻止恶意代理对美国网络的攻击。美国前国土安全部部长切尔托夫对第三阶段的爱因斯坦计划的功能是这样表述的：如果第二阶段的爱因斯坦计划是"一个在路边拿着测速雷达的警察，他们可以提前用电话警告有人醉酒或超速驾驶"，那么第三阶段的爱因斯坦计划则是一位可以"逮捕疑犯"和"阻止攻击"的警察，这就像一个防空武器系统，它可以在导弹攻击到目标之前将其击落。① 2009年10月，执行"爱因斯坦计划"的"新国家网络空间安全和通信集成中心"（New National Cybersecurity and Communications Integration Center, NCCIC）在弗吉尼亚阿林顿启用。该中心24小时全天候监控涉及基础网络架构和国家安全的网络威胁，成为保护美国网络安全的中枢。根据2020年5月OMB提交给国会的报告，该计划总体上处于E3A阶段。根据美国国土安全部2021财年预算报告，从立项到2018财年，美国总共向该计划投资32.19亿美元，2019财年投资3.92亿美元，2020财年为4.66亿美元，2021财年的预算是3.7亿美元。②

除爱因斯坦计划外，美国国家安全局还正在大力建设所谓的"网络盾牌"（Cyber Shield）项目，用于抵御美国的竞争对手对美国关键基础设施发动的攻击。这一系统可以对网络传输的信息包进行实时分析，能迅速过滤掉各种非法数据包和其他攻击载荷；如果系统无法排除威胁，会申请启动物理隔离机制。③

二、着眼国家安全：俄罗斯的网络电磁空间能力建设

在俄罗斯，"信息空间"（информационное пространство）、"统一信息空间"

---

① Jack Goldsmith, "The Cyberthreat, Government Network Operations, and the Fourth Amendment," http://www.brookings.edu/papers/2010/1208_4th_amendment_goldsmith.aspx.
② 《美国爱因斯坦计划跟踪与解读》，https://cloud.tencent.com/developer/article/1709584。
③ 参见王源、张博：《赛博武器的现状与发展》，载《中国电子科学研究院学报》，2011年第3期。

(единное информационное пространство)和"网络空间"(киберпространство)三个概念与信息空间有关。在2014年俄联邦颁布的《俄罗斯联邦网络安全战略构想(草案)》中,俄给出了网络空间的官方定义,即"信息空间中的一处活动领域,是指基于因特网和其他电子通信网络,实现信息交流、保障其运行的技术基础设施,以及直接使用这些渠道和设施的人类活动的领域"。[①] 在网络空间力量建设方面,俄注重基层规划,通过发展数字产业推进网络空间力量发展和技术创新,同时注重网络空间领域的军事运用,建设信息空间作战力量。

在顶层规划方面,俄罗斯以《国家安全战略》为牵引,以网络空间建设的各类文件为依托,推进网络空间能力建设。俄2015年出台的《国家安全战略》将网络空间安全作为国防安全、国家安全和社会安全之后的第四大安全问题。这份报告为俄推进网络空间力量建设提供了政策依据。在网络空间能力建设方面,俄近年来几乎每年都推出一部重要文件,如2012年出台《俄联邦武装力量在信息空间活动的构想观点》、2013年出台《2020年前俄联邦国际信息安全领域国家政策框架》、2014年出台《俄罗斯联邦网络安全战略构想(草案)》、2016年出台《俄联邦信息安全学说》、2017年出台《俄联邦关键信息基础设施法》等。这些文件为网络空间能力建设确立了目标和方向。

在网络安全能力构建方面,俄特别强调使用拥有自主知识产权的技术和产品。2012年1月,俄罗斯通信与大众传媒部设立了研究具有自主知识产权的操作系统和应用系统项目。2016年7月,俄总理梅德韦杰夫签署文件,要求联邦政府机关使用基于Linux的俄罗斯自主操作系统。俄军方也于2018年1月开始使用本国公司开发的Astra Linux操作系统。

---

① 苗鲜举:《俄罗斯信息空间建设的思路与做法》,载《俄罗斯东欧中亚研究》,2017年第5期,第53页。

三、维持世界领先地位：欧盟的网络电磁空间能力建设

欧盟成员国多为发达国家，拥有雄厚的资金和先进的数字技术。在技术研发方面，欧盟推出的FP7计划，即"第七个研究和技术发展框架计划"（The 7th Framework Programme for Research and Technological Development，2007—2013年），投资预算约500亿欧元，旨在让欧盟的科技水平领先于世界。在这一计划中，数字技术占有较大比例：网络技术3.8%，信息和媒体3.8%，信息和通信技术应用3.1%，信息处理和信息系统3.7%，资助的互联网项目总计121项。[①] 欧盟当前正在执行的"地平线2020"（Horizon 2020）计划持续时间从2014年起至2020年，计划投入800亿欧元。这一计划是FP7计划的继续，也可以称为FP8计划。在FP8计划中，网络空间技术研究仍然占相当大的比重，主要研究下一代互联网实验平台、物联网可编程性和5G网络技术等。

为提升欧盟在世界网络空间领域的影响力，2019年12月，包括德国、法国、西班牙在内的欧盟17个国家的电信部长发表联合声明，提出在两三年内投入1450亿欧元发展半导体产业，主要目标是未来的6G通信技术和攻克2纳米芯片的制造工艺。[②]

在加强技术研发的同时，欧盟也开始重视网络空间产业。2015年，欧盟委员会发布"数字化单一市场"文件，推进欧洲的数字产业发展。但是，在网络空间产业方面，欧盟取得的成就不算显著。据经合组织发布的调查报告，法国、瑞士、荷兰、波兰等国的光纤入户比例不到20%，远低于韩国（81.7%）和

[①] 苏金树、周寰、赵宝康：《欧盟网络技术研究发展综述》，http://www.yocsef.org.cn/c/2018-03-16/623919.shtml。

[②] 《欧盟17国斥资1.2万亿加码半导体，直指美国技术垄断！》，新浪新闻网，https://news.sina.cn/gn/2020-12-25/detail-iiznctke8506105.d.html。

日本(79%)。为改变这一状况,欧盟委员会自 2020 年 2 月以来陆续推出《欧洲数据战略》《人工智能白皮书》和《欧洲新工业战略》等,计划未来十年每年投入 200 亿欧元开发人工智能。①

四、力图跻身一流:日本的网络电磁空间能力建设

日本是网络空间技术强国与产业大国。在推动网络空间能力发展方面,日本推出了一系列战略文件和法律法规。早在 2001 年 1 月,日本政府就推出了"e-japan I"战略,旨在大幅度提升日本的信息化水平。2014 年,日本出台《网络安全基本法》,推进"多主体合作"保障网络安全。2017 年,日本出台《官民数据活用推进基本法》和《开放数据基本指针》,试图推进政府和民间在网络空间领域的合作,夯实产业基础。在政府的推动和市场的拉动下,早在 2011 年时,日本网络空间产业规模就达到 23 万亿日元,超过汽车产业。

在网络空间的军事力量建设方面,日本在 2014 年 3 月成立了"网络防卫队",由防卫相直辖,统合幕僚长负责指挥。在"网络防卫队"成立之初,日本政府给其确定的任务是负责防守。但近年来,日本的这一政策有所变化,转向所谓"以攻助守"。

第三节 网络电磁空间治理面临的挑战

网络电磁空间作为人造的第五维空间,由于其具有高度的战略性和控制性,世界主要国家和以恐怖主义组织为代表的非国家行为体在网电空间领域展开激烈博弈,给该领域的治理带来变数。

---

① 方莹馨:《加快转型,欧盟提升数字经济领域竞争力》,载《人民日报》2020 年 6 月 3 日(第 17 版)。

一、网电空间主导权博弈

国家是网络空间最重要的行为体,大国围绕网络空间的竞争日趋激烈。在非国家行为体方面,国际恐怖主义组织、极端宗教组织和民族分离组织无不极力利用网络空间谋取各自的利益。当前网络空间领域力量发展不平衡,非国家行为体根据自己的计划发展非对称优势。国家行为体和非国家行为体在网络空间领域主导权的争夺导致该领域处于失稳状态。

在军事领域,美国国防部将网络电磁空间视作与陆、海、空、天同类的第五个领域,并且认为掌握制网权对维持其在其他四个领域内的霸权具有决定性意义。作为网络空间强国,美国特别重视该空间的军事运用,并通过军事运用称霸网络空间。1995年,美军提出C^4I概念,启动国防信息基础设施公共操作环境(DII-COE)建设,意在为军事行动提供及时、准确的安全信息。1996年,美国军方进一步提出对各类侦察、监视传感器进行整合,打破军种之间"烟囱"林立的状况,建设指挥、控制、通信、计算机、情报、监视和侦察系统(C^4ISR),真正实现"从传感器到射手"的作战能力。美国国防部在推进军用网络带宽建设的同时,还在大力发展信息网格(Grid)[①]技术。1999年,美国国防部提出建设"全球信息网格"(Global Information Grid, GIG)。2003年,该

[①] 在网络带宽迅速增加的同时,网上的 IP 地址和资源更呈几何级数增加,再加上传感器网络提供的图像或数据,使网上资源或信息极其丰富。第三代互联网技术开发出来之前,人们使用网上资源要么是通过直接访问网站,要么是通过搜索引擎来查找资源。对于前者来说,就如用户打开电灯开关时需要指定一个发电厂一样;而对于后者来说,输入一下查询关键词可能有数万乃至数千万个结果,查找不便,效率低下。网格(Grid,也译成信息栅格)技术,彻底改变了这种效率低下的状况,真正实现了网络用户之间的互联、互通和互操作。这一技术将散布在网络上的资源虚拟为一个极其强大的信息系统,实现了计算、存储、数据、信息、软件、通信等各种资源的全面共享。例如,当用户对一台计算机要求"每秒 200 万亿次的计算能力,还要把 100 太字节的海量数据保存起来"时,这台计算机就会把这个命令发送给网格软件平台,网格软件平台便会自动将用户的计算要求和海量数据包分解到其管理的相关的千百万台计算机和存储器上,并负责指挥这些计算机和存储器实现协同工作,大大提高了网络使用效率。参见刘鹏、王立华主编:《走向军事网格时代》,北京:解放军出版社,2004年,第7页。

部又公布了《全球信息网格体系结构》(2.0版),规划以国防信息系统网(DISN)为骨干整合美军各军种的军事信息系统,建成符合"全球信息网格"要求的"系统之系统"式公共操作环境(GIG SoS-COE)。在2004年发布的《国家军事战略》报告中,美国国防部提出:"美国武装部队必须拥有在整个天空、陆地、海洋、太空和网络电磁空间展开行动的能力。"[1]2006年,美军发布《国家网络电磁空间军事行动战略》。这份战略的宗旨是"确保我们自己(指美军——引注)在这个激烈竞争的领域行动自由,同时剥夺我们竞争对手的行动自由"[2],即"确保美国在网络电磁空间的军事优势"[3]。该文件提出要在四个方面加强建设。(1)在竞争对手决策周期里获取和维持主动行动优势。指战员应利用网络电磁空间缩短决策周期,同时削弱竞争对手的决策周期。这需要维持强大的网络防御能力,同时利用竞争对手的网络电磁空间的弱点,旨在搞清楚竞争对手的决策周期和防御弱点。(2)利用网络电磁空间使整个军事行动领域进一步整合军事能力。国防部的各个部门必须将网络电磁空间整合得更加精致。作战指挥人员必须与支援部队和国防部的各个机构紧密协同,最大程度地提高战斗力,遂行军事行动。作战部队尽管被部署在各个不同战区,但必须与现存的军事行动相配合,与不同政府部门、联合指挥部门、盟军及工业伙伴实现无缝对接。(3)建设网络行动能力。包括持续不断地培训人员,建立基础设施和组织机构。通过富有进攻性的测试、演习以及不断地改良,创造新的网络行动能力。能够充分利用整合技术的强大灵活的武装力量是打造网络行动能力的关键。(4)管理网络电磁空间行动的风险。[4] 向外界

---

[1] The Department of Defense, *National Military Strategy* (2004), p. 18.
[2] The Department of Defense, *The National Military Strategy for Cyberspace Operations* (2006), p. v.
[3] The Department of Defense, *The National Military Strategy for Cyberspace Operations* (2006), p. iv.
[4] The Department of Defense, *The National Military Strategy for Cyberspace Operations* (2006), pp. 19–20.

高调宣布实施网络威慑。在克林顿政府时代,美国就明确把由网络连接起来的基础设施列为关键基础设施。"9·11"事件后,美国政府担心出现电子"9·11"事件,先后出台了几个保护网络基础设施的文件。奥巴马政府上台后,不仅把网络空间视为关键基础设施,而且将其提升为国家战略资产。2008年,美军将国防信息基础设施从狭义信息域扩展到广义认知域,实现了从信息域到网络电磁域(Cyber)的跨越。2009年5月,奥巴马政府在公布《网络空间政策评估》时提出:"从现在起,我们的数字基础设施将被视为国家战略资产。保护这一基础设施将成为国家安全的优先事项。"[①]那么用什么手段来保护美国的这项战略资产呢?美国白宫在2011年5月公布的《网络空间国际战略》给出的答案是,如果潜在敌对国家对美国发起的网络攻击威胁到其国家安全与利益,那么美国将不惜动用军事力量。同年6月,美国国防部部长罗伯特·盖茨在新加坡出席第10届香格里拉安全对话时,就这一问题进一步指出,在确认遭到来自他国的网络攻击时,美国视之为"战争行为",并给予"武力还击"。[②] 美国作出的上述明确宣示,让那些企图通过攻击美国网络基础设施获益的国家或组织不得不掂量一下发动攻击的风险,毕竟军事力量强大的美国能把南联盟的米洛舍维奇赶下台,能把伊拉克前总统萨达姆置于死地。前车之鉴不能不予以考虑。2018年,美国国防部发布《国防部网络战略》,提出"前置防御"(Defend Forward)策略,即通过摧毁美国境外的"恶意网络活动源头"的方式根除美国面临的网络攻击。同年8月,特朗普发布第13号国家安全总统备忘录,授权国防部部长在紧急情况下有权发动网络行动。这两份文件充分表明,美国抛弃了奥巴马政府时期较为"克制"的网络战略,威慑成分大大增加。

---

① Remarks by the President on Securing our Nation's Cyber Infrastructure, May 29, 2009, http://www.whitehouse.gov/the-press-office/remarks-president-securing-our-nations-cyber infrastructure.

② Reuter, "Gates: US ready to use force against cyber attackers," June 4, 2011, http://www.jpost.com/VideoArticles/Video/Article.aspx? id = 223559.

第二章 探索"新边疆"安全机制：网络电磁空间秩序及其治理

主导网络空间需要有比其他国家先进的"网络空间武器"。"网络空间武器"属于新概念武器范畴，当前世界主要国家无不投入巨资研究开发这种武器。据美国技术分析研究所（TECHNOLYTICS）披露的数据，目前世界各国在网络电磁空间武器方面的投入已超过 1.7 万亿美元。[①] 美国是网络空间武器研制的先驱与引领者。如美国空军正在推进"赛博飞机"（Cybercraft）项目，旨在研制出一种能在第一时间侦察到对手在网络电磁空间里的作战意图的武器。[②] 据有关报告披露，网络空间飞机的作战理念非常先进，它可以安装在任何电子介质中，能主动对所有软件和硬件设备进行 Ping 扫描、端口扫描、操作系统辨识、漏洞扫描和查点，保证作战指挥员能对大到整个网络电磁空间，小到任意一台计算机进行瞬间感知与控制。[③] 2008 年 5 月，美国政府启动了一项更加雄心勃勃的计划——"赛博靶场"（NCR）计划。这一计划号称美国的"电子曼哈顿工程"，企图通过研发"革命性"的新技术，来赢得网络电磁空间这一"太空竞赛"。

除美国外，德国、英国和日本等也制定了相关战略，如德国制定的《德国网络安全战略》、英国的《国家网络安全战略》等。这些报告虽然名为加强"网络安全"，实为争夺制网络电磁空间权。但是，必须承认，美国在网络空间领域拥有其他国家或非国家行为体难以望其项背的优势。在商业领域，美国利用其技术、资本、人才与市场优势，培植了大批综合实力强大或拥有高精尖技术的数字科技公司。微软公司是世界最大的软件公司，该公司生产的操作系统广泛应用于个人电脑和服务器上。思科公司（Cisco Systems）是网络硬件生产领域的龙头老大，该公司生产的路由器、交换机、中继器等在国际市场上占有

[①] 参见 TECHNOLYTICS, *Cyber Commander's Handbook*。转引自王源：《赛博武器的现状与发展》，载《中国电子科学研究院学报》，2011 年第 6 期。

[②] Shane P. Courville, *Air Force and the Cyberspace Mission Defending: the Air Force's Computer Network in the Future*, 2007.

[③] 参见刘红军：《赛博空间武器——赛博飞机》，载《中国电子科学研究院学报》，2011 年第 6 期。

重要地位。瞻博网络（Juniper Networks）和博科通信系统（Brocade Communications Systems）是世界著名的网络设备制造商，其路由器技术和存储交换机技术领先全球。先进的网络软、硬件制造技术和强大的生产能力是美国争夺网络电磁空间霸权的王牌之一，必要时可以威胁停止或实际终止向对手提供商品，陷对方于困境。另外，美国的主要软件商与美国政府均有密切关系。在政府的授意下，美国软件商往往在制造的软件上嵌有后门，以便在必要时服务于美国的政治、经济和国家安全目的。1999年，轰动一时的微软"NSA密钥"事件让美国窃取别国机密的企图大白于天下。

为遏制战略竞争对手发展网络空间能力，美国对中俄进行打压。2017年12月，美国出台《国家网络战略》文件，将中俄界定为网络空间"修正主义"国家，意图改变美国主导的国际秩序，挑战美国的地缘政治优势。考虑到中国网络空间能力发展迅速，美国着重打击中国的相关能力。2020年3月23日，特朗普签署了《保障5G及以上安全法》。4月29日，美国国务卿蓬佩奥提出所谓"5G清洁路径构想"，鼓吹"不使用华为和中兴通讯之类不可靠卖家提供的任何5G设备"。8月5日，美国国务院又在所谓"5G清洁路径构想"的基础上，进一步发布了"扩大清洁网络以保护美国资产的声明"（Announcing the Expansion of the Clean Network to Safeguard America's Assets）的政策报告。"扩大清洁网络以保护美国资产的声明"的主要内容是对运营商、网上商店、网络应用程序、云端和互联网电缆进行全面清查，其中华为、百度、阿里巴巴、腾讯、中国电信、中国移动等中国网络科技公司和通信运营商被点名。具体而言，美国计划从五个方面对中国发难，实现中美在网络空间领域的"脱钩"：(1) 在电信运营方面，确保中国电信运营商与美国电信网络脱钩；(2) 在移动设备应用商店方面，清除中国科技公司提供的软件应用服务；(3) 在应用程序方面，禁止进口到美国的中国智能手机预先安装必备的应用程序；(4) 在云服务方面，禁止美国公民将敏感信息存放在阿里巴巴、腾讯、百度等公司的云端;(5)在海底电缆建设方面,将中国科技公司排除出竞标名单。对于打击中国的意图,蓬佩奥毫不讳言。他在发布上述报告时污称,美国公民的隐私和美国公司最敏感的信息遭到"恶意行为者攻击性的入侵"。如果"清网计划"落到实处,中国网络产业的发展将受到较大影响。首先,禁止中国的应用程序将使来自中国的应用APP面临没有应用商店可以下载的困局,从而强行切断中美之间的社交联系,让美国境内的中国产的智能手机退回"电话时代"。其次,中国数字经济受到打击。如果中国运营商的云系统在美国市场上被完全禁止,中国企业百度和支付宝等就不能为美国民众提供搜索和支付服务,从而打击这些公司在美国的业务拓展。最后,把中国科技公司排挤出海底电缆竞标将致使华为等中国公司丧失上万亿美元的市场。通过"扩大清洁网络以保护美国资产的声明"后,蓬佩奥还宣称国务院将与美国司法部一起给美国联邦通信委员会(FCC)施压,令其撤销颁发给中国电信、中国联通等四家中资公司的电信服务授权。不仅如此,美国国务院还大力推动"五眼联盟"成员联手对中国采取行动,推进"清网计划"。2020年9月30日,蓬佩奥到中国"一带一路"倡议的桥头堡希腊访问,鼓动希腊米佐塔基斯政府加入"净网行动",提出帮助希腊援建数字疆域。在蓬佩奥访问希腊的同时,美国副国务卿克拉奇也对欧盟展开了外交游说工作,要欧洲盟国与其一道推进所谓"清洁网络"倡议。

二、关键互联网资源博弈

在网络电磁空间,互联网地址、域名和服务器管理是"关键互联网资源",也是世界主要国家争夺的重要对象。

为理解何为网络空间的关键资源,有必要回顾一下计算机和互联网的发展简史。为计算弹道,美军在1942年提出试制"高速电子管计算装置"的要求。1946年,美国建成第一个名为"ENIAC"的计算机。这台计算机使用了

17468个电子真空管,体积庞大,耗电惊人,可靠性差。因为第一代计算机使用的是真空电子管,考虑到电子管只有"开"和"关"两种状态,电子计算机设计者于是采用了二进制来表示数字和数据。例如,根据美国信息交换标准代码(American Standard Code for Information Interchange,ASCII),字母A的二进制代码是"01100001"。如果我们在电子邮件中给对方发送"A",计算机自动会把这个字母转换为"01100001"进行发送,阅读邮件时计算机再把它还原为字母"A"。

互联网技术的基础是"包交换"(Packet Switching)技术。这一技术将信息分解成一系列的信息包,然后离散发送,接收端则对分散的信息包进行重新组合与还原。英国国家物理实验室的专家唐纳德·戴维斯(Donald Davies)最早提出包交换技术思路。1964年,美国兰德公司的专家保罗·巴兰也提出了类似理论,并建议将之用于在线数据处理服务,加快信息交换。1962年,麻省理工学院(MIT)人工智能专家约瑟夫·利克莱德(J. Licklider)受邀担任美国国防部组建的高级研究计划局(ARPA)的信息技术处处长。他上任后大力支持信息分组交换技术,1966年"阿帕网"得以立项。次年,互联网之父拉里·罗伯茨(Larry Roberts)发表了采用包交换技术的阿帕网设计的论文。1969年,分散在美国不同地方的四台计算机联网成功,人类跨入了互联网时代。完成联网通信需要对在网络节点上的计算机进行定位,即必须创建唯一标识符。由于当时只有四台计算机联网,互联网第一份"请求评议"(Request For Comments,RFC)仅对每个节点分配了5个位数作为目的地址。理论上,5位地址可以提供2^5个(32个)唯一的目的地址,即00000、00001、00010、00011、00100、00101、00110、00111、01000、01001、01010、01011、01100、01101、01110、01111、10000、10001、10010、10011、10100、10101、10110、10111、11000、

第二章 探索"新边疆"安全机制：网络电磁空间秩序及其治理

11001、11010、11011、11100、11101、11110、11111。[①]

随着接入网络的主机的增加，阿帕网上的节点不断增多。1970年12月，节点增加到13个；1971年9月，节点为18个；1972年8月，节点为29个。随着节点的不断增加，5位地址已无法满足需要。1972年，互联网地址长度由5位扩大到8位，理论上可以提供2^8个（256个）唯一标识符。1981年长度扩展到32位，可提供2^{32}个（约43亿个）唯一标识符。32位地址长度标准是IP协议版本4，即IPv4.0的核心。基于IPv4.0标准，每个独立的互联网地址都有32位长度，如01000111001111001001100010100000。为便于使用，32位长度被简化为点分十进制记法。二者的转换看似十分复杂，其实原理非常简单。

在互联网发展早期，接入网络的计算机或移动终端有限，IPv4.0标准完全可以满足需要。但是，随着5G推动的万物互联时代的到来，IPv4.0标准已不能满足需要。互联网唯一标识符数量有限而且分配极度不均。由于互联网最早诞生于美国，美国的不少企业、大学和研究中心获得了独立的自治系统号（Autonomous System Number，ASN），例如网络设备制造商思科持有ASN109，谷歌持有ASN15169，脸书持有ASN32934，哈佛大学持有ASN32。在IPv4.0标准下的43亿个唯一标识符中，北美占了四分之三，约30亿个，亚洲仅被分配了4亿个。于是，国际互联网工程任务组（The Internet Engineering Task Force，IETF）推荐了一个新的基于16进制的标准，即IPv6.0标准。这一标准将地址长度由32位扩展到64位，理论上可提供2^{64}个唯一标识符，可以真正实现万物互联。但是，就现实看，IPv6.0标准推广难度极大。

网络空间的第二项关键资源是域名控制权。因特网（Internet）概念是由

[①] ［美］劳拉·德拉迪斯：《互联网治理全球博弈》，覃庆玲、陈慧慧等译，北京：中国人民大学出版社，2017年，第43页。

高级研究计划局专家鲍勃·卡恩在1973年提出来的,其运营核心是域名系统(DNS)。域名系统由映射主机名称和数字地址的单一的全局表发展而来。将计算机联网需要解决"接口信号处理机"(IMP)对信号的识别问题,即用各种计算机都认可的信号来打开通信管道,数据通过后再关闭管道。换句话说,网络通信需要有一个"通信协议"。"传输控制协议"(Transmission Control Protocol,TCP)和"因特网协议"(Internet Protocol,IP)解决了这一问题。前者负责应用软件和网络软件之间的通信,后者负责计算机之间的通信。TCP/IP的开放性鼓励信息技术领域的专家和学生开发出各种应用程序,信息技术革命爆发。1983年元旦,阿帕网完全转换为以TCP/IP为基础的网络。也是在这一年,域名解析系统出现。如前文所述,IPv4.0版本的计算机网络上的唯一标识符由32位数字组成,不便记忆和使用。在DNS出现之前,定位互联网上的信息采用的办法是在主机与互联网地址之间建立映射关系,单个文件的定位需要追踪全部域名和互联网数字地址。完成这一任务需要一张映射主机名称和数字地址的单一的全局表。斯坦福研究院网络信息中心在政府资助下维护这张表,即"HOSTS.TXT"文件。但是随着网络的扩展和网络接入数量的急速增加,用这张全局表定位互联网信息越来越行不通了。用保罗·莫卡派乔斯(Paul Mockapetris)的话说就是:"这张表的大小,尤其是这张表的更新频率,已经接近于可管理性的极限。改善的方式是搭建一个分布式数据库,它执行同样的功能,但能够避免这种由单个中心化数据库引起的问题。"[①]域名解析系统解决了这个问题。DNS采用等级架构,它引入了"域"的概念,它使集中化的互联网名称管理转化为域名管理。"域是管理实体。引入域的概念主要是为了按照域来划分互联网名称的集中管理职权,并为每一个域指派

---

① [美]劳拉·德拉迪斯:《互联网治理全球博弈》,第47页。

次级管理机构,从而分割集中化的域名管理,增加次级管理层。"①域名管理的核心是"顶级域名"(Top Level Domain,TLD)。顶级域名可分为三类,即通用顶级域名(Generic Top-Level Domain,GTLD)、国别顶级域名或国家代码顶级域名(National Top-Level Domain,NTLD 或 Country Code Top Level Domain,CCTLD)、国际顶级域名(International Top Level Domain,ITLD),由因特网号码分配机构(IANA)负责分配。目前,互联网领域共有 21 个顶级域名,均已被纳入治理监管范畴。全球共有 13 个根域名服务器(Root Name Server),它们是全球网络基础设施中的核心组成部分。

表 2-1 互联网根服务器列表

主机名及编号	IPv4.0 地址	IPv6.0 地址	自治域编号	管理者
a.root-server.net	198.41.0.4	2001:503:ba3e::2:30	AS26415,AS19836,AS36619,AS36620,AS36622,AS36625,AS36631,AS64820	威瑞信(Verisign)
b.root-server.net	199.9.14.201	2001:500:200::b	AS394353	南加州大学
c.root-server.net	192.33.4.12	2001:500:2::c	AS2149	Cogent 通信公司
d.root-server.net	199.7.91.13	2001:500:2d::d	AS10886	马里兰大学
e.root-server.net	192.203.230.10	2001:500:a8::e	AS21556	NASA(Ames 研究中心)

---

① [美]劳拉·德拉迪斯:《互联网治理全球博弈》,第 47 页。

(续表)

主机名及编号	IPv4.0 地址	IPv6.0 地址	自治域编号	管理者
f. root-server. net	192.5.5.241	2001:500:2f::f	AS3557, AS1280, AS30132	互联网系统协会(ISC)
g. root-server. net	192.112.36.4	2001:500:12::d0d	AS5927	美国国防部(NIC)
h. root-server. net	198.97.190.53	2001:500:1::53	AS1508	美军(研究实验室)
i. root-server. net	192.36.148.17	2001:7fe::53	AS29216	Netnod 公司
j. root-server. net	192.58.128.30	2001:503:c27::2:30	AS26415, AS36626, AS36628, AS36632	威瑞信(Verisign)
k. root-server. net	193.0.14.129	2001:7fd::1	AS25152	RIPE NCC
l. root-server. net	199.7.83.42	2001:500:9f::42	AS20144	ICANN
m. root-server. net	202.12.27.33	2001:dc3::35	AS7500	WIDE 项目

注:域名解析系统的权力包括以下几个方面。(1)分配域名;(2)把域解析为名称或数字,如我们看到"www.xinhuanet.com"差不多马上就知道是"新华网"网址;(3)控制和改变根区域文件;(4)授权创建新的顶级域名;(5)调整域名商标争议;(6)维护并安置根服务器;(7)授权 DNS 中新语文脚本的使用;(8)安全加固 DNS 等。控制 DNS 具有重大的商业利益和政治利益。

由于 IP 地址的有限性和域名管理的战略意义,这导致控制数字地址分配和互联网名称成为网络空间治理的核心问题之一,广受关注和争议。从技术角度看,确保 DNS 的有效与安全是网络空间治理的前提;从经济角度看,确保互联网关键资源充分发挥效用和实现公平分配是治理基础;从公共政策看,国家的网络空间主权和通过联合国等政府间多边机构管理互联网关键资源是治理关键。

三、网络空间安全博弈

随着网络技术的发展,世界主要国家的工业制造、公用事业、银行和通信等领域全部由计算机网络连接和控制,甚至外交与国防等高度机密的领域也全面实现了网络化。但是,在网络空间带来经济繁荣与社会生活便捷的同时,网络安全问题也越来越突出,网络电磁空间安全博弈也越来越激烈。

早在20世纪40年代,计算机的发明者冯·诺依曼(John von Neumann)就提出了计算机病毒问题。其在1966年发表的论文《自复制自动机理论》进一步提出,某些计算机代码就像生物病毒一样可以进行自复制,破坏计算机和感染新主机。[①] 1971年,BBN公司的鲍勃·托马斯(Bob Thomas)将冯·诺依曼的理论付诸实践,制造出计算机史上第一款病毒——Creeper程序。1974年,"兔子"(Rabbit)病毒出现,造成计算机设备崩溃。因为这款病毒传播快,得名"兔子"。1975年,计算机程序员约翰·沃克尔(John Walker)创建了一款很受欢迎的名为"ANIMAL"的猜测动物名的游戏软件。在将之发送给其他用户时,他把一款名为"PERVADE"的程序隐藏在"ANIMAL"中,对方打开"ANIMAL"时,"PERVADE"程序会自动检测用户计算机使用的所有目录,并且可以在"ANIMAL"之外的任何文件中制作一份副本。尽管沃克尔制作这款软件本身没有恶意,但其在未经得客户许可的情况下执行程序操作,可被认为是最早的木马病毒。最初的计算机病毒制造者发动网络袭击的目的

---

① John von Neumann, "Theory of Self-Reproducing Automata," http://cba.mit.edu/events/03.11.ASE/docs/VonNeumann.pdf.

多是自我展示,即通过发现网络漏洞并对之发动攻击来实现自我满足。比如鲍勃·托马斯制造的病毒,要显示的只是:"我是 CREEPER。有本事来抓我呀!"

随着经济生活越来越网络化,黑客攻击更多以获取非法利益为目的。黑客已从"玩玩"发展成为一个"大行业",只要花上 400 美元,就可以在网上买一个"犯罪包",以窃取别人的银行账户和信用卡密码。据研究,全世界每年因网络攻击遭受的损失约有 5000 亿美元,由网络犯罪产生的成本高达 3880 亿美元,比全球海洛因、可卡因和大麻市场全部加起来还要多。[①] 2005 年,美国最大信用卡公司之一的万事达公司 4000 万用户的银行资料被黑客获得,酿成美国最大规模信用卡用户信息泄密案。2005 至 2007 年,阿尔伯特·冈萨雷斯和一个名叫"影子团队"(Shadowcrew)的黑客团队合作,侵入包括 TJ Maxx、Barnes、Noble 和 BJ 在内的零售巨头的数据库,获取 1.8 亿支付账户的访问权,给这些公司造成了 4 亿多美元的经济损失。[②] 据美国业界估计,2008 年的数据失窃和知识产权受到侵犯给美国造成的损失高达 1 万亿美元。[③] 根据国际货币基金组织发布的数据,网络攻击威胁增长迅速,引发金融系统大量信息外泄。据绿盟科技发布的"2019 年安全事件响应观察报告"提供的数据,当年网络安全事件中,金融、运营商、政府、能源、教育、卫生、交通行业占比达 82.3%,银行业在金融业中占比为 28%。[④]

除了攻击金融系统,国家关键性基础设施也是攻击对象。2015 年,乌克兰因受外部网络攻击,发生大规模停电。针对这一事件,日本东芝公司网络安

[①] 《美国视网络犯罪为安全稳定巨大威胁》,http://intl.ce.cn/specials/zxgjzh/201207/25/t20120725_23522095.shtml。
[②] http://www.mcafee.com/cn/resources/reports/rp-good-decade-for-cybercrime.pdf。
[③] 中国国际战略学会军控与裁军研究中心:《美国网络空间安全战略文件汇编》,第 159 页。
[④] 张汉青:《关键基础设施成为网络安全核心战场》,载《经济参考报》,2020 年 3 月 19 日,人民网,http://it.people.com.cn/n1/2020/0319/c1009-31638765.html。

全中心的负责人天野隆之说:"乌克兰大规模停电事故为全球敲响了警钟,世界各国均强烈意识到工业领域潜伏着巨大的危机。此前,提到互联网安全,主要防护对象局限于服务器、个人电脑及智能手机。但事实上,类似电力系统这种社会基础设施也早已置身于互联网之中,毋庸置疑,此次事故再次证明,与互联网连接的社会基础设施很容易遭到黑客的入侵。"[1]事实确实如此,近年来,在关键基础设施领域每年都会发生数起重大攻击事件。2007年6—7月,伊朗接连发生6起重大事故,包括6月26日德黑兰附近军事基地的军火库爆炸、7月2日纳坦兹核设施事故、7月4日阿士瓦发电厂火灾等。关于这些事故,有消息称,爆炸是由网络攻击引起的,一个名为"祖国猎豹"(Cheetahs of the Homeland)的组织也声称他们对伊朗的连环爆炸事件负责。在伊朗受到攻击后不久,美国司法部在9月指挥伊朗黑客窃取美国航天和卫星技术。此外,西方国家对外宣称俄罗斯的黑客组织APT28正在策划针对政府机构的网络攻击。

考虑到国家经济和民众社会生活对网络基础设施的依赖,以及网络攻击行为的巨大破坏性,美国和欧盟等不断强化网络基础设施建设,提升安全防护能力。美国国土安全部网络安全与基础设施安全局(CISA)于2019年8月27日发布了《网络安全和基础设施:战略意图》文件。这份文件认为随着5G通信的发展,美国的交通、电信、制造、电力,以及石油、天然气等领域的关键基础设施的脆弱性越来越突显出来。为加强工业控制系统(Industrial Control System, ICS)的安全,《网络安全和基础设施:战略意图》报告提出了四项目标:(1) 增强工业控制系统的防御能力;(2) 提升联邦政府的应对网络攻击基础设施的能力;(3) 工业控制系统的安全由被动防御转向主动防御;(4) 加强

---

[1] 《走在网络安全最前沿,保护社会基础设施免受黑客攻击!》,http://www.toshiba.com.cn/tech/190627.html.

对工业控制系统安全的评估。2020年7月17日,欧盟网络和信息安全局(ENISA)发布了《可信且网络安全的欧洲》(A Trusted and Cyber Secure Europe)文件,旨在在全欧盟范围内加强网络安全。2020年8月,日本政府颁布了《2020年日本信息与通信白皮书纲要》(Outline of the 2020 White Paper on Information and Communications in Japan),主要关注疫情背景下日本的网络安全问题。

物联网是连接物品的全球信息基础设施。由于战略地位重要,设备复杂,厂商安全意识不足等,物联网安全成为当前网络安全的薄弱环节。为应对物联网安全,日本政府在2019年对2亿台物联网设备的安全性进行了全面检测。2020年11月,欧盟网络安全局(ENISA)发布了《物联网安全准则》(Guidelines for Securing the Internet of Things)。这份文件旨在为物联网制造商、用户和物联网的其他参与方联合起来应对物联网安全提供法律依据。美国方面,2020年9月5日,在众议员威尔·赫德(Will Hurd)和罗宾·凯利(Robin Kelly)的推动下,众议院通过了《物联网网络安全改进法案》(Internet of Things Cybersecurity Improvement Act),11月17日,参议院以全票通过了该法案。

航天技术是美国霸权的重要支柱之一,保障航天领域不受网络攻击破坏受到美国的高度重视,而且美国航空航天局(NASA)也是美国基础设施中最为"硬核"的部分。但是,就如美国航空航天局的领导人保罗·马丁在众议院听证时指出的那样,"保持NASA的防御能力,是一个持续的、极其困难的问题"。事实确实如此,2018年,NASA数据库中保存的十二年的员工资料遭到网络窃取。同年,黑客还攻陷了NASA的网络防护系统,窃走了500 M火星数据。为更好地防护航空航天网络的安全,NASA的项目/计划小组和工程/实施小组正在分别负责加强管理和开发安全体系架构。此外,NASA还于2020年9月22日和美国太空部队签署了谅解备忘录(MOU),以加强二者在态势感知领域的合作。

在能源基础设施安全方面,2020年7月3日,印度电力部部长辛格称,印度将严控电力设备进口,并对所有用于电力供应的设备都要进行仔细检测。与印度相似,美国电力局(Office of Electricity)在7月8日发出信息请求(RFI),调查和研究大容量电力系统部件供应链中的漏洞情况。在这份信息请求中,美国电力局将中国和俄罗斯视为美国电力系统最大的威胁来源。

四、分布式拒绝服务攻击

分布式拒绝服务(Distributed Denial of Service,DDoS)攻击是指攻击者借助客户/服务器技术,联合多个计算机,将之作为攻击平台,对一个或多个目标发动拒绝服务攻击。完整的分布式拒绝服务攻击包括四个部分,即攻击者、主控端(主服务器)、代理端和攻击目标。通常情况下,袭击者先盗窃一个账号并将拒绝服务程序安装在一台计算机上,发动袭击时主控制端可在数秒钟内激活大量被称为"僵尸"或"魔鬼"的程序同时运行,但主控制端本身不参与攻击行动,而且在攻击发生后主控制端会关闭掉或断开网络,用以逃避追踪。由于同时收到来自不同计算机的大量服务请求,造成服务器资源耗尽而中断服务,从而实现攻击目的。因为服务请求不是从一台计算机上发出的,而是从成千上万台计算机上发出的,因此这种技术被称作是"分布式"的。在攻击过程中,控制端不直接参与攻击,而是由其远程控制的代理程序,即傀儡计算机发起攻击,导致追踪分布式拒绝服务攻击很困难。相比于攻击单独的用户端,这种攻击破坏力成倍提高。

最早的分布式拒绝服务攻击发生在2000年。当年2月7日,雅虎网站遭到攻击暂停服务,随后美国有线电视新闻网(CNN)、亚马逊、易贝和亿创

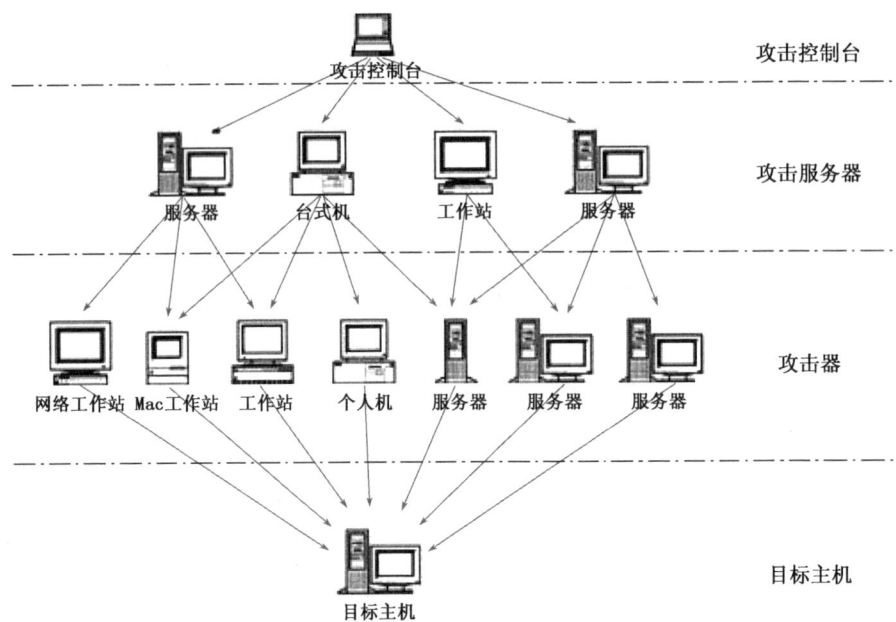

图 2-6 分布式拒绝服务攻击示意图

(eTrade)也遭到攻击。① 攻击发生后,一名绰号为"黑手党男孩"的 15 岁加拿大男孩承认上述 56 宗分布式拒绝服务攻击是由其发起的。② 2002 年 10 月 21 日,国际域名根服务器遭到分布式拒绝服务攻击,其中 9 台瘫痪,服务中断了 1 个小时之久。2011 年 4 月 19 日,索尼公司 PSN(Play Station Network)网络遭到分布式拒绝服务攻击,随后黑客又侵入索尼网站,盗走 2460 万个用户账户信息。索尼公司指责 Anonymous 组织发起了这次袭击,但后者予以否认,称该组织"绝不会允许成员参与诸如信用卡盗窃等行为"③。

---

① Lee Garber, "Denial-of-Service Attacks Rip the Internet," *IEEE Computer Magazine*, April 2000, pp. 12-17.
② FBI, "Mafiaboy Pleads Guilty," Washington DC, January 19, 2001, https://archives.fbi.gov/archives/news/pressrel/press-releases/mafiaboy-pleads-guilty.
③ 《Anonymous 否认卷入索尼 PSN 信用卡数据盗窃》,腾讯科技网,https://tech.qq.com/a/20110505/000359.htm。

五、网络电磁空间领域的情报博弈

在网络信息时代,情报人员可以从社交媒体、论坛、政府官方网站和新闻评论区等获得大量有价值的情报,也可以通过发动网络攻击主动获取对象国情报。例如通过综合电商网站、教育网站和医疗网站获取包括年龄、血型、学历、病历、收入水平、消费记录、思想倾向等个人数据信息,经大数据技术处理后可以侦察到该国国防动员能力和战备潜力。2007 年,美国国防部、国务院、国土安全部、商务部、国家航空航天局和国防大学等部门均遭到大规模入侵。在入侵中,美国国防部部长的电子信箱甚至被破解,国防部则被窃走"数百万字节"的信息,航空航天局的发射器设计也被恶意修改,商务部还被迫断开与其所属工业与安全局的网络连接达数月之久,造成严重失密。[1] 在遭到网上情报收集攻击的同时,美国也在通过网络刺探别国情报。2007 年美国开始实施名为"US-98XN"的棱镜计划,投入 2000 万美元。包括微软、雅虎、谷歌、脸书、优兔(YouTube)、讯佳普(Skype)、美国在线以及苹果公司等在内的多家美国大型网络企业参与了棱镜计划。该计划通过采集网络日志、社交网络、过程行为、传感网络、智能终端、移动终端、视频和语音通话等数据构建情报资料库。由于上述公司参与,棱镜计划数据采集规模巨大。例如,脸书有 10 亿节点和千亿连边,优兔的月访问量超过 8 亿,而谷歌每天的搜索量达数十亿次。由此可见,棱镜计划在美国情报获取方面具有重要意义。这一意义可从美国总统每日简报的引用量看出来。据报道,美国总统每日简报从棱镜计划中引用的数据达每年 1477 次。为更好地利用网络空间上的大数据,美国国家安全局(NSA)耗资 17 亿美元建立了一个面积达 48 万平方米的"数据中心",每天

---

[1] 中国国际战略学会军控与裁军研究中心:《美国网络空间安全战略文件汇编》,北京:军事谊文出版社,2009 年,第 96 页。

收集到的原始数据可以填满4个美国国会图书馆。[①] 美国在阿富汗战争期间也通过网络收集了塔利班和其他恐怖组织的大量情报。为有效分析这些情报材料,美国国防部在2017年成立"算法战跨职能小组",利用大数据和机器学习来分辨有价值情报。

六、网络战

关于网络战,有学者将之定义为由国家发起的网络攻击。不过,考虑到在现实网络攻击中,以"匿名者""哈马斯"和"黎巴嫩真主党"为代表的非国家行为体表现更为活跃,将网络战的主体限定为国家显然太狭隘。更确切的定义是:"网络战是政策(或政治)的延伸,它由国家或者非国家行为体主导,可以对国家安全构成严重威胁,也可以是出于国家安全目的,为了回应可能的威胁而发起的网络攻击。"[②]和前文所述的几种网络安全威胁相比,网络战威胁更为严重。在社会经济已网络化的当今时代,网络战有可能导致"一切停止运转,铁路连接和红绿灯都不起作用。没有电,也得不到信息。这将给民众的生活造成很大影响。这虽然不是核弹,但产生的效果与核弹相似——一切都被关闭"[③]。

在发动网络袭击方面,美国有着丰富经验。早在20世纪80年代,美国就曾对苏联发动过类似的"袭击"。那时苏联缺乏控制其远距离石油、天然气管道输送网的自动泵和阀门控制技术。由于受西方国家严格禁运,苏联官方无法通过正规渠道采购到相关产品。于是,苏联政府将这项采购任务交给苏联的情报部门克格勃来完成。美国情报部门获知克格勃的采购计划后,暗中让

[①] 《从棱镜计划看大数据时代的情报分析》,安全内参网,2018年9月21日,https://www.secrss.com/articles/5262。
[②] [美]保罗·沙克瑞恩等:《网络战:信息空间攻防历史、案例与未来》,吴奕俊等译,北京:金城出版社,2016年,第3页。
[③] 《网络战效果与核弹相似》,载《参考消息》,2012年6月26日,第12版。

一家加拿大公司承接业务。克格勃顺利完成了采购任务,但没有想到的是,美国中央情报局已在其采购的产品软件中植入了恶意代码。在这一管道系统安装完成运行几个月后,美国启动了恶意代码,让管道中的某个泵全速运行的同时关闭了管道的所有阀门,结果造成管道大爆炸,整个管道系统受到永久性破坏。

近年来发生的重大网络攻击事件有 2006 年以色列和黎巴嫩真主党之间的网络战、2007 年针对爱沙尼亚的网络攻击事件、2018 年俄罗斯针对格鲁吉亚的网络攻击事件和 2010 年针对伊朗的网络攻击事件。

2006 年 7 月,黎巴嫩真主党对以色列先发制人发动攻击,以色列进行了大规模报复。在地面作战的同时,以色列还发动了对真主党电视台网站"Al-Mannar"的分布式拒绝服务攻击。以色列"犹太学生世界联盟"开发了一款名为"扩音器"(megaphone)的软件,在网络投票站、论坛和博客上提醒用户发帖支持以色列。真主党也相应地使用"网络心理战"(cyber psychological operations)。由于没有自己合法的 IP 地址,真主党就在世界各地"劫持"IP 地址。[①]

2007 年 4 月 27 日,爱沙尼亚当局不顾俄罗斯政府的抗议,坚持把首都塔林市中心一尊"青铜战士像"迁往他处。此后不久,爱沙尼亚政府通信系统、银行网络、几家主要报纸的网站受到黑客攻击。4 月 29 日,爱沙尼亚电子邮件服务器崩溃。5 月 8 日晚 11 点,爱沙尼亚网络的数据包流量突然飙增 200 倍,全球 100 万部计算机突然开始登入爱沙尼亚不同的网站,令其整个国家的带宽出现沉重负荷,爱沙尼亚的互联网系统受到重创。两年后,一名亲俄罗斯的青年组织的领导人康斯坦丁·格罗斯科科夫(Konstantin Goloskokov)宣

---

① [美]保罗·沙克瑞恩等:《网络战:信息空间攻防历史、案例与未来》,第 47—57 页。

称是他领导了对爱沙尼亚的网络攻击。[①]

2008年8月,俄罗斯发动针对格鲁吉亚的战争。为配合战场行动,俄还发动了网络攻击。8月7日晚,俄攻击了格鲁吉亚的新闻和政府网站。此后,俄又在网络上攻击了格鲁吉亚的金融机构、企业和教育机构等。除进行分布式拒绝服务攻击外,俄还使用了"结构化查询语言"(Structured Query Language,SQL)注入攻击形式,对网页进行篡改,比如在格鲁吉亚官方网站上添加涂鸦,把该国总统米哈伊尔·萨卡什维利画成希特勒等。

2010年,伊朗采用的西门子公司的监控与数据采集系统受到"震网"(Stuxnet)病毒攻击,导致伊朗纳坦兹铀浓缩厂关闭6天。美国和以色列对伊朗发动"震网"攻击是为破坏伊朗核计划。2006年伊朗重启核计划,以色列准备对伊朗发动军事打击,美国否决了以色列的计划。为安抚以色列和破坏伊朗的核设施,美国启动了代号为"奥运会"的绝密项目,"震网"病毒由此诞生。考虑到伊朗核设施的网络不连外网,通过一般方法无法将"震网"病毒植入伊朗的核设施网络系统。为解决这个问题,美国情报部门将目光瞄向了被广泛运用于伊朗工业控制系统的西门子公司制造的产品。美技术人员经过分析,从软件层面找到了突破口,即利用windows操作系统存在的2个未被发现的漏洞和西门子控制系统中存在的7个漏洞进入伊朗核设施的控制程序。为将"震网"病毒植入伊朗核设施的网络系统,美国和以色列出动特工用U盘操作。"震网"病毒苏醒后,巨大的攻击力发挥出来。它修改了伊朗核设施工业控制系统的程序命令,让离心机异常加速,导致离心机报废。伊朗核专家不得不关闭核设施,逐个排查故障。但是,伊朗的排查工作进展并不顺利,直到2020年6月才由国际网络安全公司"赛门铁克"发布的病毒报告中得知被美以两国攻击了。"震网"病毒攻击被认为是奥巴马政府巧实力运用的典范。

---

① [美]保罗·沙克瑞恩等:《网络战:信息空间攻防历史、案例与未来》,第26页。

美国虽然拥有先进的网络技术,但网络脆弱性依然不容小视。美国软件编程工程师约翰·马特利(John Matherly)发现,美国的"工业控制电脑的系统,类似于水厂和电力网之类被自动连接在一起……这证明在某些情况下,我们是暴露在阳光下的,那些黑客很容易就能攻击我们"[①]。正是考虑到美国对网络的高度依赖为美国的对手提供了前所未有的机会,美国时刻担心所谓"网络珍珠港"(Cyber Pearl Harbor)事件的发生。

七、网络恐怖主义

随着网络成为人类最重要的信息传播方式和交流工具,恐怖组织也将触角伸向了网络,充分利用网络的隐秘性、匿名性和跨时空的特点,来实施恐怖分子的招聘和培训计划,网络恐怖主义遂成为国际社会的关注重点。

"网络恐怖主义"一词最早由美国加州情报与安全研究所资深研究员柏利·科林首次提出。科林认为,网络恐怖主义是"网络与恐怖主义相结合的产物"。美国联邦调查局专家马克·波利特对网络恐怖主义作了进一步解释,认为它是"有预谋,有政治目的,针对信息、计算机系统、计算机程序和数据的攻击活动,是由次国家集团或秘密组织发动的打击非军事目标的暴力活动"。在专家理论和政府业务部门实践的基础上,联合国"反恐执行工作组"(CTITE)在2009年对网络恐怖主义进行了界定,认为以下四类行为属于网络恐怖主义,即"第一类是利用互联网通过远程改变计算机系统上的信息或者干扰计算机系统之间的数据通信以实施恐怖袭击;第二类是为恐怖活动目的将互联网作为其信息资源进行使用;第三类是将使用互联网作为散布与恐怖活动目的有关信息的手段;第四类是为支持用于追求或支持恐怖活动目的的

---

① http://intl.ce.cn/specials/zxgjzh/201207/25/t20120725_23522095.shtml.

联络和组织网络而使用互联网"[①]。就实际情况来看,这一分类是比较准确的。

由于网络信息传播速度快,恐怖分子首选网络进行恐怖主义宣传。"9·11"事件之后,全球最大的恐怖组织"基地"组织充分利用网络实施恐怖活动。据美国华盛顿和平研究所研究员加布里埃尔·魏曼的观察:"在传统网站的讨论和论坛区都能发现'基地'组织分子。7年前他们在网上大约有12个站点。自从'基地'组织成员被驱逐出阿富汗以后,从某种程度来说,他们在因特网上找到了避难所。他们每天增加1个、2个甚至50个网站。"美国信息报务局的统计证实了魏曼的观察。该部门的统计数据称,"基地"组织在网上有大约4000个站点。[②]"伊斯兰国"就用网络宣传其"建国"理念,利用手机客户端应用程序和社交平台发布有关恐怖主义理念的信息。宗教极端主义组织"东突厥斯坦伊斯兰运动"("东伊运")仅在2010年至2014年间就在网上发布了282段音视频。国际恐怖主义还利用网络平台招募成员和进行网上培训。他们通过网络讲解枪械和弹药的制作方法,教授恐怖袭击的战术运用。恐怖组织利用网络的行为引起美国政府部门的重视。2005年初,美国联邦调查局提出要警惕恐怖组织从网上招募工程师。为打击恐怖组织,美国在2005年7月要求巴基斯坦政府逮捕了"基地"组织电脑专家穆罕默德·纳伊姆·努尔汗。"伊斯兰国"(IS)利用各种社交平台回答问题和开发诸如"福音的黎明"的手机客户端,让会员"实时掌握消息"。根据欧洲刑警组织公布的《2020欧盟恐怖主义形势和趋势报告》,欧盟和英国在2019年共发生119起严重的恐怖

[①] 《网络空间已成为反恐新阵地》,载《光明日报》,2017年6月14日,中共中央网络安全和信息化委员会办公室官网,http://www.cac.gov.cn/2017-06/14/c_1121140970.htm。
[②] 《网络恐怖活动日趋普遍,"网络反恐"成当务之急》,http://news.xinhuanet.com/world/2005-08/10/content_3334114.htm。

袭击事件,造成10人死亡,27人受伤。① 可以毫不夸张地说,几乎每起恐怖袭击事件都与网络有关。可见,网络为国际恐怖主义活动插上了翅膀,为国际恐怖组织赋能。

第四节 网络空间治理路径

鉴于网络空间重大的战略价值,主权国家,特别是大国,在网络空间领域的争夺将日趋激烈;考虑到网络空间的开放性,该空间的各种主体必然也会为各自的利益进行博弈,网络安全乃至网络犯罪问题成为网络空间的"痼疾"。为维护网络空间的战略稳定和网络安全,优化网络空间的治理迫在眉睫。

一、探索确立网络空间领域的治理主体

关于网络空间的治理主体,主要有以下几种治理模式:

一是联合国治理模式。主张联合国治理模式的组织或国家主要考虑的是联合国具有较强的合法性与权威性,也有丰富的治理经验,又是以主权国家为基础,因此联合国治理模式可以较为有效地和公平地解决网络空间内存在的诸多问题。2011年11月,印度向联合国提交议案,建议在联合国框架内成立网络空间政策委员会,在这一委员会的主持下让多方参与网络空间治理。

二是"多利益攸关方治理模式"。这是2005年信息社会世界高峰会议上通过的《突尼斯议程》(Tunis Agenda)推荐的方案。"多利益攸关方治理模式"的理论根据是"参与式民主",强调反对网络空间的"中心权威"或"单一领

---

① 《恐怖主义再次来袭,这个冬天欧洲不好过》,搜狐网,https://www.sohu.com/a/431540359_115239,2020-11-03。

导者",主张网络空间内的包容性与平等性。2001年,联合国大国邀请相关的非政府组织、民间社会和私营企业召开了信息社会世界峰会(WSIS)。在会议组织过程中,私营部门为维护其在网络空间内的利益,创建了信息社会工作组(BASIS)。

三是以主权国家为中心的治理模式。为对抗发达国家网络空间"全球公域"论,广大发展中国家则强调"网络空间主权",维护本国在网络空间领域的利益不受发达国家干涉和侵蚀。

就理论和实践效果看,联合国治理模式权威性较高,也拥有较强的合法性,但是治理效率低;"多利益攸关方治理模式"拥有较强的公平性,但是"有效性"不足;以主权国家为中心的治理模式治理效率较高,但是容易引发国家在网络空间的博弈,动摇该空间的稳定性。不过,对上述三种模式的利弊进行对比分析,以主权国家为中心的治理模式如能很好地结合前两种模式优点,在治理上将有较大潜力。

二、合理分配互联网关键资源

由于互联网关键资源与企业名称、商品标识紧密相连,可以为某些国家谋取重大经济与战略利益。例如,为控制域名解析权,美国早在1998年9月就成立"互联网域名与地址管理公司"(The Internet Corporation for Assigned Names and Numbers,ICANN)。ICANN的董事会成员来自美国、巴西、保加利亚、德国、日本等国家,但美国商务部拥有最终否决权。ICANN对于一个新的顶级域名(TLD)收取的评估费为18.5万美元,从理论上讲其获取的总收益高达3.57亿美元。[①] 美国政府对ICANN有很大的影响力。在21世

---

① ICANN,"gTLD Applicant Guidebook," Version 2012-06-04, http://newgtlds.icann.org/en/applicants/agb.

纪初期,ICANN 在成人娱乐业利益集团的游说下决定开放.xxx 顶级域名作为成人网站的专用域名。美国商务部反对 ICANN 的这一决定,商务部负责通信与信息的官员迈克尔·加拉赫(Michael Gallagher)为此专门给 ICANN 发函,请求延迟将.xxx 作为顶级域名。ICANN 慎重考虑了美国商务部的意见,并进行了多轮审议。据 ICMRegistry 首席执行官斯图尔特·劳利(Stuart Lawley)称,仅.xxx 域名注册每年就可给公司带来 2 亿美元的收益。美国还可通过控制 DNS 打压商业上的竞争对手。如 2000 年,深圳金智塔软件公司、上海美亚在线、深圳润迅等公司注册的域名遭到美国相关公司的反对,结果在域名争议仲裁中输给了既是"裁判员"又是"运动员"的美国企业,经济损失惨重。在 ICANN 的指导下,互联网数字分配机构(The Internet Assigned Numbers Authority,IANA)负责监管 DNS,对通用顶级域名(TLD)运营商拥有管理权。IANA 将互联网唯一识别符分配给地区性网络注册机构(Regional Internet Registry,RIR),这些地区性注册机构有五个,即服务于欧洲、中东地区和中亚地区的欧洲 IP 地址注册中心(Réseaux IP Européens,RIPE),服务于中美、南美以及加勒比海地区的拉丁美洲和加勒比海 Internet 地址注册中心(Lation American and Caribbean Internet Address Registry,LACNIC),服务于北美地区和部分加勒比海地区的美国 Internet 编号注册中心(American Registry for Internet Numvers,ARIN),服务于非洲地区的非洲网络信息中心(Africa Network Information Centre,ANIC)和服务于亚洲和太平洋地区的国家的亚太地址网络信息中心(Asia Pacific Network Information Centre,APNIC)。在域名管理层级体系中,ICANN 掌握着互联网地址空间分配的最终裁判权。但是,必须加以注意的是,这种域名管理既不是基于市场,也不完全是基于政府管理。作为区域互联网地址分配的 RIR 主要是私营公司或非政府的非营利性组织,它对辖区内互联网地址的分配和管理费定价有决定权,而主权国家对此基本没有什么影响力。但是,在公众心目中,却是主权国家而非 RIR 对网络设施和用户负有直接责任。为改变这种权利与义务不平衡的状况,部分国家对互联网注册登记商(NIR)实施政府授权制度。

鉴于巨大的商业利益和政治利益,美国力图保住互联网域名管理权。2005 年 11 月,有关互联网问题的会议在突尼斯召开。为维持美国的域名控制权,时任国务卿的康多利扎·赖斯专门写信给当时的欧洲轮值主席,要求其支持 ICANN 管理互联网。美国国会还以 423 票对 0 票通过决议,要求美国政府控制互联网。2012 年 12 月,国际电信世界大会在阿联酋迪拜召开。东道国阿联酋提交了一份要求分享互联网管理权的文件:"政府、私营部门和市民社会有权分享互联网管理权……分配、转让和回收互联网编号,地址命名和识别资源等方面拥有平等权利。"对阿联酋的提议,美国代表克雷默坚决反对,声称这次会议"要讨论的是电信问题,跟互联网不相关"[①]。与域名管理相同,美国还试图把互联网根服务器控制在自己手里。由于域名解析系统的管理模式呈根状分布,因此根服务器在域名管理中起着决定性作用,哪个国家控制根服务器,这个国家就会在互联网领域拥有巨大权力。在目前全球 1 个主根服务器和 12 个副根服务器的管理方面,放置在美国弗吉尼亚州杜勒斯的主根服务器由美国的威瑞信(Verisign)公司负责管理,12 个副根服务器中有 9 个放置在美国,美国军方使用两个,美国国家航空航天局使用 1 台,另外 3 个副根服务器放置在英国、瑞典、日本等美国盟友手里。换句话说,美国拥有对根服务器的直接和间接控制权。只要美国愿意,只需将根服务器与二级域名服务器断开,美国便可瘫痪某个与之敌对的国家的互联网系统。2009 年,应美国政府要求,微软公司曾切断古巴、叙利亚、伊朗、苏丹和朝鲜等五国的 MSN 服

---

① 参见《美国继续把持全球互联网管理权》,http://damin0728. blog. sohu. com/248698464. html。

务,导致这五个国家的 MSN 用户无法登录该即时通信系统。

对于美国在互联网关键资源方面的霸权政策,世界主要国家多有不满。印度、巴西和南非等国在不同外交场合表示,"在联合国系统中急需一个恰当的主体来协调并发展一致的完整的全球互联网公共政策",即在互联网关键资源治理方面需要联合国发挥核心作用。[①] 如前所述,美国对世界其他国家要求其交出 ICANN 控制权的呼声极力抵制。但是,2013 年曝出的"斯诺登事件"引起全世界的震惊。美国政府开始重视国际社会的不满。美国国家电信和信息管理局(NTIA)的一份声明承认,美国政府长期把持互联网域名系统管理工作"一直是让外国政府不满的一个源头","如果美国政府不完成这一权力的移交,各国以多边政府运行方式取代多利益攸关模式的呼声只会越来越高"。[②] 为平息国际社会的愤怒情绪,美国在 2014 年 3 月 14 日宣布将移交 ICANN。2016 年 9 月 30 日,美国商务部电信和信息管理局正式放弃了对 ICANN 的单边控制。但是,美国放弃单边控制 ICANN 并不意味着美国放弃在互联网关键资源领域的霸权政策。为避免交出 ICANN 后其他政府掌握上述资源的控制权,美国力主互联网关键资源管理的"多利益攸关模式",即让学界、民间组织、行业组织和政府等多方参与管理,政府和政府间组织的作用仅限于政策制定顾问。换言之,"多利益攸关模式"意在将互联网域名管理权"私有化",互联网巨头将在其中发挥重要作用,美国凭借其强大的数字产业能力仍牢牢把控着互联网关键资源。由此可见,当前的互联网关键资源的管理机制仍存在突出的不公平问题,亟须解决。

[①] "Recommendations" of the IBSA Multistakeholder Meeting on Global Internet Governance, held September 1–2, 2011, in Rio de Janeiro, Brazil.
[②] 新华社:《美政府移交互联网域名管理权 单边控制真的放弃了?》,https://m.nbd.com.cn/articles/2016-10-02/1042837.html.

三、遏制网络空间的霸权行为

由于网络空间是重要的战略领域,以美国为首的西方国家利用其网络空间的能力优势和网络空间的开放性,大搞霸权主义。

首先,利用互联网进行政治渗透。2002年,美国政府组建了"互联网外交研究小组",该小组后来被并入美国国务院的"互联网外交办公室"。2006年2月,时任国务卿赖斯成立了"全球互联网自由工作组",主要研究有关互联网自由的对外政策。2008年,兰德公司向美国国防部提交报告,建议美国应该帮助变革者获取和使用信息计划,即提供一些措施鼓励美国公司投资这一地区的通信基础设施和信息技术领域。现任美国总统奥巴马号称"互联网总统"。他在2008年竞选总统职位时就充分利用了社交网络的功能,通过优兔、脸书、推特和聚友(Myspace)等发送信息,赢得网民支持。入主白宫后,奥巴马积极利用Web 2.0技术推动美国的公共外交,向全世界宣扬美国精神和推广美国式民主政治。在白宫的推动之下,美国设立了相关机构,领导网络渗透工作。在这些机构的领导下,美国国务院在推出推特的法语、西班牙语版之后,又推出了阿拉伯语、波斯语、中文、俄语和印地语版,试图影响他国政治。

其次,高举所谓"互联网自由"的大旗,从法理上否定其他国家的网络主权。由于部分国家出于国家安全考虑,实施网络监管,削弱了美国网络渗透战略的效果,美国便祭出"互联网自由"的大旗。2010年1月21日,美国国务卿希拉里·克林顿发表了"互联网自由"的演讲,提出互联网"连接自由",并声称将之作为"21世纪外交方略的一部分"。[①] 次年2月15日,希拉里发表第二次"互联网自由"演说,称互联网自由为"普世权利",是"加速政治、社会和经济变革的巨大力量",由于"互联网继续在许多国家受到多种限制",因此美国要在

[①] http://www.hexi2009.com/thread-13267-1-1.html.

全球范围内大力推动互联网自由。用她的话说,就是"我们对互联网自由的承诺是对人民权利的承诺,我们也会相应地采取行动。关注和应对互联网自由受到的威胁已经成为我国外交人员和发展专家日常工作的一部分"[①]。2011年5月,白宫出台的《网络电磁空间国际战略》确保将"互联网自由"纳入国家战略范畴。报告称"国家不能也不应该在信息自由流动和保护网络安全方面做出选择","确保系统安全的工具不能妨碍创新,压制表达或联系自由,或者阻碍全球互操作性……美国致力于发起国际倡议和制定促进网络安全的标准,同时保障自由贸易和拓宽信息的自由流动"[②]。为了实现所谓"网络自由",美国政府一方面向有关国家施加政治压力,另一方面在财政上支持开发"翻墙"软件。奥巴马在其任期内投入数千万美元,"支持正在利用尖端技术手段对抗互联网压制行为的新涌现的技术人员和活动人士"。当前美国力倡"互联网自由"是17世纪荷兰推行的"公海自由"和20世纪40年代美国力推的"贸易自由化"的翻版,这一政策造成的巨大政治后果可以预见。

最后,在网络空间排挤其他国家。如前文所述,特朗普在2020年3月23日签署《保障5G及以上安全法》,旨在排挤中国高科技网络企业。4月29日,美国国务卿蓬佩奥又在《保障5G及以上安全法》的基础上提出所谓"5G清洁路径构想",鼓吹"不使用华为和中兴通讯之类不可靠卖家提供的任何5G设备"。8月5日,美国国务院又进一步发布了"扩大清洁网络以保护美国资产的声明"(Announcing the Expansion of the Clean Network to Safeguard America's Assets)的政策报告,在国际上搞排挤中国高科技企业的联盟。

以美国为首的西方国家在网络空间领域搞霸权行为把该空间由繁荣领域变成了竞争与斗争的领域,使国际安全形势进一步趋向复杂化。

[①] http://www.hexi2009.com/thread-13267-1-1.html.
[②] White House, "International Strategy for Cyberspace: Prosperity, Security, and Openness in a Networked World," May 2011, p. 5.

四、加强网络空间的隐私保护

不同于传统媒体或媒介,网络空间信息传播速度快、范围广,个人的隐私保护因此更加迫切。但是,近年来,西方国家以防止网络犯罪为由,纷纷立法,为社交软件和平台预留"后门",威胁到个人的隐私,网络空间的隐私保护问题日渐突出。

美国虽然一向高唱互联网自由,但在2020年10月11日,美国司法部发表了一份国际声明——《端对端加密与公共安全》(International Statement：End-To-End Encryption and Public Safety),称将要求其国内的科技公司在加密程序中安装"后门",用以监控所谓的"网络犯罪"。

普通的通信加密建立在客户端和服务器之间,服务器和信息接收方都有"密钥"。当甲向乙发送加密信息时,乙方和服务器都能通过"密钥"阅读这份信息。如果不掌握"密钥",攻击者即便劫持了这份信息,也无法获知其中的内容。但是,普通加密通信对用户来说存在三大风险：一是通信公司为从掌握的大数据中获取商业利益,有可能出卖数据；二是与政府部门合作,配合政府监管个人通信,"棱镜门事件"暴露出的就是这方面的问题；三是黑客攻陷服务器,获取"密钥",脸书的用户隐私泄露事件即属此类。为降低隐私泄露风险,用户对端对端加密的需求不断上升。所谓端对端加密,就是利用"迪菲-赫尔曼密钥交换协议"原理,只让用户端掌握"密钥",服务器仅储存用户"公钥",而且是设置的三把与用户身份相符的"公钥"。这意味着破解一条端对端加密信息的内容需要用五组数据进行相互验证。不仅如此,"迪菲-赫尔曼密钥交换协议"还采取了棘轮算法,即让用户发送的每条信息都独立产生一份"密钥"。也就是说,即便黑客破解了一个"密钥",也只能获取一条信息的内容。由此可见,端对端加密的通信方式极大地提高了用户隐私的保护程度。实现端对端加密后,数据公司无法利用出卖用户数据赚取利润,政府监管部门不能通过数据公司实现个人隐私监管,黑客也不能通过攻陷服务器获取用户信息。所以,基于个人隐私安全考虑,用户更偏爱如 WhatsApp 之类的端对端加密的社交软件。但是,事有一利必有一"弊"。端对端加密在有助于保护个人隐私的同时,也弱化了政府部门对网上违法犯罪的监控与打击。例如,2017 年印尼的一个妈妈亲自卧底,揭开了 WhatsApp 恋童癖群组真相,引起舆论大哗。但是,这一事件因该软件采用端对端加密方式,取证困难,最后不了了之,犯罪分子未能被绳之以法。

为解决端对端加密造成的上述困难,澳大利亚早在 2018 年 12 月就开始行动了。是月,澳政府通过了《获取援助法案》,该法赋予执法部门获取社交平台一切聊天记录、图片和视频的权力,如果社会平台不予合作,将被处以 1000 万澳元的罚款。2019 年 7 月,"五眼联盟"国家联合发表公报,要求"科技公司在其加密产品和服务的设计"方面让政府"能够以可读和可用的格式获取数据"。2020 年 6 月,美国步澳大利亚后尘,三名共和党参议员提出了《合法访问加密数据法》议案。该议案禁止社交软件采用端对端加密的方案,并要求网络设备制造商和通信服务提供商协助司法部门访问加密数据。欧盟在给社交平台留下"后门"方面也颇为积极,正在酝酿 2021 年引入"反加密法"。10 月 11 日的《端对端加密与公共安全》声明虽然承认端对端加密对"保护个人数据、隐私、知识产权、商业秘密和网络安全方面发挥着至关重要的作用",但其强调的重点却是这一技术"对公共安全构成了重大挑战"。声明要求数字技术公司"在系统设计中嵌入公众安全",从而让政府"有效地打击非法内容和活动"。考虑到一贯指责他国给社交软件留下所谓"后门",美国对这项声明毕竟多少觉得"理亏",因此拉上其他主要网络大国一起在声明上签字,而且不仅有"五眼联盟"国家的代表签字,美国还游说日本和印度这两个非"五眼联盟"国家,让其也在声明上签字。

对于上述联合声明,英国 ProPrivacy 咨询公司专门负责数字隐私问题的专家雷·沃尔什(Ray Walsh)一针见血地指出了所谓保护隐私的虚伪性。他表示,这一联合声明的签字国"一方面支持增强安全加密,声称这对保护个人隐私、数据、知识产权、商业机密和网络安全至关重要,但另一方面又呼吁企业为这种加密提供'后门',这两种做法互相矛盾",完全背离了真正的数据安全原则。

五、厘清"网络空间主权"

"网络空间主权"(Cyberspace Sovereignty)概念最早由美国学者吴修铭提出。[①] 对于这一问题,学术界主要有三种观点。一是网络空间"全球公域"(Global Commons)论。持该观点的学者认为,网络空间具有无中心性、开放性、虚拟性等特点,这决定了网络空间是一个"全球公域",不存在传统意义上的主权。比如戴维德·约翰逊和戴维德·波斯特就认为,互联网是一个自治空间,其开放性决定了国家无法对之进行有效管辖,因此网络空间只能进行自治管理。[②] 二是网络空间有限主权论。基于网络空间不法行为广泛存在,而且如果只依靠网络空间自治性管理,这些不法行为就得不到有效遏制,这种理论认为应当承认网络空间的国家主权性,但是国家在网络空间行使主权必须遵守国际法,并将一部分权力让渡给相关国际组织。三是网络空间完全主权论。持该观点的学者从主权的绝对性出发,认为国家在网络空间有完整的主权,网络空间主权是国家主权在网络空间的延伸,国家有权对本国网络进行管理,本国网络有独立运行权,对外部网络攻击拥有自卫权,有权平等地与外部网络进行联网等。

[①] Timothy S. Wu, "Cyberspace Sovereignty? ——The Internet and the International System," *Harvard Journal of Law & Technology*, Vol. 10, No. 3, 1997, pp. 647 - 666.
[②] D. R. Johnson, D. Post, "Law and Borders-the Rise of Law in Cyberspace," *Stanford Law Review*, Vol. 48, 1996, p. 1367.

第二章 探索"新边疆"安全机制：网络电磁空间秩序及其治理

在实践层面，美国坚持网络空间的"全球公域"理论，中国则代表了发展中国家的利益，坚持国家在网络空间拥有完整主权。2005年，美国首次提出网络空间属于全球公域。2010年版的美国国防部《四年防务评估》报告进一步将网络空间明确为"信息环境中的全球领域"。但是，根据联合国的定义，"全球公域"指的是"超出国家管辖范围之外的地球自然资产"，网络空间是人造空间，不是自然资产，美国的网络空间"全球公域"说法显然不准确。再者，全球公域概念的提出意在解决因过度开发引发的"公地悲剧"问题，但网络空间问题并非由"过度开发"引起，而是由于网络空间内众多主体权利破碎化引发的"开发不足"问题。[1] 正是考虑到上述问题，中国国务院新闻办公室在2010年6月发布的《中国互联网状况》白皮书中提出"中国的互联网主权"应受到尊重和维护。在2011年上合组织向联合国提交的《信息安全国际行为准则》中，强调国家对网络空间的决策属于国家主权范畴。2012年，在迪拜举行的国际电信世界大会上，中国提出"网络主权"的主张。这一主张虽然遭到美英两国的强烈反对，但是得到大部分发展中国家的支持。与中国相似，俄罗斯也坚持网络主权理论。2016年，俄罗斯政府发布的《俄罗斯联邦信息安全学说》文件中，对网络空间主权进行了明确界定。2019年，俄罗斯杜马又通过了《俄罗斯互联网主权法案》，将互联网纳入国家主权范畴，旨在用国家权力保护互联网基础设施和数据。

网络主权问题不只是一个学术问题，更是国家利益之间的竞争。美国之所以坚持网络空间"全球公域"论，意在凭借强大的网络空间能力在该空间称霸，而发展中国家则希望通过主张网络空间主权猎取平等权。在可以预见的未来的较长一段时期内，网络空间主权问题依然会是激烈争吵的重要主题。

---

[1] 张新宝、许可：《网络空间主权的治理模式及其制度构建》，载《中国社会科学》，2016年第8期，第147页。

六、加强网络空间的国际法立法工作

近年来,"棱镜门"事件和多起网络战事件,充分说明网络空间国际立法迫在眉睫。网络空间是一个新兴的开放性战略领域,任何一个单独的国家都不可能独自解决和应对上述问题,这需要国家间合作解决该领域的立法问题。网络空间的国际立法已迈出了重要一步。2009年,北约"网络合作防御卓越中心"(NATO Cooperative Cyber Defense Center of Excellence,CCD COE)启动了网络战的国际法编撰工作,美国海军战争学院教授迈克尔·施密特(Michael Schmitt)主持这一工作。2013年,剑桥大学出版社出版了编撰成果——《塔林手册:适用于网络战的国际法》(*Tallinn Manual on the International Law Applicable to Cyber Warfare*)。这项成果称为"塔林1.0"。2017年,吸收了更广泛国际法专家编撰的"塔林2.0"出版。在美国主导的北约启动编撰"塔林手册"后,中国、俄罗斯、塔吉克斯坦和乌兹别克斯坦联合向联合国大会提交了《信息安全国际行为准则》。2015年,吉尔吉斯斯坦和哈萨克斯坦也加入进来,对《信息安全国际行为准则》进行了修改并再次提交给联合国大会。

通过国际法规范网络空间主体的行为是成本最低、效果最好的手段。网络空间法规的健全直接关系到人类能否利用好这一空间,从而给人类带来福祉。否则的话,随着技术的发展,网络空间的争夺将更加激烈,零和效应更加突出。

第三章
利用"高边疆"服务人类：外层空间安全挑战与国际太空治理

肖 杰

外层空间（outer space），俗称太空，与大气空间（air space）一起构成地球表面陆地和海洋以上的空间领域。关于"大气空间"和"外层空间"的分界（外层空间从哪里起算）至今在科学界与国际法上仍无定论，这主要是因为广袤的空间领域并不像陆地、海洋那样有着比较明确的界限，从大气空间到外层空间是一个逐步过渡的过程，客观上造成两者分界线难以确定的问题。此外，由于外层空间的界定关系国家主权最高界限的认定，因此国际上至今没有确定一致的意见，更没有形成制度性的规定。在实践中关于该界限比较普遍的共识是卡门线（Kármán Line），即海拔100千米，也是本文所采用的外层空间或太空的起算界线。[①]

　　自1957年苏联成功发射世界上第一颗人造卫星"斯普特尼克"1号开启利用、开发外层空间的新纪元以来，人类外层空间活动不断拓展与深化。这在带来发展与机遇的同时，也造成了诸如稀缺轨道资源与卫星频谱分配、太空碎片、空间军事化与武器化等一系列公共安全问题。由于太空的国际公域属性，任何国家都无法独自面对与解决太空安全问题，从而催生了各个国家、相关国际组织及私营部门等多元化行为体通过构建并（或）遵循适当的国际机制（包括规范与制度），合力解决太空安全问题的必要性与迫切性。可以说，太空安全国际治理过程本质上就是太空安全国际治理机制针对特定太空安全议题而不断"构建—遵循—完善"的历程。鉴于此，本章沿着"揭示现象（安全问题与治理机制）—分析问题（治理困境与问题根源）—解决问题（可能出路与对策建议）"的思路，从太空安全问题切入，界定与分析空间频轨资源稀缺、太空碎片、太空军事化与武器化等太空安全问题，然后对相关安全治理机制的历史现状进行梳理，从而揭示当前太空安全治理所面临的主要困境，并在此基础上探究其问题根源，最后着眼公平、合理、有效的太空国际安全秩序构建与维护，试着提出有助于破解治理困境、推动治理进程的可能出路与对策建议。

---

　　① 该外层空间界线由物理学家西奥多·冯·卡门（Theodore von Kármán）给出，划定的依据是"在该线以上气压变得太薄而无法支持航空飞行"。1976年联合国航天研究委员会所建议的外层空间与大气空间的10千米分界层（以一个10千米浮动范围的分界层取代传统的以高度为标准分界线）的下边界为海拔100千米，即卡门线。1978年国际法协会年会的决议中指出："海拔100千米以上的空间，已日益被各国和从事外空活动的专家们接受为外层空间。"此外，国际航空联合会（FAI）将卡门线作为区分航空与航天工作的高度标准。

第三章 利用"高边疆"服务人类：外层空间安全挑战与国际太空治理

第一节 外层空间的稀缺性问题

根据联合国的定义，外层空间安全指的是"安全与可持续地进入与使用外层空间，以及免受基于外层空间的威胁"[①]。该定义彰显了外层空间的公域属性，暗示着外空安全为全人类均可利用的公共资源，不仅与各行为体的个体利益紧密相关，而且需要各行为体协力维护外层空间可持续利用的安全环境。一般而论，当前外层空间国际安全问题主要包括三个维度：空间频轨资源稀缺问题、太空碎片威胁问题、外层空间军事化与武器化问题。

一、空间频轨资源稀缺问题

所谓"空间频轨资源"指的是卫星无线电频谱资源与卫星轨道资源。因为地球周边的空间利用与探索必然在一定的轨道之上和通过一定无线电频率进行联络，所以理论上讲，卫星频轨资源作为一种太空活动必需且具备一定使用价值的无形资源，客观上具有稀缺性。事实上，自 1957 年 10 月 4 日苏联发射世界上第一颗人造地球卫星上天，到 1990 年 12 月底，受制于世界航天市场和卫星技术及应用都不太成熟和广泛的影响，太空活动相对集中于美、苏、法、中等少数国家，世界范围的卫星通信业务数据量和用户群都相对有限，卫星无线电频率和卫星轨道资源并未呈现明显的紧张态势。但冷战结束后，特别是进入 21 世纪第二个十年以来，随着航天技术的发展与扩散，世界各国以及商业航天公司的空间活动参与度不断提升（2000 年至 2018 年全球航天发射次数

[①] *Space Security Index* 2018: *Executive Summary*, http://spacesecurityindex.org/wp-content/uploads/2018/11/SSI-2018-Executive-Summary.pdf, p.1.

如图 3-1 所示），对频轨资源的需求日益上涨。根据联合国太空事务办公室（UNOOSA）统计，截至 2018 年 8 月，共有 4857 颗卫星在地球轨道上运行，较 2017 年数量增长 4.79%，其中活跃卫星数量为 1980 颗，占 40% 左右。2018 年 1 到 8 月，联合国太空研究办公室已经记录到有 204 个卫星被发射到太空，这比 2013 年之前的任何一年都要多。① 可以说，正是人类空间活动的日益增加以及全球卫星规模的日益增大，使得空间频轨成为 21 世纪的国际性稀缺资源，进而带来轨道拥挤、卫星干扰甚至碰撞、各国争抢频轨资源等安全问题。

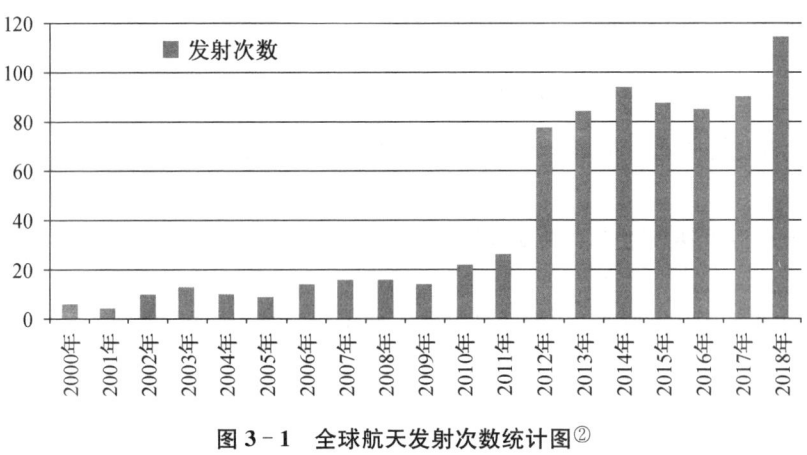

图 3-1 全球航天发射次数统计图②

二、空间频谱资源的稀缺性

空间频谱资源，即卫星无线电频谱，是指在轨运行的卫星与地面进行通信联络所采用的特定频段上的特定频率③。由于并非所有的无线电频率都适合

---

① UNOOSA,"Online Index of Objects Launched into Outer Space," http://www.unoosa.org/oosa/osoindex/search-ng.jspx? lf_id=.
② http://www.aihangtian.com/fashe/all-2018.html.
③ 赫兹(Hz)是国际单位制中频率的单位，是对每秒中的周期性变动重复次数的计量。1 赫兹 (Hz)=1 次/秒，1 千赫(kHz)=10^3Hz，1 兆赫(MHz)=10^6Hz，1 吉赫(GHz)=10^9Hz，1 太赫(THz)=10^{12}Hz，1 拍赫(PHz)=10^{15}Hz，1 艾赫(EHz)=10^{15}Hz。

用作通信联络,当前人类外层空间活动使用的无线电频率位于 1 GHz 至 40 GHz 之间,频谱涵盖 L、S、C、X、Ku、Ka 等微波波段。[1]通常情况下,各波段都有比较明确的诸如军事或者民事的通信、观测、气象等具体用途(详见表3-1)。[2]可以说,当前人类频繁的太空活动所带来的对可用频谱日益旺盛的需求与波频用途相对固定且有限的容量之间形成矛盾。此外,频段的应用属性、频段间必要的间隔,以及频段的过度使用,都加剧了频谱资源的稀缺性。

首先,由于频段在具体应用上的便利性不相同,使用效果好的频段自然更受青睐,也更加稀缺。例如,由于不同频段传播在大气中的损耗不同,频道的通信质量和效果也相差较大,其中在 0.3—10 GHz 频段间损耗最少,被称为"无线电窗口";在 30GHz 附近频段损耗相对较小,通常被称为"半透明无线电窗口",因此,实际上卫星通信所用频段范围,特别是优质的频段,是比较狭窄的。[3]

其次,为避免不同频道因频率相近而产生干扰,当前各频段内划分出了一定的频率隔离带,即相邻频段应间隔 18—20 MHz,实际上挤占了可用频率,客观上进一步加剧了资源的稀缺性。

最后,除了频谱资源的自然稀缺性以外,当前技术条件下,人类还存在对某些频段的过度使用(C 段和 Ku 段便存在这种情况),从而造成这些频段资源短缺,甚至极度稀缺。

---

[1] 何奇松著:《太空安全问题研究》,上海:复旦大学出版社,2014 年,第 39 页。
[2] AUSTRALIAN SPACE ACADEMY, "RADIO FREQUENCIES FOR SPACE COMMUNICATION", https://www.spaceacademy.net.au/spacelink/radiospace.htm.
[3] 徐能武:《空间政治学——政治文明新高地的复合建构之道》,北京:中国社会科学出版社,2015 年,第 65 页。

表 3-1 卫星波段频谱应用情况

波段	频率	主要用途
L 波段	1—2 GHz	适用于全球定位系统(GPS)运营以及卫星移动电话通信,如铱星、国际海事卫星组织(Inmarsat)通信卫星以及空间卫星广播等
S 波段	2—4 GHz	多用于气象雷达、水面舰船雷达和一些通信卫星(特别是 NASA 与国际空间站、航天飞机通信的卫星)
C 波段	4—8 GHz	主要用于卫星通信、全时卫星电视网络以及原始卫星馈送,且由于该波段比 Ku 波段更不易受雨水影响,常用于受热带雨水影响的地区
X 波段	8—12 GHz	主要用于军事雷达用途,以及气象监测、空中交通管制、海上船舶交通控制、路面车速检测等民事用途
Ku 波段	12—18 GHz	主要用于卫星通信,例如在欧洲 Ku 波段下行链路用于直接广播卫星服务
Ka 波段	26—40 GHz	用于通信卫星、27.5 GHz 或 31 GHz 频段的上行链路,以及军用飞机所载的高分辨率近距离目标雷达
其他	特定太空通信频率	俄罗斯载人航天器进行语音通信使用的 143.625 和 121.5 MHz,用于载人飞行任务的 166 和 923 MHz 以及俄罗斯国际空间站模块使用 628—632 MHz 频段
		中国用于气象卫星下行链路的 180 MHz 与 480 MHz
		美国 NASA 深空网络项目地面站使用 S 波段(上行频率 2.11—2.12 GHz、下行频率 2.29—2.3 GHz)、X 波段(上行频率 7.145—7.19 GHz、下行频率 8.4—8.45 GHz)和 Ka 波段(上行频率 34.2—34.7 GHz、下行频率 31.8—32.3 GHz)跟踪地球轨道以外的所有 NASA 航天器并进行通信数据连通

三、空间轨道资源的稀缺性

空间轨道,即卫星轨道,是卫星环绕地球运行所处路径。截至 2018 年末,全球在轨运行卫星 4857 个,其中 98% 的卫星运行在近地轨道(LEO)、中地轨道(MEO)与地球静止轨道(GEO)上(详见图 3-2),其中以稀缺性而论,依次是地球静止轨道、近地轨道、中地轨道。①

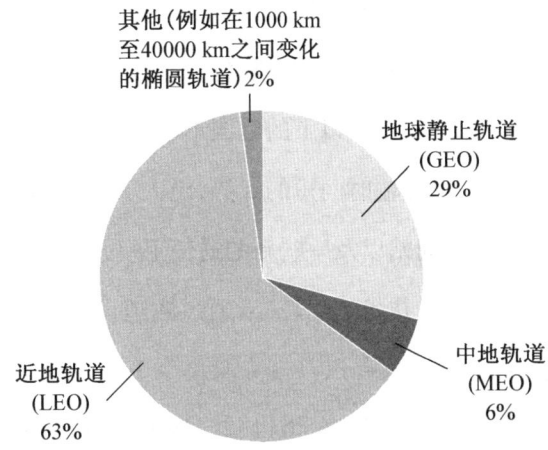

图 3-2　2018 年在轨卫星轨道类型占比②

首先,就稀缺程度最高的地球静止轨道③而言,一方面,不同于近地轨道或中地轨道有一个浮动范围,地球静止轨道有一个确定高度,轨道选择有限。静止轨道与极地轨道连倾角也是确定的,轨道资源更加有限。理论上,在当前技术下,为避免使用相同频段覆盖相同或相近的服务区的两颗地球同步静止轨道卫星相互干扰,整个地球同步静止轨道上的同频段卫星不能超过 240 颗。④ 另一方面,运行在地球同步静止轨道上的卫星覆盖范围很广,在通信、气象、广播电视、导弹预警、数据中继等方面有着不可替代的使用价值。例如,利用均匀分布在地球赤道上的三颗静止轨道卫星就可以实现除南北极很小一

---

① Pixalytics, "How Many Satellites are Orbiting the Earth in 2018?", https://www.pixalytics.com/sats-orbiting-the-earth-2018/.

② https://www.pixalytics.com/sats-orbiting-the-earth-2018/.

③ 地球同步轨道是一个轨道高度为 35788 千米的近圆形轨道,在其中运行的卫星保持着与地球自转一致的方向,且轨道周期与地球自转周期相同。根据"轨道倾角"(卫星轨道面与地球赤道面形成的夹角)大小,地球同步轨道可分为地球同步静止轨道(倾角为 0°,即卫星轨道平面与地球赤道平面重合)、极地同步轨道(倾角 90°,即卫星轨道平面垂直于地球赤道平面)、倾斜同步轨道(倾角非 0°或 90°的任意角度)。

④ 何奇松:《太空安全问题研究》,上海:复旦大学出版社,2014 年,第 31 页。

部分地区外的全球覆盖。目前,通信卫星、部分气象卫星多利用该轨道。可见,地球同步静止轨道使用价值极高而且具有不可替代性。在当前日益增长的需求面前,此类轨道变成极度稀缺的战略性资源。

其次,作为高度在2000千米以下的近圆形轨道[1],近地轨道(又称低地轨道)具有距离地球近、信号传输时间短的优势,绝大多数对地观测卫星(特别是侦察卫星)、气象卫星、空间站以及一些新的通信卫星系统利用该轨道。另外,由于该轨道发射成本较低、技术难度较小,通过轨道设计,发射多颗卫星进行组网形成卫星群(星座)[2]不仅可以有效克服单个卫星对地覆盖面小、时间分辨率[3]低的缺陷,还可以使得近地轨道以其门槛低、性价比高的优势,日益成为各国以及商业航天公司争相抢占的热门轨道。近地轨道的在轨卫星密度不断增大,再加上从功用上看卫星部署的位置更倾向于陆地上空,从而加剧了近地轨道的稀缺性与拥挤程度。

最后,位于近地轨道(2000千米)和地球静止轨道(35786千米)之间的中地轨道范围内存在"范·艾伦辐射带"[4],这使得运行在该轨道的卫星[5]需要专门加固设计,成本不菲,使用门槛较高,因此利用率比前两类轨道低得多,客观

---

[1] INTER-AGENCY SPACE DEBRIS COORDINATION COMMITTEE,"IADC Space Debris Mitigation Guidelines", Sept. 2007, http://www.unoosa.org/documents/spacelaw/sd/IADC-2002-01-IADC-Space_Debris-Guidelines-Revision1.pdf, p. 6.

[2] 卫星星座的组成一般有两种设计模式:一种是由同一轨道面内多个卫星等间隔组成;另一种是由不同轨道面的卫星等间隔构成卫星环,几个卫星环再按一定的方式构成的一个卫星群。

[3] 对轨道卫星而言,时间分辨率,亦称覆盖周期,是指在同一区域进行的连续两次遥感观测的最小时间间隔,时间间隔大,时间分辨率低,反之时间分辨率高。

[4] 范·艾伦辐射带(Van Allen belts)是中地轨道内存在着的一个由地球磁场捕获来自太阳风的高能粒子(质子和电子)而形成的特殊粒子带,其中所含辐射粒子会损害卫星诸如太阳能帆板、集成电路、传感器等硬件,亦会对生物体造成DNA突变效应。

[5] 目前运行在中地轨道的大都是导航卫星,主要包括在20200千米高度的美国GPS导航系统、在19100千米高度的俄罗斯格洛纳斯系统、在21500千米高度的中国北斗卫星导航系统以及在23222千米高度的欧洲伽利略定位系统,以及少数通信卫星,例如运行在10354千米高度的"奥德赛"卫星系统以及在10355千米高度的ICO卫星系统。

上加剧了适宜卫星运行的轨道的稀缺性。[①] 此外,当前技术条件下,大多数已经失效的卫星设施并不能及时从所占轨道上移除,降低了卫星轨道的重复利用率,因此,某种程度上,轨道资源是一种不可再生的资源。

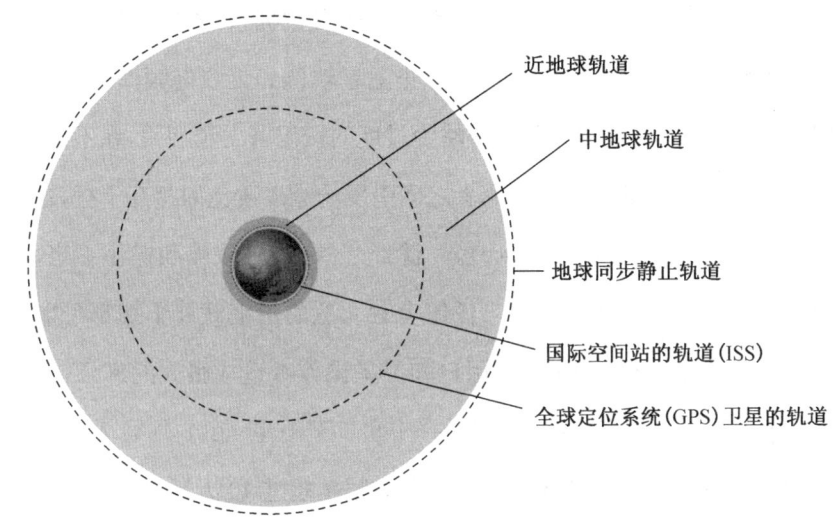

图 3-3　人造地球卫星常用轨道示意图

第二节　外层空间面临的安全挑战

随着人类外层空间开发与利用力度的不断加大,频轨资源的稀缺性也日益加剧,外层空间正变得更加"拥挤",更具"竞争性",甚至"对抗性"[②],不仅逐渐成为限制卫星发展及相关太空利用的瓶颈,而且业已引发一系列或直接或间接的空间安全问题,概括起来主要涉及卫星频率干扰(Radio Frequency Interference,RFI)、相撞危险、卫星频轨争夺等三个方面。

---

① NASA,"Orbit Definition",http://gcmd.nasa.gov/User/suppguide/platforms/orbit.html.
② 何奇松:《太空安全治理的现状、问题与出路》,载《国际展望》,2014 年第 6 期,第 120 页。

一、外层空间卫星频率干扰问题

首先外层空间卫星频率干扰问题越发严重,成为影响卫星正常功用的隐患。随着通信需求的增长,地球频轨空间变得日益拥挤,人们采用极化复用、空间复用和缩小轨位间距等手段,对静止卫星轨位和无线电频谱资源作了接近极限的开发利用。这种充分甚至略为过度的资源开发和利用,在不同极化、重叠服务区,或者相邻卫星的使用者之间引发的难以避免的相互干扰,也被称为星上干扰(Satellite Interference)。[①] 除此之外,设备故障和操作不当,以及人为因素,也是常见的干扰原因。任何有意无意的星上载波干扰都可能降低通信质量,甚至造成通信中断,给用户和卫星操作者造成很大的麻烦。例如,2015年中国卫通集团有限公司运营的"中星6B"卫星[②]在2月至3月间频繁受到非法地球站干扰(累计非法占用转发器频率超过40天),严重危害了若干广播电视节目的安全播出。[③]一项由卫星干扰减少集团(iRG)与Newtec公司2013年共同完成的调查表明,在近500名卫星运营受访者中,有93%的人表示每年至少遭受过一次卫星干扰,超过50%的人至少每月一次,17%的人正经历着卫星日常运行中不断遭受干扰的难题。[④]

其次,卫星相撞的危险日益加大,可持续利用的太空环境不断恶化。当前

[①] 除了星上干扰以外,常见的干扰样式和原因包括邻星干扰(Adjacent satellite interference)、反极化干扰(Cross-polarization interference)、互调干扰(Intermodulation interference)、上行设备干扰(Up-link device interference)、非授权使用与恶意干扰(Unauthorization and intrusion interference)、地面干扰(Terrestrial interference interference)、地面微波干扰(Micro-wave interference)等,详见"干扰与异常 / Interference and anomaly", http://www.satcomengr.com/Satcom/anomaly.htm#propagation。
[②] "中星6B"卫星为我国广播电视专用卫星,覆盖范围主要包括亚洲、大洋洲、太平洋部分地区,为中国及亚太地区提供包含中央电视台在内的广播电视服务,是一颗极为重要的专用广播电视卫星。
[③] 程星通信:"'中星6B'卫星受非法地球站干扰,占用卫星频",2015年7月3日,http://www.starwaycomm.com/a/xinwenzhongxin/xingyezixun/20150703/277.html。
[④] "The fight against interference," May/June 2016, http://www.satelliteevolutiongroup.com/articles/Satellite-interference.pdf, p. 16.

外层空间卫星运行轨道日益拥挤,特别是近地轨道的状况越发令人担忧(主要表现为由于卫星发射成本较低、技术难度相对较小,各国以及商业航天公司将越来越多的微小卫星送入近地轨道),卫星在空间发生"交通事故"的概率也越来越高。2009年2月10日,美国的商业通信卫星铱星-33和俄罗斯已经停用的军用卫星Cosmos-2251在西伯利亚的泰米尔半岛800千米的上空以每小时24480千米的超高速相撞。两个卫星总重量达到为1500公斤,碰撞制造了2000多个大小为10—15厘米的碎片,其中一部分近地轨道碎片至今仍对国际空间站(ISS)有着潜在的安全危害,例如,2009年国际空间站为避免与碎片发生碰撞不得不进行规避机动。[1]

最后,各国为争夺有限的、高价值的频轨资源而展开激烈争夺。在外层空间的战略价值、经济价值日益凸显的当下,空间轨道资源俨然已成为各国努力争抢的战略资源。虽然频轨资源的获取不是个别国家能主宰的,理论上,各国都必须依据国际电信联盟制定的规则进行开发利用,频率轨道的使用也必须进行国际协调,但事实上发达国家利用其先发优势,通过主导空间频轨分配规则的制定,强调"先占先用"的分配原则[2],占据了大量优质空间频轨资源。在频率方面,美国GPS系统和俄罗斯的格洛纳斯卫星导航系统已占用了80%的"黄金导航频段",迫使其他国家只能抢占为数不多的剩余频段;[3]在卫星轨道方面,出于对敏感地区的侦察需要,美国等太空强国卫星轨道经常经过该敏感地区或国家的上空,妨碍了该地区国家的通信卫星、气象卫星进入该区域上空。例如东经128°韩国上空轨道便属此种情况,作为韩国进行气象水文航天

---

[1] Andy Roberts, "10 Spectacular Satellite Collisions," May 13, 2015, https://listverse.com/2015/05/13/10-spectacular-satellite-collisions/.
[2] 各国首先根据自身需要,依据国际规则向国际电信联盟申报所需要的卫星频轨资源,先申报的国家具有优先使用权;相关国家之间要遵照国际规则开展国际频率干扰谈判,后申报国家应采取措施,保障不对先申报国家的卫星产生有害干扰。
[3] 欧孝昆等:《卫星频轨:竞相争夺的战略资源》,载《解放军报》,2010年5月6日,第12版。

监控的最佳轨道线路,早已被美国、日本的卫星抢占,韩国的卫星不得不定位于东经116°和东经113°。除了既成事实的频轨先占以外,一些国家加大对卫星频轨的申报力度,争抢频轨资源,致使出现大量"纸面卫星"(paper satellites)现象①。更有甚者,部分不具备太空探索能力的国家出于商业目的,向国际电信联盟申请频轨,申请下来后向其他国家、公司出售以谋取商业利益。例如,20世纪80、90年代的汤加就通过这种方式将申请到的频轨资源出售获利。上述情况进一步人为加剧了频轨资源的稀缺性,并极大扰乱了人类太空探索的进程,破坏了太空秩序,甚至可能会引发新的矛盾乃至冲突。②

二、太空碎片影响太空安全

太空碎片(或太空垃圾),一般意义上是指在地球空间轨道运行的废弃的人造物体,换言之,就是人类太空活动所产生的废弃物,例如火箭残骸、废弃的卫星等。起初,太空碎片的危害性并没有引起人们的重视,但随着太空活动日益增多,地球轨道上的人造物体(包括卫星以及太空垃圾)密度越来越大,特别是人类产生的太空垃圾对太空环境的影响慢慢显现——轨道上充斥着高速运动的太空碎片,对在轨卫星造成直接威胁,某种程度上成为卫星"刺客",同时越来越多的太空碎片严重影响外层空间环境的可持续利用。

(一)太空碎片的来源

太空碎片的来源比较多元,概括起来可分为三大类:航天任务附带产物、太空碰撞产生的碎片、故意行为产生的碎片。

首先,人类执行航天任务的附带产物是太空碎片的一个主要来源,通常包

---

① 所谓"纸面卫星"现象是指相关申请国根本不可能在国际电信联盟规定的时间内把卫星发射升空,导致频率只是被纸面上存在的卫星所占据的现象。
② 何奇松、南琳:《太空安全的困境及其出路》,载《北京航空航天大学学报(社会科学版)》,2012年第1期,第29页。

括航天员活动产生的碎片(主要是航空器与空间站对接时产生的金属片、宇航员维修太空物体时不慎丢失的螺母和螺栓、其他工具等)、航天发射产生的碎片(主要包括末端火箭部分残骸与火箭发射失败产生的爆炸碎片等)与废弃航天器(主要包括到失效后未进入大气层焚毁或返回地面的低地轨道卫星等航天器①,以及失效后未能进入"坟场轨道"的地球静止轨道卫星②)。

其次,随着太空碎片的增多,外层空间中发生太空相撞的概率也越来越高,由此而产生的碎片成为当前太空碎片成指数速率快速增加的首要因素,一般包括卫星与卫星相撞、卫星与碎片相撞、碎片与碎片相撞三类情形。2009年,美国和俄罗斯两个通信卫星相撞,产生了数千个太空碎片。虽然当前各国能够做到尽量避免再次发生2009年那样的卫星相撞的悲剧,但在轨运行卫星与在轨碎片相撞事件却时有发生,且呈现日益频繁的趋势(如表3-2所示),不仅对卫星造成直接威胁,而且由此产生了更多、更细小的碎片,进而造成"凯斯勒现象"(Kessler Syndrome)③,对人类安全地发射新的航天器产生不利影响。

---

① 一般情况下近地轨道卫星等航天器到达使用寿命后,由于受地球引力的作用,会最终掉落到地区表面,但由于周期比较长,为避免在重回地面过程中与其他卫星或碎片发生碰撞进而带来更多碎片,通常情况下地面控制中心可以遥控该航天器在剩余燃料驱动下实施机动变轨,使其尽快进入大气层中焚毁或返回地面,但如果燃料不足或是其他原因致使其废弃在空间轨道上,那么该航天器在无法再次利用的情况下便具有了太空碎片的属性。例如,2013年欧空局所属的Envisat"环境卫星"由于燃料不足,没能实现重返地面的变轨操作,致使其以近8吨的质量飘荡在784千米的高空,成为当前外层空间最大、最危险的太空碎片,预计要150年才能自然落入地面。具体参见何奇松著:《太空安全问题研究》,上海:复旦大学出版社,2014年,第78页。
② 地球同步轨道上的卫星在失效后,在没有外力推动的情况下,通常不会自然落入地面,但当前技术条件下采取"主动变轨返回地球"的方式还不成熟,因此国际惯例上卫星将利用剩余燃料变轨进入同步轨道环上空300千米处的"坟场轨道",如不成功也会变成实际上的"太空碎片"。
③ 所谓"凯斯勒现象"是指太空垃圾相互碰撞,不断产生更多的垃圾,最终会导致环绕地球的轨道被大量的太空垃圾所占据的恶性循环级联效应。

表 3-2　卫星与太空碎片相撞事件①

年份	相撞事件
1991 年	失效的 Cosmos1934 卫星被源自 Cosmos296 卫星的已知太空碎片击中
1996 年	法国在轨运行 Cerise 卫星被源自阿丽亚娜火箭的已知太空碎片击中
1997 年	失效的 NOAA7 卫星被未知太空碎片击中,发生轨道偏移并产生新碎片
2002 年	失效的 Cosmos539 卫星被未知太空碎片击中,发生轨道偏移并产生新碎片
2007 年	在轨运行的 Meteosat 8 卫星被未知太空碎片击中并发生轨道偏移 失效的美国航空航天总局 UARS 卫星被未知太空碎片击中而产生新碎片

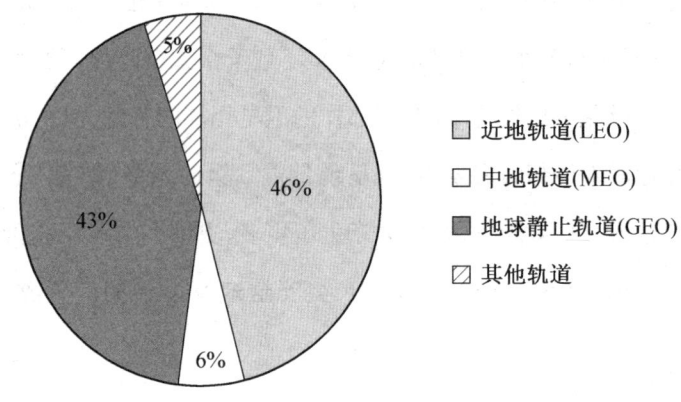

图 3-4　太空碎片轨道分布情况②

最后,故意行为产生的碎片往往是指人为将卫星击毁所产生的碎片。这可以追溯到冷战时期美苏所进行的导弹打击卫星的试验。例如,1985 年,美国利用 F-15 战斗机在 1.2 万米高空发射导弹摧毁了一颗退役通信卫星,在 560 千米的高度产生了 285 块碎片。冷战结束后,美国出于维持其太空能力优势,于 2008 年从伊利湖号巡洋舰发射一枚"标准-3"型导弹击落一颗退役卫星。为应对美国太空军事能力所带来的威胁压力,其他国家也不得不进行相关反卫星能力实验,例如中国在 2007 年、2010 年进行了反卫星实验,印度

---

① http://www.thespacereview.com/article/1314/1.
② https://swfound.org/media/99971/wright-space-debris_situation.pdf.

第三章 利用"高边疆"服务人类：外层空间安全挑战与国际太空治理

也加快反卫星能力构建步伐等。总之，这类实验行为无论主观动机如何，客观上确有增加太空碎片的不良后果，成为直接导致太空碎片增长的一个不容忽视的来源。

（二）太空碎片的特征

由于卫星主要分布在近地轨道和地球静止轨道上，太空碎片也主要分布在这两条轨道上（详见图3-4），并呈现出以下的特征。一是数量庞大。当前，美国国防部利用其太空监视网（Space Surveillance Network）追踪着大约2.3万块直径不小于10厘米的太空碎片。据专家估计，当前太空有着大约50万个直径1厘米以上的太空碎片，以及数百万个更小碎片，如图3-5所

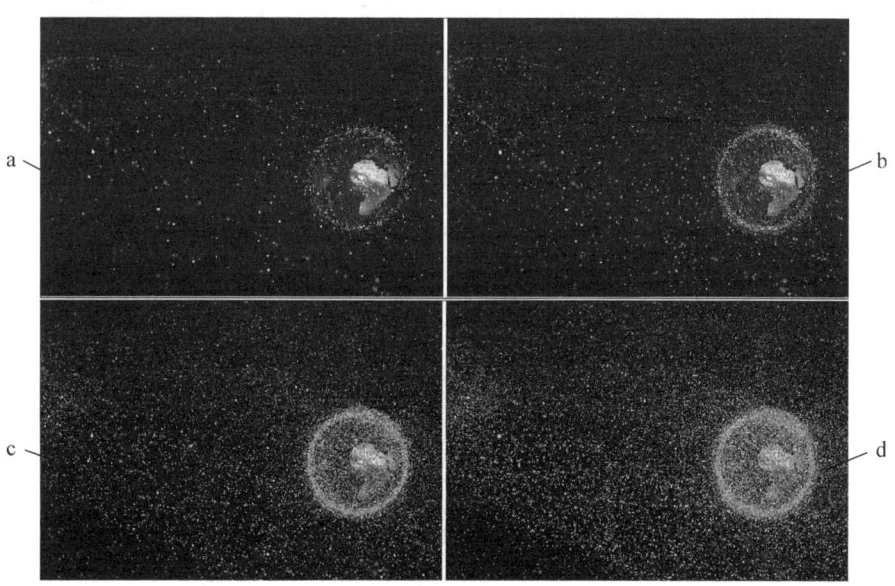

图3-5 太空碎片数量模拟图①

---

① "Orbital Debris", https://directory.eoportal.org/web/eoportal/satellite-missions/o/orbital-debris#foot3%29.
说明：图a是直径大于1米的太空碎片分布；图b是直径大于10厘米的太空碎片分布；图c是直径大于1厘米的太空碎片分布；图d是直径大于1毫米的太空碎片分布。

139

示。① 二是运动速度快。在近地轨道上,太空碎片运动的速度为 7—8 km/s,与其他太空物体的平均相对碰撞速度约为 10 km/s。② 三是碎片寿命③差异性大。在质量、大小、形状因素相差不大的情况下,碎片所处轨道位置越高,其寿命就越长,碎片在 300 千米高的轨道上寿命一般为几周,在 500 千米高的轨道上则增加到 1 年,在 700 千米高度会存在几十年,在 800 千米以上高度则可存在 100 年,到地球静止轨道高度碎片寿命甚至达到百万年以上。④

(三) 太空碎片带来的安全威胁

一般而言,太空碎片对外层空间活动所造成的威胁主要表现为以下两个方面:

一是直接撞击威胁。质量为 1 克大小的太空碎片以 10 km/s 速度运行产生的能量等于 100 千克质量的物体以 100 km/h 所产生的能量。一般说来,大于 10 厘米的碎片撞击航天器可致其毁灭性损毁,当前可以对此类碎片进行追踪、监控,通过采取规避手段一般可以避免发生碰撞;厘米级的太空碎片可以导致航天器彻底损坏,鉴于以当前的技术水平还无法精确跟踪和定轨此类碎片以作出及时的预警与规避,同时也没有有效的防护方法和解决方案,故此类碎片的潜在威胁最大;毫米级的太空碎片可造成航天器舱壁成坑或穿孔、密封舱或压力容器舱泄漏、液氧箱爆炸、天线变形、信号失真等后果;微米级的太空碎片后果虽然不会太严重,但因为其数量庞大,与航天器发生撞击的概率高,其累积碰撞也会导致航天器表面产生砂蚀和光敏、热敏等元件功能下降甚至失效。⑤

二是恶化太空环境。虽然最初的太空碎片多数为人为造成,但随着碎片

---

① Space Security Index 2018, https://www.spacesecurityindex.org, p. 2.
② 王福海、冯顺山、刘有英:《空间碎片导论》,北京:科学出版社,2010 年,第 2—3 页。
③ 太空碎片"寿命"指的是太空碎片从产生到消失的时间。
④ 何奇松:《太空安全问题研究》,上海:复旦大学出版社,2014 年,第 69 页。
⑤ 何奇松:《太空安全问题研究》,上海:复旦大学出版社,2014 年,第 84 页。

数量的增加,碎片彼此碰撞的概率也大幅增加,通过相互碰撞会不断产生出更多、更小的碎片。这种碎片产生方式致使碎片数量呈几何式快速增长,形成所谓"碰撞潮"[①],碎片产生碎片,呈现出级联效应式的恶性循环,从而严重恶化了太空环境,对太空的可持续利用与进入带来极大阻碍。根据联合国外空科技小组委员会的报告,目前外层太空碎片正以每年10%的速度增加。更多潜在碰撞事件的发生可能造成更多的碎片,在低轨道造成多米诺骨牌效应。

三、太空的军事化与武器化问题

人类对外层空间的探索从一开始就带着浓厚的军事竞争色彩。可以说,自从人类进入太空,太空就被赋予了军事功能。在这一意义上讲,太空军事化(space militarization)已成既成事实。

(一)太空军事化与武器化的基本概念

当前国际社会对"太空军事化"的基本概念没有太大争议。一般而言,太空军事化指的是将外层空间用于军事用途的程度。[②] 从军事应用效能上看,太空军事化大致包括两个方面:一是太空军事赋能应用,这种情况下,用于军事目的的外层空间设施(主要是各类卫星)能够支持和增强以地球(包括陆地、海洋和大气层)为基地的武器系统和地面部队的效能;二是外层空间武器杀伤应用,主要是指用外层空间武器杀伤或损害对方包括外层空间与非外层空间的目标,还包括用非外层空间(例如陆地、海洋、大气层)部署的武器系统打击或损害对方的外空目标。

与此形成鲜明对比的是,当前国际社会(包括学术界)对于什么是"太空武器化"(space weaponization),甚至是否存在"太空武器化"的问题仍有较大争

---

① *Space Security Index 2018*,www.spacesecurityindex.org,p.6.
② James Clay Moltz, *The Politics of Space Security: Strategic Restraint and the Pursuit of National Interest*, Palo Alto, California: Stanford University Press, 2010, pp.10-15.

议,大致可以分为三类:第一种观点认为,不存在太空武器化的问题,有的只是出于和平目的或维护安全需要的太空军事化利用,以及实际产生的一些过度军事化的问题;①第二种观点认为,太空武器化确实存在,但和太空军事化一样是不可避免的;②第三种观点认为太空武器化问题不仅存在,而且日益严重,需要对国际外空条约、国际裁军及军控机制上存在的漏洞加强应对。③ 由此可见,在普遍承认"太空军事化"这一既成事实的基础上,太空武器化可以被视为过度太空军事化发展而来的一种聚焦太空武器研发与部署的破坏战略稳定的危险状态。④ 因此,本文认为所谓太空武器化,对应着太空军事化的武器杀伤应用这一范畴,其实质上是一种具有太空军备竞赛色彩、突出太空系统(或针对太空系统)的武器杀伤性运用、极具战略稳定破坏力的太空军事化活动。可以说,一定意义上讲,太空武器化是太空军事化发展到一种极具攻击性与战略稳定破坏性的危险状态。

(二) 太空军事化与武器化的发展演变

纵观冷战初期的快速发展的太空军事化到当下日益严峻的太空武器化,

---

① 持此类观点的多是一些美国学者,为美国太空政策提供了辩护。例如,Karl P. Mueller, "Totem and Taboo: Depolarizing the Space Weaponization Debate," *Astropolitics*, Vol. 1, No. 1, 2003, pp. 9 - 13; Avlin M. Saperstein, "'Weaponization' vs. 'Militarizaition' of Space," http://www.aps.org/units/fps/newsletters/2002/july/saperstein.pdf.

② 秉持此类观点的多是美国鹰派。例如 Karl P. Mueller, "Totem and Taboo: Depolarizing the Space Weaponization Debate," *Astropolitics*, Vol. 1, No. 1, 2003, pp. 4 - 28.

③ 持此类观点的多是国内学者,一定程度上体现了以中俄为代表的新兴大国以及广大发展中国家的基本立场。例如,黄志澄:《太空武器化与太空威慑》,载《国际技术经济研究》,2006 年第 1 期,第 24—28 页;程群:《太空安全的"公地悲剧"及其对策》,载《社会科学》,2009 年第 4 期,第 12—18 页;徐能武等:《太空威慑:美国战略威慑体系调整与全球战略稳定性》,载《外交评论》,2014 年第 5 期,第 62—84 页;程道华等:《太空军事化、武器化及其治理》,载《国际关系研究》,2014 年第 6 期,第 51—60 页。

④ 对太空发展武器具有破坏战略稳定的消极影响方面,国际社会是有共识的,只是美国学者更强调别国发展太空武器是对美国的威胁,是破坏战略平衡。参见 Alexander Bowe, *China's Pursuit of Space Power Status and Implications for the United States*, April 11, 2019, https://www.uscc.gov/sites/default/files/Research/USCC_China's Space Power Goals.pdf.

其发展演变大致可划分为以下三个阶段:20世纪50至70年代围绕美苏核反导发展的阶段;20世纪80年代到20世纪90年代末聚焦太空军事赋能应用与弹道导弹防御的阶段;21世纪伊拉克战争结束至今的美国引领的太空战略竞争阶段。

1. 20世纪50至70年代:基于美苏核反导发展的阶段

冷战时期为争夺世界霸权的美苏两国将大量航天技术成果用于军事领域。据统计,20世纪80年代美国发射的航天器三分之二用于军事目的,而苏联航天器中有70%为军用。事实上,早期的太空军事化与武器化并非双方主要目的,而是始于美苏利用外层空间核爆炸拦截对方来袭的核导弹的竞相实验所产生的附带效应。[①] 换言之,由于早期对太空军事探索的局限,双方更多是围绕运载核武器的弹道导弹攻防来推进太空军事化与武器化进程的。自20世纪50年代以来,美国先后研制了"奈基-宙斯"和"卫兵"弹道导弹防御系统,前者只采用高空拦截导弹,后者用高空和低空拦截导弹分层拦截,并于1970年建立了"卫兵"系统的首个发射场。苏联在20世纪60年代研制和部署了高空拦截的反弹道导弹,并于1967年建成莫斯科反导弹防区。此外,由于外层空间核爆炸对航天器与卫星等太空系统极具破坏性,外空的核反导应用也附带成为一种具有反卫星功能的太空军事化选项,只是当时卫星的战略性作用还没有完全显现,卫星作为军事攻击目标的价值十分有限。随着围绕核反导建设的太空军事化不断推进,由此带来的难以控制的太空核爆炸影响

[①] 冷战时期美国进行了16次高空核爆炸,至少摧毁或损害了8颗卫星。参见 Robert Beckhusen, "Military Looks to Shield Its Satellites from Electromagnetic Attacks," Foreign Policy Website, January 3, 2014, http://www.foreignpolicy.com/posts/2014/01/03/bzzt_military_wants_to_protect_satellites_from_emp_weapons#sthash.iTp1dadw.CM3xt2T9.dpbs. 苏联也多次进行太空核爆试验,例如1961至1962年实施的"K项目"就进行了5次高空核爆实验,以及1968年苏联将一枚40万吨当量的氢弹弹头射入了120千米高度的外层空间进行了一次太空核爆等,参见 Steven J. Zaloga, *The Kremlin's Nuclear Sword: The Rise and Fall of Russia's Strategic Nuclear Forces, 1945—2000*. Washington DC: Smithsonian Institution Press, 2002.

以及可能引发的核战争风险使得国际社会开始协力限制此类太空军事化与武器化应用:1963年由美、苏、英三个核大国牵头的《部分核禁试条约》首次明确提出禁止在太空进行核试验的要求;1967年联合国通过《外空条约》禁止在外层空间(含天体)放置核武器以及其他大规模杀伤性武器;1972年美苏签署《反导条约》,一定程度上限制了双方的核反导系统发展,维持了美苏核战略平衡。由此可见,这一阶段的太空军事化与武器化在美苏冷战的激烈博弈下初期形势一度十分严峻,甚至游走于核战争的边缘,但由于核武器巨大的毁灭力使得太空核反导的军备竞赛得以缓和,1976年美国关闭了"卫兵"系统的发射场。1980年苏联决定把已经部署的64枚反弹道导弹撤除一半。但是,由核反导开启的太空军事化与武器化进程并没有终止,而是把注意力转向发展新的反导弹武器(如激光、粒子束等反导弹武器),使得太空军事化与武器化进入了的新阶段。

2. 20世纪80年到90年代末:聚焦太空军事赋能应用与弹道导弹防御的发展阶段

进入20世纪80年代,随着卫星的军事赋能技术的发展,太空军事化的赋能性应用发展方向逐渐显现,并集中体现为卫星在军事侦察、指挥通信、导航定位等方面所发挥的倍增效应。事实上,早在20世纪60年代,美苏就已开始将卫星用于战略侦察、监测,但受制于当时的技术因素,相关侦察信息主要采用胶卷回收传递的方式,传递周期长且图像质量有限,因此无法在战术层面发挥作用。一方面,随着卫星技术的发展,特别是20世纪90年代以后,卫星的战术应用已相当普遍,在海湾战争、波黑行动、"沙漠之狐""盟军行动"和伊拉克战争等局部战争中发挥着战场力量"倍增器"的作用。可以说,太空的军事赋能作用已成为现代战争取胜的关键。换言之,太空赋能是现代化军事力量的必备要素之一。因此,20世纪80年代以来,特别是冷战结束以后,世界各国都在积极发展具有巨大军事赋能效应的侦察、通信、导航、气象等各类卫星。

另一方面,随着美国里根政府的"战略防御倡议"、克林顿政府的"弹道导弹防御"计划、小布什政府的"导弹防御计划"等不断推出，由美国主导的聚焦弹道导弹防御的太空武器化也不断发展。20世纪80年代的"战略防御倡议"（亦称"星球大战计划"）是美国旨在以各种手段攻击敌方的外太空的洲际战略导弹和外太空航天器，以防止敌对国家对美国及其盟国发动核打击，其技术手段包括在外太空和地面部署高能定向武器（如微波、激光、高能粒子束、电磁动能武器等）或常规打击武器，在敌方战略导弹来袭的各个阶段进行多层次的拦截。1993年，克林顿政府宣布结束历时10年耗资320亿美元的"战略防御计划"，转向发展"弹道导弹防御计划"，计划研发与部署保护美国本土免受导弹袭击的国家导弹防御系统（NMD）和用于保护美国海外驻军及相关盟国免遭导弹威胁的战区导弹防御系统（TMD），其中NMD实际上继承了里根政府"星球大战计划"的主要目标。1999年9月，克林顿因对国家导弹防御系统的技术和整个系统的有效性缺乏足够的信心，决定暂不授权部署国家导弹防御系统。由此可见，在美国主导下，该阶段的太空军事化与武器化加速发展，彰显了美国谋求太空霸权与绝对安全的逻辑。

3. 21世纪至今：美国引领的太空战略竞争阶段

进入21世纪，虽然"9·11"事件一度使美国战略焦点转向反恐，但事实上即便在反恐过程中，美国仍然时刻关注其太空主导地位的护持，积极推进其太空军事能力建设，特别是包括弹道导弹防御系统在内的相关武器装备的研发与部署。可以说，美国为强化战略优势，无视他国的强烈反对，不断加快太空军事化与武器化的步伐，以此来实现本国的绝对安全。美国小布什政府在前任"弹道导弹防御计划"的基础上，推出了更加雄心勃勃的"导弹防御计划"：一是扩大了防御范围，把欧洲和以色列都置于导弹防御的保护伞下；二是扩展了拦截部署，将陆基拦截扩展为陆地、海上和太空全方位拦截；三是提高了拦截要求，将以往注重来袭导弹的末端拦截改变为强调助推段拦截；四是扩大了拦截目标，将巡航导弹防御列入导弹防御之列。为此，美国专门成立了负责导弹防御系统研发的导弹防御局,还不顾国际社会的强烈反对,于 2002 年退出《反导条约》,意图抢占外空战略制高点。奥巴马政府时期,美国太空军事政策虽然较小布什政府略显温和,基调更趋积极防御,手段更趋国际协调,军事太空力量发展更为谨慎,但这只是美国因十年反恐战争消耗巨大而进行的战术性收缩,其有效控制太空、充分利用太空赋能作用、针对现实作战打击对象与战略防范对象军事太空的战略目标并没有改变,而且在实际发展过程中以"反介入/区域拒止"能力为牵引重点发展了实战型军事太空力量;当前,特朗普政府主政的美国积极推进"太空军"建设,加大空间武器研发投入,加快相关武器的部署。依据美国 2019 财年国防预算案,美国导弹防御局被要求在近期开启弹道导弹追踪和拦截系统太空部署工作,并在 2022 年 12 月 31 日前完成"可持续空间传感器架构"的研制和推广,然后部署导弹拦截系统。[1] 在美国的示范下,当前世界各国都积极加入太空战略竞争行列,从而不断助推太空军事化与武器化。当前,以色列、印度、埃及、利比亚、巴基斯坦、日本和一些欧洲国家也拥有了一定的反卫星能力。[2] 2019 年 3 月,印度更是高调进行了代号为"女神力量行动"(Mission Shakti)的反卫星试验。由此可见,有别于冷战时期美苏两极化的军备竞赛式,后冷战时代的太空军事化与武器化呈现出多极化趋势,即太空武器不再只是被少数大国所垄断,而是成为更多国家拥有或追求的目标,从而使得太空军事化与武器化形势更加严峻且难以控制。

(三)太空军事化与武器化的安全影响

太空军事化与武器化伴随着人类太空活动而产生,发展至今虽然还未爆发过真正意义的太空战争,但其所造成的日益严峻的安全形势与巨大的威胁

---

[1] "DoD Releases Fiscal Year 2019 Budget Proposal", https://comptroller.defense.gov/Portals/45/Documents/defbudget/fy2019/fy2019_Press_Release.pdf.

[2] Todd Harrison, et. al., *Space Threat Assessment 2019*, CSIS Report, April 2019, https://csis-prod.s3.amazonaws.com/s3fs-public/publication/190404_SpaceThreatAssessment_interior.pdf.

第三章 利用"高边疆"服务人类：外层空间安全挑战与国际太空治理

隐患是确实存在且需要国际社会协同努力进行有效治理的。

首先，太空军事化与武器化不利于太空环境可持续发展。持续演进中的太空军事化与武器化大致赋予了太空两种空间身份，一种是现实中业已存在的太空"武器试验场"，另一种是还未出现但可以预见的太空"战场"。就太空"武器试验场"而言，无论是冷战时期核反导试验，还是如今仍在进行的反卫星武器试验，都对太空环境造成了严重破坏，这不仅包括试验进行时所产生的严重电磁干扰等实时损害，而且包括由此制造出的大量太空碎片对太空环境可持续性所产生的长期的不良影响。就太空"战场"而言，当前太空军事化与武器化持续演进的战略逻辑就是将太空视作一个"作战域"，这集中体现为以美国为代表的成立太空军、加强太空共轨反卫星武器部署等。虽然这种"战场"身份认定还未成为现实，毕竟真正意义上的太空战从未发生过，但其对太空环境潜在的破坏性与危害程度却比"试验场"严重得多，因为可以预见的是，一旦太空战争爆发，那将对太空环境造成一种毁灭性的破坏，使得太空在一定时期内无法进入。

其次，当前美国主导的"大国竞争"语境下的太空军事化与武器化极易引发太空军备竞赛，造成太空"安全困境"。当前"大国竞争"的"美国优先"是美国特朗普政府的基本战略逻辑，这意味着美国更倾向于以实力谋利益的现实主义路径。换言之，美国将以自身利益为准绳，打造压倒性军事优势，追求自身绝对安全。由于美国在国际体系中的主导地位，这种轻视国际协调与安全合作的"大国竞争"逻辑现正成为当下国际关系互动的基本语境。再加上当前伴随着新兴国家崛起的多极化趋势加速发展，当下的美国虽然仍占主导地位，但其相对实力有所削弱已是不争的事实。对其他国家而言，美国的实力不再是遥不可及，甚至某些方面对美具有非对称优势。在这样的背景下，美国追求自我绝对安全的单边主义行径势必引发其他国家追求对美军事霸权威胁的抵消举措。事实上，面对美国成立太空军、部署太空武器系统等咄咄逼人的态势,俄罗斯作为苏联太空力量的主要继承者以及美国认定的太空假想敌,不得不加强自身反卫星武器体系能力,并努力在特定领域对美形成非对称太空优势,从而双方进入一种太空军备竞赛的"安全困境"。

最后,太空军事化与武器化不利于战略稳定的维护。冷战时期美苏保持战略稳定的基础是"相互确保摧毁",用所谓的"核恐怖平衡"来慑止核战争,但2001年底美国单方面退出了该条约,以谋求研制和部署导弹防御系统合法化,实质上是意图依靠自己的力量优势,将过去的基于战略稳定的相对安全转变为美国战略主导下的自身绝对安全。在这一背景下,当前美国主导下的太空军事化与武器化进程已实际演变为主要大国在军事上(尤其是武器上)积极抢占太空战略高地战略的战略不稳定状态。例如,当前各国争相研发与部署的高超音速滑翔飞行器(HGV),此类飞行器由载具发射到大气层外或边缘施放,利用地心引力和自身发动机加速并滑翔机动冲向地表目标,速度理论上能突破10马赫,从而使之可突防任何导弹防御系统。美国研发的X-43A、X-51高超音速滑翔器和俄罗斯研发并开始部署的"匕首""先锋"高超音速导弹等都是具有代表性的高超音速武器。

综上所述,当前的太空军事化与武器化的进程日益加速,形势愈发严峻,特别是美国为谋求全面军事优势,大力推行太空武器化的做法,不仅会对太空环境的可持续发展造成不利影响,而且会引发新一轮的太空军备竞赛,陷入"安全困境",破坏战略稳定,甚至导致太空战。

第三节 外层空间国际安全治理的历史与现状

所谓太空安全国际治理,就是国际行为体(包括国家行为体和非国家行为体)为应对相关太空安全议题,在一定的国际安全治理机制下开展的国际合作或协作。在此基础上,国际行为体所达成并遵循的规范共识以及构建或(并)依托的制度安排就构成了太空安全国际治理机制。一定意义上讲,探究太空安全国际治理问题,就是研究太空安全国际治理机制的成效问题。

一、20世纪50至70年代:联合国太空安全治理机制的初步构建

该治理阶段以1958年12月13日联合国大会决定成立和平利用外层空间特设委员会(1959年更名为联合国和平利用外层空间委员会)为开端,到1979年《关于各国在月球和其他天体上活动的协定》(联合国《月球协定》)的签署为止。《月球协定》的签署标志着以5大外空条约为框架的国际法硬法[①]体系的确立。这一阶段的治理以太空战略博弈为动力,主要聚焦太空军事化议题,是基于双边(多边)条约规范以及以联合国为平台的国际治理。

(一)战略博弈下的太空治理

在人类太空利用初期,美国与苏联作为太空技术与实践的先行者和垄断者,将太空作为军事用途与战略博弈场所,竞相在太空开展核武器反卫星试验。[②] 但是,太空核武器试验所造成的巨大破坏使双方认识到不受约束的太空军备竞赛(特别是太空核导弹反卫星试验)增加了两国核大战的风险。[③] 另外,古巴导弹危机一定意义上促成了双方管控偶然事件导致核大战风险的共识。在此背景下,美苏等国围绕太空军事化议题(主要是太空核军控问题)进

---

① 所谓硬法,也叫硬性法规,是指具有国际法意义的国际公约、条约等国际文件;软性规范,相对于硬性规范而言,约束力比国际法硬性法规要弱,主要形式有联合国大会决议、宣言和建议等。

② 美苏先后进行过9次太空核武器反卫星试验,这些试验发射出了强大的电磁脉冲,对轨道上的航天器等造成巨大伤害。

③ 1962年7月,美国在太平洋约翰斯顿岛(Johnston lsland)上空,进行了"海星黎明"(Starfish Prime)反卫星试验,由此产生的电磁脉冲破坏了几千千米外的新西兰电信,并至少使美国、英国、苏联的6颗卫星功能失常;同年,作为回敬,苏联进行了代号为K工程(K Project)的3次实验,其产生的电磁脉冲所造成的破坏性更大。Strufish Prime, "A 1962 Nuclear Experiment with new relevance for contemporary technology," http://chasblogspot. blogspot. com/2009/03. starfish-prim-1962-nuclear-experiment. html.

行合作,在双边(多边)层面达成正式的条约①。另外,在多边层面,通过斗争与妥协,美苏等太空大国沿着从"制度平台建设"到"软法共识达成"再到"硬法体系构建"的治理进程,初步构建起了以联合国为核心的太空安全治理机制,达到维护外层空间战略稳定的需要。

首先,在联合国框架下建立了联合国和平外层空间委员会,确立了延续至今的联合国专门化太空治理机构。20 世纪 50 年代末,美苏带动各自阵营国家在联合国共同组成了一个委员会,并通过谈判成立了一个联合国太空立法机构,为后续太空治理规范共识的达成以及相关联合国决议的通过奠定了制度基础。随着人类太空活动的日益频繁,越来越多的人造卫星被送入太空,为避免卫星间因频轨接近而出现相互干扰运行的问题,自 1959 年起,国际电信联盟(International Telecommunication Union)被赋予了卫星频轨资源分配以及频轨授予登记的新国际职责。②

其次,1959 年至 1964 年,联合国相继通过软法决议,提出一系列太空领域国际原则规范,为后续国际太空法硬法条约的出台奠定了基础,具体包括 1959 年 12 月通过的联大 1472 号决议③、1961 年 12 月通过的联大 1721A 和 B(XVI)号决议——《外空和平使用之国际合作》④、1963 年 10 月通过的禁止在太空部署核武器的联大 1884 号决议——《普遍及彻底裁军问题》、1963 年 12 月通过的奠定太空法基本原则的联大 1962(XVIII)号决议——《各国探索和利用外层空间活动的法律原则宣言》等。

---

① 主要包括苏、美、英于 1963 年发起并缔结的《禁止在大气层、外层空间和水下进行核武器试验条约》(《部分禁止核试验条约》),以及美苏 1972 签订的《限制反弹道导弹系统条约》(《反导条约》)。
② 所谓的"先登记、先使用"(first come, first served)是指登记国通过协调和登记后,有权使用某一卫星轨道位置和频率,且优于后来登记的国家。参见 Michael Sheehan, *The International Politics of Space*, Routledge, 2007, p. 136.
③ 该决议提出太空利用的平等原则,即任何国家不论其经济和科学发展程度,都有从太空的利用中获取利益的权利。
④ 《外空和平使用之国际合作》首次提出和平利用外空的一些原则,例如任何国家都不得对任何天体提出主权要求,并号召各国合作以制定国际太空法。

最后,在软法基础上,1967年至1979年相继通过五大国际硬法条约,初步构建起以《外空条约》为核心的联合国外层空间国际法体系。①

(二) 联合国太空安全治理机制的初步构建

该阶段围绕太空军事化与卫星频轨资源问题推进太空治理,主要的治理机制包括联合国层面的治理制度及其制定的相关外空软、硬法治理规范。

1. 该阶段的主要治理制度

联合国大会、和平利用外层空间委员会(以下简称联合国外空委)、国际电信联盟是该阶段发挥关键性作用的三大治理机构。首先,作为联合国立法审议重要机构的联合国大会在太空安全治理事务方面主要通过其下设的第一委员会("裁军与国际安全委员会")②和第四委员会("特别政治与非殖民化委员会")来发挥作用。其中,前者主要是处理裁军和相关国际安全问题的专门机构③,后者主要处理不属于其他委员会职能范畴的各类政治议题,其中包括和平利用外层空间的国际协商工作。④ 根据"一国一票""多数通过"的联合国大会决议原则,所有成员国通过联合国大会、第一及第四委员会就相关议题发表意见或提出建议,并以决议草案提交联合国大会通过后成为正式决议,从而平等地参与并确立联合国层面关于太空治理的相关规范,这包括联合国大会通

---

① 具体包括五大条约,即1967年生效的《关于各国探索和利用外层空间包括月球和其他天体活动所应遵守原则的条约》(简称《外空条约》)、1968年《营救宇宙航行员、送回宇宙航行员与归还发射到外层空间的物体的协定》(简称《营救协定》)、1972年《空间物体所造成损害的国际责任公约》(简称《赔偿责任公约》)、1975年《关于登记射入外层空间物体的公约》(简称《登记公约》)、1979年《关于各国在月球和其他天体上活动的协定》(简称《月球协定》)。

② 涉及处理太空武器和太空安全问题的联合国裁军大会(Conference on Disarmament),作为裁军的国际论坛,在联合国监督下开展工作,并通过第一委员会向联大报告工作。就太空安全治理议题而言,自20世纪80年代初期以来,裁军大会主要聚焦于"防止外层空间的军备竞赛"议题,例如讨论审议了2006年中国政府与俄罗斯联邦政府提交的旨在防止在外层空间部署武器,以及禁止使用反卫星武器的条约草案。

③ United Nations, "Disarmament and International Security (First Committee)," http://www.un.org/en/ga/first/index.shtml.

④ United Nations, "Special Political and Decolonization (Fourth Committee)," http://www.un.org/en/ga/fourth/index.shtml.

过的一系列以探索和使用外层空间为主的国际条约、决议、原则和宣言。[1] 由此可见,就太空安全治理而言,联合国大会是一个综合性治理平台。

其次,联合国外空委是依据联大1472号决议于1959年设立的常设委员会,旨在制定和平利用外层空间的原则和规章,促进各国在和平利用外层空间方面的合作,研究、探索和利用外层空间有关的科技问题及可能产生的法律问题。外空委的秘书处是联合国秘书处下设的联合国外空事务司(Office for Outer Space Affairs,OOSA),是外空委的行政执行部门,代表秘书长管理《射入外层空间物体登记册》以及通过外空厅网站发布《登记册》记录的信息。[2] 外空委下设科学和技术小组委员会与法律小组委员会,前者主要审议、研究、探索及和平利用外空有关的科技问题以及促进空间技术的国际合作和应用问题,后者主要审议、研究和平利用外空活动中产生的法律问题,拟订有关的法律文件和公约草案。外空委主要审议两个小组委员会的工作报告及不由小组委员会审议的一般性外空问题,就委员会的工作做出决定,并向联合国大会第四委员会提出报告和建议。该阶段的外空委在外空国际立法方面积极作为,截至20世纪70年代末共拟订了一项宣言和五个国际公约,即本阶段讨论的《各国探索和利用外层空间活动的法律原则宣言》(1963年)以及以"外空条约"为核心的五个国际条约,均提交联合国大会审议通过。

最后,国际电信联盟(国际电联,ITU)作为联合国的15个专门机构之一[3],主要负责分配和管理全球轨道资源和无线电频谱资源及协调卫星网络,制定全球电信标准以及对发展中国家提供电信援助,促进全球电信发展。[4] 从太空安全治理的角度看,该机构是太空频轨议题治理的一个主要平台。国

---

[1] United Nations,"About the General Assembly," http://www.un.org/en/ga/about/.
[2] "外层空间事务厅",https://www.unov.org/unov/zh/unoosa.html。
[3] ITU在法律上不是联合国附属机构,它的决议和活动不需联合国批准,但每年要向联合国提交工作报告,联合国办理电信业务的部门可以顾问身份参加ITU的一切大会。
[4] ITU,"Overview," https://www.itu.int/en/about/Pages/overview.aspx.

际电联的原组织有全权代表会、行政大会、行政理事会和四个常设机构：总秘书处、国际电报电话咨询委员会(CCITT)、国际无线电咨询委员会(CCIR)、国际频率登记委员会(IFRB)，其中 CCIR 与 IFRB 在太空频轨资源治理方面发挥着主要作用。

2. 该阶段的相关治理规范

该阶段的治理规范主要包括联合国外空国际法规范、国际电联框架下的法规。

就联合国外空国际法规范而言，一方面，空间活动发展初期形成的外空软法规范是国际社会通过联合国决议的形式，针对最紧迫且关键的事项规定的一般性原则，为后续国际硬法出台打下基础。这主要包含三个联大决议，即 1961 年的《外空和平使用之国际合作》、1963 年的《各国探索和利用外层空间活动的法律原则宣言》(以下简称《外空宣言》)以及 1963 年的《普遍及彻底裁军问题》。另一方面，在之前相关联大决议的基础上，联合国大会先后通过了由联合国外空委主持并制订的五大公约，从而奠定了外层空间国际法条约体系。其中，号称"外层空间宪章"的《外空条约》是整个外空法体系的基础与核心，其他四大条约是对《外空条约》的具体化。

联合国通过的五大条约确定了各国从事航天活动所应遵守的十项基本原则。(1) 共同利益的原则。探索和利用外层空间应为所有国家谋福利，而无论其经济或科学发展的程度如何。(2) 自由探索和利用原则。各国应在平等的基础上，根据国际法自由地探索和利用外层空间，自由进入天体的一切区域。(3) 不得据为己有原则。不得通过提出主权要求，使用、占领或以其他任何方式把外层空间据为己有。(4) 限制军事化原则。不在绕地球轨道及天体外放置或部署核武器或任何其他大规模毁灭性武器。(5) 援救航天员的原则。在航天员发生意外事故、遇险或紧急降落时，应给予他们一切可能的援助，并将他们迅速安全地交还发射国。(6) 国家责任原则。各国应对其航天活动承担国际责任,不管这种活动是由政府部门还是由非政府部门进行的。(7)对空间物体的管辖权和控制权原则。射入外空的空间物体登记国对其在外空的物体仍保持管辖权和控制权。(8)外空物体登记原则。凡进行航天活动的国家同意在最大可能和实际可行的范围内将活动的状况、地点及结果通知联合国秘书长。(9)保护空间环境原则。航天活动应避免使外空遭受有害的污染,防止地外物质的引入使地球环境发生不利的变化。(10)国际合作原则。各国从事外空活动应进行合作互助。可以说,时至今日,"以《外空条约》为核心基础、其他四个条约为具体化规范"的外层空间国际治理法规体系,仍在发挥着太空国际治理的基础性法规作用。[①]

就国际电联框架下的法规而言,该阶段主要体现为有着国际硬法约束力的《国际电信公约》(现为《国际电信联盟公约》)及其附属规则。《国际电信公约》由1875年"电报公约"和1927年"无线电报公约"合并而成,是规范电报、电话和广播三个领域的单一公约。《国际电信公约》包含《电报规则》《电话规则》和《无线电规则》(Radio Regulations,RR)等三个附件。其中,《无线电规则》是国际电信联盟制定的国际无线电通信管制的一项有约束力的全球性条约,旨在用来进行全球无线电通信管制,调整世界各国在无线电管理活动中的相互关系,规范其权利与义务,在太空频率分配与管理方面发挥着重要作用。

二、20世纪80至90年代末:太空多极化趋势下的多层次治理

随着航天技术的发展与扩散,太空利用的国际参与度大幅提升,特别是冷战结束后,越来越多的国家设立太空机构,具备独立发射能力,拥有航天器和

[①] 《外空条约》《营救协定》《赔偿责任公约》《登记公约》《月球协定》五大国际法条约的具体条文可参见联合国外层空间事务厅《国际空间法:联合国文书》(2017年版),http://www.unoosa.org/res/oosadoc/data/documents/2017/stspace/stspace61rev_2_0_html/V1703164-CHINESE.pdf。

卫星,从而使美苏两极支配的太空格局逐渐向多极化方向转变。[①] 在此背景下,国际"太空奥林匹克竞赛"日益激烈,随之而来的是三大太空安全问题给国际社会带来的日益显著的困扰。在此背景下,围绕太空频轨资源、太空碎片以及太空军事化三大安全议题,形成了以国际软法为主要形式的治理规范,以初步形成中的"全球(主要是联合国)—地区—国家"三级治理平台为制度依托的太空安全国际治理模式。

(一) 联合国软法规范的兴起与国际电联法规的完善

在以《外空条约》为核心、其他四个条约为补充的国际法硬法体系正式形成后,联合国太空国际法硬法条约的制定工作进展缓慢。一个很重要的原因是,联合国签订外层空间法条约的缔约过程比较耗时,往往无助于快速解决那些较为紧迫的因技术快速发展带来的新问题、新情况。另外,原有的国际条约的内容往往因为要关照各方利益关切与弥合分歧,而在用语上刻意模糊,从而无法满足与时俱进的更为复杂的空间活动需求。因此,在这种空间参与者数量不断增长,空间技术日益进步,空间活动愈加丰富的背景下,效力虽比硬法条约弱(主要体现为没有法定约束力,只是在提出后往往具有一定的国际舆论效应,进而对国际社会产生一定程度的国际道义制约),但形式灵活多样(例如联合国大会决议、宣言和建议等形式)的联合国太空软法规范逐渐兴起。

1. 联合国软法规范的兴起

在20世纪80年代至90年代末的这个阶段中,外层空间软法主要体现为联合国外空法框架下的四个重要原则、宣言,即1982年的《各国利用人造地球卫星进行国际直接电视广播所应遵守的原则》(以下简称《外空广播原则》)、1986年的《关于从外层空间遥感地球的原则》(以下简称《遥感原则》)、1992年

---

① 太空多极化趋势是在太空活动参与度日益提升驱动下的一个力量格局发展演变,集中体现为具有独立发射能力的国家(非国家行为体)、拥有卫星的国家、太空机构等数量的增加。

的《关于在外层空间使用核动力源的原则》(以下简称《核动力源原则》)以及1996年的《关于开展探索和利用外层空间的国际合作,促进所有国家的福利和利益,并特别要考虑到发展中国家的需要的宣言》(以下简称《国际合作宣言》)。这几个文件日后也成为五大条约体系的后续组成部分。具体而言,1982年的《外空广播原则》明确了国际卫星电视直播服务必须通过相应的协议或(和)条约形式才能实现;1986年的《遥感原则》明确了太空遥感活动应遵循的原则规范、参加遥感的国家应履行的公共安全义务以及受感国有权按合理价格取得原始数据和处理过的数据;1992年的《核动力源原则》决议,部分丰富和弥补了《外空公约》中"禁止在外层空间进行和平目的的核材料作业"的原则,针对不同核动力源[①]的核材料利用程序进行建议性规范,明确提出了11条建议性原则,具体涵盖国际法的适用性、相关术语规范、使用的准则和标准、使用前的安全评价、通知原则、协商原则、协助原则、责任原则、赔偿原则、争端解决原则、审查修订规定等方面,其中"安全使用准则与标准"问题是该协定的核心内容,除了规定外空适用核动力源的情形条件[②]以及装置安全性设计的要求标准[③]以外,还区分了核反应堆与放射性同位素发电机的不同标准要求[④];1996年的《国际合作宣言》是对《外空条约》第一条中明确的"外层空间的探索和利用要造福于各国人民,不论他们的经济或科学发展的程度如何"的具

[①] 当前技术条件下太空核动力源主要有核反应堆和放射性同位素发电机两类。
[②] 使用核动力源的情形与条件包括足够高轨道上的任务、星际航天任务、近地轨道运行任务(任务执行完毕后放置在足够高的轨道上)。
[③] 核动力源系统的设计和构造应符合以下标准:一是国际上有关的和普遍接受的辐照防护准则,例如对于个人的辐照量则应限于不超过每年1mSv的主剂量限度或若干年内每年5mSv的辐照副剂量限度;二是基于技术的发展,在总概念设计、建造和操作上最大程度预见和防范可能的安全隐患。
[④] 关于核反应堆,规定核反应堆可使用于星际航天任务和足够高的轨道,如在近地轨道上使用,则在航天任务完成后必须将其再射入足够高的轨道上;关于放射性同位素发电机,强调放射性同位素应用封闭系统加以保护,保证在再入大气层时可承受热力和空气动力,一旦发生撞击,应确保没有放射性物质散入环境,以便用一次回收作业即可完全清除撞击区的放射性。相关内容参见联合国外层空间事务厅《国际空间法:联合国文书》(2017年版)第57—64页,http://www.unoosa.org/res/oosadoc/data/documents/2017/stspace/stspace61rev_2_0_html/V1703164-CHINESE.pdf。

体化,着眼于提高国际合作的有效性,强调各国在公正和互助的基础上参与空间开发国际合作,其中特别考虑发展中国家的要求,彰显了对发展中国家太空公平利用强烈呼声的回应。①

2. 国际电联法规的完善

虽然该阶段联合国框架下新的太空硬法规范止步不前,但国际电联法律框架逐步完善,集中表现为由《国际电信联盟组织法》《国际电信联盟公约》《国际电信规则》《无线电规则》等四项具有硬法约束力的法规构成的国际电联的法律框架得以确立,促进了国际电联外层空间安全治理水平的提升。

首先,1989年国际电信联盟尼斯大会将原《国际电信公约》拆分为《国际电信联盟组织法》和《国际电信联盟公约》两个法规。其中,前者为ITU的根本大法,也称为ITU的宪法,规定了ITU的宗旨与构成、成员国的权利与义务、各部门的结构与工作方法、关于电信的一般条款和无线电的特殊条款,以及与联合国、其他国际组织和非成员国的关系等,这些条款由ITU的宗旨、使命和地位所确立,一经确定,将保持基本稳定;后者是前者条款的补充,具体有规定ITU职能行使的条款、大会与全会的相关条款、电信业务运营的相关条款,明确了这些条款与全球电信环境、电信技术的发展变化相适应的原则。因此,可以说,《国际电信联盟组织法》和《国际电信联盟公约》为国际电联有约束力的全球框架提供了法规支撑,且具有一定的稳定性,其修订须由电信联盟全权代表大会(Plenipotentiary Conference,简称PP)决定并通过。迄今为止,《国际电信联盟组织法》和《国际电信联盟公约》共经历五次修改,分别是1994年日本京都全权代表大会、1998年美国明尼阿波利斯全权代表大会、2002年马拉喀什全权代表大会、2006年安塔利亚的全权代表大会、2010年瓜达拉哈

---

① 联合国外层空间事务厅:《国际空间法:联合国文书》,2017年,http://www.unoosa.org/res/oosadoc/data/documents/2017/stspace/stspace61rev_2_0_html/V1703164-CHINESE.pdf,pp. 48 - 67。

拉的全权代表大会的修订。其次,《国际电信规则》(International Telecommunication Regulations,ITR)是一项有约束力的全球性条约,旨在促进通信和信息业务的国际互联互通和互操作性,同时确保其效率和广泛的公共有效性和可用性。规则阐述了我们通过语音、视频或数据,利用电话或计算机在全球范围内相互通信的方式。

其次,《无线电规则》与《国际电信规则》作为国际电信联盟(ITU)两个重要的行政规则,对《国际电信联盟组织法》和《国际电信联盟公约》作了进一步的补充,用于对各国使用无线电通信进行管制,构建起对所有成员国(截至2017年为193个)具有约束力的太空频轨资源治理的法规。其中,经过1988年墨尔本世界电报电话行政大会(世界报话会-88)通过并于1990年正式生效的《国际电信规则》(ITR)主要涉及国际电信业务提供、运营、传输有关的一般原则,在太空安全治理方面主要通过"确保网络之间相互顺畅连接,以公平高效的方式提供国际服务"而起到的间接作用。与之相比,《无线电规则》(Radio Regulations,RR)作为国际电信联盟制定的国际无线电通信管制的法规(涵盖了太空频轨资源分配与管理),在太空治理方面所发挥的作用就更加直接与巨大了。为适应时代需要,特别是太空多极化趋势下各国日益高涨的太空参与热情,1993年与1995年的世界无线电通信大会(WRC-93、WRC-95)对《无线电规则》进行了大幅度的扩充和修订。作为一项有约束力的全球性条约,《无线电规则》旨在进行全球无线电通信管制,调整世界各国在无线电管理活动中的相互关系,规范其权利与义务,以解决诸如信号干扰、频谱资源稀缺以及专有权等制约问题,维护资源的有效、合理、安全利用,维持无线电通信业务的正常秩序,以促进无线电行业健康发展。可以说,国际电信联盟的《无线电规则》通过明确无线电频谱使用条例的方式,为无线电通信的国际协调提供了国际治理框架。此外,国际电联还于1993年发布了ITU-RS.1003《对地静止卫星轨道的环保问题》建议的修订草案,提出了进入地球同步轨道

(GSO)的碎片应尽可能少,卫星在推进剂完全耗尽之前,在寿命末期转移到位于 GEO 高度以上 300 千米的轨道,为太空碎片治理提供了规范支撑。①

(二)治理制度的多层次化发展

自 20 世纪 80 年代以来,特别是冷战结束后,随着外层空间活动热度攀升与太空多极化趋势的发展,太空安全问题日益突出,除了太空频轨资源稀缺以及太空军事化问题仍困扰着国际社会以外,太空碎片带来的安全问题开始日益成为国际太空治理所关注的又一个焦点。为应对日益严峻的太空安全问题,已有的治理制度不断完善,同时新的制度与机构也陆续出现和发挥作用,总体上呈现出"全球—区域—多边"多层次化机构治理发展趋势。

1. 全球层面的制度革新

该阶段,已有的联合国层面与国际电联框架下太空安全治理制度逐步完善。

(1) 联合国层面的制度完善

这主要体现为针对太空军事化问题而设立的裁军谈判会议与联合国裁军事务厅。成立于 1979 年的裁军谈判会议,取代了设在日内瓦的其他裁军谈判论坛,包括十国裁军委员会(1960)、十八国裁军委员会(1962—1968)以及裁军委员会会议(1969—1978),成为国际社会唯一的多边裁军谈判论坛。该会议职权范围实际涵盖了所有的多边军备控制和裁军问题,包括停止核军备竞赛和核裁军,防止核战争及一切相关事项,防止外层空间军备竞赛,达成有效的国际协议以保证不对无核武器国家使用或威胁使用核武器、新型大规模毁灭性武器。② 自 20 世纪 80 年代初以来,裁军谈判会议在"防止外层空间的军备竞赛"的议题下,讨论审议了包括旨在防止在外层空间部署武器以及禁止使用反卫星武器的条约草案在内的众多提议。

---

① ITU, "Environmental protection of the geostationary-satellite orbit," https://www.itu.int/rec/R-REC-S.1003-0-199304-S/en.
② 裁军谈判会议,"会议简介", https://www.un.org/zh/aboutun/structure/cd/。

1998年1月成立的联合国裁军事务厅,是联合国秘书长根据向大会所做报告(A/51/950)进行的改革的一部分。裁军事务厅最早根据第二届专门讨论裁军问题的大会特别会议的建议于1982年成立,1992年改名为裁军事务中心,隶属于联合国政治事务部;1997年底,该中心改名为裁军事务部,并于2007年再次更名为联合国裁军事务厅。联合国裁军事务厅通过联合国大会和其第一委员会、联合国裁军审议委员会、联合国裁军谈判会议及其他组织,为裁军方面的规范制定提供实质与组织支持,特别是通过军事领域对话、透明度的增加以及信心建设强化裁军措施,促进区域裁军行动,这些活动包括联合国常规武器登记册及地区论坛。裁军事务厅还为各成员国、多边协定的缔约国、政府间组织机构、联合国系统部门及机构、科研及教育机构、民间社会团体,尤其是非政府组织、媒体和公众提供客观、全面、及时的多边裁军议题及活动信息。[①] 由此可见,联合国裁军事务厅,作为联合国裁军事务的行政机构,不仅强化了裁军事务的统筹管理,而且还通过裁军信息与知识的普及促进了相关共识的达成。

(2)国际电联的治理革新

随着技术的进步,各种新技术、新业务不断涌现,相互渗透,相互交叉,这使得国际电联原来的机构设置及所辖的业务范围分工已经不能满足电信技术的发展现状和客观要求。在这一背景下,1993年召开的国际电联第一次世界电信标准大会(WTSC-93)通过了对国际电联机构改革的方案,即对原有的三个机构 CCITT、CCIR、IFRB 进行了改组,取而代之的是电信标准部门(TSS,即 ITU-T)、无线电通信部门(RS,即 ITU-R)和电信发展部门(TDS,即 ITU-D),从而确立了运行至今的国际电联组织架构,具体包括全权代表

---

① 联合国裁军事务:"联合国裁军事务厅概况",https://www.un.org/zh/disarmament/oda/index.shtml。

第三章 利用"高边疆"服务人类：外层空间安全挑战与国际太空治理

大会、理事会、总秘书处和无线电通信部门（ITU－R，包括世界无线电通信大会）、电信标准化部门（ITU－T，包括世界电信标准化大会）、电信发展部门（ITU－D，包括世界电信发展大会）。① 其中 ITU－R 与 ITU－D 是涉及太空安全治理的两大机构。作为负责卫星频轨资源分配的主体机构，ITU－R 旨在兼顾各方利益，为协调开发和有效利用现有和新的无线电通信系统创造有利条件，从而确保所有无线电通信服务能够以合理、公平、有效和经济的方式开展，具体职能主要体现在以下六个方面。一是对《无线电规则》及其"频率划分表"定期修订和更新。特别是 ITU－R 通过每三至四年举行一次的国际电联世界无线电通信大会（WRC）审议并修订《无线电规则》，确立国际电联成员国使用无线电频率和卫星轨道框架的国际条约，及时有效地更新这些法律文件，并按照相关议程，审议任何属于其职权范围的问题。二是通过制定无线电标准确保操作无线电通信系统时的可靠性。三是寻求节约频谱的方式和方法，使未来的扩容和新技术发展具备充分的灵活性。四是管理空间系统和地球站的具体协调和登记程序，审查主管部门提交的频率指配通知，以纳入正式协调程序或在《国际频率登记总表》中进行登记。五是开发和管理与空间业务相关的指配和分配规划，通过确定合适的轨道位置为新卫星服务提供机制。六是协调新卫星的发射，以安全的方式促进卫星服务的进一步拓展，其中包括尽可能发挥有限频谱带宽资源的承载能力，重点关注启用高速卫星网络服务，以及卫星网络频率指配所需的监管程序等。② 由此可见，从实施《无线电规则》到制定有关无线电系统和频谱/轨道资源使用的建议书和规则，再到协调频轨资源协调分配与登记管理，ITU－R 通过开展种类繁多的活动在全球无

---

① 中国通信标准化协会："国际电信联盟"，http://www.ccsa.org.cn/organization/intro.php?org=ITU.
② ITU, "Welcome to ITU－R", https://www.itu.int/en/ITU－R/information/Pages/default.aspx.

线电频谱和卫星轨道管理方面发挥着关键作用。

与 ITU‑R 直接参与太空安全治理不同,ITU‑D 的治理作用主要体现在帮助普及以公平、可持续和支付得起的方式获取信息通信技术(ICT),以促进太空公平利用等方面,特别是 ITU‑R 通过由其每四年组织召开一次的世界电信发展大会(WTDC),确定切实可行的工作重点,包括对发展中国家提供必要的援助,促进各国合理地利用所有形式的电信业务及相互之间的合作,为卫星频轨资源的公平与高效利用提供基础性支撑。①

2. 区域层面的制度发展

一些区域性太空制度开始发展起来,并在太空安全治理方面发挥着一定的作用。这主要包括欧洲空间局(ESA)、欧盟(EU)、亚太地区空间局论坛(APRSAF)、独立国家联合体等四个组织与机构。

(1) 欧洲区域制度

就太空安全治理而言,欧空局②与欧盟③的作用主要体现为通过有关空间活动的立法,规划和协调欧洲统一的空间政策,将所有成员国的空间活动与整个欧洲的空间探索开发实践整合起来,从而客观上促进了太空频轨资源分配、太空碎片治理、太空军事化等空间安全议题在欧洲层面的解决。欧空局成立初期,该局通过协调各会员国的政策与活动,有力推动了欧洲航天事业的发展。冷战结束后,欧空局在组织资金管理与项目运作上进行了优化④,一方面

---

① ITU,"Welcome to ITU‑D", https://www.itu.int/en/ITU‑R/information/Pages/default.aspx.
② 欧洲空间局(ESA)是于 1975 年 5 月在欧洲运载火箭发展组织(ELDO)与欧洲航天研究组织(ESRO)合并的基础上成立的政府间国际组织。
③ 欧盟(EU)是根据 1993 年生效的《马斯特里赫特条约》以及 2009 年生效的《里斯本条约》所建立并运行的主权国家政治经济联盟。
④ 组织资金实行分层管理,将资金分为基础研发及运行成本与航天应用开放成本(包括火箭、卫星应用开发)两大部分,前者组织成员国按比例均摊,后者成员国资源自愿投资,从而解决了投入与收益相匹配的问题;项目运作采取分包制,鼓励将合同分包给企业集团或是企业联合体,以利于欧洲航天企业的整合与技术协作。

有力推动了欧洲一体化;另一方面,通过协调欧洲空间方案和国家方案,并将后者逐步和尽可能完整地纳入欧洲空间方案(特别是应用卫星的发展)[①],从而发挥着区域太空安全治理平台的作用。欧盟在太空安全治理方面作用的发挥主要是通过关于欧盟外层空间活动的一些决议[②]来整合欧洲太空活动,具体包括:欧洲议会《关于"共同体与空间"的决议》(1994年5月6日)、理事会和欧洲议会协商会议关于《欧盟与空间:培育应用、市场和工业竞争》的决议(1998年1月13日)、理事会《关于加强欧洲空间局和欧盟委员会的合作》的决议(1998年6月22日)、理事会《关于新一代卫星导航服务系统(伽利略系统)技术设计阶段的决议》(1999年7月19日)、理事会《关于确立欧洲统一空间战略的决议》(1999年12月2日)、欧洲议会《关于委员会工作文件〈欧洲统一空间行动计划〉的决议》(2000年5月18日)、《欧盟委员会-欧洲空间局关于欧洲空间战略的联合文件》(2000年9月27日)、理事会《关于伽利略系统的决议》(2001年4月5日)等。[③] 需要注意的是,虽然欧盟是关于欧洲空间活动领域中法律调节的立法机构,但鉴于欧洲范围内欧洲空间局在空间探索与利用领域起到的核心作用,欧盟委员会1998年6月22日通过了关于加强欧盟与欧洲空间局之间合作的决定,以实现在保证彼此权限的基础上通过合作来促进更多的成员国参与空间活动,其中特别强调了欧洲空间局在欧洲范围内关于制订和完成长期空间政策、确定空间开发项目以及相配套的经济政策方面的绝对权威,并且将欧盟与欧洲空间局在整个欧洲范围内空间活动的具体分工通过法律文件加以明确。[④]

---

① ESA, "ESA's purpose", https://www.esa.int/About_Us/Welcome_to_ESA/ESA_s_Purpose.
② 根据《马斯特里赫特条约》第189条规定,欧盟可以通过"注释、决议、条约、章程、法令、决定"等具有立法性质的法律文件,其中前三类属于建议性的法案,不具有强制性。
③ 尹玉海:《国际空间立法概览》,北京:中国民主法治出版社2005版,第115—166页。
④ EU, "Space", https://europa.eu/european-union/topics/space_en.

(2) 亚洲区域制度

成立于 1993 年旨在加强亚太地区的空间活动的亚太地区空间机构论坛（APRSAF）是亚太地区最大的空间会议论坛[①]。从太空安全治理的角度说，该论坛通过加强地区信息交流（例如，作为信息交流平台，为亚太地区的各类机构就太空计划、太空资源和太空科学技术应用问题等交换看法、意见和信息）、协调地区外空活动（制定和采取措施，以促进亚太地区社会经济的可持续发展，并通过太空技术及其应用保护环境）、促进地区空间合作（例如，促进和扩大太空研究与开发机构、天基服务和产品的提供商以及亚太地区用户之间在拥有共同利益的领域的互利合作）等方式，客观上推进了太空安全问题治理进程，从而发挥着一定的太空安全治理平台作用。[②] 但是，亚太地区空间机构论坛一直以来都没有独立的法人资格；在内部结构上，亚太地区空间机构论坛受制于自身的"论坛"属性，体系框架显得过于松散，达成的很多协议只能是原则性主张，各成员国可以选择不执行。因此，该组织对于推动东亚地区内部太空领域多边合作的助力效应有限。

(3) 独联体区域制度

为了支持航天工业体系的生存与发展，在整体上保证苏联解体以后各独立国家的民族航天体系的顺利过渡[③]，独联体采取了一系列具有组织和法律

[①] 截至 2017 年 11 月，总共有来自 46 个国家和地区以及 28 个国际组织的各类机构（包括航天机构、政府机构、国际组织、私营公司、大学和研究机构等）参加了该论坛的相关会议。具体国家（地区）以及国际组织名录，参见 https://www.aprsaf.org/participants/。

[②] APRSAF, "About APRSAF", https://www.aprsaf.org/about/.

[③] 苏联解体后，各国由于在航天领域的独立性不够，出现了一系列问题，亟须通过协调合作来共同开展外层空间活动。例如，拜科努尔发射基地无法独立从事航天发射活动，原因就在于发射的很多辅助措施和行为都分布在苏联的其他国家和地区，此外，很多航天产品也必须通过苏联几个国家的航天企业的共同努力才能得到完成，其中比较典型的就是"天顶"运载火箭。

性质的跨国家外空协议①。特别是1992年12月30日,独联体政府首脑会议决定成立"独联体国家空间委员会"(以下简称独空委),加强了外空制度建设,以便于规划和实现独联体国家的空间研究和开发项目,合理调配总体资源。因此,从这个意义上讲,独联体及独空委发挥着独联体区域外层空间国际治理的作用。需要指出的是,无论是独联体外空法律规范还是"独空委",至今并没有真正被其成员国接受和采纳。正如阿塞拜疆国家航天局主席莫贺季耶夫曾经指出的那样,独联体各国"曾经期望协定的各个参加国可以按照一个共同的纲领来开展空间活动,但是非常遗憾的是,几乎所有美好的设想到现在为止还仅仅是纸上谈兵"②。

3. 专门化多边治理组织的出现

最具代表性的这类组织是在太空碎片治理方面发挥重要作用的机构间空间碎片协调委员会(IADC)。为了治理日益严重的太空碎片问题,1993年美国航空航天管理局、欧空局、日本宇宙开发事业团和俄罗斯航天局联合发起成立了机构间空间碎片协调委员会。1995年6月中国国家航天局正式加入,目前共有11个成员③。作为旨在协调人为造成的以及自然产生的空间碎片的政府间技术性国际论坛,IADC通过促进成员之间的空间碎片信息交换、促进空间碎片研究合作、促进评审进行中的合作以及提供空间碎片减缓的备选方

---

① 这包括《共同探索和利用外层空间的协议》(1991年12月30日)、《为履行空间计划保持和利用空间基础设施的决议》(1992年5月15日)、《关于探索和利用外层空间的合作活动的资金安排的协议》(1992年11月13日)、《关于批准独联体空间委员会章程的备忘录》(1992年11月13日)、《关于空间监控系统和导弹攻击警报设施的协议》(1992年6月6日)、《关于利用和进一步完善军事卫星通信系统的协议》(1993年3月12日)、《独联体成员国建立共同科学技术领域协议》(1995年11月3日)、《关于独联体国家军备和军事技术标准化工作组织的协议》(1995年11月3日)、《关于由标准化、度量衡、许可证等领域建立协商制度保证独联体武装力量统一度量规定的合作协议》(1995年11月3日)、《关于武器和军事设施联邦标准化工作组织协议的修改和修订的备忘录》(2001年3月16日)等。
② 尹玉海:《国际空间立法概览》,北京:中国民主法治出版社,2005年,第167—173页。
③ 截至本文写作时IADC有意大利空间局、英国国家空间中心、法国空间研究中心、中国国家航天局、德国航空航天研究中心、欧洲空间局、印度空间研究组织、日本宇宙航空研究开发机构、美国国家航空航天局、俄罗斯联邦航天局、乌克兰航天局共11个成员。

案等举措,在太空碎片治理领域发挥着重要的作用。

三、21世纪至今:太空复合多极化趋势下多层次专门化治理

进入21世纪,伴随着人类太空活动持续升温,一方面"一超多强"的太空多极化格局仍持续演变,另一方面,以太空商业化加速发展为标志的太空多元化趋势日益显著,从而逐渐呈现出"多极化+多元化"的太空复合多极化发展趋向。在此背景下,为应对日益严峻的太空安全问题,太空安全国际治理亦呈现出"多层次专门化治理"的发展态势,即治理规范上以问题为导向的专门化,以及治理制度上的多层次化持续演进。

(一)治理规范的专门化趋势

所谓太空安全治理规范的专门化,指的是相关治理规范就某一个太空安全问题进行治理,即以"问题为导向"的专门性治理,集中体现为频轨资源治理与太空碎片治理两个方面。而关于太空军事化与武器化问题的分歧较大,治理进程受阻。

1. 频轨资源治理与时俱进,专门化程度不断深入

如前文所述,国际电联无线电通信部门(ITU-R)依据国际电联《无线电规则》管理国际无线电频谱和卫星轨道资源,同时每三至四年举行一次世界无线电通信大会(WRC)审议并修订《无线电规则》,以适应现有系统的迅速发展以及满足开发中的先进无线电技术对频谱的需求。至今,随着国家参与太空活动的热度持续升温,以及太空商业化的快速发展给太空频轨资源治理带来的压力日益增大,世界无线电通信部门于2000年、2003年、2007年、2012年、2015年、2019年共召开了六次会议,对《无线电规则》的具体条款、附录进行了

大量且细致的修订,删除过时的决议和建议,提出新的决议和建议。[1] 为应对旨在提供移动语音和宽带数据服务的商业化卫星系统所导致的非对地静止卫星的快速增加,2000年的大会决定对GSO卫星网络地球站进行限制,同时对非GSO系统的功率进行约束,从而一定程度上实现了非对地静止卫星轨道卫星(NGSO)与对地静止卫星轨道卫星(GSO)之间的频率共享[2];2003年、2007年的大会围绕"国家间平等公平地使用对地静止卫星轨道和频率"等问题取得了一定的共识[3];在2012年的大会上,因卫星频率轨道资源紧张,引发与会国要求修改《无线电规则》和争夺卫星频率轨道资源,这推动了空间无线电业务方面的国际申报、协调、登记等规则的完善[4];2015年的大会围绕"国际移动通信(IMT增加频谱划分)""卫星频率和轨道资源开发利用"等议题展开激烈讨论,其中"为IMT增加附加频率划分以支持地面无线宽带应用发展"是焦点议题(其实质是5G频率问题),虽然没有达成最终共识,但与会国同意对6GHz以下频率进行划分,以满足2020年前IMT发展[5];2019年的大会确立了NGSO卫星网络的投入使用定义,建立了基于一定时间阶段必须满足一定比例在轨卫星数量的要求,以及50/40GHz频段非静止轨道卫星频率共用磋商机制的国际规则框架,对确定需要协调的卫星网络列表、卫星网络数据项申报

---

[1] 历次世界无线电通信大会的报告等具体内容,参见ITU, "World Radiocommunication Conferences", https://www.itu.int/pub/R-ACT-WRC/en。
[2] 国际电信联盟:"WRC-2000的主要成果", https://www.itu.int/net/ITU-R/index.asp?category=conferences&rlink=wrc-00-results&lang=zh。
[3] "WRC-03最后文件", https://www.itu.int/dms_pub/itu-r/opb/act/R-ACT-WRC.7-2003-PDF-C.pdf;"WRC-07最后文件", https://www.itu.int/dms_pub/itu-r/opb/act/R-ACT-WRC.8-2007-PDF-C.pdf。
[4] "WRC-12最后文件", https://www.itu.int/dms_pub/itu-r/opb/act/R-ACT-WRC.9-2012-PDF-C.pdf。
[5] "WRC-15最后文件", https://www.itu.int/dms_pub/itu-r/opb/act/R-ACT-WRC.12-2015-PDF-C.pdf。

以及短期卫星任务相关规则进行了修订[①]。正是在这一意义上讲,世界无线电通信大会对"无线电规则"专业且持续的更新便是太空频轨资源问题国际治理规范与时俱进、不断深入的集中体现,并在一定程度上为缓解频轨资源问题提供了有力的规范支撑。

2. 太空碎片治理规范呈现多层次专门化治理态势

当前太空碎片已成为太空安全治理的热点问题,并在"全球、地区、国家"[②]等层面初步形成多层次治理规范体系。

(1) 全球层面治理规范

太空碎片治理规范主要包括国际空间碎片协调委员会(IADC)的《空间碎片减缓指南》、联合国在前者基础上发布的《和平利用外层空间委员会空间碎片减缓准则》(以下简称《外空委空间碎片减缓准则》)、《国际电信联盟建议书》《国际标准化组织太空碎片标准》。

其一,2002年,基于联合国外空委1999年发布的《关于空间碎片的技术报告》以及限制空间碎片产生的实践经验,IADC发布了《IADC空间碎片减缓指南》,首次制定了空间碎片减缓方案的总方针和原则,提出在轨运行的全过程(包括任务后处置阶段),防止在轨碰撞、避免在轨解体、限制正常发射及运行期间碎片的释放、明确航天器的任务后处置要求等基本原则规范。随着空间碎片减缓技术研究的深入,2007年该指南进行了修订,将一些最新的研究实践经验融入其中,主要包括两大方面:一是以"航天器和上面级"代替"空间系统"的概念和提法;二是明确了在地球同步轨道卫星进行任务后处置的具体

[①] "WRC-19 documents", https://www.itu.int/en/ITU-R/conferences/wrc/2019/Pages/default.aspx.

[②] 由于当前国家仍是国际外空法体系下的主要责任行为体,太空国际规范(无论是全球的还是地区的)仍需要通过各国相关国内法的强制力来最终贯彻,从这一意义上讲,国家层面的太空规范也作为重要的一个环节参与到了太空国际治理的进程中,可以被视为太空安全国际治理规范的一个层次,并且国内规范具有国际规范属性的关键在于国内规范与国际规范在根本(或原则)上的一致性。

操作要求。① 可以说,作为首份太空碎片治理多边非强制性规范,该指南以其较好的可操作性,获得了国际社会的广泛认可,为国际组织及各国进行空间碎片治理提供了参照。

其二,2007年,为指导各国在外空活动过程中尽最大努力减少空间碎片的产生,联合国外空委在《IADC空间碎片减缓指南》的基础上,推出《外空委空间碎片减缓准则》软法规范,为各成员国(地区)启动太空碎片治理相关国内立法与完善工作提供了支撑。该准则明确了航天活动主体在航天器和运载火箭轨道级的飞行任务规划、设计、制造和操作(发射、运行和处置)阶段应努力遵守的7个规范:一是限制在正常运作期间分离碎片;二是最大限度地减少操作阶段可能发生的分裂解体;三是限制轨道中意外碰撞的可能性;四是避免故意自毁和其他有害活动;五是最大限度地降低任务后的意外分裂解体;六是限制航天器和运载火箭轨道级在任务结束后长期存在于近地轨道区域;七是限制航天器和运载火箭轨道级在任务结束后对地球同步区域的长期干扰。②

其三,国际电信联盟(ITU)对太空碎片治理规范的贡献集中体现为发布于1993年的ITU-R S.1003《对地静止轨道卫星的轨道环境保护》建议书,其中提出了应尽可能地减少进入地球同步轨道(GSO)的碎片,以及卫星在寿命末期应转移到位于GEO高度以上300千米的外层轨道。ITU-R S.1003于2004年、2010年进行了两次修订,从而升级为当前的ITU-RS.1003.2《对地静止卫星轨道的环保问题建议书》(亦适用于GSO卫星),该建议书给出了卫星处置轨道的指导意见,并针对太空碎片增加问题提出了四条建议:一是应尽可能减少在轨卫星将碎片释放到GSO区域;二是应尽量缩短GSO高度附近

---

① IADC,"IADC Space Debris Mitigation Guidelines", September 2007, https://www.unoosa.org/documents/pdf/spacelaw/sd/IADC-2002-01-IADC-Space_Debris-Guidelines-Revision1.pdf.
② 联合国外空委:《和平利用外层空间委员会空间碎片缓减准则》, https://www.unoosa.org/res/oosadoc/data/documents/2010/stspace/stspace49_0_html/COPUOS-GuidelinesC.pdf.

的远地点的椭圆转移轨道中碎片的滞留时间;三是应将即将到期的对地静止卫星在其推进剂完全耗尽之前,从 GSO 区域移走,以使其在轨迹动力的影响下,保持在近地点不小于 GSO 轨道以上 200 千米的区域;四是在移除卫星至外围轨道时应谨防对有源卫星的射频干扰。①

其四,《国际标准化组织太空碎片标准》是国际标准化组织自 2010 年起为太空碎片减缓所制定的一系列相关国际标准,截至 2018 年 9 月,完成制定与正在制定的标准共有 15 项(如表 3-3 所示),为太空碎片治理的软硬件统一、流程标准化等方面提供了规范支撑。

表 3-3　国际标准化组织空间碎片减缓标准(截至 2018 年 9 月 5 日)②

序号	标准标号	基本名称	发布时间与版本
1	ISO 24113	空间系统-空间碎片减缓要求	2010 年第 1 版;2011 年第 2 版;第 3 版编写中
2	ISO 23312	空间系统-航空器空间碎片减缓详细要求	第 1 版编写中
3	ISO 20893	空间系统-发射器轨道阶段空间碎片减缓详细要求	第 1 版编写中
4	ISO 11227	空间系统-评估超高速冲击下航天器物质射出的测试程序	2012 年第 1 版;修订版编写中
5	ISO 14200	空间环境(自然和人工)-流星体和碎片环境模型(轨道高度低于 GEO+2000 千米)的基于过程应用指南	2012 年第 1 版
6	ISO 16126	空间系统-关于无人航天器在空间碎片和流星体撞击下的生存能力评估标准	2014 年第 1 版
7	ISO 27852	空间系统-轨道寿命估算	2011 第 1 版;2016 第 2 版

---

① ITU,"ITU RECOMMENDATION ITU-R S. 1003. 2",https://www.unoosa.org/documents/pdf/spacelaw/sd/ITU-recommendation.pdf.

② https://www.unoosa.org/documents/pdf/spacelaw/sd/ISO20180921.pdf.

(续表)

序号	标准标号	基本名称	发布时间与版本
8	ISO 27875	空间系统-在轨阶段无人航天器和发射器再入风险管理	2010年第1版;第2版编写中
9	ISO/TR 16158	空间系统-避免在轨道物体之间发生碰撞:最佳实践、数据要求和操作概念	2013第1版;第2版编写中
10	ISO/TR 18146	空间系统-航天器空间碎片减缓设计和操作准则	2015年第1版
11	ISO/TR 20590	空间系统-运载火箭轨道阶段空间碎片减缓设计和操作准则	2017年第1版
12	ISO 13541	空间数据和信息传输系统-姿态数据消息	2010年第1版;第2版编写中
13	ISO 26900	空间数据和信息传输系统-轨道数据消息	2012年第1版;第2版编写中
14	ISO 13526	空间数据和信息传输系统-跟踪数据消息	2010年第1版;第2版编写中
15	ISO 19389	空间数据和信息传输系统-联合数据消息	2014年第1版

(2) 地区性太空碎片治理规范

这主要包括意大利、英国、法国、德国国家航天机构及欧空局共同颁布的《欧洲太空碎片减缓行为准则》(European Code of Conduct for Space Debris Mitigation)与欧空委(ESA)出台的《欧空局项目太空碎片减缓政策》(Space Debris Mitigation Policy for Agency Projects)。

就前者而言,2004年由意大利空间研究所(ASI)、英国国家航天中心(BNSC)、法国国家空间研究中心(CNES)、德国航天局(DLR)以及欧空局(ESA)共同签署的《欧洲太空碎片减缓行为准则》是欧洲首个就太空碎片减缓问题签发的文件,该文件提出了防止航天器在轨解体和碰撞、移除应用价值高且卫星密集的轨道区域的空间碎片(包括处置任务末期的航天器和在轨阶段的发射器)、限制航天器在正常运行期间的碎片释放三大减缓目标,并针对空间项目管理与空间系统设计及运行等方面强化碎片减缓与安全防护措施。一方面,在空间项目管理上,应要求每个项目必须遵照该准则开展,并应制定相应空间碎片减缓计划,且应委派一名空间碎片负责人在项目评审时对此计划进行介绍,同时该负责人在项目所有阶段执行空间碎片减缓计划的权限和职责,包括检验空间项目是否遵守了项目应使用的空间碎片规范,批准空间项目关于空间碎片活动的决策,以及协调空间碎片处置活动;另一方面,要加强空间系统设计上与运行上的预防措施,具体包括寿命末期采用的包括钝化、离轨、变轨、防护区域、空间系统弃置等措施,避免碰撞以及再入安全措施。[①] 需要指出的是,该准则与IADC碎片减缓指南的原则和要求基本一致,其措施要求对签署国(组织)具有一定的强制性,[②]且欧洲(主要是欧盟范围内)具备较强航天能力的国家均已签署。因此,从这一意义上讲,该准则是欧洲地区太空碎片治理规范的鼻祖与典范。

就后者而言,在1999年ESA编制的《空间碎片清除手册》技术指南的基础上,2008年ESA颁布《欧空局项目空间碎片减缓政策》行政指令,将2004年的《欧洲太空碎片减缓行为准则》细化为对欧洲航天局项目承包商的具体要求,从而提升了准则实施的效果。2014年ESA为与最新国际规则接轨,推出了执行至今的最新版本《欧空局项目空间碎片减缓政策》修订版本,将ECSS-U-AS-10C[③]作为ESA关于空间碎片减缓技术要求的标准,规定了管理实施的原则及内部相关职责:一是管理上,明确主承包商的职责(空间项目主承包商应制定和检验限制空间碎片产生的程序与策略)以及空间碎片减缓的适用范围(涵盖运载器、卫星、载人飞行器等在内的ESA空间系统的采购,以及

---

① "European Code of Conduct for Space Debris Mitigation," https://www.unoosa.org/documents/pdf/spacelaw/sd/European_code_of_conduct_for_space_debris_mitigation.pdf.
② 该准则适用于欧洲航天局、欧洲各国的航天机构及其承包商。
③ ECSS-U-AS-10C是欧洲空间标准化合作组织(ECSS)采用的2011版"ISO 24113:空间系统-空间碎片减缓要求"的欧洲标准体系的标准标号。

ESA管辖内所有空间系统的运行);二是在运载器、航天器、空间系统寿命末期的处置等方面设计上,限制空间碎片产生和尽可能减少与空间碎片相关风险;三是要求空间项目主承包商在空间系统的运行上通过采取必要的在轨处置、末期钝化以及再入处置等措施,将与空间碎片相关的风险降至最低,防止将空间碎片引入轨道被保护区。[①]

(3)国家层面治理规范

随着太空碎片安全问题的日益严峻,各国也先后出台了关于太空碎片减缓的国内法规。由于根本原则上与相关国际规范保持一致,这些国内法规成为太空碎片国际治理规范得以遵守的有力保障,从而在一定意义上,兼具了国际治理规范的属性。依据联合国外空委的统计,当前世界直接或间接出台太空碎片减缓国内法规的国家达到31个。[②] 其中,美国作为拥有最多太空资产的国家,尤为重视利用国内法规解决太空碎片减缓问题。早在2001年,美国就正式出台《美国政府轨道碎片减缓标准实践》(后简称《标准实践》,United States Government Orbital Debris Mitigation Standard Practices),涵盖了航空项目从最初的概念开发到空间硬件处置的所有与太空碎片相关阶段的标准规范,具体包括实现负责任地处置太空硬件、最大限度地减少故意的碎屑释放和意外爆炸的发生、避免危险碰撞等三大方面,并作为美国政府部门减少空间碎片的技术指导性文件,为美国政府相关部门制定和发布各自的轨道碎片减缓规定与政策提供了依据,这包括NASA发布的《NASA限制轨道碎片的措施规定》(NASA Procedural Requirements for Limiting Orbital Debris)、《NASA限制轨道碎片的流程》("NASA Process for Limiting Orbital

---

[①] ESA, "Space Debris Mitigation Policy For Agency Projects," https://www.unoosa.org/documents/pdf/spacelaw/sd/ESA.pdf.

[②] 相关国家情况参见"Compendium of space debris mitigation standards adopted by States and international organizations," https://www.unoosa.org/oosa/en/ourwork/topics/space-debris/compendium.html.

Debris")两项规定,2010年国家太空政策(总统第4号政策指令)的相关内容,国防部发布的太空政策指令(DoD Directive 3100.10)与太空支援说明(DoD Instruction 3100.12)的相关内容,以及联邦航空管理局出台的《美国商业太空运输规定》相关条款等。①

3. 太空军控治理进程受阻

正如前文所述,虽然《外空条约》第4条就已规定了限制军事化原则,但如何界定太空武器、如何落实该原则没有明确规定,因此围绕太空军事化与武器化问题,主要专门性治理机构是联合国大会及其下属的裁军谈判会议。事实上,联合国裁军谈判会议曾于1985年至1994年连续成立了外空军备竞赛特委会,就相关问题进行了深入讨论;联合国大会也连续以压倒性多数票通过"防止外空军备竞赛"决议案,但这些努力在现实中只是停留在沟通协商与原则倡议上,并没有真正转化为具体落实。鉴于此,为了尽快通过谈判制定相关国际法律文书,维护外空安全、防止外空军备竞赛,2008年中国和俄罗斯共同起草并向联合国裁军谈判会议全体会议提交了《防止在外空放置武器、对外空物体使用或威胁使用武力条约(草案)》(Treaty on the Prevention of the Placement of Weapons in Outer Space, the Threat or Use of Force against Outer Space Objects, PPWT),并根据各方反馈于2014年作了更新,彰显了切实推动太空军事化与武器化治理进程的诚意。该草案明确了"外空""外空物体""在外空的武器""放置""使用武力"(或"威胁使用武力")等一系列基本概念,为就问题进行有效沟通与协商谈判铺平道路,并在此基础上提出"不在外空放置任何武器;不对缔约国外空物体使用武力或以武力相威胁;不在国际合作中从事与本条约内容、宗旨不符的外空活动;不协助、不鼓励其他国家、国

---

① "Space Debris Mitigation Standards-United States of America," https://www.unoosa.org/documents/pdf/spacelaw/sd/United_States_of_America.pdf.

家集团、国际组织、政府间组织或任何非政府组织,包括在本国管辖和(或)控制下的领土上成立、登记或位于该领土上的非政府法律实体,参加与本条约内容和宗旨不符的活动"等一系列主张。[1] 但无奈的是,至今美国一方面指责俄罗斯和中国令太空军事化,另一方面以所谓的"条约谈判是'一个长期问题',在出现向太空发射武器的真正威胁之前就开始谈判为时过早,设立一个有法律约束力的禁令通常是不切实际的"为借口,拒绝就两国提出的禁止在太空部署武器的联合提议进行谈判,从而使联合国裁谈会的太空军控进程陷入僵局。[2]

需要指出的是,虽然太空武器军控进程在联合国及其裁谈会层面受阻,但当前着眼太空行为规范构建[3]、太空透明与信任建设[4]、外层空间可持续性发展[5]等综合化治理路径应运而生并持续演进,且多体现为国际倡议这种不具

---

[1]《"防止在外空放置武器、对外空物体使用或威胁使用武力条约"草案(中文)》,中华人民共和国外交部网站,2008 年 2 月 12 日,https://www.fmprc.gov.cn/123/wjb/zzjg/jks/jksfyywj/t406997.htm。

[2]"高喊'反对太空军事化的美国',再度拒绝了中俄太空军控提议",参考消息网,2019 年 3 月 22 日,https://m.cankaoxiaoxi.com/column/20190322/2375240.shtml?before_youlu。

[3] 着眼太空行为规范的综合化治理主要体现为 2008 年 12 月欧盟推出"太空活动行为准则"草案(Model Code of Conduct for Responsible Space Faring Nation)。该草案是借鉴了国际宇航协会 2006 年提出的"太空交通管理"(Space Traffic Management)和 2007 年亨利·史汀生中心提出的《负责任太空国家的示范行为准则》(Model Code of Conduct for Responsible Space Faring Nation)之后而制定,旨在避免碰撞和其他事故、加强信息共享以提高透明度、限制和减少空间碎片。

[4] 聚焦太空透明与信任建设的综合化治理主要体现为联合国主导的太空透明与信任建设机制倡议,具体包括:一是关于国家空间政策和目标的信息交流,包括太空军事支出的信息公开;二是关于外层空间活动的信息交流,包括轨道参数、可能的空间活动交汇点、自然空间危害以及发射计划等;三是有关降低风险的通知,包括空间机动计划、不受控制的高风险重入、紧急情况以及故意的轨道脱离等;四是关于发射场和指挥与控制中心的公开,以及对外展示太空和火箭技术。由于该倡议所提出的 TCBMs 是一种自愿的非强制性规范,因此,对太空安全治理的实际效能有限。详情见 Christopher Johnson, "The UN Group of Governmental Experts on Space TCBMs," https://swfound.org/media/109311/swf_gge_on_space_tcbms_fact_sheet_april_2014.pdf.

[5] 围绕外层空间可持续性发展的综合化治理主要是指联合国外空委主导的"外层空间活动长期可持续性"倡议。自第 52 届外空委会议将"外层空间活动的长期可持续性"议题列入了其科技小组委员会的议程以来,外空委的长期可持续性工作组每年提交一份报告,就空间活动的监管、空间业务安全、国际合作和技术开发等方面进行评估。2016 年 6 月,外空委通过了第一套有关促进可持续性发展的措施和建议,以实现外空的可持续性发展,还有另外几项建议计划在之后的会议上继续探讨,以寻求共识。

国际法约束力但具有一定国际软法引导意义的规范形式，客观上暂时绕开"太空武器军控"这一敏感的矛盾点，通过统筹太空安全问题治理举措的间接方式一定程度上推动着太空安全的整体性治理。

（二）多层次治理制度持续深化

随着参与太空活动的行为体数量日益增多、身份日趋复杂（包括国家行为体与非国家行为体），太空领域的利益相关方（有发达国家、发展中国家）日益增多，对太空安全问题的关切也更加多元化和多样化。针对严峻的太空安全问题，太空力量格局的变化，已有治理制度不断完善，新的机构陆续出现，治理制度总体上呈现出"全球-区域"多层次化发展趋势。

1. 全球层面相关治理制度进一步完善

（1）太空透明与信任机制（TCBMs）政府专家小组（GGE）

2012年，在美国建议下，联合国通过决议，成立由15名成员组成的TCBMs政府专家小组，其中5名由5个常任理事国各出1名，其他10名由联合国挑选；基于国家申请与公平的地理分配，10名专家分别来自巴西、智利、意大利、哈萨克斯坦、尼日利亚、罗马尼亚、南非、韩国、斯里兰卡、乌克兰。其中，俄罗斯的瓦斯列夫（Victor Vasiliev）被选举为该小组主席。首次会议已于2012年7月在纽约召开，第二次会议于2013年4月在日内瓦召开，第三次会议也是最后一次纽约会议于2013年7月召开。GGE所研究的太空TCBMs，包括有关使用太空的基本原则、有关行为规则的政治措施、旨在增加太空活动透明度的信息共享机制、旨在增加太空活动透明度的行动措施、与太空TCBMs相关的措施机制。[1] 这一政府专家小组的成立与运行，虽然并没有促成TCBMs的实质性进展，但其成员构成与议题推进体现了太空力量格局变

---

[1] "Ambassador Kennedy's Statement on Stability in Space," July 31, 2012. http://geneva.usmission.gov/2012/08/01/ambassador-kennedys-statement-on-stability-in-space/.

化所带来的秩序变革,一定程度上促进了关于 TCBMs 的国际协商。

(2) 长期可持续性工作组

在 2009 年太空可持续性主题被列入外空委议程后,2010 年外空委组建了长期可持续性工作组,并于 2012 年 2 月下设 4 个专家小组以讨论太空长期可持续性相关的主题,分别为:A 专家组,由葡萄牙、墨西哥联合领导,负责处理支持地球可持续发展的太空持久利用问题;B 专家组,由意大利和美国领导,处理太空碎片、太空行动,以及支持太空态势感知共享的机制问题;C 专家组,由日本、加拿大领导,提交有关太空天气问题的报告;D 专家组,由澳大利亚和意大利领导,为太空领域的新行为体制定规则机制和指南。该工作组的成立与逐步完善,使得外空委太空可持续性主题得以稳步推进。

(3) 外空委空间碎片工作组

该小组于 2004 年成立,隶属联合国外空委科技小组委员会,负责起草了2007 年 2 月外空委提交的《联合国外空委空间碎片减缓指南》,同年 12 月联合国大会核准了该文件。可以说,"空间碎片工作组"的成立使得空间碎片治理在联合国层面有了专门化的研究机构,弥补了联合国太空治理机制上的相关空白,有力推动了联合国层面空间碎片治理进程。

(4) 海牙外空资源治理工作组

该工作组以国际空间法学会为发起人,在深空矿业公司、行星资源公司、世界安全基金会等美国企业与智库的支持下于 2015 年 1 月成立,主要负责起草外空资源开发相关国际规则,特别是以外空采矿为主的外空资源开采活动的国际法制。工作组成员及观察员是来自联合国等国际组织、国家、航天产业界及学术界和非政府组织的代表,荷兰政府官员担任发言人(工作组主席),荷兰莱顿大学航空航天法研究所充当秘书处。经过工作组多次会议讨论,2017年 9 月形成了具有一定普遍性和可接受性的《关于外空资源活动国际框架文本草案》,对联合国框架内的相关讨论产生重要影响。

2. 欧洲、亚洲、非洲等地区治理制度有所发展

(1) 欧洲空间碎片减缓标准工作组

由于基于欧盟与欧空局的空间治理机构出现较早,运行时间长,整体而言比较成熟,这使得当前欧洲太空治理制度方面没有大的变动,有的只是太空碎片专业化治理方面的机构完善,这集中体现为欧洲空间碎片减缓标准工作组(European Debris Mitigation Standard Working Group, EDMSWG)的成立。该工作组于2000年成立,由法国国家空间中心、德国航空航天研究中心、英国国家空间中心、意大利空间局与欧洲空间局共同组建,旨在应对日趋严重的太空碎片问题,确保欧洲航天项目的顺利实施。2002年该工作组提交了一份"欧洲空间碎片安全与减缓标准"草案,成为适用于航天项目与应用管理的、工程和产品保证的欧洲空间标准化合作组织(ECSS)的系列标准之一。在此基础上,各方于2004年6月28日又一致通过了《欧洲空间碎片减缓准则》。可以说,该工作组的出现,极大提升了欧洲太空碎片治理专业化水平,有效促进了相关地区规范的出台。

(2) 亚太空间合作组织

继1993年旨在加强亚太地区空间活动的亚太地区空间机构论坛(APRSAF)成立后,"亚太空间合作组织"也于2008年12月16日正式成立,并于2009年被联合国正式认定为"多边国际合作组织",成为目前亚太地区唯一一个具有完全国际法律地位的政府间空间合作组织。[1] 目前该组织有孟加拉国、中国、伊朗、蒙古国、巴基斯坦、秘鲁、泰国、土耳其等8个成员国,[2] 1个

---

[1] 中国人民工业和信息化部:"历史沿革",2013年1月7日,http://www.miit.gov.cn/n1146285/n1146352/n3054355/n3057613/n4736969/n4736995/c4737594/content.html。

[2] APSCO, "APSCO Member States," http://www.apsco.int/AboutApsco.asp?LinkNameW1=APSCO_Member_States&LinkCodeN=11.

签约国(印度尼西亚)、1个观察员国(墨西哥)和1个准成员国(埃及),[①]总部设在中国北京,其宗旨是通过推动成员国之间空间科学、技术及其应用的多边合作,并通过技术研发、应用、人才培训等事务性互助,提高成员国空间能力,促进人类和平利用外层空间。[②] 可以说,亚太空间国际组织作为东亚区域的一个重要多边合作机构,在推进亚太地区多边合作中取得了较好的成果,包括建成六大合作网络、共享超过20余万幅卫星图像、启动实施"联合多任务小卫星星座"项目等。2018年,亚太空间合作组织在北京举行成立十周年高层论坛,各成员国理事共同签署了《亚太空间合作组织2030年发展愿景》,明确了下一个十年的努力方向:充分利用和发挥成员国已有资源的价值,推动更多航天数据在各个不同领域的应用;充分利用成员国广泛的地理布局优势,使航天活动发挥出最大效益;强化人才培养,构建成员国大学联盟,提高新一代航天人才培养水平;广泛和深入开展国际交流与合作,脚踏实地推进和平利用空间。[③]

(3) 非洲空间局

依据2018年1月29日在非盟(African Union,AU)大会第十三次常规会议正式通过的《非洲空间局地位协定》(Statute of the African Space Agency),非洲空间局(African Space Agency,ASA)正式成立,并于2019年2月确立埃及为该局驻所地。[④] 该局隶属于非盟,主要任务包括七个方面:一是积极利用空间科技、创新及相关应用以更好地应对太空给非洲社会经济所

---

① 陈海波:《共享一个太空,共赢一个未来——亚太空间合作组织的这十年》,载《光明日报》,2018年11月15日,第13版。

② 中国人民工业和信息化部:"亚太空间合作组织行政会介绍",2016年7月19日,http://www.miit.gov.cn/n1146285/n1146352/n3054355/n3057613/n4736969/n4736995/c5147133/content.html,登录时间:2017年12月10日。

③ 陈海波:《共享一个太空,共赢一个未来——亚太空间合作组织的这十年》,载《光明日报》,2018年11月15日,第13版。

④ Yomi Kazeem, "A New Space Agency Signals Africa's Focus on Harnessing Geospatial Data," February 15, 2019, https://qz.com/africa/1550551/egypt-to-host-african-space-agency/.

带来的机遇与挑战；二是加强非洲的太空任务实施，以确保空间衍生的数据、信息、服务以及产品的可利用与可获取；三是发展可持续、富有活力、本土化的太空市场及产业，以满足非洲大陆的相关需求；四是采取良性综合治理以协调管理非洲大陆的空间活动；五是最大化当前以及计划中的太空活动收益，并且避免或减少资源浪费与重复性活动；六是通过构建基于用户需求的行为体，保持与用户的联系；七是通过互利共赢的伙伴关系，推动非洲引领的太空活动日程。[①] 由此可见，非洲空间局虽然没有与太空安全相关议题直接关联的任务使命，但其促进非洲大陆空间技术发展、协调非洲各国太空计划任务、推动太空活动良性治理、统筹非洲大陆外层空间资源利用等相关宗旨使得非洲空间局一定程度上具备了太空安全治理的部分功能，例如对空间资源利用的统筹以及各国太空计划任务的协调势必有利于缓解太空资源稀缺所带来的安全问题，从而一定程度上避免了太空活动的无序争先、抢占资源，再例如太空活动良性治理的推进也将一定程度上规范着非洲各国太空活动，从而减少太空事故及相关碎片的产生。

第四节　外层空间安全国际治理困境与出路

由于国际安全治理本质上是各行为体在一定安全机制下围绕安全议题所展开的相关安全合作，换言之，国际安全治理以解决国际安全问题为目标与目的，以机制化的安全合作实践为途径与手段。因此，在这一意义上讲，国际安全治理困境主要体现为安全治理机制的效能问题，具体体现为治理规范的有

---

① African Union, "Statute of the African Space Agency," January 29, 2018, https://au.int/en/treaties/statute-african-space-agency.

效性、治理机构的效能、治理驱动力问题、治理共识达成情况等。此外,透过治理困境的这一问题表象,不难发现在技术层面、体系层面、认知层面都存在着造成治理困境的深层次原因。本节将在揭示外层空间安全国际治理困境基础上,探究造成治理困境的深层次原因,为下一步提出困境破解之道夯实基础。当前外层空间安全国际治理面临着总体治理效能不高的困境,具体体现为治理规范有效性不足、外层空间商业化的法律适应性不够、治理制度效率不高、治理共识严重缺失、治理动力显著不足等。

一、现行治理规范的有效性不足

所谓治理规范的有效性是指国际规范在多大程度上有助于解决导致它建立的问题。[1] 换言之,规范的有效性是以问题解决的成果为导向的,能不能解决问题或多大程度上有助于问题解决是其评判尺度。从这一意义上讲,考察当前外层空间安全国际治理规范的有效性就是看其在多大程度上有助于解决相关太空安全问题。而纵观现行外层空间安全国际治理规范,无论是应对三大既有太空安全问题,还是面对太空商业化所带来的新挑战,都存在着明显的漏洞与不足。

现有治理规范应对既有太空安全问题存在诸多缺陷。如前文所述,太空频轨资源稀缺、太空碎片以及太空军事化武器化是当前威胁太空安全的三大问题源头。现有治理规范,虽然在相关太空安全问题应对方面发挥着一定作用,但仍存在着诸如概念定义模糊、可执行性差等明显漏洞。

1. 频谱资源治理规范存在的问题

当前频谱资源国际治理规范主要面临着"效率"与"公平"难以兼顾的问

---

[1] [美]奥兰·扬:《世界事务中的治理》,陈玉刚、薄燕译,上海:上海人民出版社,2007年,第102页。

题。在人类太空活动之处,由于大国对太空技术与活动的垄断,优质的频轨资源主要被美苏等大国瓜分,相关分配工作在国际电信联盟(ITU)协调管理下,主要依据《国际电信联盟组织法》(简称《组织法》)与《无线电规则》相关规则,遵循着"先申报先使用"的原则,即各国根据自身需要,向国际电联申报所需要的卫星频率和轨道,按照申报顺序确立优先使用次序。该规则使具有先发优势的发达国家占得频轨资源的先机,而后发射卫星的国家为保证不干扰已有卫星,就不得不对自己的卫星系统进行技术调整,从而导致使用成本上升,甚至卫星功能受限。[1] 随着人类太空技术门槛降低与空间活动的拓展,发展中国家日益重视并参与太空活动,不断争取自身利益。自20世纪70年代以来,在历届国际电信联盟召开的会议上,发展中国家与发达国家(尤其是美国)均围绕地球静止轨道的分配问题展开激烈争论。在发展中国家的推动下,国际电信联盟开始修改地球静止轨道的有关规定,于1973年将"公平利用"这一原则加入《国际电信公约》。[2] 但即便如此,在当时发达国家拥有技术与经济等巨大优势的情况下,国际规范中"公平利用"原则的补充并不能改变现实中太空大国对大量优质频轨资源(主要是地球静止轨道)占有以及进一步抢占的趋势。鉴于此,一些位于赤道附近的发展中国家不惜采取宣布其领土上方地球静止轨道为主权所有的极端方式来维护自身利益。1975年,哥伦比亚在第30届联合国大会上提出地球静止轨道不属于《外层空间条约》规定的"外层空间"的一部分,并对位于其领土上方的那一段地球静止轨道提出主权要求;1976年11月,巴西、厄瓜多尔、哥伦比亚、扎伊尔、刚果、乌干达、印尼和肯尼亚八个赤道国家在哥伦比亚的首都波哥大召开会议,共同发表了《波哥大宣

---

[1] Thomas A. Hart Jr., "A Review of WARC-79 and Its Implications for the Development of Satellite Communications Services," *Lawyer of the Americas*, Vol. 12, No. 2, 1980, p. 449.

[2] ITU, *International Telecommunication Convention*, Málaga-Torremolinos, 1973, Art. 33 (2), http://search.itu.int/history/HistoryDigitalCollectionDocLibrary/5.10.61.en.100.pdf.

言》,明确提出它们对领土上空地球静止轨道拥有国家主权的立场。① 冷战结束后,经过对《无线电规则》的修订,当前频轨治理规则在效率与公平之间取得了某种程度的平衡,具体体现为频轨治理的三大原则:一是"先申报先使用"原则;二是"避免有害干扰"原则,即后申报国家应采取措施,保障不对先申报国家的卫星产生有害干扰,如有分歧可遵照国际规则与相关国家开展频轨协调谈判;三是"公平划分"原则,即在某些频段上,为世界各国相对公平地分配一定数量的卫星频率和轨道资源,防止发达国家与发展中国家因技术与经济方面的差异在频轨资源分配方面产生严重失衡与不公。② 诚然,当前的频轨治理原则在提升太空利用效率的同时,一定程度上使得处于技术与经济实力不利地位的发展中国家在频轨分配方面得到了相应的保障,但这还远远不够,现实中对频轨资源的抢占行为广泛存在,而且随着太空商业化的发展,公司等非国家行为体也加入其中,从而使得原本仅限于发展中国家与发达国家之间的频轨治理矛盾变得更加复杂,兼顾频轨治理的效率与公平的难度进一步加大。

2. 太空碎片治理规范的不足

现有的国际机制无法解决太空碎片(太空物体)造成的国际空间环境污染的责任追究、太空责任事故的认定与赔偿问题。在现有的国际机制下,几乎没有任何明确的法律规范行为体对太空碎片进行管理,甚至对何谓"太空碎片"都没有达成一致意见。尽管《外层空间条约》第9条规定,一国在进行太空活动时,"应充分注意本条约所有其他缔约国的相应利益"。这一条款间接规定了缔约方应注意其太空活动不应影响他国利益,这当然涉及对无源卫星等太空碎片的处理。

---

① 基于《波哥大宣言》国家主权论立场包括:一是赤道国家对其领土上空的静止轨道拥有主权;二是在赤道国领土上方静止轨道放置卫星等装置应事先取得该赤道国家的同意,并受赤道国家国内法支配;三是公海上空的静止轨道属于"人类的共同继承财产",允许各国自由运行、使用和开发。
② "关于ITU的《无线电规则》介绍",http://www.txrzx.com/i5546.html。

现行机制无法追究太空污染的责任。根据《责任公约》等国际法规定,如果发射国的太空碎片只是造成太空环境污染,则产生太空环境污染致害的一般国际责任。但问题在于,如何追究发射国的国际责任。太空碎片造成太空环境污染并没有对任何国家和个人产生损害,这种情况下,也就不存在等值赔偿和惩罚性赔偿等问题,也不存在道歉的责任问题。因此,保证不再犯的责任方式不适合太空碎片造成太空环境污染的国际责任,且存在这样一个问题:由哪一个机构代表全人类向产生碎片的国家求偿?在太空碎片对别国产生损害的情况下,受害国作为求偿主体没有问题,但是,在太空碎片污染太空环境的情况下,求偿主体问题就产生了。此种规定,实际上等于没有追究发射国制造太空碎片的国际责任,或者是这种国际责任仅仅是道义上的,没有实质性的约束力。即使是这样,现有的国际机制连受道义谴责的主体是谁都存在问题。《外层空间条约》《责任公约》等没有明确界定发射国是卫星所属国还是发射卫星的国家。那么,"发射国"造成太空环境污染和他国太空物体及其人员受损的国际责任由哪一个主体负责?如果说,发射国的太空碎片(太空物体)造成太空环境污染没有实质性的国际责任,那么其对他国太空物体、人员造成损失的国际责任存在着认定问题,赔偿问题也就接踵而至。《责任公约》第2条规定:"发射国对其空间物体在地球表面,或给飞行中的飞机造成的损害,应负有赔偿的绝对责任。"第3条规定:"发射国的空间物体在地球表面以外的其他地方,对另一发射国的空间物体,或其所载人员或财产造成损害时,只有在损害是因为前者的过失或其负责人员的过失而造成的条件下,该国才对损害负有赔偿责任。"这样就确定了绝对责任和过失责任。前者着眼于损害的客观事实,而不考虑行为国是否有过错或过失,只要发生了实际的损害,行为国就必须承担责任。后者着眼于行为国的主观意识,是否承担责任取决于行为国主观上是否存在过错或过失,无过错或过失则无责任。后者则是一个棘手问题,也是太空安全治理的一个难点。以2009年2月美俄卫星相撞为例,如果排除

第三章 利用"高边疆"服务人类：外层空间安全挑战与国际太空治理

美国试验太空战的假设，那么如何认定责任事故及赔偿，相关国际条约和协定几乎束手无策。根据谁主张谁举证的原则，提出索赔的美国就必须举证俄罗斯具有过失。对俄罗斯来说也是如此。一方面，在实践中，各国将其太空活动视为国家安全机密，一国要举证另一国在太空活动的具体操作中具有过失，实属困难。所以美国和俄罗斯都没有追究对方的责任和向对方索赔。另一方面，未来如果有证据表明美国具有过失，那么，俄罗斯是否有权要求赔偿？虽然失效的卫星属于太空碎片，但太空碎片是否属于发射国的财产？既然太空碎片对其他物体和人身造成损害要承担责任，那么太空碎片受到伤害是否理应获得赔偿？现行国际太空法无法解决这些问题。如果无法解决国际责任认定问题，那么一国可以以多种方式用自己的卫星撞击他国的卫星。即使确认了事故责任，在其后进行赔偿的过程中也会产生问题。《责任公约》第12条规定，致害国"保证提出赔偿要求的自然人或法人、国家或国际组织把损害恢复到未发生前的原始状态"。致害国在对受害国的航天器进行修理的过程中，可能会产生太空碎片。公约规定，致害国要承担治理太空碎片的费用，但是，没有规定由此产生的太空碎片对他国人员、物体造成损害应该由受害国还是损害国负责。

就太空军事化、武器化治理规范而言，现有机制基本无法处理太空军事化、武器化问题。首先，这里存在两个问题。一个是太空的军事利用是否可能属于"和平利用太空"；另外一个问题就是，国际社会没有就"太空武器"达成一致意见，即没有一个公认的"太空武器"的界定，很难达成禁止太空武器的条约。包括《外层空间条约》在内的联合国所有有关太空利用的文件，都明确规定人类"和平"利用太空。但是，任何一个国际机制都没有对"和平"一词作出权威界定。这就导致了一个长期的争论：在哪些情况下利用太空是出于"和平目的"？最初，随着太空时代来临，美国和苏联一致表达了各自的官方立场："未来太空的发展应致力于唯一的和平与科学目的"。但不幸的是，人类进入太空的主要推手是军事目标和需求,而不是民事与科学目标。1958年美国改变了太空用于"唯一和平目的"的立场,在描述"和平目的"时去掉了修饰词"唯一"(exclusively),此后,美国宽泛地解释"和平目的",即只要太空的军事利用是"非侵略的",就是被允许的。换言之,美国坚持只要不违反联合国宪章第2(4)款和《外层空间条约》第4条,太空的任何军事利用就是合法的。前一条款规定,禁止使用或威胁使用武力;后一条款禁止在太空放置核武器和大规模杀伤性武器,以及月球和其他星体非军事化。美国的立场植根于这个观点,即太空的军事利用并非不是"和平利用"。美国认为,许多太空的军事利用能够也确实对维持和平做出了贡献。很显然,对于"和平目的"的模糊界定,导致了美国宽泛地解释,并在军事行动上广泛地利用太空。值得注意的是,世人并没有抗议美国对"和平"的界定及其对太空军事系统的公开使用。这样,国家行动的惯例,导致了人们认为《外层空间条约》中的"和平目的"不等于"非军事目的"。关于用条约禁止太空武器确保太空安全,得到世界绝大多数国家和人民的赞同,甚至连奥巴马政府也表示同意这一点。但问题的关键是,国际社会还没有就太空武器的界定达成一致的意见。"9·11"事件表明,从民用技术、工具、和平卫星到导弹都可以作为太空武器,如太空碎片也可以成为摧毁卫星的武器,和平的气象卫星也可以撞击并破坏其他卫星。2009年2月,美俄卫星相撞,许多人认为这是美国在测试卫星相撞技术。目前,90%以上的太空技术都是军民两用技术。导弹也可以用作反太空武器,如2008年2月,美军利用从"伊利湖"号军舰上发射的"标准-3"导弹,成功击落了一颗军用侦察卫星。由此可见,如果不能准确定义"太空武器",即使签订禁止太空武器的条约也没有操作的空间,更谈不上付诸实施。所以,中俄两国在裁军大会上提交的禁止太空武器的条约草案并没有得到西方国家的认同,尤其是美国的认同。因为,中俄提出的条约草案只是把在轨的太空物体(武器)列为太空武器,并没有涵盖地基反卫星武器。在美国看来,中俄的目的是消解美国导弹防御能力,而同时让其潜在对手保留还击美国太空优势的能力。在没有对"太空武器"作一个明确界定之前,美国加紧研制"太空武器",同时又有借口来搪塞国际指责。2009年2月,五角大楼的高级官员海斯(Peter Hays)堂而皇之地说,美国没有太空武器项目,空军没有资助太空武器项目。针对太空武器界定陷于僵局的局面,联合国裁军研究所的主任海琴斯(Theresa Hitchens)另辟蹊径,认为现在要改变方法,要看行动而不是能力,因为大多数太空技术都是多用途的。她举例说,许多国家利用激光跟踪卫星,但是激光也可用来攻击太空的卫星。"因此,我们应该把注意力放在结果上而不是试图禁止某些技术种类。"此种观点尽管有合理的地方,但又为美国等国加紧研制部署太空武器,进行太空武器技术与能力的研制与储备创造了条件。

3. 现有规范在应对太空商业化与新技术发展带来的治理新挑战方面存在明显不足

外空活动商业化所对应的是原本外空活动的政治化倾向和军事化目的。毕竟,人类进行外层空间活动最初的目的是争夺外空的控制权,而不是追求获取外层空间的经济利益。外层空间商业化的概念简要概括起来就是,以获取利益为目的对外层空间的开发与利用。为了开发利用外层空间所进行的活动包括遥感、通信、卫星的发射和其他诸如空间旅游、太空广告等,进行空间商业活动的主体多样、性质多元化,包括国家、国际组织、民营和国营及公私合营部门。外层空间商业活动以利益为基准,不论购买者的身份,只论交易利益。所以,外层空间活动的商业化为外层空间和平利用的宗旨带来很大挑战。有必要进行合理合法的规制,来规范外层空间活动的商业化。

二、外层空间商业化方面存在的法律问题

外层空间商业化活动正如火如荼进行中,然而现行的外层空间法律却并没有紧跟上外层空间活动变化发展的状况,对于如何规范外层空间商业活动,

现行法律还不够完善,存在很多问题。另外,在外层空间活动的商业化进程中,必然会不断出现一系列的法律问题,这些法律问题可能是从未出现过的。为保障在此情形下,空间活动依然能够遵守"和平利用外层空间"这一原则宗旨,尽可能地发展国际、国内外层空间立法,完善外层空间活动商业化的国内外法律,势在必行。

(一) 外层空间商业化利用使外空活动主体多元化发展

空间活动的主体在外层空间商业化之后更加多元化。外空商业化利用产生的潜在巨大商业利益必然吸引私营实体、私营资本进入外空商业化利用活动。当然,私营资本的进入改变了原来从事空间活动单一的政府实体格局,但并不能改变国际空间活动主体的性质。这一点在《关于各国探索和利用包括月球和其他天体内外层空间活动的原则条约》(简称《外空条约》)第6条、第8条里已有规定。即便在外层空间活动中出现了非政府实体的参与,但国家仍应作为空间活动的主体直接承担国际责任。但是如今也有政府间国际组织经过私营化改组而成为一种比较特殊的私营实体,比如国际通信卫星组织和欧洲通信卫星组织等,经过改组后的私营化实体,特殊之处在于可以直接承担国际责任,享有权利。其特殊的国际地位使得外层空间活动的主体格局发生了转变,未来这种特殊私营实体还会进一步扩展到其他领域。

(二) 外空商业化利用催生空间知识产权保护的需求

伴随外层空间活动商业化的深入发展,一些在外空商业化活动中产生的知识产权亟待保护。例如,外层空间商业化的进展带动了卫星遥感活动的商业化。由于卫星遥感数据市场广阔,其对于地球的数据可以应用于天气、气象观测,矿产探测及海洋探测等领域,这种重要的利用价值使得卫星遥感数据的商业化进程和私营化程度发展迅速。但在现行的国际空间法律制度中,并没有明确对于卫星遥感数据的保护。甚至,由于卫星遥感数据只是一种自然波,并没有经过人类的分析和处理,也不算稳定,因而其是否属于人类智力成果,可否作为一种知识产权被保护,存在着很大的争议。

另一个例子是国际空间站。国际空间站在商业化的过程中面临着诸如外空商业秘密和外空专利等知识产权的保护问题。这些问题与卫星遥感数据的保护一样,不妥善处理将会影响外层空间利用活动的有序进行。

国际空间站商业化过程中的知识产权保护具有一定的特殊性。以外空专利和外空商业秘密为例,现行的有关知识产权的保护制度无法适用于其产生的特殊性。外层空间商业化过程中产生的知识产权,由于其产生地域的特殊性,普遍存在法律适用的难题。在外空,知识产权大多诞生于外层空间、天体或者空间试验舱。根据之前颁布的《外空宣言》和《外层空间条约》中的规定,国家不得对包括月球和其他天体在内的外层空间提出主权主张,也不得以使用、占领或其他任何方法将之据为己有。因而,外层空间不能称作任何国家的主权管辖范围,这样的话,任何国家的法律都无法直接适用于外层空间的知识产权保护,因其对于外层空间产生的知识产权没有管辖权。有一种解决建议提出了"流动领土"的概念,即将外空试验舱当作一种国家"流动领土",就可以对于在其间产生的知识产权行使国家管辖权。对此也有人认为,对于这种"流动领土"的管辖应当基于登记而非基于领土。但无论如何,根据《外层空间》条约第8条的规定,射入外层空间物体的登记国为条约缔约国的,其对于该射入物体及所载成员,无论在外层空间或某一天体时,都应保有管辖权和控制权。是以,国家对于在外空试验舱等地域所产生的知识产权是有管辖权的。即便如此,外层空间知识产权的产生并不仅限于类似于国际空间站的地域,还包括外层空间和其他天体,因而,关于外层空间知识产权的法律保护仍旧有待完善。

(三)外空商业运载服务法律制度亟待完善

外层空间商业化利用最早可追溯至空间商业发射服务。空间活动商业化的新发展则是空间旅游。这两者都存在着待完善和解决的法律问题。

其一,关于商业发射的争议点在于,其隶属服务贸易,国际空间活动的实践操作是未将其纳入 WTO《服务贸易协定》的框架范围内加以规制。在此前提下,国际社会已出现了此类空间活动的无序发展,例如国际社会并没有对美国的卫星发射配额制提出异议,这分明是一种发射服务贸易壁垒。

其二,空间旅游作为一种新兴的外空活动,亟须国际空间法律的支持,然而,现行的国际空间法却阻碍了对外空游客安全的保护。在传统外层空间活动中,处于外层空间的人类只有航天员和宇宙飞船人员,因此,现行的《外层空间条约》以及《营救协定》只规定了对于这两类人的救助和保护。随着如今外层空间商业化的发展、外空旅游的逐步兴起,应当尽快将外空游客作为营救主体纳入营救范围,否则法律的不完善,将最终导致对外层空间的利用活动无法有序开展,直接影响外层空间活动的和平开展。

(四) 空间资源的法律地位有待明确

获取外空资源是人类开发利用外层空间的一大目的,人类对外空资源的开发利用已经伴随着火星探测和月球探测技术的发展而成为国家空间的发展战略。然而外空资源的法律属性一直不够明确,这一点成为外空资源开发利用中最主要的法律障碍。因此,《外层空间条约》作出规定,要求在外层空间(包括月球和其他天体),任何国家不得主张主权或者以使用、占领等任何方式据为己有。《月球协定》规定了月球和其自然资源归属全人类共同所有,是全人类的共同财产。对此,有学者就认为,"全人类共同财产原则"是适用于外层空间开发利用活动的基本原则。

但是,大多数学者认为这一原则欠缺国际法的强制力保障,甚至觉得此原则并没有多少实用价值。事实上,已做出明确规定的《月球协定》缔约国数量少,没有普遍性。而《外空条约》确实没有明确"人类共同财产原则",且也只是明确国家责任,并未提到私营的非政府实体。综上可以看到,现行的空间法律并没有明确外空资源的法律属性,随着人类开发利用外层空间的深入进行,明确外空资源法律属性的重要性越来越突出,否则难以明确开发主体与开发方式。对于发展中国家来说,"全人类共同财产原则"的含义是公平共享所有从外空获取的利益,外空资源属于全人类。因此,其当然主张在现行国际空间法中明确"全人类共同财产原则"。

三、治理机构的效能有待提升

当前国际安全治理机构在治理实践中存在效能不高的问题。1962年,外空委通过以协商一致的共识同意作为处理所有议题的最高指导准则。在这一指导准则下,外空委起草了1967—1979年联合国大会通过的太空五大条约,有力促成了外层空间基本共识的达成。此外,对"共识精神"的强调还体现在当前外空委在记录个别代表团阐释其立场时,并不指明发言者国家出处,从而淡化国家身份的差异。但也正是由于该原则的存在,随着外空委从成立之初的24个成员国逐渐增加到目前的92个成员国[①],各方意见得以充分表达的同时,各方矛盾分歧越来越难以化解,出现相关问题议而不决、已有基本共识难以深化发展的治理窘境,更为关键的是修改"一致同意"这一准则同样需要经过一致同意的程序来完成。

当前外空委的重新定位问题不可避免地被提了出来,并愈来愈受到各国的关注。美国始终持续反对在外空委内讨论外层空间军备控制相关的议题,强调"委员会完全是为了推动和平利用外层空间国际合作而成立的,裁军问题在其他论坛处理更为合适,例如大会第一委员会和裁军谈判会议"。一些西方空间大国则想减少联合国对其空间活动的干预,不愿承担更多的义务,因而对

[①] "Members of the Committee on the Peaceful Uses of Outer Space," http://www.unoosa.org/oosa/en/members/index.html.

外空委持较为消极的态度。多数发展中国家主张加强,至少是维持联合国外空委的地位和作用。一些代表团认为,现行的外层空间法律制度不足以防范外层空间武器化并解决各种空间环境问题,而且进一步改进国际空间法对于维持外层空间用于和平目的具有重要的作用。这些代表团还表示支持制定一部综合性的法律文书,以维持外层空间用于和平的目的,同时无损于现行的法律框架。

在组织间协调方面,2011年1月,根据联合国大会A/RES/65/68号决议,联合国秘书长成立了一个研究外层空间透明度和互信建立问题的政府专家组。该政府专家组举行了三次会议,经过广泛深入的讨论,就一系列实质性的外层空间活动中建立透明和信任措施达成了一致,并向第六十八届联合国大会提交了其报告(A/68/189),其中盘点了数目众多的政府提案,自1993年以来的政治、技术环境的变化,讨论了与在太空建立透明与信任措施相关的具体议题,具体包括基本原则、标准、透明和执行措施与顾问机制,以及法律约束性措施,特别是为促进外层空间信任建立措施的实施并推动深度发展,政府专家组建议裁军事务厅与外层空间事务厅及其他相关联合国实体建立协调合作。建议各国在志愿的基础上进行讨论和实施,特别包括了各类相关信息的交流,比如与各国太空政策与活动、风险降低通知以及对各国空间设施的专家访问等相关的信息。但是,由于利益分歧大,专家组的工作效能不尽如人意。

四、治理共识严重缺失

所谓机制的演进性就是指各行为体通过不断的共识累积与制度建构,使治理机制得以深化发展与不断完善的程度。换言之,一个演进性正常的机制理应随着情势的发展,与时俱进、不断完善,但在其演进性受限的情况下,该机制很难得到实质性的发展与完善。当前的外层空间安全国际治理机制正是处于这样一种困境之中:一方面,随着太空安全国际治理机制出现越来越多的治理效能问题,对于其进行改革与完善的期许与需要日益迫切;另一方面,由于当前外层空间活动的参与者日益多元化,各方利益诉求复杂,特别是太空大国间博弈日益激烈,虽然各国主观上有着完善太空安全国际治理的共同利益需求,但各行为体太空博弈行为的结果客观上给机制演进带来更多消极的不确定性因素,甚至一定程度上阻碍了推动机制革新所必需的共识达成。

当前国际社会对已有外层空间规范认识缺乏共识,如对于"外层空间"的界限、什么是对太空的"和平利用"、什么是"太空武器"等重要问题,国际社会长期以来没有达成一致。特别是究竟什么是太空武器化现在仍是一个让国际社会争论不休的问题,目前所有有关太空的国际法律机制都没有界定何谓太空武器,而且很难达成共识。1985年,中国在裁军会议上提出反对太空军备竞赛时,对太空武器做了界定:"建立在太空(包括月球和其他星体上)的所有装置与设施,设计用来攻击、破坏空中、陆地、海洋上的物体。"联合国和其他国家也有各自不同的界定。以上这些定义从技术、功能、意图等方面来界定,但是没有任何一个定义大家都能接受。正因为对太空武器界定没有形成一个共识,所以很难对太空武器做出限制。[1]

当前国际太空治理的困境从根本上讲是一种外层空间秩序问题,换言之,外层空间还没有建立起与人类活动(主要由国家行为体主导)相匹配的公平、公正、合理的国际秩序。虽然美苏有限合作在联合国框架下取得了不少太空治理方面的成果,但无论是在治理制度协商建设还是在治理规范共识达成的过程中均充满着博弈与曲折。就治理制度协商建设而言,美苏的博弈主要围绕新制度的主导权展开,例如,在联合国和平利用外空委员会成立后,苏联曾一度进行抵制,原因是苏联认为该委员会的构成和成员资格严重倾向西方阵

---

[1] 兰顺正:《彭斯高调"主导"太空,美国太空武器化趋势越发明显》,中国网,2018年10月29日,http://opinion.china.com.cn/opinion_90_194590.html。

营,从而实际上使美国完全操控了委员会。后来,1959年的联大1472号决议为和平利用外空委员会增加了六名成员,才安抚了苏联阵营,使其结束了抵制。就治理规范共识达成而言,在协商过程中,美苏双方为维护各自的利益和原则,不断讨价还价,但最终为使外空法不至于胎死腹中,都采取了合作的姿态,做出了让步。例如,美国接受了苏联关于资料自愿报告的立场,同意苏联提出的不在外空部署大规模杀伤性武器的条款,并放弃所有太空站和运载工具要自由接受检查的提议;苏联则放弃所有国家都有权使用他国的追踪设备的要求。① 外层空间安全治理体系的实质是国家间权力的社会建构。外层空间越来越拥挤的、越来越充满竞赛和竞争的新环境,愈来愈要求有效的权力介入,以促进国际安全合作。在外层空间安全治理体系中人类以集体的行动与表现作为合法性来源,直接导致了国家主权在外层空间国际交往实践中有向联合国转移的倾向。联合国大会作为联合国的主要审议机构应充分反映全人类共同利益意志要求,将不同层次参与主体的个体意志汇聚、集中起来,通过立法审议的方式对外层空间安全起到日益深刻和广泛的作用。确保外层空间安全治理体系更加高效,就需要大力促进治理与秩序之间更为紧密的联系。外层空间安全治理作为整个人类世界面临的公共性问题,必须由联合国大会立法审议的权威性力量介入其中来加以解决,利用联合国这一权威性国际组织克服霸权干扰,使其真正成为外层空间安全治理体系中起决定性作用的要素。

小 结

随着外层空间武器化的危险日益迫近,防止外层空间军事化成为国际社

---

① [美]威廉·J.德沙主编:《美苏空间争霸与美国利益》,李恩忠等译,北京:国际文化出版公司,1988年,第3页。

会的共识,制定一项控制外层空间军备竞赛的国际法律文书一直是外空委的主要任务。和平利用外层空间是人类的共同愿望和共同利益,联合国外空委作为和平探索和利用外层空间国际合作的协调中心,其功能和作用必须强化。尤其是在现有国际法不能有效控制外层空间军备竞赛的情况下,联合国外空委应以控制外层空间军备竞赛为中心工作,制定控制外层空间军备竞赛的国际法律文书,弥补现有外层空间法律机制的漏洞,切实控制外层空间军备竞赛,确保外层空间的和平利用。

第四章
推进"远边疆"领域合作：极地治理及其秩序构建

王婉潞

极地包括南极[①]和北极[②]这两大地理空间。除分居地球两端、气候特征相似之外，两大空间的地理地貌、法律地位、国际制度以及地缘政治环境有很大差别。在地理形态上，南极是海洋（南大洋）包围大陆，北极则是陆地包围海洋（北冰洋）。在法律地位上，因《南极条约》冻结南极领土主权的要求，南极在法理上可被视为全球公域；北极地区的全球公域范围则小得多，由于北极地区存在主权国家，所以仅北冰洋四个公海区域和国际海底区域属于全球公域。在国际制度上，南极条约协商会议是南极治理的中央决策机制，南极条约体系（Antarctic Treaty System，ATS）是管理南极事务的主要法律制度，独立于联

[①] 南极，或称南极地区（the Antarctic），指南大洋及其岛屿和南极大陆。《南极条约》将之界定为南纬60°以南的地区，但对于这一标准及其具体范围现仍有争论，即使是南极条约体系内部的各主要条约，对其界定也不尽相同。

[②] 北极，或称北极地区（the Arctic），指北极圈（北纬66°34′）以北的区域，包括北区北冰洋、边缘陆地海岸带及岛屿。此外，北极的范围还可以从气候学、生态学、社会学等不同视角进行划定。

合国系统;北极存在着不同行为体为解决不同议题而创造的制度集合,至今没有统一的"北极条约",缺乏统一规划是北极治理机制与南极治理机制最大的区别。在地缘政治环境上,南极地区非军事化、禁止核试验,科研合作是最主要的活动;北极在冷战时期是美苏对抗的前沿阵地,在后冷战时代出现二十年的合作缓和期,如今再次出现战略竞争。

随着气候变化与全球化的发展,南北极又出现某种程度上的共性。气候变暖使得极地潜在战略价值大幅提升,环境保护、资源开发、航道利用等全球价值外溢,越来越多的国家开始关注极地。与此同时,两极的特殊地理位置使其生态环境异常脆弱。随着行为体的活动大幅增加,南极与北极治理机制均滞后于快速发展的现实,两极分别面临不同程度的规则制定与秩序构建的紧迫议题。由于领土主权的不同法律地位,两极的秩序构建路径不同,南极秩序基于能力而构建,北极秩序构建则基于主权。本章将对南极和北极分别进行研究,以更清晰地展现两者的治理进程以及秩序架构。

第一节 南极国际治理与秩序构建

一、南极国际治理缘起与南极条约体系

(一)南极国际治理缘起[①]

人类正式发现南极并进入南极大陆至今已有两百年的历史。不过,南极国际治理始于20世纪50年代末。第二次世界大战结束后,长期在南极活动

[①] 本节部分内容发表于《联合国与南极条约体系的演进》,载《中国海洋大学学报(社会科学版)》,2018年第3期。

的国家重返南极。这些国家不仅包括曾对南极领土主权提出要求的七个国家,即英国(1908年)、新西兰(1923年)、法国(1924年)、澳大利亚(1933年)、挪威(1939年)、阿根廷(1939年)、智利(1939年),[①]也包括美苏这两个二战中诞生的超级大国。军备竞赛、核试验、领土主权冲突等潜在危机充斥南极大陆,南极陷入安全困境(Security Dilemma)。七个对南极提出领土主权要求的国家都是美国的盟国。为了解决盟国间的矛盾,1948年,美国先后提出托管方案和共管方案。受美苏全球战略竞争影响,这两个方案的核心都是排除苏联,由美国和七个盟国管理南极。不过,由于19世纪俄国海军上将别林斯高津可能发现南极大陆,苏联始终存在提出南极领土主权要求的可能,这两个方案被否定。

在各种方案均遭失败后,科学家的倡议带来转机。在1957—1958年国际地球物理年(International Geophysical Year, IGY)期间,科学家提出"君子协议",即冻结领土主权、进行国际科学合作,为各国提供搁置争议、国际合作的新路径。南极大陆的紧张局势由科考活动所取代。在1958年末国际地球物理年即将结束时,苏联表示其将继续留在南极进行科考,这促使各国纷纷决定留在南极。各国在南极的活动需要协调,借助于国际地球物理年期间形成的良好氛围,美国开始主导制定条约。1959年,美国邀请11个国家讨论南极的制度构建,这12个国家即《南极条约》的原始缔约国。其中,除了七个主权要求国和美苏之外,还包括日本、南非和比利时。经过60场谈判,各国达成共识,于1959年在美国华盛顿召开会议并签订《南极条约》。

为了巩固和平成果,《南极条约》创设南极条约协商会议(Antarctic Treaty Consultative Meeting, ATCM),作为最重要的保障措施。协商会议是

[①] Romualdo Bermejo, "The Antarctic System: Crisis or Success of Multilateralism," *Comparative & International Law Journal of Southern Africa*, 1989, Vol. 22, No.1, pp. 5 - 6.

南极事务的中央决策机制,①有资格参加协商会议的国家被称为南极条约协商国(简称"协商国"),拥有南极事务的决策权。协商国定期召开协商会议,讨论南极治理中共同关心的问题。至此,联合国失去南极事务的决策权,南极条约体系独立于联合国系统。

(二) 南极治理的宗旨与原则

《南极条约》确立了南极治理的宗旨和原则,即冻结南极领土主权、禁止军事活动、禁止核爆炸,确保南极的科研合作与信息交流,明确南极仅用于和平目的。

第一,冻结南极领土主权是《南极条约》的基石,各国的南极活动建立在主权冻结原则之上,将关注点引至和平利用南极。第二,禁止军事活动同样是推出《南极条约》的初衷,20世纪40至50年代,南极安全困境令各国担心南极成为第三次世界大战的导火索。南半球的中小国家担心大国在南极军事对峙对本国的国家安全构成威胁。为此,智利等中小国家坚持要求南极非军事化,并将其写入《南极条约》,这是人类历史上首次对整个大陆进行非军事化处理。第三,禁止核爆炸。20世纪50年代,某些国家试图将南极作为核试验和倾倒核废料的场地,这将对南极环境乃至全球环境造成巨大破坏。在南极进行核试验,意味着南半球所有国家都将处于苏联核导弹的射程之内,严重威胁南半球国家的安全。在澳大利亚、阿根廷、智利等南半球国家的坚持下,《南极条约》规定南极禁止核爆炸。与禁止军事活动相同,南极成为全世界首个非核化的大陆。第四,科研合作是《南极条约》鼓励的唯一活动,国际地球物理年的经验表明,合作能够产生高水平的科研成果,且能创造和平,消除争端。第五,南极仅用于和平目的,确保南极地区的安全与稳定。

---

① 《南极条约》第9条第1款:"本条约序言中列举的各缔约国的代表应在本条约生效后两个月内在堪培拉市开会,此后间隔适当的时间在适当地点开会,以交流情报,就关于南极洲的共同关心的事进行协商……"

为了达成这些目标,协商会议选择秘密的小团体决策方式。对于大国而言,团体治理可以避免引入新势力,防止分割其在南极事务中的权力;对于小国来说,秘密治理可以排除协商国以外的国家参与,有效避免南极事务国际化。《南极条约》将这种决策方式用法律方式确定下来。根据《南极条约》第9条第4款,"在协商会议上所讨论的建议只有在所有的协商国都批准之后才能生效"。协商一致虽然被指责为效率低下,但反过来看,一旦一致同意达成,决议将难以被推翻,这就避免了可能的争端。

(三) 南极条约体系的生成

《南极条约》是南极治理中的框架性条约,其于1961年生效,至今已六十年余。在六十几年间,为应对南极治理中不断出现的新问题,协商国先后围绕科学合作与研究、动植物保护、南极海洋生物资源养护、南极矿产资源开发等主要议题出台一系列条约、公约,以及措施,将《南极条约》发展为庞大的南极条约体系。由南极条约体系确立的南极治理的原则、规范、规则与决策程序被称为南极治理机制,构成南极治理的核心。

1991年出台的《南极条约环境保护议定书》(简称《议定书》)给出南极条约体系的正式定义:南极条约体系由四部分组成,包括《南极条约》、根据《南极条约》实施的措施和与条约相关的单独有效的国际文书及根据此类文书实施的措施。[①] 具体地说,南极条约体系包括1959年的《南极条约》、1972年的《南极海豹保护公约》(简称《海豹公约》)、1980年的《南极海洋生物资源养护公约》(简称《养护公约》)、1988年的《南极矿产资源活动管理公约》(未生效)、1991年的《议定书》等国际协议和由南极协商会议通过的200余条措施、建议、决定或决议等。

[①] 《关于环境保护的南极条约议定书》第1条第4款,南极条约秘书处网站,http://www.ats.aq/documents/keydocs/vol_1/vol1_4_AT_Protocol_on_EP_e.pdf,第36页。

南极条约体系的三个支柱是和平利用、科学自由与合作、环境保护。整个南极条约体系的基点是《南极条约》第 4 条。第 4 条是为专门解决南极安全困境、确保条约价值与原则得到有效遵行而设置的条款,其规定"不主张、支持或否定缔约任何一方在南极原来的领土权利与要求"。[①] 从本质上看,第 4 条仅"冻结"主权争议,并没有从根本上解决问题,也没有阻止领土主权声索国的要求。不过,第 4 条有效处理了领土主权争端,使各国将精力放在开展南极科学合作上。第 4 条之所以发挥此种功效,原因在于其模糊处理的方式,即成功设置"双焦点主义",令各国对该条款所蕴含的意义有不同的理解,进而将自身的南极政策与南极利益合法化。

南极治理机制由协商国精心统一规划,《南极条约》确立南极治理的宗旨与原则,协商会议出台的建议和措施是各分支机构的行动准则。这些分支机构包括:南大洋海洋生物资源养护委员会、南极科学研究委员会(Scientific Committee on Antarctic Research,SCAR)、国家南极局局长理事会(Council of Managers of National Antarctic Programs,COMNAP)、南极条约环境保护委员会(Committee for Environmental Protection,CEP),以及国际南极旅游协会(International Association of Antarctica Tour Operators,IAATO)等。

二、南极治理的主要议题及其发展历程[②]

随着国际形势的变化与经济社会的发展,人类在南极的活动剧增,南极治

[①] 第 4 条全文如下。1. 本条约的任何规定不得解释为:(a) 任何缔约国放弃它前已提出过的对在南极洲的领土主权的权利或要求;(b) 任何缔约国放弃或缩小它可能得到的对在南极洲的领土主权的要求的任何根据,不论该缔约国提出这种要求是由于它本身或它的国民在南极洲活动的结果,或是由于其他原因;(c) 损害任何缔约国关于承认或不承认任何其他国家对南极洲的领土主权的权利、要求或要求根据的立场。2. 在本条约有效期间发生的任何行动或活动不得成为提出、支持或否认对在南极洲的领土主权的要求的根据,或创立在南极洲的任何主权权利。在本条约有效期间,不得提出对在南极洲的领土主权的任何新要求或扩大现有的要求。

[②] 本部分内容来自王婉潞:《南极治理机制研究》,复旦大学博士论文,2017 年。

理中不断涌现新问题。六十年来,南极治理的主要议题包括:信息交流与科研合作、南极海洋生物资源养护、矿产资源开发、环境保护、南极旅游,以及生物勘探等。

(一) 信息交流与科研合作

科学研究对南极治理具有无与伦比的重要意义,南极地区极端恶劣的气候条件,大多数国家难以单独进行有效的科学研究与科学考察,只有在彼此合作中才能得以完成。反过来,协商国用科研活动赋予自身治理南极的合法性,将无法参与南极的国家拒于南极之外。科学的重要性还在于科考成果能够直接转化为南极治理的权力。如 20 世纪 40、50 年代的美国是南极科研实力最为强大的国家,美国主导《南极条约》的制定;又如 20 世纪 60 年代,各国南极科研实力大发展,南极治理权力出现扩散。

协商国通过国际制度来确保科研合作的顺利展开。《南极条约》第 2 条规定,"在国际地球物理年中所实行的那种在南极洲进行科学调查的自由和为此目的而实行的合作,均应继续,但应受本条约各条款的约束"。第 3 条则对信息交换和人员交换作出详细规定。在《南极条约》产生后,合作在更大程度上得到推广,这是因为中小国家没有超级大国的实力与财力,它们依赖合作才能完成运输与后勤保障。而且,中小国家通过科研合作,还能获得单凭自己无法得到的材料与信息。[1] 由于任何国家都无法独自完成科学研究、后勤保障等,必须展开合作才能如期完成,这又间接达到了国际合作与和平的结果。

在《南极条约》框架下,协商国开展地球科学、冰川学、大气学、海洋学等领域的一系列国际科研合作。[2] 在南极治理体系成立之初,科学合作与信息交流是南极治理中最重要的主题。这在早期历届协商会议的议程中得以体现。

---

[1] Truls Hanevold, "The Antarctic Treaty Consultative Meetings—Form and Procedure," *Cooperation and Conflict*, Vol. 1, 1971, p. 186.

[2] Peter J. Beck, *The International Politics of Antarctica*, Croom Helm, 1986, p. 98.

从 1961 年第一届协商会议至 1970 年第六届协商会议,在协商会议讨论的议程中,科研合作与信息交流占绝大多数。虽然随着南极治理的新议题不断涌现,科研不再是南极治理中唯一的重要事项,但是科研依然在各国的南极参与中占据核心位置。当前,南极大陆上的科研合作依然广泛。

(二)南极海洋生物资源养护

20 世纪 70 年代,世界捕鱼总量达到 7000 万吨的瓶颈值,近海渔业枯竭,促使国家寻找其他区域和新的海洋资源。南极海洋生物资源进入公众视野,协商国开始关注南大洋生物资源,尤其是其中的磷虾资源。[1] 据估计,南极磷虾资源量为 1.25—7.25 亿吨,[2]年可捕捞量可达 6000 万至 1 亿吨,[3]是全世界最大的渔业资源,其资源储量大于世界上其他地区的储量总和。

日本和苏联早在 20 世纪 60 年代开始赴南大洋捕捞磷虾。苏联于 1961 年展开对磷虾的试验。[4] 其他国家由于技术限制而无法远赴南大洋捕捞磷虾。到 20 世纪 70 年代,随着科技的发展,各国陆续攻克技术的难关,捕捞设备得以创新,更多的国家参与磷虾捕捞,这些国家包括比利时、智利、东德、波兰、韩国、西德。[5] 其中有一些国家并不是协商国或南极条约国家。由于南极历史上数次出现因人类大规模捕捞而导致物种灭绝或濒临灭绝的事件,协商国担心过度捕捞磷虾将破坏南极和南大洋的生态系统。为防止过度捕捞、保护完整的南极生态系统,南极条约协商国制定了南极磷虾的养护方案,于 1980 年签订《南极海洋生物资源养护公约》(简称《养护公约》)。与最初设想

---

[1] Barbara Mitchell, "Resources in Antarctica: Potential for Conflict," *Marine Policy*, Vol. 1, No. 2, 1977, p. 93.
[2] 吴伟平、谢营襟:《南极磷虾及磷虾渔业》,载《现代渔业信息》,2010 年第 1 期,第 10—13 页。
[3] 邹磊磊、黄硕琳、付玉:《南北极渔业管理机制的对比研究》,载《水产学报》,2014 年第 9 期,第 1611 页。
[4] Barbara Mitchell, Lee Kimball, "Conflict over the Cold Continent," *Foreign Policy*, No. 35, 1979, p. 127.
[5] Peter J. Beck, *The International Politics of Antarctica*, p. 214.

不同,《养护公约》不仅养护磷虾,而且将整个南大洋生态系统作为一个整体养护。

(三) 南极矿产资源开发

早在20世纪70年代初,协商国乃至国际社会就将目光投向南极的矿产资源。1973年的石油危机引起发达国家的恐慌。与此同时,南极科学考察和科学研究过程中发现了潜在的矿产资源。从1972年开始,矿产资源开发问题被正式列入协商会议的议程。20世纪80年代,在解决南极磷虾养护问题之后,矿产资源成为新的南极治理议题,协商国围绕矿产议题召开多次会议,最终在1988年签订《南极矿产资源活动管理公约》(简称《矿产公约》)。不过,《矿产公约》出台后遭到非政府组织的强烈反对,最终夭折。《矿产公约》激起体系外国家和组织的激烈反对,这是因为一些国家担心资源被南极协商国瓜分殆尽,另有一些国家和非政府组织则担心这将严重破坏南极环境。面对生存危机,为了获得合法性,协商国用一项环境保护的综合措施替换《矿产公约》,即1991年的《议定书》。

(四) 环境保护

环境保护是南极治理中的传统议题。虽然协商国从1970年第六届协商会议开始讨论人类对南极环境的影响,但正式讨论环境保护是在1989年的第十五届协商会议。1989年全球发生四起极地环境灾难,环境保护议题开始成为南极治理中的焦点议题。1991年的《议定书》禁止开发南极矿产资源。与此同时,气候变化已成为最具挑战的全球问题之一。人类对南极认识的加深与全球气候显著变暖,使得南极生态环境保护成为当前南极事务中最为重要的议题。

为促进环境协议的履行、加强南极环境保护,协商国根据《议定书》建立南极环境保护委员会(Committee for Environmental Protection,CEP),作为专家咨询机构为南极条约协商会议提供建议。自1998年成立之后,环境保护委员会在每年的南极条约协商会议期间举行一次会议,至今已举办22届。

(五) 南极旅游

南极旅游出现于20世纪60年代。当时的南极旅游主要活动是参观南极科考站。由于《南极条约》没有明确提及南极旅游,因此协商国依靠各科考站颁布条例,由科考站站长来处理旅游问题。进入21世纪以来,尤其是近年来,受到气候变化以及全球化影响,赴南极旅游人数激增,南极旅游发生巨大变化,多种旅游形式兴起,传统的南极旅游管理措施无法应对日益复杂的旅游形势。因此近年来,制定专门的南极旅游机制的呼声甚高。然而,由于南极旅游问题涉及领土主权,协商国的根本利益发生冲突,导致旅游机制无法出台,甚至协商国无法就是否专门制定南极旅游机制达成一致意见。目前,南极旅游治理依靠协商会议出台的旅游原则,日常管理则交由国际南极旅游协会(International Association of Antarctica Tour Operators, IAATO)。

(六) 生物勘探

生物勘探是南极治理中的新兴议题,是协商国面临的全新挑战。生物勘探(Bioprospecting, or Biological Prospecting)至今没有统一的定义,其大致含义是指对本地微生物、植物以及动物等具有商业价值的遗传资源以及生物化学资源的开发。生物勘探产业盈利丰厚,已在全球盛行多年。极寒地带的生物勘探具有显著价值,广泛应用于医药、农业、食品、化妆品和化学等产业。南极地区的生物勘探活动兴起于20世纪80年代末期,如今已达到相当规模。然而,南极条约体系中没有专门的生物勘探机制,南极生物勘探尚处于无规制的状态。协商会议对此正式讨论则是在2004年,由"法律与制度工作组"负责讨论,亦在环境保护委员会讨论。生物勘探是协商会议历年讨论的重点议题,尽管协商国就此问题讨论多年,然而目前协商会议没有推出生物勘探机制,仅出台三个倡导性质的决议,建议各国政府持续关注生物勘探问题,每年就此问题交换信息。不过,自 2013 年出台第三份决议后,协商国已有七年没有出台新的决议,生物勘探议题的处理进程陷入停滞。

三、南极治理格局与南极秩序的演变

二战结束以来,南极秩序一直由美国主导。在 1959 年《南极条约》出台后,甚至出台之前,南极秩序已经形成,《南极条约》不过是这种秩序在制度上的体现。在 20 世纪 50 年代,南极格局呈现为美国单极霸权。随着国际形势的变化,南极治理格局演变为"一超多强"。其中最重要的契机是 20 世纪 80 年代联合国对南极条约体系的挑战,一大批新兴国家涌入南极,成为南极治理中的新力量。

美国是《南极条约》的总设计师,南极七个领土主权声索国全部是美国的军事盟友。[1] 在 20 世纪 40、50 年代南极陷入安全困境时,美国提出多种解决方案。这些方案的核心是排除苏联,由美国及其盟国建构南极制度。对此,苏联采取一系列反击,如 1950 年设立"南极日"等,强调无苏联参加的任何南极机制都不具有法律效力,苏联将不承认任何相关决议。[2] 随后,苏联在 1955 年国际地球物理年的筹备阶段正式进入南极。拥有丰富的北极科考和探险经验的苏联迅速成为南极科考的领先国家,[3] 而苏联对南极表现出的热情使美国及其盟国感到恐慌。[4] 在 1956 年苏联建成南极和平站之后,西方集团开始改变既定政策,反对立场从排除苏联进入南极转变到"防止未来对南极提出领

---

[1] 1947 年 9 月 2 日,美国同阿根廷、智利等美洲国家签订《美洲国家互助条约》;1949 年 4 月 4 日,美国同英国、法国、挪威等 12 个国家签署《北大西洋公约》;1951 年 9 月 1 日,美国同澳大利亚和新西兰签订《美澳新安全条约》。

[2] Boleslaw A. Boczek, "The Soviet Union and the Antarctic Regime," *The American Journal of International Law*, Vol. 78, No. 4, 1984, p. 837.

[3] "Ice and Fire," *The Economists*, January 11, 1958, p. 94.

[4] NSC5528, "National Security Council Report," December 12, 1955, p. 1.

土要求的其他国家"。① 1958年,美国承认现实,即苏联可能会维持其在南极的存在,没有切实可行的方法摆脱苏联。反对苏联的问题已经演化成"如何更好地控制苏联的继续存在","将苏联限制在制度之内,比它在制度之外更容易控制"。② 于是,美国邀请苏联共同制定南极规则。

当时世界上的两极对立格局并未全部延续到南极。与刚进入南极时的高姿态不同,苏联在《南极条约》签订后趋于沉寂,苏联的主要南极活动包括参与国际科学合作、建立科考站,以及南大洋渔业活动。从20世纪60年代开始,英国、澳大利亚、新西兰、阿根廷、智利等国南极实力增长,开始参与南极制度建设,积极提出南极规则草案。然而,苏联倡议或主张的规则很少,而美国则拥有绝对的主导地位,因此在《南极条约》出台后,南极治理格局呈现美国单极霸权格局,表现为美国主导、众多美国盟国支持这一体制,即使是苏联也与各国保持着合作,甚至苏联科学家长期在美国的越冬站进行科研。

不过,南极单极格局并未持续很长时间。早在联合国冲击南极条约体系之前,美国单极霸权的格局就已经被打破。这源于20世纪60年代南极科学的大发展,原始缔约国的实力纷纷增强,虽然不能撼动美国的绝对优势,但是已经成为重要力量,主要体现就是在南极治理规则制定中纷纷崭露头角,尤以英国、澳大利亚、新西兰、阿根廷、智利最为突出。20世纪80年代,联合国挑战南极条约体系,一大批第三世界国家涌入南极,成为南极治理中的新力量。

美国主导的南极秩序核心是由美国及其同盟创建的一系列南极规则,这些规则体现的是美国的利益和价值观念。在冷战时期,南极没有受到两极对抗的冷战秩序影响,相反,其很大程度上延续了二战结束后确立的战后秩序,这一秩序包括大国协商、集体安全、制度管理等核心要素。长期以来,美国主

---

① [澳]大卫·戴:《南极洲:从英雄时代到科学时代》,李占生译,北京:商务印书馆,2017年,第411页。
② 同上,第413页。

导的南极秩序未出现大的变化,即使在20世纪80年代,一批新的协商国涌入南极治理,亦未实质性地改变南极秩序。因只有主导大国发生变化,才会从根本上撬动原有的秩序,不管是补充还是替换这种秩序。从另一个角度看,20世纪80年代更多国家成为新协商国,南极治理中的权力日益分散,虽未从根本上动摇美国的主导地位,但无疑其地位遭到削弱。原来小集团决策方式失灵,权力分享引发地缘政治加剧。

当前,南极治理陷入困境,其根本矛盾在于无法达成治理机制的共识。一方面,以生物勘探、南极旅游为代表的多个领域亟须治理,由于这些议题涉及领土主权问题,协商国无法达成一致。另一方面,一致同意的决策方式不能动摇。有学者曾提出将"一致同意"改为多数制同意,比如三分之二同意能顺利推出各领域的治理机制。然而,这个办法无法施行。为避免南极领土主权要求遭受损害,南极七个领土主权要求国选择一致同意的决策方式。如果改变决策方式,虽然看似能解决一系列问题,但是会带来最大的问题,那就是南极地区的和平与安全将不复存在。如果放弃一致同意,首先遭受冲击的就是《南极条约》第4条主权冻结条款。如果按照三分之二多数同意,当前29个协商国中,有20个国家同意,就可以修改第4条,这将带来南极地区的动荡。南极治理困境难以解决,但是困境长期无法解决已经损害南极条约体系的合法性与有效性,南极面临新的规则制定与秩序构建命题。

第二节　北极国际治理与秩序构建

一、北极国际治理缘起与多层治理架构

从时间上看,北极国际治理早于南极治理,1920年《斯瓦尔巴德条约》(也

称《斯匹次卑尔根群岛条约》)是北极治理的起点。由于冷战时期东西方两大阵营对立,处于战略前沿的北极成为重要军事部署地,北极国际治理处于停滞状态。直到冷战结束,北极国际治理方才得到开展,至今仍然处于治理构建中。

(一) 北极国际治理缘起

北极国际治理始于 20 世纪初。1920 年,为规制各国在斯瓦尔巴群岛不断增多的经济活动,英美等 18 个国家签署《斯瓦尔巴德条约》,这成为北极治理的开始。1925 年,中国等 33 国加入该条约。该条约在斯瓦尔巴群岛确立"主权确定、共同开发"的原则,即承认挪威对该群岛"具有充分和完全的主权",该地区"永远不得为战争的目的所利用";各缔约国公民可以自由进入该群岛,在遵守挪威法律的范围内从事正当的生产和商业活动,包括捕鱼、狩猎、航行和开展科学调查活动的权利等。[1]

第二次世界大战及随后到来的冷战令北极治理陷入停滞。冷战期间,与南极地区展开轰轰烈烈的国际合作不同,北极成为美苏冷战的前沿阵地,并形成华约和北约国家相互对抗的二元格局。[2] 20 世纪 50 年代,美国在制定南极合作机制的同时,开始在北极海盆定期部署核动力和重型潜艇。苏联紧随其后,在现俄罗斯的北部部署大量军事设施,北极中部盆地变成战略武器系统的作战场。[3] 尽管存在紧张的军事对抗,冷战期间北极地区的国际合作并没有完全中断,北极国家在物种保护与国际科研等方面进行合作,并建立相应的政府间组织和地区合作机构。例如 1973 年美苏等五国签订《保护北极熊协定》,这是北极国家针对北极事务专门制定的第一个条约。冷战期间,有关动物保

---

[1] 夏立平等:《北极地区治理与开发研究》,北京:世界知识出版社,2020 年,第 70 页。
[2] 陆俊元:《北极地缘政治与中国应对》,北京:时事出版社,2010 年,第 3 页。
[3] Oran R. Young, "Governing the Antipodes: International Cooperation in Antarctica and the Arctic," *Polar Record*, Vol. 52, No. 263, 2015, p. 230.

护、污染控制等合作成为北极国际合作的基础。

在冷战的大部分时间里,北极国际治理处于停滞状态,直到20世纪80年代后期,这种情形发生改观,东西方的紧张对峙转向缓和,北极开始从"冷战前沿"变成"合作之地"。[①] 1987年10月,苏联领导人戈尔巴乔夫在摩尔曼斯克讲话中发起"戈尔巴乔夫倡议"(Gorbachev initiative),发出与西方国家进行更广泛合作的信号,[②]科学共同体迅速回应,提出建立促进北极科学组织进行合作的"北极圈制度计划"。在此思潮推动下,1990年,北极国际科学委员会(International Arctic Science Committee,IASC)建立。

冷战结束后,气候变化为北极国际合作与北极治理创造了条件,各层级的北极治理机制得以建立,如国际北极科学委员会、北极理事会、北方论坛、巴伦支欧洲-北极地区合作机制等。本意上,北极八国[③]把北极问题视为自己盘中禁脔,[④]外界不得染指。但是,随着全球气候变暖与北冰洋冰盖融化,气候变化赋予北极新价值的同时,也带来更多的不确定性。北极问题已超越北极圈地理边界,外溢至全球,北极国家既无法阻拦域外国家进入北极,亦不能独自处理北极问题,因此不得不有限开放北极,域外国家得以参与北极治理。

环境保护是北极国际合作与北极国际治理的切入点。1990年,苏联、美国、加拿大、挪威、丹麦、冰岛、芬兰和瑞典宣布成立国际北极科学委员会。1991年,芬兰倡议设立政府间合作渠道。在芬兰的倡议下,北极国家签署《北极环境保护战略》,并成立一系列常设工作组。1996年9月,在加拿大倡议下,北极八国外长通过《关于成立北极理事会的声明》(亦即《渥太华宣言》),宣

---

① Oran R. Young, "Governing the Arctic: From Cold War Theater to Mosaic of Cooperation," *Global Governance*, Vol. 11, No. 1, 2005, pp. 9–15.
② [挪威]奥拉夫·施拉姆·斯托克、[挪威]盖尔·荷内兰德:《国际合作与北极治理:北极治理机制与北极区域建设》,王传兴等译,北京:海洋出版社,2014年,第4页。
③ 北极八国,又称为"环北极国家",即其领土自然延伸到北极地区以内并且环绕北冰洋的国家,包括俄罗斯、加拿大、丹麦(格陵兰)、美国、挪威、冰岛、瑞典和芬兰这八个国家。
④ 秦倩、陈玉刚:《后冷战时期北极国际合作》,载《国际问题研究》,2011年第4期,第67页。

布成立北极理事会。北极理事会的宗旨是就北极共同事务,特别是北极的可持续发展和环境保护问题,在北极原住民团体和北极其他居民的参与下,为北极国家提供一个促进合作、协调和互动的平台。① 北极理事会不处理军事安全相关事宜。

北极理事会的主要工作由六个工作组承担,这六个工作组分别为:北极监测与评估工作组、北极海洋环境保护工作组、北极动植物保护工作组、突发事件预防反应工作组、可持续发展工作组、消除北极污染行动计划工作组。北极理事会的决策由每两年举行一次的部长会议作出,其决策形式是宣言。宣言用来指引理事会的未来工作方向,但不具法律约束力。主席由北极理事会成员国轮流担任,主席国负责理事会秘书处工作和推动他们之间的合作。北极理事会日常运作由北极理事会成员国北极高官会议(Senior Arctic Official, SAOs)负责,他们通常是极地事务或北极事务大使。北极理事会没有预算,没有自己的秘书处;北极理事会之下的工作,依靠相关国家的直接财政资助和其作为项目牵头国的意愿。② 在制度上,北极理事会确立了成员国、永久参与方、观察员三级行政权力结构,并为观察员设置了"三个必须承认"规范:观察员必须承认"北极国家在北极地区的主权、管辖权,以及包括《联合国海洋法公约》在内的广泛法律框架在北冰洋的适用性"。③ 截至2021年3月,北极理事会共有38个观察员。④

北极理事会是北极地区最有影响力的多边治理机制。从性质上看,北极

---

① Arctic Council, Ottawa Declaration (1996), https://oaarchive.arctic-council.org/bitstream/handle/11374/85/EDOCS-1752-v2-ACMMCA00_Ottawa_1996_Founding_Declaration.PDF?sequence=5&isAllowed=y.
② [挪威]奥拉夫·施拉姆·斯托克、[挪威]盖尔·荷内兰德:《国际合作与北极治理:北极治理机制与北极区域建设》,王传兴等译,北京:海洋出版社,2014年,第6页。
③ 肖洋:《北极理事会"域内自理化"与中国参与北极事务路径探析》,载《现代国际关系》,2014年第1期,第52—54页。
④ 北极理事会网站, https://arctic-council.org/en/about/observers/。

理事会属于高层次论坛,其所达成的共识不具有法律强制力。这源于美国一直坚持北极理事会职能最小化,并且反对将北极理事会建成一个正式的、有能力的机构,认为其不应具有法人资格。[1] 不过,2013年1月21日,北极理事会秘书处在挪威特罗姆瑟宣告成立,理事会建立永久常设机构,朝国际组织方向发展。

近年来,北极理事会的权力得到加强,突出表现在北极理事会达成了多项具有强制力的法律文件。在2011年5月第七次部长级会议上,北极理事会颁布了自成立以来第一个具有法律约束力的文件——《北极海空搜救合作协定》;2013年5月第八次部长级会议出台了《北极海洋石油污染预防与应对合作协议》;2017年5月第十次部长级会议出台了《加强北极国际科学合作协定》。可以看出,北极理事会正在强化其在北极治理中的核心地位,逐渐摆脱松散的论坛性质。北极理事会的"硬法化"进程已经从环保、民生等低政治领域扩展到高度战略性的极地科学领域。[2] 反过来看,这也表明在越来越多的域外行为体参与北极治理的趋势下,北极八国以北极理事会为抓手,加强其在北极治理中的核心作用。

(二) 北极多层治理架构

北极治理呈现多层治理架构。这种架构表现为以北极理事会为核心,国际北极科学委员会、北方论坛、巴伦支欧洲-北极地区合作机制等各自为政。形成这一治理架构的原因包括以下三个方面。

首先,"北极条约"的缺失以及北极理事会的权限有限。北极治理机制是由不同的行为体为解决不同的议题而创建的制度集合,而不是如南极条约体

---

[1] E. T Bloom, "Establishment of the Arctic Council," *American Journal of International Law*, 1999, pp. 712-722. 转引自郭培清、卢瑶:《北极治理模式的国际探讨及北极治理实践的新发展》,载《国际观察》,2015年第5期,第65页。

[2] 肖洋:《北极科学合作:制度歧视与垄断生成》,载《国际论坛》,2019年第1期,第103—113页。

系一样,有统一思想的制度体系。① 没有统一规划是北极治理机制与南极治理机制最大的区别。长期以来,有关创建"北极条约"的呼声甚高。然而,北极国家主张利用现有国际法,以《联合国海洋法公约》为主来解决北极问题,不主张建立新的国际法律制度。2008年5月28日,环北冰洋五国外长举行会议,在签署的《伊卢利萨特宣言》中,五国认为"……没有必要建立一项新的广泛意义上的国际法制度"以应对日益突出的治理问题,承诺基于海洋法原则解决彼此间的纠纷。② 该宣言明确海洋法在北极治理中的核心地位,意味着建立"北极条约"已不可能。

北极国家不主张制定"北极条约"的主要原因在于,当前越来越多的国家将目光投向北极,新国际制度的签订必将带来更多参与国及其国家利益,相应地,北极国家的利益将会受损。为保护自身的北极权益,北极国家甚至限制北极理事会的权限。表现在职能上,北极理事会本身基于没有法律约束力的部长级宣言而建立,无法制定正式的决议;议题上,北极理事会不讨论军事与安全等高政治议题,这从根本上排除了非北极国家参与北极地区的军事安全讨论。

其次,与南极不同,北极存在主权国家,北极治理的各个领域需要主权国家的参与与认可,排斥北极多边治理主张。北极自然环境、科学认知、政治安全、开发利用的多维度特性,将北极国家与域外利益攸关方紧密相连,形成包含各方利益和责任的综合体。③ 正是这种多维度特性,而北极理事会因缺少南极协商会议的中央决策特性,使得北极治理选择多层治理结构,亦使得其与

---

① Oran R. Young, "Arctic Governance: Preparing for the Next Phase," Presented at the Arctic Parliamentary Conference, Troms 11 - 13 august 2002, http://www.arcticparl.org/_res/site/File/images/conf5_scpar20021.pdf.

② Arctic Council, *The Ilulissa Declaration*, Greenland : Arctic Ocean Conference, 27 - 29 May 2008.

③ Emmerson Charles, *The Future History of the Arctic*, New York: Public Affairs, 2010, pp. 10 - 16. 转引自赵隆:《多维北极的国际治理研究》,王传兴等译,北京:时事出版社,2020年,第260页。

南极治理相比更加碎片化。北极治理的不同领域的治理效果存在较大差异性。

最后,治理主体的多样化。南极协商会议将代表严格控制为国家正式代表,直到20世纪80年代中后期,才陆续允许非政府组织与企业代表列席参会,但无决策权。在北极治理机制中,参与者不仅包括中央政府代表,而且有省级政府的代表、原住民组织代表,以及其他市民社会团体代表等。这种参与范围扩展源自芬兰提出的建立《北极环境保护战略》倡议。1989年,在加拿大的坚持下,三个原住民组织作为观察员应邀参加创建《北极环境保护战略》的一系列会议。当挪威随后发起巴伦支海欧洲-北极地区联合理事会时,北极原住民参与过程已形成既定路径。[1]

二、北极国际治理的主要议题及其发展历程

北极的地缘战略地位经历多重变化。在冷战时期,北极是美苏军事对峙的前沿阵地。在冷战结束前后,气候变化成为新的重大影响因素,围绕着科学考察与可持续发展,北极国际合作日益兴起。然而,气候变暖导致北冰洋冰盖加速融化,又使获取北极资源、开展北极航运等成为现实,北极从"科考时代"进入"开发时代"[2]。纵观历史,北极国际治理的重要议题包括环境保护与可持续发展、航运治理、资源开发、渔业管理等。各议题之间的互相联动,使北极治理更加复杂。

(一)北极环境治理

环境治理是北极治理中的重要议题,正是北极环境与气候变化使得越来

---

[1] [挪威]奥拉夫·施拉姆·斯托克、[挪威]盖尔·荷内兰德:《国际合作与北极治理:北极治理机制与北极区域建设》,王传兴等译,北京:海洋出版社,2014年,第27页。

[2] 孙凯、张佳佳:《北极"开发时代"的企业参与及对中国的启示》,载《中国海洋大学学报(社会科学版)》,2017年第2期,第71页。

越多的国家开始关注北极,并参与到北极治理中。气候变化加速北极冰融,反过来,北极所发生的气候变化很可能对全球气候系统产生重大影响,例如加速北极地区的升温,从而导致全球海平面加速上升,以及冻土松动释放出的温室气体加速全球变暖的过程。联合国政府间气候变化专门委员会(IPCC)《第五次评估报告》认为,北极冰雪融化将会导致地球重量从极地向赤道发展,引起地球物理属性发生重大变化,成为整个人类未来最大的生态威胁之一。[①]

在气候变化影响下,当前北冰洋的海冰显著减少,资源开发、航道通行、渔业捕捞等成为可能。不过,这又可能反过来破坏北极环境,如不断增多的航运对环境造成不良影响,采矿活动对生态系统功能和动植物栖息地造成破坏性影响等。

环境问题是北极国际合作的出发点。20世纪90年代,基于对环境治理的共识而建立的北极理事会,其初始职责之一是促进北极环境保护与可持续发展的合作。在法律制度上,有关北极地区环境治理的法律分散于各个适用于全球的整体性公约和涉及北极地区的区域条约中,前者以《联合国海洋法公约》和《生物多样性公约》为代表,其中没有保护北极整体环境的特别考虑;后者以《保护北极熊协定》等区域性条约和《北极环境保护战略》等软法为代表。在管理机构上,涉及北极理事会、东北大西洋渔业委员会、国际海事组织等多重机构。[②]

(二) 北极航运治理

气候变化加速了北极冰盖的消融,使北极航运成为现实。专家预计,北极通道有望在2030年夏季完全开通。北极航道开通具有深远的战略意义,由于国际货物贸易主要集中在欧洲、亚洲与北美洲,北极航线全面开通,将成为北

---

① 杨剑等:《北极治理新论》,北京:时事出版社,2014年,第348—352页。
② 刘惠荣、陈奕彤、董跃:《北极环境治理的法律路径分析与展望》,载《中国海洋大学学报(社会科学版)》,2011年第2期,第2页。

美洲、北欧地区和东北亚国家之间最快捷的黄金通道,[1]可能从根本上改变国际航运格局,进而改变国际贸易格局。

北极航道主要包括三条,分别是西北航道(横穿加拿大北极群岛、连接大西洋和太平洋)、东北航道(经俄罗斯北部水域连接大西洋和太平洋),以及中央航道(穿越北极点附近的北冰洋公海水域)。其中,西北航道和东北航道夏季已可通航,北欧至俄罗斯西北部可全年通航。[2] 中央航道全长约4630千米,是连接东北亚经济圈和欧盟经济圈距离最短的海上贸易通道。不过由于其航行条件恶劣,目前尚不构成通航条件。

2007年9月,北极首次出现海冰融化现象,这是西北航道和北方海航线首次出现暂时无冰并可向非破冰船开放的情况,[3]凸显出两条航道的重要性,引发关于相关水域法律地位的争论。在西北航道方面,基于因纽特人在相关水域长达数千年的使用和占有,加拿大声称西北航道的相关海峡和水道构成"内水"。俄罗斯则认为东北航道位于其"内水"。两国的说法遭到美国等国家的反对。

1. 西北航道

西北航道位于加拿大北极群岛沿岸,东起戴维斯海峡和巴芬湾,向西穿过加拿大北极群岛水域,经美国阿拉斯加背面波弗特海,穿过白令海峡与太平洋相接。西北航道有七条潜在可行的航线。由于冰层融化,西北航道已于2007年夏季开始通航。对于北半球国家和组织,特别是中国、美国、欧盟而言,西北航道具有重要的经济战略价值。如果从中东、东北亚经北极地区往返北美、南美东海岸或北欧、西欧,穿越北极的航行要比经巴拿马运河或合恩角、苏伊士

---

[1] 夏立平等:《北极地区治理与开发研究》,北京:世界知识出版社,2020年,第196页。
[2] 唐国强:《北极问题与中国的政策》,载《国际问题研究》,2013年第1期,第16页。
[3] [加]迈克尔·拜尔斯:《国际法与北极》,陈子楠译,北京:时事出版社,2020年,第129页。

运河或好望角少走6000至11000千米。①

由于西北航道是美国将阿拉斯加的石油运至东部市场的捷径,冷战时期还是美国核潜艇往返北冰洋的重要通道,美加两国就西北航道的国际地位存在分歧。美国认为,西北航道是国际航道,各国均有权过境通行。加拿大则长期以来声称对西北航道拥有主权。美国不承认加拿大在西北航道的法律地位,重要原因之一是美国海军担忧,若承认则可能为世界其他地区被美国主张为国际海峡的航道开设先例。②

2. 东北航道

东北航道西起冰岛,经巴伦支海,沿欧亚大陆北方海域,向东穿过白令海峡,连接东北亚,长约5370千米。东北航道是联系大西洋和太平洋港口的重要航道,是俄罗斯西伯利亚许多城市的生命线。大量燃料、食品和其他物资经由这条航线得以补充。俄罗斯(苏联)对东北航道实施严格的管辖,在海商部内部专门设置了东北航道管理局,负责航道管理事宜。

北方海航道是东北航道的一部分,其西起新地岛海峡的西部入口,东到白令海峡,长约4724千米。俄罗斯认为,与东北航道部分重叠的北方海航道是位于俄罗斯"内海、领海(领水)或专属经济区内的基本海运线"。从1932年起,北方海航道便处于苏联(俄罗斯)的控制之下。③ 数十年来,东北航道一直是美俄在北极地区最有争议的问题之一。美国不接受俄罗斯的立场,认为俄北部海峡应使用国际海峡航行制度,外国船只应享有过境通行权或无害通过权,这遭到俄罗斯的否认。

(三) 北极能源治理

北极地区蕴藏着巨大的能源资源。气候变化使北极油气资源的开采条件

---

① 夏立平等:《北极地区治理与开发研究》,北京:世界知识出版社,2020年,第171页。
② [加]迈克尔·拜尔斯:《国际法与北极》,陈子楠译,北京:时事出版社,2020年,第141页。
③ 夏立平等:《北极地区治理与开发研究》,北京:世界知识出版社,2020年,第173—174页。

得到改善,加之近年来油气资源开发技术的提升,北极已经进入大规模开发的准备期。根据美国地质调查局 2008 年完成的评估报告,北极地区未探明的石油储量达到 900 亿桶,占世界石油储量的 13%;天然气 47 万亿立方米,占世界储量的 30%;可燃冰(天然气水合物)440 亿桶。新增储量的 80% 来自北极海洋。北极地区煤炭资源储量超过 1 万亿吨,超过全世界其他地区已探明煤炭资源的总量。① 北极大陆架可能是地球上最大的尚未开发的石油储藏地。

北极理事会在北极能源治理中发挥着重要的组织协调作用。在北极理事会中,与油气开发相关联的三个工作组分别为:北极海洋环境保护工作组,北极监测和评估计划工作组,突发事件预防、准备和响应工作组。此外,北极理事会还成立了防止北极海洋油污染任务组。1997 年,保护北极海洋环境工作组发布《北极近海油气开发指南》,并于 2002 年、2009 年进行修订。

全球气候变化凸显北极油气资源开发前景的同时,也隐藏着巨大的风险。北极油气资源开发中存在诸如技术、基础设施、经济和环境的挑战等诸多复杂问题。其中,油气的溢出是最为严重的挑战。这就对北极能源治理提出要求。无论是油气开采还是运输过程,都存在泄漏的风险,将会造成重大污染。② 由于缺少统一性的条约,北极能源治理呈现碎片化态势。在全球层面上,《联合国海洋法公约》是主要的治理工具。公约规定各国有保护和保全海洋环境的义务。特别制定的第 234 条给予极地沿岸国制定防止污染和保护生态的国内制度的权利,允许极地沿岸国在各自专属经济区的范围内研究制定相关"法律和规则来防止、减少以及控制来自冰区航行船舶的海洋污染"。不过,公约并没有专门制定极地水域油气开采的制度。除了《联合国海洋法公约》之外,国

---

① 杨剑等:《北极治理新论》,北京:时事出版社,2014 年,第 437 页。
② 历史上,北极地区曾经发生过石油泄漏事件。1989 年 3 月 24 日,"瓦尔迪兹"号邮轮在阿拉斯加湾北部的威廉王子湾附近撞上布赖礁,船内约 4000 万升的北极原油倾泻。然而,事故发生之后,石油运输公司对此束手无策,没有针对泄漏事故进行处理,原油扩散到 500 千米以外的北冰洋大片海域,使大量生物遭受灭顶之灾,渔民蒙受巨大损失。

际海事组织前身政府间海事协商组织于1973年通过的《国际防止船舶造成污染公约》也是针对船舶污染问题制定的法规。

（四）北极渔业治理

渔业资源是最早被人类开发利用的北极资源。巴伦支海、挪威海、北海、格陵兰海和白令海等海域生物资源丰富,是世界著名渔场。[1] 北极渔业具有战略意义。从经济角度而言,对北极国家来说,渔业是大部分北极国家的主要产业,是冰岛、挪威等国的传统经济支柱产业;对于域外国家来说,因近海捕捞资源枯竭,远洋捕捞成为各国的选择。随着气候变化与北冰洋冰盖加速融化,鱼类种群循北而上,北极海域形成新的商业渔场的可能性增大,[2]北极渔业资源养护已经成为北极治理中的核心议题之一。

北极渔业主要集中在东北大西洋巴伦支海与挪威海、中北大西洋冰岛和格陵兰岛外海域、加拿大西北部纽芬兰和拉布拉多海、北太平洋白令海。这些地区渔获量约占世界总量的8%—10%。北极国家的北极渔获量约占整个北极渔获量的90%。[3] 当前,北极海域还没有统一的区域性渔业管理组织。北极渔业治理以主权国家为主体,大致可分为以下三种类型:北冰洋沿岸国家（加拿大、美国、俄罗斯、挪威、丹麦）、北极圈内其他国家（芬兰、瑞典、冰岛）,以及第三方国家（从事远洋捕捞的国家）。北极渔业治理主要目标包括:非法、未报告及不受规范捕捞（IUU）与加强环境保护即鱼类养护。[4]

在目前的北极渔业管理中,北极国家抵制国际社会与国际法律的介入,因

---

[1] 孙凯、张佳佳:《北极"开发时代"的企业参与及对中国的启示》,载《中国海洋大学学报（社会科学版）》,2017年第2期,第72—73页。
[2] 邹磊磊、黄硕琳、付玉:《南北极渔业管理机制的对比研究》,载《水产学报》,2014年第9期,第1611页。
[3] 邹磊磊、黄硕琳、付玉:《南北极渔业管理机制的对比研究》,载《水产学报》,2014年第9期,第1611—1612页。
[4] 杨剑等:《北极治理新论》,北京:时事出版社,2014年,第408—417页。

此至今没有形成统一协调的渔业管理机制,甚至北极理事会决定不涉足北极渔业事务,而囿于其"政府间论坛"性质,亦缺乏区域性渔业管理组织具备的制定强制性操作准则的权威性。大致遵循《联合国海洋法公约》《联合国鱼类种群协定》《负责任渔业行为守则》《生物多样性公约》等国际公约及协议,同时也有北极国家之间的双边或多边协定及国内立法。基于北极复杂的地缘政治,类似《南极海洋生物资源养护公约》跨越行政区域的、基于生态体系的综合性条约难以出台,类似于南极海洋生物资源养护委员会的区域性渔业管理组织亦难以建立,现行的北极渔业管理呈现碎片化,即禁锢于比较严格的行政区域而仅能展开"碎片式"管理,[1]具体表现为:北极各国各自开展迥异的、各自管辖范围下的北极渔业制度;区域性越野管理组织仅管理有限的北极海域;北冰洋公海渔业管理几乎处于缺失状态。[2]

三、北极地缘政治格局与安全态势

北极既是通道也是资源。[3]北极问题的核心在于其日益凸显的地缘战略地位。在地缘上,北极地区扼亚、欧和北美大陆的战略要冲,这一显要的战略地位使北极从无足轻重之处变为地缘战略要地,这一转变最初发生在二战期间。

1920年签订的《斯瓦尔巴德条约》明确斯瓦尔巴群岛的主权归属挪威,同时确保欧美列强的自身利益,是北极国际合作的典范。随后,二战的到来凸显了北极的战略地位。在太平洋方向,1942年6月,日本攻占阿留申群岛中的

---

[1] 邹磊磊、黄硕琳、付玉:《南北极渔业管理机制的对比研究》,载《水产学报》,2014年第9期,第1612—1614页。
[2] 邹磊磊、张侠、邓贝西:《北极公海渔业管理制度初探》,载《中国海洋大学学报(社会科学版)》,2015年第5期,第8页。
[3] 杨海霞、张侠:《经略北极,尽早行动——专访中国极地研究中心极地战略研究室主任张侠》,载《中国投资》,2018年第7期,第24页。

第四章 推进"远边疆"领域合作：极地治理及其秩序构建

两个岛屿,使美国意识到阿拉斯加构成美国"最后的前线"。1944年,罗斯福总统在全国广播讲话中,即向美国民众强调北极对美国的永久性意义。在欧洲战场方向,北极是支援苏联反法西斯战争的基地,北冰洋的某些通道是同盟国抗击德国的重要战略航线,西方援助的军事物资通过白令海峡和摩尔曼斯克运往苏联。[①]

冷战期间,北极地区构成以苏联为一方,以美国统率的北约为另一方的二元对峙格局。北约成员国从斯堪的纳维亚、英伦三岛、冰岛经格陵兰岛、加拿大直到阿拉斯加,对苏联构成战略大包围,北极地区构成西方海洋势力遏制欧亚大陆陆权力量的重要空间。美国在阿拉斯加和格陵兰岛建立庞大的军事基地群,而苏联将摩尔曼斯克建成世界上最大的海、空军基地。[②] 北冰洋沿岸亦是双方部署洲际导弹的重点区域。冷战后期,美苏出现合作迹象,两极格局开始松动。

后冷战时代,北极地区政府间区域合作迅速发展,气候变化导致北极冰融加速,这一通道极有可能变成海上要道,随之而来的将是北极地缘政治竞争日益增强。有学者认为,十多年来的北极地缘环境有三个显著的时间节点。一是2007年8月,俄罗斯的北冰洋插旗事件,[③]搅动冷战结束后总体和平稳定的北极地缘政治格局,引发其他北极国家的强烈反对和严重关注。二是2014年3月18日的"克里米亚事件",该事件后,西方的制裁使俄罗斯在液化天然气项目上失去美欧市场,转而向东,加快与东亚国家,特别是中国在北方海航道、能源及相关基础设施建设等方面的合作。三是2019年5月6日,时任美国国务卿蓬佩奥发表演讲,宣告"权力和竞争的新时代"在北极到来。蓬佩奥的演讲不仅为大国竞争回归北极地区张目,使北极面临混乱和失序的风险,甚

[①] 陆俊元:《北极地缘政治与中国应对》,北京:时事出版社,2010年,第92页。
[②] 陆俊元:《北极地缘政治与中国应对》,北京:时事出版社,2010年,第93—94页。
[③] 2007年8月2日,俄罗斯北极科考队将一面钛合金国旗插入北极点附近4267米的北冰洋底。

至也为未来几年北极地缘政治格局定下竞争为主的调子。①

从1987年的"摩尔曼斯克讲话"到2007年,北极地区出现二十年的缓和期。2007年俄罗斯的插旗事件导致北极再次陷入地缘战略竞争。目前,北极地缘政治呈现两个特征。一是北极国家奉行北极"门罗主义",强调"北极是北极国家的北极",排斥域外大国深入参与北极事务。在气候变化背景下,北极治理全球化成为现实,诸多议题已超出北极地域范围,具有全球属性,非北极国家亦有参与北极治理的权利。北极国家出现矛盾心态,一方面担心非北极国家另起炉灶,建构自己的北极组织,而将非北极国家纳入北极理事会;另一方面,当越来越多的非北极国家涌入北极理事会,科学成为北极国家垄断北极权力的抓手,北极国家在北极理事会框架下结成科学垄断同盟,使北极理事会正朝向"知识型垄断"发展②,约束非北极国家的权力。

二是北极国家之间存在矛盾,包括大国之间的矛盾,以及大国与小国之间的矛盾等。就大国之间的矛盾而言,美俄不仅有历史存留并延续至今的北极战略竞争,而且在具体议题上存在巨大分歧。以航道通行为例,美国主张"航行自由",否认俄罗斯对北冰洋沿岸航道的主权主张。然而俄罗斯不断加紧对北方航道的安全防卫和控制,并于2018年对北冰洋沿岸航道过往的外国船舶运输以及外国军舰加强监管。③ 此外,美俄的北极战略竞争升温,双方为制衡对方而引入域外大国,导致地缘政治态势进一步复杂。2014年克里米亚事件后,以美国为首的西方对俄罗斯进行制裁,俄罗斯加强与中国的北极合作,中国的北极参与得以深化,中美俄三国在北极呈现出竞争与合作并存的复杂态

---

① 徐庆超:《北极安全战略环境及中国的政策选择》,载《亚太安全与海洋研究》,2021年第1期,第111—113页。
② Clemens Binder, "Science as Catalyst for Deeper Arctic Cooperation? Science Diplomacy & the Transformation of the Arctic Council," *Arctic Yearbook* 2016, pp. 128–129. 转引自肖洋:《北极科学合作:制度歧视与垄断生成》,载《国际论坛》,2019年第1期,第105页。
③ 郭培清、杨楠:《论中美俄在北极的复杂关系》,载《东北亚论坛》,2020年第1期,第28页。

势,北极地区加速进入所谓的"战略竞争新时代"。宏观上看,中美俄三大国中,中国和俄罗斯的北极合作富有成效,而在北极问题上自认为"落后于中俄"的美国则频频采取激进措施,同中俄形成对抗之势。① 例如,2019年6月美国国防部发布的《北极战略》中,宣称俄罗斯和中国正以不同方式挑战"基于规则"的北极秩序,表示将在必要时以竞争来维护北极地区力量平衡。② 不过,在北极军事化局势加剧的同时,中美俄三国也在能源开发、航道利用、海上搜救等领域展开合作。

就大国与小国方面而言,北极内有诸多小国。在构建南极制度时,南极中小国家曾一度担心美国吞并自身的国家利益,《南极条约》通过非军事化条款在一定程度上抵消了这种疑虑。但是北极地区存在主权国家,并且被高度军事化,这使得域内中小国家担忧自身国家安全。因此,这些国家希望引入域外大国来平衡美俄的影响,如冰岛在强化北极理事会的同时另起炉灶,通过建设其他平台并联合北极圈外利益攸关方以加强其北极身份。③ 北极国家之间的内部矛盾为域外国家的进入提供了缝隙,域外国家的多方位参与将使北极地缘政治局势进一步复杂化。

第三节　中国参与极地治理的历史进程与经验思考

自1985年成为南极条约协商国以来,中国正式参与南极治理已有35年历史。自2013年成为北极理事会观察员国以来,中国参与北极治理有7年历

---

① 郭培清、杨楠:《论中美俄在北极的复杂关系》,载《东北亚论坛》,2020年第1期,第26—27页。
② Changing Environment Means Changing Arctic Strategy, US Department of Defense, https://www.defense.gov/Explore/News/Article/Article/1865978/changing-environment-means-changing-arctic-strategy/ (access March 8, 2021).
③ 刘惠荣、陈奕彤、孙凯:《北极地区发展报告(2019)》,北京:社会科学文献出版社,2020年,第8页。

史。当前,中国已深入参与极地治理。乘综合国力快速增长之势,中国的极地参与经历了从无到有、由小到大的巨变,成为极地治理中举足轻重的力量。在南极治理中,中国是南极条约协商国,拥有南极事务决策权,并加入南极条约体系所有重要的公约和组织。在北极治理中,中国是"近北极国家",是北极理事会观察员国。

一、中国参与南极治理的历史进程

"为人类和平利用南极作出贡献"是中国参与南极治理的宗旨和目标。参与南极治理35年来,中国的南极参与逐步成熟,在学习南极治理相关规则后,亦逐渐利用相关规则来实现中国的南极利益,维护中国的南极权益。当前,南极治理进入新一轮规则竞争,参与南极制度建设成为中国新时代南极外交的重心。

《南极条约》赋予协商国协商会议管理整个南极地区的权力。这种情况随着1980年《南极海洋生物资源养护公约》(简称《养护公约》)签订、1982年南极海洋生物资源养护委员会(简称养护委员会)设立发生改变,治理南大洋的权力转移到养护委员会。由此,协商会议和养护委员会会议(简称养护会议)成为当前南极治理最主要的两个平台。在这两个平台上,国家制定治理规则,开展南极外交。根据在这两个平台上的参与情况,中国参与南极治理的进程划分为三个阶段,即学习规则阶段、利用规则阶段,以及创制规则阶段。

(一) 学习规则阶段(1985年至2005年)

在这一阶段,我国积极主动参与南极治理,加入体系内的各大条约和公约。1986年,中国成为南极研究科学委员会的正式成员国。1988年,中国成为国家南极局局长理事会的创始成员国。[①] 1994年,中国批准《南极条约环境保护议定书》,之后又陆续批准了该议定书的五个附件,并在南极活动中予以

[①] 《中国的南极事业》白皮书(2017年),第13—14页。

严格执行。2006年,中国获批准加入《南极海洋生物资源养护公约》,并成为南极海洋生物资源养护委员会成员国,开始全面参与南极海洋生物资源的养护和合理利用。总体来看,我国在这一时期参与南极治理以学习南极治理规则为主。

(二) 利用规则阶段(2005年至2017年)

2005年是一个转折点。2005年,中国开始利用南极规则,积极申请南极特别管理区(Antarctic Specially Management Areas,ASMAs)和特别保护区(Antarctic Specially Protected Areas,ASPAs)。申请特别保护区与特别管理区是南极治理的最新趋势,尤其是进入21世纪以来,协商会议上出台的措施几乎皆与特别保护区与特别管理区相关。我国顺应这一趋势,从2005年至2008年单独或联合他国分别成功申请拉斯曼丘陵特别管理区、格罗夫山哈丁山特殊保护区、伊丽莎白公主地阿曼达湾特殊保护区。这三个保护区基于我国在三个区域的多年考察实践而建立。与此同时,中国连年提交信息文件,内容包括特别管理区的管理、事故、建设新考察站、东亚南极会议、北极探险、设施维修等。在南极领土主权未定与环境保护的双重背景下,领土主权要求国利用环境保护来加强本国的领土主权要求,非要求国则积极加入这轮新的竞争,以免自身参与南极的利益受到损害。成功设立保护区表明我国在学习南极治理规则后,初步学会如何利用规则来保护我国的南极利益。

与此同时,在参与养护会议方面,自2007年成为养护会议成员方以来,中国经过几年参会学习,了解养护委员会的规则,关注磷虾渔业捕捞问题,提交文件发表建议,开始利用规则维护本国利益。从2013年开始,中国围绕磷虾捕捞活动、磷虾分布、中国的磷虾捕捞计划、声学调查和分析方法小组会议等议题提交报告。在该阶段,中国开始在协商会议上遭到质疑与反对,主要体现在2013年至2017年连年申请冰穹A(Dome A)地区的特别管理区,均遭失败。

(三) 创制规则阶段(2018年至今)

在这一阶段,中国参与南极治理更加积极,开始尝试创制规则,并且将工作文件与信息文件有机结合,对议题的关注点从设立保护区扩展到其他南极事务。在我国连年申请冰穹A特别管理区遭遇失败后,从2018年开始,我国不再将注意力全部放在昆仑站特别管理区上,一方面,制定《南极冰穹A地区勘探和研究行为守则》来完成保护该地区的工作;另一方面,将注意力放在指定其他特别保护区,以及南极治理中的其他问题上。

在这一阶段,我国开始尝试创制规则,提交文件数量与涉及领域增多,表现愈发专业与成熟,不过相应地,中国在养护会议上面临的质疑与挑战亦增多。例如,南极海洋保护区(Marine Protected Area,MPA)是当前南大洋治理中的焦点议题。自2009年英国申请建立海洋保护区以来,各国竞相提交海洋保护区提案。目前,已经建成南奥克尼群岛南大陆架保护区、罗斯海保护区。对于海洋保护区问题,中国强调需要充分的科学依据,提出确立"研究与监测计划"(Research and Monitoring plan,RMP)、完善《总体框架》等倡议,2018年中国提交题为《CCAMLR海洋保护区研究与监测计划的制定》(CCAMLR-XXXVII/32)的工作文件,认为研究与监测计划是海洋保护区的基础,然而遭到美国、法国、新西兰、欧盟等成员方的反对。

二、中国参与北极治理的历史进程

中国是近北极国家,但中国的北极参与长期处于停滞状态,其程度远远滞后于中国的南极参与。自冷战结束后,中国方才开展北极活动,先后经历科学考察阶段与深入参与阶段。

在国家层面,中国政府的北极活动最早开始于1925年。当时的段祺瑞政府代表中国加入《斯瓦尔巴德条约》。整个冷战期间,中国并未对北极投入过多关注。在国家海洋局成立之初,中国极地工作的关注点限于南极。国家海洋局在1977年提出"查清中国海、进军三大洋、登上南极洲"的工作目标,其中没有北极。国家海洋局极地考察办公室在1981年成立之初,名称是"国家南极考察委员会办公室"。①

(一) 科学考察阶段(1991—2013年)

科学是我国参与北极的触发点。地理位置上的相近,使得我国的气候、环境和农业生产等深受北极环境变化与气候变化的影响。北极科考关乎我国的切身利益,如北极地区冷空气活动和高纬度地区大气环流变化直接影响我国天气和气候,北极冰川融化加速全球海平面上升,影响我国东部沿海地区的经济和社会发展。② 20世纪80年代,北极地区的环境变化引起科学界的关注。北极地区的气候变化对我国可能带来的影响成为我国科学家关注的一个主要问题,我国于20世纪90年代开始进行北极科学研究。概括来看,中国参与北极科学考察活动经历了科学家的个人行为到参与其他国家的北极科学考察,再到中国自主组织系列北极科学考察的历程。③

1991年,高登义应挪威卑尔根大学的邀请,于当年七至八月参加由挪威、苏联、中国和冰岛四国科学家组成的北极科学考察队,在北极斯瓦尔巴德群岛及其邻近海域进行考察。1993年,中国科学院与美国阿拉斯加北坡自治区签订北极科学考察研究的合作协议。④ 1996年,中国成为国际北极科学委员会成员国。1999年起,中国雪龙号科考船开始赴北极考察。组织北极科考是中国早期参与北极事务的主要形式。随着国家投入增多,中国的北极参与增强,

---

① 孙凯:《参与实践、话语互动与身份承认——理解中国参与北极事务的进程》,载《世界经济与政治》,2014年第7期,第53页。
② 胡正跃:《中国对北极事务的看法——外交部胡正跃部长助理在"北极研究之旅"活动上的报告》,载《世界知识》,2009年第15期,第54页。
③ 卢静等:《全球治理:困境与改革》,北京:社会科学文献出版社,2016年,第281页。
④ 孙凯:《参与实践、话语互动与身份承认——理解中国参与北极事务的进程》,载《世界经济与政治》,2014年第7期,第54页。

标志性事件是2004年在斯匹次卑尔根群岛的新奥尔松地区建成"中国北极黄河站"。2005年,中国成功承办了涉北极事务高级别会议的北极科学高峰周活动,开亚洲国家承办之先河。[①] 至2013年,中国成为北极理事会正式观察员,进入深入参与北极阶段。

(二) 深入参与阶段(2014年至今)

2013年,中国成为北极理事会观察员。2014年克里米亚事件后,遭遇西方制裁的俄罗斯在液化天然气项目上失去美欧市场,转而向东,加快与中国在北方海航道、能源及相关基础设施建设等方面的合作。由此,我国开启深入参与北极治理的进程,发起倡议、推动北极国际合作,企业亦开展北极合作。我国发起共建"丝绸之路经济带"和"21世纪海上丝绸之路"("一带一路")重要合作倡议,与各方共建"冰上丝绸之路"。与此同时,加快国际合作。2016年,中国、日本、韩国启动北极事务高级别对话,推动三国在加强北极国际合作、开展科学研究和探索商业合作等方面交流分享相关政策、实践和经验。与此同时,中国企业开始积极探索北极航道的商业利用。

2018年1月26日,中国国务院新闻办公室发表《中国的北极政策》白皮书,这是中国政府制定的第一份官方的北极政策指导性文件。其中全面介绍了中国参与北极事务的理念和路径,将中国北极政策的目标界定为"认识北极、保护北极、利用北极和参与治理北极,维护各国和国际社会在北极的共同利益,推动北极的可持续发展"[②]。

三、中国参与极地治理与极地秩序建构的思考

由于南北极不同的法律地位,在参与极地治理与秩序建构上,南极基于能

---

① 《中国的北极政策》,中华人民共和国国务院新闻办公室网站,http://www.scio.gov.cn/zfbps/32832/Document/1618203/1618203.htm。
② 《中国的北极政策》,中华人民共和国国务院新闻办公室网站,http://www.scio.gov.cn/zfbps/32832/Document/1618203/1618203.htm。

力逻辑,北极则基于主权逻辑。在参与治理方面,中国在两极的侧重点理应不同。

不过,中国参与两极又有共性,那就是在完善极地治理之外,化解自身的参与困境。对中国来说,参与极地的挑战是双重的,中国不仅要思考如何破解当前极地治理难题,提供观念和器物层面的公共产品,更需要突破针对中国的封锁和遏制苗头。

在南极,自 2009 年中国在冰穹 A 地区建立南极昆仑站、实现战略跨越之后,类似"极地雄心论"等论调开始出现。此后,中国在南极的一举一动备受关注,尤其是 2013 年之后,中国申请建立冰穹 A 地区特别管理区,对中国的负面言论甚嚣尘上,一些学者、智库与媒体借机炮制恐慌。例如:部分学者称中国是南极条约体系最主要的挑战;一些报道形容中国的南极活动"咄咄逼人"(aggressive behavior),[1]称中国为南极事务的"破坏者"(disrupter),[2]认为中国可能会将南极地区变成有争议的地区,[3]并且揣测中国参与南极是出于军事动机;[4]等等。在北极也出现类似的论调,如用"中国野心""中国幽灵""阴谋"或"贪婪"等语言描述中国参与北极事务的行为,[5]发布《中国的北极雄心》[6]《中

---

[1] David Fishman, "China's Advance into the Antarctic," https://www.lawfareblog.com/chinas-advance-antarctic.

[2] Anthony Bergin, Tony Press, "Eyes Wide Open: Managing the Australia-China Antarctic Relationship," https://s3-ap-southeast-2.amazonaws.com/ad-aspi/2020-04/SR％20153％20Eyes％20wide％20open.pdf? P8inejj.Vw5exevrjKNUmhSMX_6QtpwS.

[3] Tuan N. Pham, China's Activities in the Polar Regions Cannot Go Unchecked, https://www.usni.org/magazines/proceedings/2019/march/chinas-activities-polar-regions-cannot-go-unchecked.

[4] Holly Robertson, China and Russia are Eyeing up Antarctica—and Experts Say Australia should be More Concerned, https://www.abc.net.au/news/2018-10-28/china-and-russia-are-eyeing-up-antarctica/10433024.

[5] 傅崐成:《北极事务少不了中国参与》,《环球时报》,2013 年 4 月 3 日。

[6] Linda Jakobson, Jingchao Peng, "China's Arctic Aspirations," http://www.arctis-search.com/China％E2％80％99s％20Arctic％20Aspirations.

国龙对世界之巅"虎视眈眈":中国北极政策争论》[1]等报告。

在南极,由于没有主权限制,中国可凭能力参与南极治理与秩序构建,主要切入点为当前的南极治理困境。《南极条约》及由此衍生出的南极条约体系只适合管理人数较少的人类活动,[2]伴随着人类大规模涌入南极,南极旅游、生物勘探、保护区建设、IUU等四个议题成为南极治理中的焦点议题,目前已有的南极治理机制不足以应对这些问题。虽然协商国分别就四个议题达成需要治理的共识,但是进入具体治理领域的规则制定时,则陷入激烈的规则竞争之中,导致南极治理的建制与改制处于停滞阶段。

对于我国而言,具体做法包括两方面:一是综合采用各种方式化解负面言论,由于自身发展过于迅速,我国对自身的南极目标与战略还没有清晰的认识,应在国家层面尽早颁布南极战略,加强国际合作,以国际社会容易接受的方式讲好中国的南极故事;二是增强制度性话语权,包括提升中国南极科研能力,关注南极治理中的中小议题,重视闭会期间的会间联络组,更为积极地提交工作文件等。

在北极,作为非北极国家,中国受到主权的限制。基于北极多层治理以及治理碎片化的现实,中国在北极不同领域的参与程度以及能发挥的作用是不同的。在诸如军事、安全等高政治议题上,北极国家奉行排外政策,中国参与路径几乎被封锁。但是,在经济、法律、环境、发展等领域,北极治理全球化导致北极国家相对开放,这些是中国可以争取有所作为的领域。因此,中国参与北极的重点应放在弱政治领域,如气候变化与环境保护、航运治理、能源治理、科学考察等,开展北极国际合作,特别是与北极国家的合作。具体而言,环境

---

[1] David Wright, "The Dragon Eyes the Top of the World: Arctic Policy Debate and Discussion in China," *China Maritime Study*, No. 8, Newport: U. S. Naval War College, 2011. 转引自孙凯:《参与实践、话语互动与身份承认——理解中国参与北极事务的进程》,载《世界经济与政治》,2014年第7期,第56页。

[2] 潘敏:《论南极矿物资源制度面临的挑战》,载《现代国际关系》,2011年第6期,第47—51页。

保护议题可以避开领土和航道争端,是我国参与北极治理的主要切入点;积极参与环境治理,如治理北极海域的航运污染、参与防治海洋污染的相关规则制定、开展双边或多边合作、开展极地渔业资源调查、参与创制北极渔业机制等,从多方面实现我国在北极事务中的实质性存在。

北极治理碎片化也导致众多行为体在北极不同层级发挥作用。因此,除了需要加大政府参与北极治理力度,我国亦需推动与促进地方政府、公司企业、非政府组织,以及相关学术团体共同参与北极治理,以形成北极治理的合力。

第五章
守护人类家园:环境安全及其治理

张海燕

全球环境问题是国际社会所面临的超越国家和区域行政边界,由人类活动引发的资源过度开发、环境污染、生态破坏、气候变化等对人类社会可持续发展构成严峻挑战的系列环境问题。随着全球环境的不断恶化,环境问题已经与安全、贸易、经济和卫生等议题一样,进入全球政治议程的中心,成为国际社会关注的重要议题之一。

随着国际社会对全球环境问题认识的不断深化,世界各国在联合国体系下通过国际交流与合作、国际共识与规则、国际环境政策和条约展开解决全球性环境问题的行动。环境治理在全球治理体系中的地位继续上升,已成为全球治理的优先议程。1992年联合国环境与发展大会以来,环境问题开始被国际社会视为一个发展问题并逐渐被内化到国际决策中。全球环境治理是指在全球环境治理中形成的各种治理组织,设定的治理目标以及为实现目标所采取的行动、合作模式、运行机制的总和。[①]

第一节　全球环境治理体制的发展演变历程

工业革命以来，大规模的工业生产加速了环境恶化的速度。20世纪30年代开始，西方发达国家相继发生了震惊世界的八大公害事件，引起国际社会对环境污染问题的关注。20世纪60年代，人类对日益严重的环境问题开始进行反思。《寂静的春天》和《增长的极限》等里程碑式著作有力地唤醒了人类社会的环境意识，推动了全球环境治理体系的萌芽。1972年联合国斯德哥尔摩人类环境会议开始了全球环境治理的进程。1992年联合国里约热内卢环境与发展大会将经济发展与环境保护相结合，提出可持续发展的理念，推动了全球环境治理体系的发展。2002年联合国在约翰内斯堡召开世界可持续发展峰会，将可持续发展的共识变成可行性的计划和目标。全球环境治理从议程设定时代进入议程实施时代。2012年联合国可持续发展大会整合经济、社会和环境三方面的发展政策，推动了2015年后可持续发展目标的设立。

从1972年斯德哥尔摩人类会议到2012年"里约＋20"峰会，全球环境治理在全球治理体系中的地位呈上升态势，在全球治理中的地位从边缘逐渐转移到中心地带。全球环境治理的演变历程是人类对生态环境以及人与自然关系认识不断深化的过程，也是各国在复杂的利益博弈中艰难完善的过程。根据具有里程碑式的历次世界环境大会的举办时间，本研究将全球环境治理体系的发展划分为以下五个阶段。

---

① 刘冬、徐梦佳：《全球环境治理新动态与我国应对策略》，载《环境保护》，2017年第6期，第61页。

一、全球环境治理体系的萌芽阶段

工业革命以来,人类社会科学技术水平突飞猛进,人口数量急剧膨胀,人类对自然环境展开了前所未有的大规模开发利用。人类社会在创造了极为丰富的物质财富的同时也引发了深重的环境灾难。由于缺乏有效的管理和控制,20世纪30年代到60年代美国、日本和欧洲相继发生了举世震惊的世界"八大公害事件",给国际社会敲响了环境危机的警钟。

1962年美国蕾切尔·卡逊的《寂静的春天》是唤起世界环境保护意识的里程碑著作。在这本书中,卡逊揭示了因农药过度使用造成的环境污染和生态破坏问题,用生态学的基本原理分析了杀虫剂DDT对人类赖以生存的生态系统带来的长期的、缓慢的危害。卡逊指出"人类走在交叉路口"的警世之言。她说:"我们正站在两条路的交叉路口上。这两条道路完全不一样。我们长期以来一直行驶的这条路使人容易错认为是一条舒适的、平坦的超级公路,终点却有灾难等待。另一条是很少有人走过的路,但却为我们提供了最后的保住地球的机会。"[1]《寂静的春天》警告了一个任何人都很难看到的危险,批判了工业革命以来人类社会"控制自然"的思想,是人类社会对人与自然关系的早期反思。该书引发了公众对环境问题的关注,直接推动了日后现代环保主义的发展。

1972年罗马俱乐部发表的《增长的极限》第一次提出了增长是存在着极限的,这主要是由于地球资源和环境承载力是有限性的。该书运用系统动力学的理论和方法对未来几十年的世界的人口、工业生产、粮食、资源消耗和环境等变量进行预测,勾勒未来世界的发展趋势。该书预言经济增长不可能无

---

[1] [美]蕾切尔·卡逊:《寂静的春天》,吕瑞兰、李长生译,长春:吉林人民出版社,1997年,第244页。

限持续下去,如果人类社会不改变现在贪婪的增长方式,世界性灾害即将来临。要避免因超越地球资源环境极限而导致世界崩溃的最好方法是限制增长,即"零增长"。《增长的极限》将全球性视角引入环境治理,为工业革命以来的人类社会不断追求增长的发展模式注入了一股清醒剂,迫使人们开始反省人类究竟应当怎样对待地球。

20世纪30年代至1972年是全球环境治理的萌芽时期。环境污染的事实和环保思想的传播推动了全球环境保护意识的觉醒。20世纪70年代,发达国家出现了一系列大规模群众性的反污染、反公害的环境保护运动。1970年4月22日美国各地大规模的环保示威游行直接促成了每年4月22日成为"世界地球日"。发达国家纷纷成立了环境保护机构并加强环境立法。国际社会也开始开展全球环境治理的合作,陆续出台一些关于全球环境保护的公约,如1969年的《国际油污损害民事责任公约》等。环境保护开始从局部关注发展到全球共识,整个国际社会对加强全球环境治理的意愿不断增强。[1]

二、全球环境治理体系的形成阶段

在国际环境保护舆论和行动的共同推动下,1972年6月国际社会针对环境问题在瑞典首都斯德哥尔摩召开第一次全球政府间环境会议——联合国人类环境会议(United Nations Conference on Human Environment),将环境问题纳入世界各国政府和国际政治的议程。在"只有一个地球"的主题下,会议通过了《联合国人类环境会议宣言》,呼吁各国政府和人民保护和改善人类环境,联合治理国际环境问题。1973年1月,联合国大会根据人类环境会议的决议,成立联合国环境规划署(United Nations Environment Program,

---

[1] 叶琪:《全球环境治理体系:发展演变、困境及未来走向》,载《生态经济》,2016年第9期,第158页。

UNEP),作为联合国专职环境规划的常设部分,负责统一协调国际环境保护行动。联合国人类环境会议后,环境问题日渐进入很多国家的政治议程。设立环境保护机构的国家从人类环境会议前的10个增加到1982年的110多个。[①] 联合国人类环境会议开启了全球环境治理的进程,是全球环境治理机制正式确立的主要标志。

1987年,由时任挪威首相布伦特兰担任主席的"世界环境与发展委员会"发表了著名的《我们共同的未来》报告,系统研究了人类社会面临的经济、社会和环境问题,指出经济发展和生态系统相互依存,不仅经济发展会给生态环境带来影响,生态环境的压力也会破坏经济发展。人类社会需要从保护和发展环境资源、满足当代人和后代人的需求出发,走一条新的发展道路即可持续发展道路。《我们共同的未来》将环境与发展结合起来,让人们认真思考社会、经济与环境之间的相互依赖关系。

《我们共同的未来》首次提出了"可持续发展"的概念,指出"可持续发展是既满足当代人的需要,又不对后代人满足其需要的能力构成危害的发展"[②]。可持续发展突出发展的主题,强调发展的可持续性和公平性以及人与自然的协调共生。可持续发展的概念体现了发展的持续性、公平性和共同性这三大原则。持续性原则是指人类的经济和社会发展不能超过地球的资源与环境的承载力,发展应当基于资源的可持续利用和生态环境的可持续性保持。公平性原则包括发展中国家和发达国家之间代内公平、当代人与后代人之间代际公平以及人与自然与其他生物之间的公平。共同性原则是指可持续发展是全人类的发展,追求人与人之间、人与自然之间的和谐是国际社会共同的道义和责任。

---

① 孙凯:《联合国环境大会与全球环境治理》,载《中国环境管理干部学院学报》,2008年第1期,第50页。
② 世界环境与发展委员会:《我们共同的未来》,王之佳等译,长春:吉林人民出版社,1997年,第52页。

1972年到1992年是全球环境治理的形成阶段。全球环境治理的理念与行动从针对技术层面环境保护转向统一考虑环境与发展问题。跨界空气污染问题和全球臭氧层问题开始摆上国际谈判日程。其中,20世纪80年代进行的全球保护臭氧层谈判已经成为当时重要的多边外交谈判之一,表明环境问题开始成为国际议事日程的重要内容。[1]

三、全球环境治理体系的发展阶段

1992年6月,联合国在巴西的里约热内卢召开联合国环境与发展大会(United Nations Conference on Environment and Development),将可持续发展共识转变为可持续发展行动战略。会议通过了开展全球环境与发展领域合作的框架性文件《里约环境与发展宣言》(又名《地球宪章》)和在世界范围内推动可持续发展的行动计划《21世纪议程》。在里约会议的推动下,联合国在经社理事会下成立了"可持续发展委员会",追踪联合国在实施《21世纪议程》方面取得的进展,增进国际合作,使各国有能力兼顾环境与发展问题。里约环境与发展大会也开放签署《气候变化框架公约》和《生物多样性公约》,从国际法方面推动全球环境治理。1992年里约会议为人类未来指明了发展方向。里约会议后的10年内,80多个国家分别编制了本国的《21世纪议程》,将可持续发展战略纳入国家发展规划,6000多个城市在《21世纪议程》下制定了可持续发展的远景目标。[2]

2000年,世界各国领导人共聚联合国纽约总部,召开联合国千年首脑会议(United Nations Millennium Summit),提出八项联合国千年发展目标

---

[1] 梅凤乔、包堉含:《全球环境治理新时期:进展、特点与启示》,载《青海社会科学》,2018年第4期,第60页。
[2] 叶琪:《全球环境治理体系:发展演变、困境及未来走向》,载《生态经济》,2016年第9期,第158页。

（Millennium Development Goals，MDGs），弥补国际社会过度关注经济目标带来的不足。MDGs中第七项特别论述了环境问题，旨在确保全球环境的可持续能力。MDGs中的环境目标包括到2010年显著降低生物多样性丧失的速率，到2015年将无法持续获得安全饮用水和基本卫生设施的人口数量减半，到2020年至少改善1亿贫民窟居民的生活条件。

1992年到2002年，全球环境治理体系迅速发展，逐渐形成了在全球、区域、国家和地方等层面上发达国家与发展中国家、政府与企业合作共商解决全球环境问题的新模式。[①]《气候变化框架公约》《生物多样性公约》《鹿特丹公约》《防治荒漠化公约》和《京都议定书》等相继签署。

四、全球环境治理体系的徘徊分化阶段

2002年，联合国在南非约翰内斯堡召开了世界可持续发展峰会（World Summit on Sustainable Development），商讨1992年里约会议以来各国在环境与发展方面的进展，《21世纪议程》的实施情况以及未来的进一步行动计划，为里约会议提出的可持续发展战略提供了具体的执行计划。[②] 会议主要针对安全饮用水、生物多样性、人类健康、农业生产和能源这五个领域中被忽视的和未得到解决的最紧迫的环境问题设置了时间表。会议通过了《约翰内斯堡可持续发展宣言》和《约翰内斯堡执行计划》。

与斯德哥尔摩会议以及里约会议相比，2002年的约翰内斯堡会议被认为是绩效最差的一次。与1992年的里约会议相比，2002年峰会的国家参与度不高，参会人员层次也有所下降，只有不到50%的政治首脑参与峰会。约翰

---

① 于宏源、王文涛：《制度碎片和领导力缺失：全球环境治理双赤字研究》，载《国际政治研究》，2013年第3期，第42页。
② 孙凯：《联合国环境大会与全球环境治理》，载《中国环境管理干部学院学报》，2008年第1期，第51页。

内斯堡峰会并没有设立新的联合国机构,而是重点考虑如何提升现有机构的运行效率等问题。

2002年到2012年,全球环境治理体系进入了徘徊分化时期。由于发达国家和发展中国家在"共同但是有区别的责任"原则方面的分歧越来越大,发达国家在改善全球环境方面的表现也越来越消极。2001年美国退出《京都议定书》极大地挫伤了国际社会参与全球环境治理的信心和努力。由于美国的退出,《京都议定书》一直到2005年2月16日才正式生效。2002—2012年间,全球环境治理体系所面临的挑战主要是因为全球环境治理已经从里约会议期间的议程设定时期转变到议程实施时期,全球环境治理进入调整阶段。尽管环境治理中不同国家之间的分歧难以消除,但是全球环境治理体系还是在复杂的利益博弈中不断完善。

五、全球环境治理体系的加速阶段

2012年6月,各国首脑在20年后重聚里约热内卢,召开联合国可持续发展大会(UN Conference on Sustainable Development,又称"里约＋20"峰会),围绕"绿色经济在可持续发展和消除贫困方面的作用"和"可持续发展的体制框架"两大主题,重拾各国对可持续发展的承诺,就20年来国际可持续发展各领域取得的进展和存在的差距进行了深入讨论,最终形成了《我们憧憬的未来》宣言文件。"里约＋20"峰会还要求联合国设立高级别政治论坛来整合经济、社会和环境三方面的发展政策,设立2015—2030年的可持续发展目标,升级联合国环境规划署并为其增加资源和权限。[①]

2015年10月,150多位国家元首和政府首脑集聚联合国纽约总部,召开

---

① 梅凤乔、包埻含:《全球环境治理新时期:进展、特点与启示》,载《青海社会科学》,2018年第4期,第61页。

联合国可持续发展峰会(United Nations Sustainable Development Summit),聚焦2015年后全球可持续发展议程。在此次会议上,联合国193个会员国共同达成题为《改变我们的世界:2030年可持续发展议程》的协议,宣布17项可持续发展目标(Sustainable Development Goals,SDGs)和169个子目标,旨在在未来15年内系统地解决社会、经济和环境三个维度的发展问题,转向可持续发展道路。2013年9月联合国可持续发展高级别论坛正式启动,取代可持续发展委员会。可持续发展高级别论坛在政治上领导、指导并监督全球可持续发展进程,审核可持续发展目标实现进展。

在"里约+20"峰会的呼吁下,2013年3月联合国大会通过决议把由58个成员国参与的联合国环境规划署理事会升级为普遍会员制的联合国环境大会(United Nations Environment Assembly,UNEA),使联合国所有成员国可以在部长级层面共同商讨全球环境政策的优先事项。作为世界最高级别的环境决策机制,联合国环境大会通过共同制定决议和发起全球呼吁,引领全球环境治理新实践,推动各国政府、非政府组织、私营部门和民间社会等深度参与全球环境治理。作为世界最高级别的环境决策机制,UNEA每两年举办一次,实现环境治理在全球层面上的机制化。目前,UNEA已于2014年、2016年、2017年和2019年分别召开了四届联合国环境大会,重点讨论了联合国环境规划署未来的发展方向、如何落实《2030年可持续发展议程》中的环境目标和寻找创新解决办法应对环境挑战并实现可持续消费和生产。

环境问题在全球治理体系中也不断强化。在2000—2015年的千年发展目标中,环境可持续性目标仅涵盖生物多样性、安全饮用水与基础卫生设施以及贫民窟居民的生活条件。在2015—2030年的17项可持续发展目标中,就有7项与环境直接关联,涵盖清洁饮水和卫生设施(SDG 6)、廉价清洁的能源(SDG 7)、可持续城市与社区(SDG 11)、负责任的消费与生产(SDG 12)、气候行动(SDG 13)和水下及陆地生物多样性保护(SDG 14、15)。此外,全球环境治理的理念还广泛渗透到全球环境治理的其他领域,被整合或主流化到其他可持续发展目标中,例如"消除饥饿"目标(SDG 2)中"可持续的氮管理指数"子目标。全球环境治理体系已深入融合到全球可持续发展的目标中,成为全球治理的中心议题。

2012年"里约+20"峰会以来,全球可持续发展体系进入加速阶段。从千年发展目标中将"确保环境的可持续性"作为八大目标之一,到可持续发展目标中将环境可持续性视为与经济增长和社会包容性同样重要的三大可持续发展支柱,环境问题已经进入世界政治和全球治理的中心地带。[①]

第二节 全球环境治理体系

《全球环境展望》(Global Environment Outlook,GEO)是联合国环境署发布的对1972年联合国斯德哥尔摩人类环境大会以来全区环境状况的主导型报告。其中最新发布的GEO-5分析了过去40年的环境状态和趋势,并对重要的全球环境问题的全球治理政策和进展进行回顾与评估。基于GEO-5报告,本研究从大气、土地、淡水、海洋、生物多样性、化学品与废弃物六方面分析当前全球环境安全格局。

一、大气环境治理

(一)全球大气环境问题

人类活动产生的空气污染物持续改变大气组成,导致空气污染、气候变

---

① 梅凤乔、包堉含:《全球环境治理新时期:进展、特点与启示》,载《青海社会科学》,2018年第4期,第62页。

化、平流层臭氧耗竭等大气环境问题,对全球的可持续发展造成了巨大的挑战。空气污染是造成全球疾病负担的主要环境因素。2016年世界卫生组织发布的全球疾病负担显示室内空气污染每年导致全球430万人过早死亡,室外空气污染每年导致全球370万人过早死亡。[①] 当前,全球空气污染的主要污染物为细颗粒物($PM_{2.5}$)和臭氧。《2017年全球空气状况》报告显示92%的世界人口居住在世界卫生组织(World Health Organization,WHO)空气质量指南规定的年均$PM_{2.5}$浓度10 ug/m^3 的地区。印度、巴基斯坦和孟加拉国等国86%的人口生活在$PM_{2.5}$浓度超过75 ug/m^3 的地区。1990年至2015年间,全球臭氧的人口加权浓度增加了7%。

高空中的臭氧层能够起到吸收紫外线、保护地球生物圈的作用。臭氧消耗物质导致臭氧层变薄,地球的南北极地区的平流层出现季节性臭氧层空洞。1987年10月,南极上空的臭氧浓度降到了1957—1978年间的一半,臭氧层空洞面积则扩大到足以覆盖整个欧洲大陆。从那以后,南极臭氧层空洞的深度和面积等仍在继续扩展,南极臭氧层的损耗状况仍在恶化之中。除南极外,在北极上空和其他中纬度地区也都出现了不同程度的臭氧层损耗现象。

气候变化对全球生态环境和人类社会的福祉产生重大威胁。联合国政府间气候变化委员会(Intergovernmental Panel on Climate Change,IPCC)最新发布的第五次评估报告显示全球气候变暖的事实是毋庸置疑的。工业革命以来,全球地表平均温度上升了约0.85摄氏度。海洋变暖,海平面上升了19厘米。地表空气中温室气体浓度持续增加。2012年,大气中二氧化碳、甲烷和氧化亚氮的浓度分别比工业化之前增加41%、160%和20%。1983—2012年可能是过去1400年来最热的30年。气候变暖导致海洋变暖、海平面上升、冰

[①] 对流层大气中的臭氧是一种空气污染物。超标的臭氧对人体有刺激作用,可能会引发呼吸系统方面的疾病。高浓度的臭氧还会降低植物的生长力,导致农作物产量下降,破坏植物吸收二氧化碳的能力。近地面高浓度的臭氧会对人类健康和环境产生不利影响。

冻圈退缩和极端天气气候事件持续增加等。气候变化导致的水资源减少、粮食减产、生物多样性丧失、自然灾害、疾病增加、贫穷化和海岸淹没等正在对人类社会经济系统产生巨大的、深远的影响。2011年全球大气中二氧化碳当量浓度为430 ppm。如果国际社会不加大温室气体减排力度，二氧化碳当量浓度将在2030年超过450 ppm；到21世纪末超过750 ppm，并造成全球地表平均温度比工业化前高3.7—4.8℃，给人类社会带来灾难性影响。

（二）全球大气环境治理体系

针对严峻的跨界空气污染、平流层臭氧耗竭和气候变化，国际社会采取了一系列的全球治理机制和行动，一些大气问题已经得到了有效的解决。收益远远超过成本。为控制酸雨越境污染，1979年，联合国欧洲经济委员会主持签订了《长程越界空气污染公约》(Convention on Long-range Transboundary Air Pollution, CLRTAP)。1983年3月6日，该区域性国际公约生效，共25个欧洲国家、欧洲经济共同体和美国参加缔约。该框架性公约规定各缔约国应通过信息共享、协商和监测等手段，及时制订防治空气污染物的政策和策略，尤其在控制二氧化硫的排放和酸雨等方面。在该公约框架下，缔约国签订了一系列议定书，对二氧化硫、氮氧化物等污染物进行跨国联防联控。2012年，新修订的《哥德堡议定书》将$PM_{2.5}$和黑炭纳入公约的防控体系，为所有成员国设定了主要空气污染物的减排目标，并监督各国的履约情况。目前，该公约的缔约国已经覆盖到欧洲、中亚和北美洲。除CLRTAP外，2002年东南亚的ASEAN国家也签订了《东盟越境烟霾污染协议》，要求成员国同意采用零燃烧排放，监测和防止东盟地区因种植园"烧芭"或森林火灾引起烟霾污染。

目前，颗粒物和对流层臭氧有关的环境目标的治理进程已经合并。大多数发达国家已经成功地将室内外颗粒物、二氧化硫和氮氧化物浓度降低到世界卫生组织(World Health Organization, WHO)的指导水平。但是亚洲、非洲和拉丁美洲很多城市的颗粒物水平仍远高于世界卫生组织的指导水平，空气污染状况令人担忧。对流层臭氧污染对人类健康的影响仍是全世界关注的重点问题。

针对平流层臭氧耗竭问题,联合国环境规划署从20世纪70年代开始为了保护臭氧层,采取了一系列行动。1985年,联合国通过了《保护臭氧层维也纳公约》,明确指出平流层臭氧损耗对人类健康和环境的影响,并呼吁各国政府采取合作行动,控制或禁止一切破坏大气臭氧层的活动。为进一步落实《保护臭氧层维也纳公约》,1987年,UNEP在加拿大蒙特利尔通过了《关于耗损臭氧层物质的蒙特利尔议定书》,要求缔约国采取控制消耗臭氧层物质全球排放总量的预防措施,分阶段减少氯氟烃(CFCs)的生产和消费,以保护臭氧层不被破坏。逐步淘汰臭氧层物质的行动是国际社会为保护地球而达成共识并采取行动的典范。2009年,全球臭氧物质的生产和消费量比1986年减少了98%。[1]

20世纪80年代,气候变化问题被国际社会视为影响自然生态环境、威胁人类社会福祉的重大问题,进入全球环境治理议程。1988年联合国环境规划署和世界气象组织联合成立政府间气候变化委员会(Intergovernmental Panel on Climate Change,IPCC),对气候变化相关科学展开评估。IPCC旨在定期为决策者提供针对气候变化的科学技术,评估气候变化对社会经济的未来影响,以及制定适应和减缓气候变化的可选方案。为全面控制二氧化碳等温室气体排放,应对气候变暖对人类社会带来的不利影响,1992年联合国在里约环境与发展大会上开放签署《联合国气候变化框架公约》(United Nations Framework Convention on Climate Change,UNFCCC)。UNFCCC是国际社会在应对气候变化问题上进行国际合作的一个基本框架。1994年3月,UNFCCC正式生效,开启了气候变化的国际谈判议程。截至目前,

---

[1] 联合国环境规划署:《全球环境展望5——我们未来想要的环境》,2012年,第54页。

UNFCCC 共有 196 个缔约方,除欧盟作为经济一体化组织外,另外 195 个缔约方为主权国家。

1997 年 12 月 UNFCCC 第三次缔约方大会通过首个具有法律约束力的国际气候协议——《京都议定书》(Kyoto Protocol)。在"共同但是有区别的责任"原则的基础上,《京都议定书》为发达国家(附件一名单内的国家)设置了有差别的减排承诺。历经 8 年艰难的谈判,2005 年 2 月 16 日《京都议定书》最终生效,明确规定 2008—2012 年为第一承诺期,发达国家承诺在这一时期达成温室气体排放控制目标。为促进各国完成温室气体减排目标,《京都议定书》采用清洁发展机制、排放交易和共同减量等机制促使发达国家和发展中国家共同减排温室气体。

气候变化国际谈判自 2001 年巴厘会议开始回暖。为避免气候变化的灾难性影响,2009 年哥本哈根联合国气候变化大会提出了相比工业化前将 21 世纪末全球气温上升幅度控制在 2 ℃ 以内的目标。哥本哈根会议前,发达国家主动提出减排承诺,但是要求发展中国家承担共同的减排责任。2015 年 12 月,《巴黎协定》(The Paris Agreement)的通过,成为继《京都议定书》后第二份有法律约束力的全球气候协议,为 2020 年后全球应对气候变化治理进程作出了制度性的安排。《巴黎协定》涵盖了全球一致减排的目标、措施、资金补偿、技术援助、透明减排和减排核查等 29 大类内容,开启了全球气候治理的新秩序。

《巴黎协定》确定了到 21 世纪末将全球升温与工业化时期相比限制在 2 ℃ 内,到 2050 年实现净零排放的长期目标。该协议允许各国以"国家自主贡献"(Intended Nationally Determined Contribution,INDC)的方式参与全球应对气候变化行动,承诺自己的国家目标、减排政策和时间表。联合国通过全球盘点的约束机制每五年对各国行动的效果进行审查。此外,基于"共同但有区别的责任原则",发达国家承诺在 2020 年前为发展中国家每年提供 1000 亿美元的气候融资。2018年12月的气候变化卡托维兹大会就自主贡献、减缓、适应、资金、技术、能力建设、透明度、全球盘点等内容涉及的机制、规则基本达成共识,并对进一步落实《巴黎协定》,加强全球应对气候变化的行动作出安排。

气候变化、空气质量和平流层臭氧耗竭是密切相关的环境治理问题,人类健康、农作物生产和生态系统等都有相互交叉的多重影响。空气污染和气候变化具有同源性。解决污染源问题可以同时带来空气质量改善和温室气体减排的协同效应。但是,当前国际社会并未采用综合性措施来解决这些问题。全球大气环境治理政策大多是20年前设定的。大气环境治理议程针对不同治理对象所采取的不同措施可能会同时带来协同效益或不利影响,导致大气政策间出现矛盾的风险。[1]

二、土地环境治理

1. 全球土地环境问题

人口增长、经济全球化、快速城市化、土地资源利用增加和气候变化等对陆地生态系统造成了前所未有的压力。不可持续的土地利用方式已经导致超过25%的土地出现退化。仅森林退化和乱砍滥伐就对全球经济造成了比2008年全球金融危机更大的经济损失。[2] 湿地为人类提供不可或缺的生态系统产品和服务。由于缺乏对湿地生态服务功能的充分认识,湿地不断被用于农业和城市发展,世界上64%的湿地已经丧失,绝大多数地区的湿地总面积和质量均在下降。每年由于湿地丧失造成的全球自然资本损失高达2万亿至

---

[1] 联合国环境规划署:《全球环境展望5——我们未来想要的环境》,2012年,第33页。
[2] 张建龙:《〈联合国防治荒漠化公约〉开启各国携手防治荒漠化的新里程碑》,载《内蒙古林业》,2017年第10期,第4页。

4.5万亿美元。① 由于干旱和沙尘暴等灾害肆虐，全球100多个国家和地区超过10亿人口正遭受着荒漠化的影响。随着全球对粮食、水和能源的需求持续增长，预计到2040年全球可用农田将减少8%—20%，全球粮食产量会下降12%。② 气候变暖将导致全球湿地和森林保护以及荒漠化防治形势变得更加严峻，直接危及全球粮食安全和生态安全。荒漠化等土地退化问题对实现联合国可持续发展目标，特别是在消除贫困和确保环境可持续性方面，有着深远的影响。

2. 全球土地环境治理体系

早在1971年2月，国际社会就在伊朗的拉姆萨尔通过了《关于特别是作为水禽栖息地的国际重要湿地公约》(Convention on Wetlands of Importance Especially as Waterfowl Habitat)，简称《拉姆萨尔公约》。该公约于1975年12月21日生效，为湿地保护及其资源合理利用的国际行动提供国际合作框架。为了保证发展中国家的湿地保护，1989年《拉姆萨尔公约》设置"湿地保护基金"，从各国政府及非政府组织获取资金，应用于发展中国家的湿地保护计划的实施。1996年10月《拉姆萨尔公约》第19次常委会将每年2月2日定为"世界湿地日"以提高公众对湿地价值和效益的认识，从而更好地保护湿地。目前，《拉姆萨尔公约》共有170个缔约国，共将全球2326处湿地列入"国际重要湿地名录"。2003年欧洲空间局和《拉姆萨尔公约》秘书处携手发起了全球湿地项目，运用地球观测技术支持湿地生态系统清单的监测和评估。在《拉姆萨尔公约》的推动下，全球大部分地区湿地的损失速度与20世纪80年代和90年代相比有所放缓。但由于全球对粮食、饲料和生物燃料等的需求持续增加，湿地及其相关生态服务功能的损失还会继续。

---

① 联合国环境规划署：《全球环境展望5——我们未来想要的环境》，2012年，第76页。
② 联合国环境规划署：《联合国荒漠与防治荒漠化十年》，https://www.un.org/zh/events/desertification_decade/whynow.shtml。

1977年,联合国大会首次召开"联合国荒漠化大会",制定防治荒漠化行动计划,旨在帮助受影响国家拟定对付荒漠化问题的计划。但是截至1991年,仅20个受影响的国家制定了国家防治荒漠化计划。1992年联合国环境与发展大会将防治荒漠化列为全球环境治理的优先领域。1994年联合国通过了《联合国防治荒漠化公约》(United Nations Convention to Combat Desertification,UNCCD)。作为国际社会防治荒漠化合作的基础性法律文件,该公约于1996年12月正式生效,目前共有196个缔约方。

针对全球范围内日趋扩大的土地荒漠化和土壤退化问题,2007年联合国大会在巴西正式启动"联合国荒漠与防治荒漠化十年(2010—2020年)"计划,以进一步提高全球对荒漠化、土地退化以及旱灾威胁可持续发展及脱贫进程的认识。这项十年计划还将提高缔约国防治荒漠化行动的一致性,推动受影响缔约国提高旱地监测体系和旱地能力建设,并通过金融和技术转让帮助发展中国家加强可持续土地管理,防治荒漠化并提高土壤的复原能力。

在2005年开始的UNFCCC第11次缔约方会议上,以哥斯达黎加为首的国家提出雨林国家应因减少森林退化和保护森林覆盖率受到补偿。在2009年的哥本哈根气候大会上,各缔约方对REDD+(Reducing Emission from Deforestation and Degradation and Enhance Forest Carbon Storage)机制达成共识,旨在通过向发展中国家给予资金补偿的方式,补偿它们因减少森林砍伐、避免森林退化和可持续经营而减少的碳排放。2013年全球REDD+项目的森林面积达3000万公顷,超过全球森林碳汇交易量的80%,成为国际森林碳市场最重要的机制。[①] 完善森林管理和REDD+机制可以确保国家对森林的可持续管理和利用。森林管理委员会(FSC)和森林认证项目(PEFC)是两

[①] 温雅丽、袁金鸿:《全球森林碳市场交易额累计突破十亿美元》,载《中国绿色时报》,2015年1月28日,http://www.greentimes.com/greentimepaper/html/2015-01/28/content_3263104.htm。

个主要的可持续森林管理认证组织。2002—2010 年期间,得到上述两个机构认证的森林面积每年增加约 20%。然而,2010 年,仅约全球森林总面积的 10%处于 FSC 和 PEFC 认证的可持续森林管理之下。[1]

尽管国际社会在《联合国防治荒漠化公约》和《拉姆萨尔公约》下采取了一系列行动,但是在土地治理的各环境目标实现方面进展参差不齐。1992—2012 年间,全球在森林砍伐、粮食获取方面取得了一定的进展,在防治荒漠化及干旱以及提供生态系统服务方面进展很小或没有进展。全球在湿地保护方面的目标没有实现,湿地生态环境进一步恶化。

三、淡水环境治理

1. 全球淡水环境问题

淡水和海洋的生态服务功能对人类发展非常重要。水资源稀缺对生态环境、人类健康、社会发展、能源和粮食等都产生了不断加重的压力。目前,水资源匮乏影响着全球 40%的人口。处于缺水状态的人口可能从现在的 36 亿人增加到 2050 年的 57 亿人。[2] 2011 年,全球共有 41 个国家水资源紧张,其中 10 个国家的可再生淡水资源几近枯竭,不得不依赖非常规水资源[3]。随着全球变暖,日益严重的干旱和荒漠化也在加重水资源匮乏的趋势。当前,人类的水资源利用效率提高有限,但是水需求量持续增加,在很多地方已经处于不可持续的状态。水资源短缺对人类健康、经济发展、粮食供应和能源安全都是一个不断加重的威胁。

2010 年 7 月联合国大会宣布"清洁饮水和卫生设施"是一项基本人权。

---

[1] 联合国环境规划署:《全球环境展望 5——我们未来想要的环境》,2012 年,第 73 页。
[2] UN Water, The United Nations World Water Development Report, 2018, https://www.unwater.org/publications/world-water-development-report-2018/.
[3] 联合国环境规划署:《全球环境展望 5——我们未来想要的环境》,2012 年,第 101 页。

自 1990 年以来，全球已有 21 亿人的饮用水和卫生条件得到改善，实现了千年发展目标。但是目前仍有大量人口处于供水和卫生设施不足造成的贫困中，且存在严重的不公平性。2010 年，75%无法获得安全饮用水的人群在农村地区。由于不当的卫生设施和水资源供应而产生的腹泻问题导致了 7000 万个伤残调整年损失。受水源性传播疾病影响最严重的是非洲和南亚地区。[①]

目前，全球许多地区已超过水资源可持续发展的限度，与水有关的压力和冲突正在迅速升级。跨境流域占世界近一半的土地面积，提供了全球 60%以上淡水流量，是全球 40%以上人口的家园。全球有 153 个国家与他国共享河流、湖泊和含水层。全球水冲突事件的数据从 1975—1999 年间的 54 例提高到 2000—2010 年的 69 例。[②] 跨界河流流域国家为了自身的发展，对水资源的竞争日趋激烈。

过去 50 年间，全球水资源抽取量增加了 3 倍。地下蓄水层、流域和湿地的生态风险日趋增加。目前，全球约有 80%的人口生活在面临高度水安全风险的地区。其中发展中国家的 34 亿人口正承受着最严重的水安全威胁。每年洪水和干旱等极端天气事件都会导致高达数十亿美元的损失。[③] 气候变化正在改变水循环，威胁淡水和海洋生态系统，以及许多地区人类的用水安全，对"2030 年人人享有安全廉价的饮用水"的可持续发展目标造成了严峻的挑战。

2. 全球淡水环境治理框架

1992 年联合国环境与发展大会的《21 世纪议程》，呼吁建立水资源开发、管理和利用的综合方法。2000 年欧盟议会发布《关于建立欧共体水政策领域

[①] 联合国：《可持续发展目标——目标 6：清洁饮水和卫生设施》，https://www.un.org/sustainabledevelopment/zh/water-and-sanitation/。
[②] 联合国环境规划署：《全球环境展望 5——我们未来想要的环境》，2012 年，第 114 页。
[③] 联合国环境规划署：《全球环境展望 5——我们未来想要的环境》，2012 年，第 113 页。

行动框架的2000/60/EC号指令》(简称《水框架指令》),对许多零散的水资源管理法规进行整合后形成的统一的水资源综合管理框架。2007年,欧盟通过《洪水风险管理与评估的指令2007/60/EC》,将综合洪水风险管理描述为由洪水事件、洪水管理、恢复重建和防洪四个阶段组成的持续循环过程。但是目前的水资源综合管理尚未涉及地下蓄水层的保护。

随着水污染问题的加剧,2010年UNEP开始以水质管理为优先领域,以加强机构间合作,为各国政府应对全球水质挑战提供支持。全球水污染防治的优先领域包括制定水生态系统水质的国际准则,改进全球水质监测和数据收集,推动与水质有关的立法、政策和法规,支持与水质有关的研究、教育和能力建构和提升全球对水质问题的认识。

为缓解跨界水压力和水冲突,全球自1948年来已经签署了295个国际水协定。《跨境水道和国际湖泊保护和利用公约》《国际水道非航行使用法公约》《水框架指令》以及《SADC水道共享协议修订版》等区域和全球框架在很大程度上为跨流域水合作提供了支撑方案。当前全球236个国际淡水流域中,仍有158个缺乏跨界国家合作管理框架。在存在流域管理组织的跨界流域中,仍有不到20%的流域存在有效的多边协议。[①] 很多地区仍缺乏具体的跨境水合作方案。

四、海洋环境治理

1. 全球海洋环境问题

海洋覆盖地球表面近四分之三的面积。海洋及沿海的生物多样性的市场价值每年高达3万亿美元,占全球GDP的5%左右,是全球30多亿人赖以生

---

① UN Water, The United Nations World Water Development Report,2018,https://www.unwater.org/publications/world-water-development-report-2018/.

存的基础。① 气候变化、过度捕捞和海洋污染正对海洋的生态环境造成日益严重的不利影响。气候变化正导致海平面上升、海洋温度变化和海洋酸化问题。沿海水域的水污染和富营养化使海洋水环境持续恶化。在联合国跨界水域评估方案评估的63个大型海洋生态系统中,16%的生态系统处于沿海富营养化的"高"或"最高"风险类别。② 海洋塑料垃圾的年产生量高达800万吨,在所有海洋的任何深度都能找到。③ 海洋污染程度已经达到警戒值。

海洋蕴含着全球最大的廉价蛋白质资源。过度捕捞会降低海洋食品产量、损害海洋生态系统的运作并减少生物多样性。目前世界30%的鱼类资源在遭遇过度捕捞,处于可持续状态的海洋鱼类比例已从1974年的90%下降到2013年的68.6%。④ 保护海洋免受陆地污染影响,同时应对海洋酸化带来的影响是联合国可持续发展目标的重要目标之一。

2. 全球海洋环境治理体系

认识到海洋环境对人类福祉的重要性,国际社会制定了大量的国际公约保护海洋环境。1958年联合国在日内瓦举行的第一次海洋法国际会议上就通过了《捕鱼与养护公海生物资源公约》(Convention on Fishing and Conservation of the Living Resources of the High Seas),促使沿海各国有效规范捕捞活动。1972年联合国在伦敦签订《防止倾倒废物和其他物质污染海洋的公约》(Convention on the Prevention of Marine Pollution by Dumping),简称《伦敦倾废公约》(London Dumping Convention),敦促世界各国共同防止由于倾倒废弃物而造成海洋环境污染。1973年,国际海事组织制定《国际

---

① 联合国:《可持续发展目标——目标14:保护和可持续利用海洋和海洋资源以促进可持续发展》,https://www.un.org/sustainabledevelopment/zh/oceans/。
② 联合国环境规划署:《全球环境展望5——我们未来想要的环境》,2012年,第126页。
③ 联合国环境规划署:《全球环境展望6——决策者摘要》,2019年,第12页。
④ 联合国粮食及农业组织:《2016世界渔业和水产养殖状况》,2019年,第6页,http://www.fao.org/family-farming/detail/zh/c/466060/。

防止船舶造成污染公约》(International Convention for the Prevention of Pollution from Ships,MARPOL),为防止和限制船舶排放油类和其他有害物质污染海洋环境。1994年生效的《联合国海洋法公约》(United Nations Convention on the Law of the Sea,UNCLOS)对解决航海、经济权利、海洋污染、海洋保护和科学开采等国际纠纷提供指导和裁决基础。2004年国际海事组织通过《国际船舶压载水和沉积物控制与管理公约》,采用联合行动防止外来入侵物种造成的严重的环境影响和经济损失。

1995年,UNEP推出了《保护海洋环境免受陆地活动影响全球行动纲领》,引导各个国家和地区采取持久的行动避免、减少、控制和消除陆地活动导致的海洋退化,通过区域性海洋计划加强各国的海洋保护工作。2017年,UNEP发起"清洁海洋"运动,敦促各国政府、行业和消费者通过可持续生产和消费减少塑料的使用,避免对海洋造成不可逆转的损害。尽管国际社会在全球海洋治理领域存在许多相关的国际协定,但1992—2012年间,全球海洋环境治理目标进展很小。目前全球仍缺少一项综合应对海洋垃圾和微塑料问题的全球协定。

五、生物多样性

1. 全球生物多样性问题

生物多样性是影响人类生活和发展的基础。生物多样性的组成部分为地球上所有的生命形式,包括生态系统、动物、植物、真菌、微生物的物种多样性和遗传多样性。植物提供了80%的人类膳食,其中仅大米、玉米和小麦这三类谷物就提供人类能量摄入的60%。鱼类为近30亿人提供了20%的动物蛋白摄入量。[1] 生态系统、物种和遗传资源应用于造福人类,但这些资源的利用不应导致生物多样性的衰退。

由于气候变化、栖息地破坏、过度捕猎和环境污染等人类活动的影响,1972年后全球的生物多样性已经丧失了60%。在全球已知的8300种动物中,8%已经灭绝,22%濒临灭绝。[2] 全球生态系统的完整性和生产力正在衰退。严重的物种灭绝现象正损害地球的完整性和满足人类需求的能力。遗传多样性的丧失对全球的粮食安全和生态系统的复原能力产生巨大威胁。

2. 全球生物多样性治理体系

为保护濒临灭绝的动植物和地球上的生物资源,联合国环境规划署于1988年11月召开生物多样性特设专家工作组会议,将生物多样性提上全球环境治理议事日程。1992年里约环境与发展大会签署了《生物多样性公约》(Convention on Biological Diversity, CBD),保护生物多样性并促进生物多样性的可持续利用。该公约于1993年12月29日生效,成为具有法律约束力的国际条约。同年,联合国还启动了全球环境基金(Global Environment Fund, GEF),为发展中国家生物多样性保护提供资金支持。截至目前,《生物多样性公约》已有193个缔约方。

2000年,《生物多样性公约》第五次缔约方会议签署了《卡塔赫纳生物安全议定书》(Cartagena Protocol on Biosafety),规范转基因生物体的越境转移,防范现代生物科技带来的转基因生物风险。《卡塔赫纳生物安全议定书》不仅体现了科学共识,更是有法律约束力的共识。

2010年,《生物多样性条约》第10届缔约国会议开放签署《名古屋议定

---

[1] 联合国:《可持续发展目标——目标15:保护、恢复和促进可持续利用陆地生态系统,可持续管理森林,防治荒漠化,制止和扭转土地退化,遏制生物多样性的丧失》,https://www.un.org/sustainabledevelopment/zh/biodiversity/。

[2] 联合国开发计划署:《2030年可持续发展议程/目标15:陆地生物》,http://www.cn.undp.org/content/china/zh/home/sustainable-development-goals/goal-15-life-on-land.html。

书》(The Nagoya Protocol),促进公正、公平地分享利用遗传资源。该次会议通过《2011—2020年生物多样性战略计划》,明确了全球生物多样性保护的目标和任务(简称"爱知目标"),承诺在2020年底前,扩大保护世界上的森林、珊瑚礁与其他受威胁的生态体系,达成保护17%的陆地及10%的海洋的目标。

保护生物多样性需要大量投资,但也会带来巨大的环境、经济和社会收益。但是《生物多样性公约》生效25年后,由于全球生物多样性保护的资金不足、缺乏全球合作等激励措施,全球陆地和海洋的生物多样性还在持续下降,全球生物多样性已达到危机水平。全球生物多样性保护并未能控制栖息地丧失、资源过度开发和外来物种入侵,远未达到实现生物多样性安全所需要的水平。

生物多样性全球协议所面临的不可逆转的全球生态系统损失问题、科学的不确定性和资金缺口问题都与全球气候变化治理类似。巴比尔(Barbier)等学者建议借鉴《巴黎协定》"自下而上"的灵活架构来改造生物多样性全球协议。[1] 即在"爱知目标"的基础上扩展达成全球一致的目标,然后由自下而上的"国家自主贡献"和联合国每5年期的全球盘点机制来确保全球生物多样性的安全水平,避免持续不可避免的生物多样性丧失。[2]

六、化学品与废弃物

1. 全球化学品与废弃物污染问题

随着社会的发展,化学品的生产和使用量高速增长,应用也越来越广。目前,全球商业流通中的工业化学品多达4万至6万种,是农业生产、病虫害防

---

[1] Edward B. Barbier, Joanne C. Burgess, Thomas J. Dean, "How to Pay for Saving Biodiversity," *Science*, Vol. 360, Issue 6388, 2018, pp. 486-488.
[2] 赵斌:《资金不足掣肘生物多样性保护》,载《中国科学报》,2018年5月25日,第2版。

治、工业生产、能源开采、医药和电子等领域的基础。[①] 形形色色的化学品广泛存在于人们的日常物品和周围环境中。人类开发利用的大部分化学品的潜在环境和健康危害并不为人所知。化学品的潜在危害性可能对环境和人体健康带来潜移默化的长久损害。化学品在带来经济发展与繁荣的同时也对环境和人类健康造成了巨大的风险。

目前一些人工合成的、难降解的具有生物累积性的有毒物质污染几乎遍及全球的每个角落,已逐渐成为重要的全球性环境问题之一。全球水体中有近90%受到了杀虫剂污染。每年约有3%的农业劳动者会因农药的不当使用而发生急性中毒事件。在工作和生活中接触化学品会导致近五百万人过早死亡。化学品管理不善每年会导致全球数十亿美元的经济损失。[②] 在全球产业转移的背景下,全球化学品生产、使用和处置的重心正从发达国家向新兴经济体和发展中国家转移。2000—2017年,全球化学品产值翻了一番,增长主要来自新兴经济体国家。[③] 新兴经济体和发展中国家薄弱的化学品管理也加剧了化学品带来的风险。全球不可持续的化学品管理正给人类健康和生态环境带来日益严重的风险。

在众多化学品中,国际社会对持久性有机污染物(Persistent Organic Pollutants, POPs)的关注尤为密切。POPs是人类合成的,能够持久存在于环境中,可通过食物链累积并对人类健康造成有害影响的化学物质。由于高毒性、难以降解性、生物累积性和半挥发性等特征,POPs可以通过各种环境介质(如大气、水、生物等)进行长距离迁移,并对人类健康和环境产生严重的危害。随着化学工业的快速发展,POPs的污染现象非常普遍。目前,POPs的巨大危害性和淘汰、削减的必要性已成为国际社会共识。

[①] 联合国环境规划署:《全球化学品展望:决策者摘要》(第2版),第7页。
[②] 联合国环境规划署:《全球环境展望5——我们未来想要的环境》,2012年,第180页。
[③] 联合国环境规划署:《全球化学品展望:决策者摘要》(第2版),第7页。

随着电子产品的普及,电子垃圾数量增长迅速。2016年,全球共产生了4470万吨电子垃圾,比2014年增长了8%,是全球生活垃圾中增长最快的部分。[1] 这些电子垃圾包括报废的冰箱、电视机、手机、电脑、太阳能电线板等。《2017年全球电子垃圾监测报告》预测2021年全球的电子垃圾还将增长17%,达到5220万吨。电子废弃物中含有金、银、铜等高价值可回收材料,价值高达550亿美元。但是2016年全球电子垃圾中只有20%被收集和回收。4%的电子垃圾直接被填埋,剩余的76%被焚烧或被不完全处理。电子废弃物中也包含很多有害物质,包括汞和铅之类的重金属和溴化阻燃剂之类的内分泌干扰物质等。电子垃圾已经成为21世纪面临的一项主要挑战。

全球电子废弃物的回收处置也存在严重的区域不平衡问题。发达国家大量电子废弃物被出口到亚洲,非洲和中、南美洲的发展中国家。随着经济的发展,发展中国家自身的电子废弃物也快速增加。[2] 2016年发展中国家产生的电子废弃物是发达国家的两倍。由于发展中国家电子废弃物法规和技术条件上的限制,大量电子废弃物没有得到安全有效的处置,造成了严重的环境和社会问题。不断增加的电子垃圾、不安全的处置方式和电子废弃物处置的不平衡对全球生态环境和人类健康的威胁日益增加。

2. 全球化学品与废弃物治理体系

为防治工业发达国家将有害废物倾倒到发展中国家和经济转型国家,1989年UNEP在瑞士巴塞尔通过《巴塞尔公约》(Basel Convention),以控制危险废料越境转移及处置。该公约于1992年5月正式生效,旨在控制和减少公约所管制的危险废料和其他废物的越境转移,最大限度减少危险废料的产

---

[1] C. P. Balde, V. Forti, V. Gray, R. Kuehr, and P. Stegmann, *The Global E-waste Monitor 2017: Quantities, Flows, and Resources*, 2018, p. 5, https://www.itu.int/en/ITU-D/Climate-Change/Pages/Global-E-waste-Monitor-2017.aspx.

[2] Zhaohua Wang, Bin Zhang and Dabo Guan, "Take Responsibility for Electronic-waste Disposal," *Nature*, Vol. 536, No. 7614, 2016, pp. 23–25.

生,对废物进行环境无害化管理。公约还呼吁发达国家和发展中国家在危险废料处理领域内加强清洁生产技术的转让和使用方面的国际合作。1995年9月,UNEP在日内瓦通过《巴塞尔公约》修正案,禁止发达国家以最终处置为目的向发展中国家出口危险废料。

化学品贸易的高速增长加重了危险化学品的潜在风险,对缺乏足够监管这些有毒化学品进口和使用能力的国家而言尤其严峻。1998年9月,UNEP和联合国粮食及农业组织(Food and Agricultural Organization of the United Nations, FAO)在荷兰鹿特丹制定《关于在国际贸易中对某些危险化学品和农药采用事先知情程序的鹿特丹公约》(Convention on International Prior Informed Consent Procedure for Certain Trade Hazardous Chemicals and Pesticides in International Trade Rotterdam),简称《鹿特丹公约》(The Rotterdam Convention)。该公约旨在推动缔约国在国际贸易中就某些有毒化学品和农药分担责任、通力合作,实施强制性的事先知情同意程序,监察和控制危险化学品的进出口,保护包括消费者和工人在内的人类健康和环境免受国际贸易中某些危险化学品和农药的潜在有害风险。该公约于2004年2月24日正式生效,其管控物质共包括46种化学物质。

在《寂静的春天》给人类发出DDT环境健康风险警告的40年后,2001年,UNEP为了保护人类健康和环境免受POPs的危害,在瑞典斯德哥尔摩制定了《关于持久性有机污染物的斯德哥尔摩公约》(Stockholm Convention on Persistent Organic Pollutants,以下简称《斯德哥尔摩公约》)。该公约于2004年5月17日生效,第一批受控的是包括DDT在内的12种POPs物质。目前《斯德哥尔摩公约》共有179个缔约方。

为实现约翰内斯堡执行计划的目标,2006年2月UNEP开始实施国际化学品管理战略(Strategic Approach to Intentional Chemical Management, SAICM),旨在在生产和使用化学品领域最大限度减少对环境和人类健康的不良影响。尽管由于各国化学品管理水平的差异,SAICM 最终只被定位为自愿型的政策框架。[①] 但是 SAICM 的达成意味着化学品安全无害化管理步入全球化时代,对各国特别是发展中国家的化学品生产、使用和安全管理产生重要影响。

《巴塞尔公约》《鹿特丹公约》《斯德哥尔摩公约》和 SAICM 为全球化学品和废弃物管理提供了强制性和自愿型的框架。形形色色的化学品广泛存在于人们日常生活和周围环境中。过去四十多年来,许多国家通过立法、设立监管机构等方式来减少危险化学品带来的风险。但是全球化学品管理体制尚未充分跟上世界化学品管理的快速发展潮流。当前,全球化学品管理存在基础数据信息收集缺失的问题。基础数据缺失导致化学品评估机制和风险管理制度发展长期滞后。国际化学品管理战略方针的实现需要各国政府、私营部门和化学品供应链中各环节的利益攸关方展开紧密合作,将化学品管理提高到国际政策议程的中心。

第三节　全球环境治理的参与主体

全球环境治理是指主权国家、联合国体系以及其他非国家行为体等按照国际环境法的规则和制度,在资源和环境可持续发展等方面进行多元合作、竞争博弈的过程。[②] 主权国家是全球环境治理的行为主体,通过双边或多边国际合作机制在全球环境治理中发挥着最重要的主体作用。联合国等政府间国际组织在全球环境治理中发挥着战略性和综合性的指导作用。联合国环境规

[①] 葛海虹等:《国际化学品管理战略方针(SAICM)最终实施进展与对策建议》,2014 年 6 月,第 1 页。
[②] 于宏源、于雷:《二十国集团和全球环境治理》,载《中国环境监察》,2016 年第 8 期,第 9 页。

划署是全球环境问题的政府间决策组织,制定、维持和管理国际环境合作的规则,推动并协调各国政府的环境行动。跨国城市网络等次国家行为体以及非政府组织等非国家行为体正在全球环境治理中发挥越来越重要的角色,共同推动全球环境治理体制的不断完善。全球环境治理的主体呈现多元化趋势。

一、联合国体系

1968年联合国教科文组织在"关于生物圈资源合理利用及保护的政府间会议"提出了"生态可持续发展"的概念,首次将环境问题纳入联合国的国际议程。1972年联合国斯德哥尔摩人类环境会议在联合国框架下成立专门负责环境事务的联合国环境规划署(UNEP),统一协调和规划全球环境事务。作为环境领域的联合国主要机构,UNEP负责全球环境议程,促进全球资源的合理利用并推动全球环境的可持续发展。随着全球环境问题的主流化,许多联合国机构和国际组织也在其工作中加入环境议程并下设了环境分支,对其决策的环境影响进行审查。[①] 如联合国粮农组织的工作内容包含土壤管理与环境保护,联合国工业发展组织的工作内容包含工业发展的环境保护。

为落实里约环境与发展大会的可持续发展战略和《21世纪议程》,1992年12月第47届联合国大会批准成立可持续发展委员会(UN Commission on Sustainable Development),确保环境与发展目标的有效进展。可持续发展委员会是联合国系统内有关可持续发展问题的高级别论坛,隶属于联合国经济及社会理事会。可持续发展委员会也为2002年约翰内斯堡世界可持续发展峰会《约翰内斯堡执行计划》的后续行动提供政策指导。

1992年里约峰会成立了全球环境基金(Global Environmental Facility)

[①] 张洁清:《国际环境治理发展趋势及我国应对策略》,载《环境保护》,2016年第21期,第68页。

来帮助解决全球最紧急的环境问题。全球环境峰会是一个由183个国家和地区组成的国际合作机构,旨在联合国际机构、社会团体和私营部门,共同资助各国以保护全球环境和促进可持续发展为目标的项目。作为独立的财政组织,全球环境基金由联合国环境规划署、联合国开发计划署和世界银行三方共同实施,为发展中国家和部分经济转型国家提供生物多样性、气候变化、国际水域、臭氧层保护和土地退化领域的资金支持。[①] 迄今为止,全球环境基金已为170个发展中国家的4500多个项目提供了约179亿美元的赠款,并撬动了932亿美元的联合融资。

全球环境基金是当前唯一的国际环境公约综合性资金机制,承担着《生物多样性公约》《联合国气候变化框架公约》《关于持久性有机污染物的斯德哥尔摩公约》《联合国防治荒漠化公约》和《关于汞的水俣公约》这五个国际环境公约的多边资金机制。全球环境基金也与《关于消耗臭氧层物质的蒙特利尔议定书》下面的多边基金互为补充,帮助经济转型国家逐步淘汰臭氧层消耗物质提供资助。此外全球环境基金还与许多有关国际水域或跨界水体的全球性和多边协议有关联,并支持许多联合国机构行动计划。

在"里约+20"峰会的呼吁下,2013年UNEP环境理事会升级为普遍会员制的联合国环境大会。联合国环境大会是全球最高层次的环境决策机构,每两年举办一次,旨在确定全球环境政策的优先事项,并通过制定国际环境法引导全球环境治理的新实践,并推动政府间的环境行动。

二、主权国家

主权国家是全球环境治理的主体。美国和欧洲是全球环境治理的传统领

[①] 蔺雪春:《变迁中的国际环境机制:以联合国环境议程为线索》,载《国际论坛》,2007年第3期,第17页。

导者,主导了全球环境治理的形成与发展。20世纪70年代以来,美国主导了全球环境治理的发展,推动了《巴塞尔公约》《蒙特利尔议定书》《生物多样性公约》以及《斯德哥尔摩公约》等多边环境协定的签署。随着发达国家和发展中国家在"共同但是有区别的责任"原则中的分歧不断扩大,美国于2001年退出《京都议定书》,欧盟成为推动全球环境治理最重要的政治力量。新兴发展中大国的崛起也深刻影响着全球环境治理格局。受金融危机影响,欧洲各国将主要精力放在解决拯救欧元和国内事务,对全球环境治理的议程设置能力逐渐收缩。

以中国和印度为代表的新兴国家在全球环境治理体系中获得了越来越多的话语权。1972年斯德哥尔摩人类环境会议以来,中国逐渐从全球环境治理体系的被动接受者和参与者转变为积极参与者、塑造者和引领者。最不发达国家是在全球环境问题面前最脆弱、应对能力最低的一群国家。亟待摆脱环境与贫困恶性循环的最不发达国家希望发达国家和新兴经济体承担更多的责任,帮助最不发达国家增强应对全球环境问题的能力。各方在全球环境治理中的博弈逐步形成了传统发达国家、新兴经济体和发展中国家共同参与、合作和竞争的新型全球环境治理体系。

全球环境治理的领导力开始向东转移,传统领导力不断弱化并转移,新兴国家的领导力逐步增强。[①] 下文以美国、欧盟和中国在全球环境治理体系中立场和影响力的变化来阐释全球环境治理领导力的变迁。

1. 美国

在20世纪70和80年代,美国是全球环境治理的领导者和积极参与者。美国尼克松政府和卡特政府在多项国际环境公约的形成与生效过程中发挥了

[①] 刘冬、徐梦佳:《全球环境治理新动态与我国应对策略》,载《环境保护》,2017年第6期,第62页。

重要的作用,主导了全球环境治理的议程设置。保护濒危野生动植物的《华盛顿公约》(1973年)、管制臭氧层耗损物质的《蒙特利尔议定书》(1987年)、控制危险废料越境转移的《巴塞尔公约》(1989年)、《生物多样性公约》(1992年)和管制持久性有机污染物的《斯德哥尔摩公约》(2001年)的形成、签署和生效都离不开美国的大力推动。

21世纪以来,美国却一度成为全球环境治理的消极参与者甚至阻碍者。[①]由于对"共同但是有区别的责任"这一国际合作原则的不满,2001年3月小布什总统宣布美国退出《京都议定书》。美国的退出极大地挫伤了国际社会参与全球环境治理的信心和努力,直接导致《京都议定书》于2005年2月才正式生效。美国政府在国际环境事务中的巨大影响力,是很多国家采取行动的重要参照。美国、加拿大、澳大利亚和日本等伞形国家集团在《京都议定书》第二承诺期的谈判中非常消极,且要求以发达国家参与减排为前提。[②] 美国在全球气候治理上的不合作态度也导致其在全球环境治理中的领导力和影响力丧失。

奥巴马总统在执政期间积极推动各国在能源气候领域的多边合作,积极争取国际气候谈判的主导权,高调回归全球环境治理舞台。奥巴马政府积极推动新能源战略和气候应对政策。2009年3月,美国举行"经济大国能源与气候论坛"(Major Economies Forum on Energy and Climate),积极推动发达国家和发展中国家主要经济体在气候变化问题上的合作。[③] 奥巴马在2009年的哥本哈根气候变化大会曾承诺美国2020年温室气体排放量在2005年的

---

① 丁金光、赵嘉欣:《奥巴马执政时期美国环境外交新变化及影响》,载《东方论坛》,2018年第3期,第24页。
② 庄贵阳、薄凡、张靖:《中国在全球气候治理中的角色定位与战略选择》,载《世界经济与政治》,2018年第4期,第18页。
③ 高翔、徐华清:《"经济大国能源与气候论坛"进展及前景展望》,载《气候变化研究进展》,2010年第6期,第301页。

基础上减少17%。

奥巴马总统的第二执政期将气候变化列为美国优先关注的事项。2013年6月,奥巴马总统推出"总统气候行动计划"(President's Climate Action Plan),从减少温室气体排放、适应气候变化的不利影响和领导全球共同努力应对气候变化三方面系统阐述了美国联邦政府的气候政策。[①] 2015年8月,奥巴马政府推出《清洁电力计划》(Clean Air Plan),提出到2030年美国电力行业碳排放在2005年的基础上减少32%的目标。

奥巴马政府在环境外交中呈现出积极和主动的姿态,努力参与到所有温室气体排放大国全球气候治理的行动中,共同应对全球气候变化[②]。奥巴马总统陆续与墨西哥、加拿大、中国、印度、欧盟和日本等国开展清洁能源和气候变化方面的对话,并形成一系列双边环境协议,加强美国和这些国家在清洁能源和低碳技术等方面的合作。2014年11月,中美双方共同发表的《中美气候变化联合声明》,宣布各自2020年后的行动目标。美国计划在2025年实现温室气体排放相对2005年下降26%—28%的目标。中国则计划到2030年左右二氧化碳排放达到峰值并将努力早日达到峰值。奥巴马政府的环境外交为《巴黎协定》的制定奠定了基础,积极推动了全球气候治理模式从原来的"自上而下"的强制性分配转向以"自下而上"为主的国家自主贡献减排模式。[③] 奥巴马政府通过开展国际环境合作、推动国际气候谈判等积极推动了全球气候治理进程,重塑了其全球环境治理大国的形象。

美国在气候政策上的连续性较差,特朗普总统的气候观念与奥巴马完全

[①] 仲平:《美国奥巴马总统"气候行动计划"解读》,载《全球科技经济瞭望》,2014年第3期,第5页。

[②] 庄贵阳、薄凡、张靖:《中国在全球气候治理中的角色定位与战略选择》,载《世界经济与政治》,2018年第4期,第18页。

[③] 丁金光、赵嘉欣:《奥巴马执政时期美国环境外交新变化及影响》,载《东方论坛》,2018年第3期,第27页。

相悖。2017年1月,特朗普总统一上台就宣布以"美国优先能源计划"取代奥巴马总统的"总统气候行动计划"。2017年6月1日,特朗普总统宣布退出《巴黎协定》,为全球环境治理进程带来了严重的不确定性。2017年10月10日,美国环境署正式废除奥巴马政府推出的《清洁电力计划》,进一步损害了美国在全球环境治理中的国际形象。与全球气候治理若即若离的关系使美国逐步丧失全球气候治理的领导力。

2. 欧盟

20世纪70年代以来,欧盟逐渐活跃于全球环境治理的舞台,以区域治理为依托,积极参与跨国双边或多边环境合作机制建设,是全球环境治理进程的积极推动者。欧盟区域环境公约如《长程越界空气污染公约》为其他区域一体化的环境管理体系建设提供了指导。2014年,由联合国欧洲经济委员会制定的《跨界环境影响评价的埃斯波公约》开放至全球签署,从欧洲区域性公约升级为全球性公约。[①]

作为国际气候谈判的发起者,欧盟一直积极推动气候变化谈判,通过应对气候变化来降低其对海外能源的依赖,并增强欧盟一体化进程中的凝聚力。自美国在气候变化问题上消极不作为以来,欧盟逐步取代美国成为全球环境治理中的领导者,在多项国际多边环境协定的谈判与签订中发挥着主导作用。2001年美国退出《京都议定书》后,欧盟的积极斡旋为议定书正式生效铺平了道路,成为全球气候治理领域的领导者。《京都议定书》第一承诺期,欧盟采用碳排放交易、资金、技术合作、履约、低碳发展等多方面措施来积极推动全球气候治理。2005年欧盟建立欧洲碳排放交易体系(EU-ETS),是全球首个国际碳排放交易体系,推动了其他国家和地区碳排放交易的发展。EU-ETS

[①] 梅凤乔、包埫含:《全球环境治理新时期:进展、特点与启示》,载《青海社会科学》,2018年第4期,第62页。

是一个开放的交易体系,与《京都议定书》的清洁发展机制等衔接,允许欧盟外的减排信用在一定程度上被纳入欧盟碳排放交易体系。在第一承诺期,欧盟为购买《京都议定书》下的减排信用支付了大约400亿欧元,引起了全球可再生能源投资领域的革命。[①] 2007年欧盟立法确定到2020年温室气体排放量比1990年排放水平至少减少20%,可再生能源比例达到20%的目标,进一步巩固其在全球气候治理中的领导地位。

在"后京都议定书"的谈判阶段,欧盟的债务危机使其无力主导全球气候治理的进程。欧债危机迫使欧盟将应对危机、复苏经济视为亟须解决的议程,欧盟在全球气候谈判中的先导性地位内外交困。来自以波兰为首的部分欧盟成员国和能源密集型行业的压力使欧盟不愿意承担更多的减排压力。在2009年哥本哈根气候变化大会上,身为东道主的欧盟对《京都议定书》第二承诺期的存续问题持消极态度,企图放弃"共同但是有区别的责任"原则,要求发展中大国承担强制性减排任务。欧盟的这一主张导致发展中国家强烈反弹,使欧盟一度被排斥在气候协议核心政策的谈判之外。最终哥本哈根会议只形成了不具法律约束力的《哥本哈根协议》,与欧盟的既定目标相去甚远。尽管欧盟是少数几个同意签署《京都议定书》第二承诺期的缔约方,但是奥巴马政府重返全球气候治理的舞台和中国积极应对气候变化使欧盟在国际气候治理中的领导力不断弱化。

在哥本哈根气候会议上沦为边缘者之后,欧盟积极调整其气候变化政策,通过气候变化多边合作,意图重拾全球气候治理的主导权。2015年3月,欧盟率先向联合国提交温室气体减排承诺,提出到2030年实现温室气体排放量比1990年减少40%,可再生能源占能源消耗量比重提高到27%,能源效率提

[①] 王谋:《〈京都议定书〉第二承诺期可以也应该继续》,载《中国能源报》,2011年12月5日,第9版。

高27%的目标。2015年10月,欧盟宣布未来5年向全球欠发达国家提供3.5亿欧元的气候援助资金。此外,欧盟也积极与小岛国家联盟,与最不发达国家集团和中国等国进行交流和合作,积极协调各谈判集团的利益分歧,发表应对气候变化的联合声明[1]。欧盟的系列努力彰显了其气候治理的软实力,推动巴黎气候大会的成功。虽然欧盟在《巴黎协定》的形成和生效过程中扮演了非常重要的角色,但是其全球气候治理的领导地位已经难以恢复到2009年哥本哈根气候会议前的一枝独秀状态。

除了气候治理议程外,欧盟在其他环境治理议题中也扮演了非常重要的角色。欧盟是全球生物多样性保护、海洋垃圾治理、化学品与废弃物管理和跨界空气污染防治与空气质量管理等议题的积极领导者。在全球化学品环境管理中,欧盟在管理制度、技术和信息等方面的优势,也使得欧洲在该议题上扮演着领导者的角色。欧盟《化学品注册、评估、授权与限制制度》日益显示广泛的国际影响,成为世界各国化学品监管立法的蓝本。但是英国脱欧和欧洲内部经济压力等因素都对欧盟环境政策产生不可估量的影响,弱化了欧盟在全球环境治理中的领导力。

3. 中国

自1972年中国派代表团参加斯德哥尔摩联合国人类环境会议以来,中国在全球环境治理中从被动参与者逐步转变为重要的引导者,正深度参与到全球环境治理中。中国因联合国人类环境会议而意识到环境保护的重要性。在该会议的推动下,1973年中国召开了第一次全国环境会议,制定了保护环境的若干行动计划,开启了中国环保事业的历史。中国在国际气候谈判中立场的转变很好地阐释了中国在全球环境治理中角色和影响力的变化。

---

[1] 巩潇泫、贺之杲:《欧盟行为体角色的比较分析——以哥本哈根与巴黎气候会议为例》,载《德国研究》,2016年第4期,第26页。

在气候变化刚进入全球环境治理议程之初,中国仅将气候变化作为一个科学和环境问题,由中国气象局负责国际气候治理合作。1994年《联合国气候变化框架公约》的签署和生效使中国意识到全球气候治理和合作的重要性。中国谨慎地参与早期国际气候变化谈判,是全球气候治理的学习者和应对者。尽管《京都议定书》并没有给中国规定强制性的温室气体减排目标,中国还是保持高度警惕,采取战略防御为主的策略,把国际气候谈判当作"政治仗"来打,积极维护自身发展的权利。1998年,中国设立国家气候变化对策协调小组,并将应对气候变化的职能从中国气象局转移到综合拟定国家经济和社会发展政策的国家计划委员会。

在国际气候谈判的曲折进程中,中国坚持"共同但有区别的责任"原则,不断强调其发展中国家的地位,争取并维护其发展的权利。2005年《京都议定书》生效后,中国积极利用清洁发展机制(Clean Development Mechanism, CDM),在发达国家资金和技术的支持下积极应对气候变化。截至2012年6月5日,国家发改委已批准4239个CDM项目,其中2060个项目获得成功注册,占全球CDM注册项目的48.6%。新能源和可再生能源类项目占国家发改委依批准项目的74.7%。[1] CDM项目极大地推动了中国的低碳发展,为中国建立国内碳交易体系奠定了基础。

随着对气候变化认识和国际气候治理合作的不断深入,中国政府应对气候变化的立场也发生了转变,从战略防御转变为发展协同。[2] 改革开放以来,随着中国经济的快速发展,其能源消耗量和温室气体排放量迅速增长。2007年中国取代美国成为全球最大的温室气体排放国。在国际气候谈判中,中国

---

[1] 惠葭依、王琳佳、唐德才:《后京都时代中国CDM的风险分析及对策研究》,载《产业与科技论坛》,2014年第8期,第110页。

[2] 庄贵阳、薄凡、张靖:《中国在全球气候治理中的角色定位与战略选择》,载《世界经济与政治》,2018年第4期,第14页。

在温室气体减排方面面临着很大的国际压力。欧美等发达国家不断对中国和印度等新兴经济体施加压力,要求它们承担强制减排目标。

中国应对气候变化政策的转变也是由节能减排成为国内优先的政策议程驱动的。中国的化石能源资源相对不足,面临严峻的能源安全压力。中国自1993年开始成为能源的净进口国。2014年,能源进口量占全国能源供应量的16.8%,其中石油的对外依存度接近60%,天然气和煤炭的进口量也日益增加。由于粗放式的经济发展,中国的能源利用效率总体偏低。2010年,中国的单位国内生产总值能耗是世界平均水平的两倍,钢铁、建材、化工等行业单位产品能耗也比国际先进水平高10%—20%。[1] 节能减排是中国经济增长方式从粗放型向集约型转变的重要抓手。温室气体与空气污染物的产生具有同源性,大部分来源于化石能源的燃烧。大气污染防治在2010年后进入中国优先的政策议程。节能减排也是中国解决居民最关心的空气污染问题的政策。中国政府逐步发现在应对气候变化问题上,温室气体减排预期与自身发展需要具有一致性。

国内外的减排压力使中国逐步改变气候变化问题上的国际立场,更加积极主动地应对气候变化。2007年,中国政府在国家发展和改革委员会(原国家计划委员会)下专设应对气候变化司,扩充应对气候变化领导小组的地位和力量。应对气候变化司综合负责制定中国应对气候变化的重大战略和政策,开展应对气候变化的国际谈判与合作,组织实施清洁发展机制工作。2007年6月,国务院制定并发布《中国应对气候变化国家方案》,明确到2010年中国应对气候变化的具体目标、基本原则、重点领域和政策措施。自"十一五"规划开始(2005年至2010年),中国将单位国内生产总值能耗列入国民经济和社

---

[1] 《国务院关于印发节能减排"十二五"规划的通知》,http://www.gov.cn/zwgk/2012-08/21/content_2207867.htm。

会发展规划的约束性指标,列入地方政府官员的业绩考核中。自"十二五"规划开始,中国也将非化石能源占一次能源的比例以及单位国内生产总值二氧化碳排放的降低列入社会经济发展的约束性指标,充分体现了中国政府在节能减排和低碳发展方面的决心和意愿。

在国际气候谈判中,中国开始发挥发展中大国的担当,积极参与全球气候治理,为推动全球气候谈判作出积极贡献。2009年哥本哈根气候大会上,中国政府承诺到2020年单位国内生产总值二氧化碳排放比2005年下降40%—45%的目标。2013年11月,中国发布首部《国家适应气候变化战略》,正视气候变化的严峻挑战,由此将适应气候变化提高到国家战略的高度。在2014年发布的《中美气候变化联合声明》中,中国首次承诺碳排放峰值的时间,提出到2030年左右碳排放达到峰值,为中国化石能源消费的增长设置了"天花板"。2015年6月,中国提交的应对气候变化国家自主贡献中承诺到2030年单位国内生产总值二氧化碳排放比2005年下降60%—65%,为《巴黎协定》的达成发挥了巨大的推动作用。中国还将应对气候变化的行动纳入"十三五"规划中,并于2017年底正式启动全国碳排放交易体系,切实落实国际承诺,推动中国低碳经济的发展。

2010年以来,中国积极推动气候变化南南合作,通过提供资金、技术和能力建设等方面的援助,帮助发展中国家应对气候变化。2012年"里约+20"峰会上,中国宣布将拨款2亿元人民币(每年约1000万美元)开展为期3年的气候变化南南合作,帮助最不发达国家、非洲国家和小岛屿国家应对气候变化。[1] 2014年9月,中国承诺从2015年起每年"南南合作"资金翻倍为2000万美元。2015年9月,中国宣布设立200亿元人民币的"中国气候变化南南

---

[1] 人民网:《应对气候变化,中国曾作出哪些承诺》,2015年12月1日,http://world.people.com.cn/n/2015/1201/c1002-27877413.html。

合作基金",支持其他发展中国家应对气候变化。2011年至2017年,中国政府累计为发展中国家提供了超过7亿人民币的应对气候变化资金支持。[①] 除了资金援助外,中国还通过在发展中国家建设低碳示范区、实施减缓和适应气候变化的项目、组织人员培训和赠送节能设备等方面帮助其他发展中国家提高应对气候变化的能力。中国已经从全球气候治理的被动参与者转变为贡献者和引领者。

随着国内人民对优美生态环境的需求不断增长,中国持续推进生态文明建设,将可持续发展纳入国家总体发展战略。在生态文明的实践探索中,中国不仅持续向世界各国学习先进的环境治理经验,也为全球环境治理贡献中国经验。2017年10月,习近平在中国共产党第十九次全国代表大会上的报告中指出中国要"引导应对气候变化国际合作,成为全球生态文明建设的重要参与者、贡献者、引领者"。在全球环境治理中,中国参与议程设置的能力和话语权不断提升,正在多项全球环境议程中发挥着负责任大国的引领性作用。中国在全球气候治理中角色的转变体现了中国正日益走入全球环境治理舞台的中央,从被动的接受者转变为全球环境治理体系的重要参与者和塑造者。

三、次国家行为体

地方政府是国家环境政策的具体实施者,对全球环境治理具有推动作用。城市是环境污染的主要制造者,也是最直接的受害者。所以,地区和城市对加强环境治理合作的意愿比较强烈,在实践中搭便车的倾向比各国家间搭便车的倾向要少很多。[②] 尽管有些国家在全球环境治理的一些议题上比较消极,

---

[①] 中国新闻网:《中国六年斥资逾7亿元开展气候变化南南合作》,2017年9月16日,http://www.xinhuanet.com//politics/2017-09/06/c_1121617684.htm。

[②] 李昕蕾:《跨国城市网络在全球气候治理中的行动逻辑:基于国际公共产品供给"自主治理"的视角》,载《国际政治经济》,2015年第5期,第108页。

但是地方政府可以通过执行更严格的标准、构建城市环境合作治理网络、影响所在国家的环境政策等方式推动全球环境治理的发展。

尽管美国联邦政府与全球气候治理体系若即若离,美国的加利福尼亚州(简称加州)一直是全球环境治理的"绿色先锋"。加州在机动车排放标准和燃油标准方面更严格的立法促进了美国联邦政府以及其他州相关环境政策迈向更高的标准。[1] 由于加州在引领美国和国际环境政策方面的积极作用,学界又将次国家行为体的环境政策创新通过横向和纵向的传播扩散推动全球环境治理的"环境竞优"(race to the top)过程称为"加利福尼亚效应"。当特朗普总统宣布美国退出《巴黎协定》后,加州、纽约州和华盛顿州立刻成立"美国气候联盟",支持《巴黎协定》,承诺3个州将继续实现美国的承诺,并进一步强化各州已有的联邦清洁能源计划中的气候变化行动。截至2019年5月底,气候联盟已有24个成员州。

在次国家行为体中,城市在全球环境治理中所发挥的作用也在不断增加。面对日益严峻的环境问题,部分城市正在绿色经济和温室气体减排等领域发挥"地方性领导者"的作用。[2] 自20世纪90年代以来,全球各区域陆续出现了各类环境治理的跨国城市网络。[3] 目前,气候治理领域中重要的跨国城市网络平台包括地方政府环境行动理事会(ICLEI)、C40城市气候领导联盟(C40 Cities Climate Leadership Group)、世界低碳城市联盟(The World Alliance of Low Carbon Cities)、全球气候与能源市长盟约(Global Covenant of Mayors for Climate & Energy)等。与国家间协定相比,跨国城市网络具有更强的灵活性和务实性,更有助于环境治理经验和技术的传播和扩散,形成环

---

[1] David Vogel, *Trading up: Consumer and Environmental Regulation in a Global Economy*, Harvard University Press, 1995.
[2] 李昕蕾:《跨国城市网络在全球气候治理中的行动逻辑:基于国际公共产品供给"自主治理"的视角》,载《国际政治经济》,2015年第5期,第105页。
[3] 于宏源:《城市在全球气候治理中的作用》,载《国际观察》,2017年第1期,第48页。

境治理的规则,并在城市之间提供技术和资金支持。[①] 这些跨国城市网络通过城市的示范作用以及城市层面环境治理的合作引领国家乃至全球环境治理的发展。[②]

四、非国家行为体

自20世纪60年代环保非政府组织大量成立以来,环保非政府组织就通过追求对国际环境合作规则和体系产生影响来推动全球环境治理的发展。随着全球化的深入,国际环保非政府组织已逐渐成为解决全球环境问题不可忽略的主体之一。世界自然保护联盟(IUCN)、世界自然基金会(WWF)、地球之友(FOEI)和绿色和平组织(Green Peace)等具有全球影响力的国际环保非政府组织积极参与全球环境议题的设定与实施,并努力推动联合国等国际组织以及各国政府加强环保政策的合作。

国际环保非政府组织具有非政府性、非营利性、公益性和跨国性等基础特征。国际环保非政府组织主要通过以下三个途径参与全球环境治理:首先,国际环保非政府组织可以通过提案、环保运动、联合国咨商等机制参与联合国以及各主权国家的环境议程的设置与实施;其次,国际环保非政府组织可以通过独立或联合开展环保活动,提供资金、技术和管理上的援助,帮助项目实施国提升可持续发展能力;最后,国际环保非政府组织可以通过与企业建立绿色联盟,协助企业履行社会责任,推动绿色供应链的发展。[③]

非政府组织的独立性和专业性等优势使得其能够在全球环境治理中弥补

[①] Michale M. Betsill and Harriet Bulkeley, "Transnational Networks and Global Environmental governance: The Cities for Climate Protection Program," *International Studies Quarterly*, Vol. 48, No. 2, 2004, pp. 471-493.

[②] 李昕蕾:《跨国城市网络在全球气候治理中的行动逻辑:基于国际公共产品供给"自主治理"的视角》,载《国际政治经济》,2015年第5期,第105页。

[③] 安祺、王华:《环保非政府组织与全球环境治理》,载《环境与可持续发展》,2013年第1期,第19页。

政府和市场机制的不足,以灵活和广泛的形式参与全球环境治理,优化资源配置。许多国际环保非政府组织具有高度的专业性,能够针对重大环境问题展开调研,评估环境影响,推动全球环境议题的制定与实施。世界自然保护联盟编制和维护的濒危物种红色名录是当前全球公认的表征生物多样性的指标,为全球环境治理提供专业的政策参考依据。此外,国际环保非政府组织也通过国际舆论,监督和协调国际环境条约的履约情况等方式与国际机构和各国展开合作,保障全球环境治理的有效开展。此外,国际环保非政府组织也通过宣传环保教育、公开环境破坏行为信息等方式推动各国公众和企业环保意识的提高并传播国际规范。

随着环境问题全球化趋势的不断增加,国际环保非政府组织等非国家行为体正在全球环境治理中扮演着越来越重要的角色。《2030年联合国可持续发展议程》将致力于可持续发展的非政府组织、民间社会和私营部门与各国政府以及联合国机构一起列为"多利益攸关方",通过加强全球可持续发展伙伴关系支持全球可持续发展目标的实现。[①] 2017年的第一届联合国环境大会也通过赋予非政府组织普遍的参与资格,促进非国家行为体在全球环境治理中的广泛参与。

第四节 全球环境治理体系的特点

近50年来,全球环境治理体系逐步完善,从全球治理的边缘逐渐转移到中心地带。全球环境治理的议程也从大气污染、水污染、化学品和废弃物逐步

[①] 梅凤乔、包坍含:《全球环境治理新时期:进展、特点与启示》,载《青海社会科学》,2018年第4期,第63页。

扩展到臭氧层破坏、生物多样性和全球气候变化等。全球环境治理的手段从最初的缺乏强制约束力的议程设定转向治理制度框架的设定，从注重各国的目标承诺转向更注重各国承诺执行效果的评估。[①] 全球环境治理体系展现出四点特征：环境问题的全球性与公共性、科学共识推动全球环境治理、全球环境治理体系内部的复杂性与矛盾性、全球环境治理体系的多维性。

一、环境问题的全球性与公共性

全球环境问题具有公共物品属性和跨地域性特点，是当今人类社会共同面临的严峻挑战。首先，环境问题无论是从影响范围还是治理范围来看都具有跨地域性的特点，需要世界各国共同努力与合作来解决。经济快速全球化的进程也进一步加剧了全球环境问题的蔓延和扩散。其次，全球环境问题的出现及解决具有长期性和滞后性。气候变化问题是工业革命以来人类过度使用煤炭和石油等化石燃料，排放大量温室气体累积的结果。国际社会意识到气候变化的环境影响，形成科学共识，并且展开有效的环境治理这一过程具有滞后性。全球气候治理效果的显现也需要数十年甚至上百年的时间。最后，全球环境问题也具有复杂性。以气候变化为例，全球气候治理中气候变化不仅是单纯的气候科学问题，也是涉及经济、社会、技术、生态、政治等多领域的复合问题。[②] 在全球环境污染和恶化的趋势下，全球环境问题的跨地域性、长期性、滞后性和复杂性导致全球环境治理超越了政治、经济和军事等其他方面的全球治理议题，需要世界各国共同参与合作。

环境具有公共物品的特征。全球环境治理是一种典型的国际公共物品供

---

① 叶琪：《全球环境治理体系：发展演变、困境及未来走向》，载《生态经济》，2016年第9期，第159页。
② 石晨霞：《联合国在全球气候变化治理中面临的困境及其应对》，载《国际展望》，2014年第3期，第128页。

给,具有非排斥性和非竞争性的特点。全球环境治理有利于全人类的长远福祉。以气候变化为例,气候变化是一个典型的全球尺度的环境问题。全球大气空间的非排他性意味着如果世界各国都对温室气体排放不加管控,很可能会产生"公地悲剧"(Tragedy of the Commons),对全球生态环境产生不可逆转的危害。① 气候治理的非竞争性也会导致各国在实现全球气候治理目的时具有坐享其成搭便车的倾向,导致全球气候治理投入不足。②

全球环境问题的全球性意味着环境问题是任何国家和组织都无法独立应对的全球性问题,需要各国积极承担全球环境治理的责任。全球环境治理的国际公共物品属性导致建立稳定有效的全球环境治理框架窒碍难行。

二、科学共识推动全球环境治理

全球环境问题的复杂性使科学共识成为推动全球环境治理进程的重要抓手。全球环境影响的跨地域性、长期性、滞后性和复杂性等特征使决策者在应对这些问题时不得不求助于科学认知共同体的帮助。③ 对环境问题的科学共识也有助于帮助决策者应对环境治理决策过程中的复杂性和不确定性。全球环境治理体系一直保持着科学与政策之间的紧密联系,通过科学共同体与决策者的信息交换不断塑造更有效的环境治理政策机制。不断增长的科学认知和科技进步推动了包括生物多样性保护、臭氧层保护和气候变化等多项多边环境条约和协议的缔结与实施。

---

① Garrett Hardin, "The Tragedy of the Commons," *Science*, Vol. 162, Issue 3859, 1968, pp. 1243-1248.
② 庄贵阳、薄凡、张靖:《中国在全球气候治理中的角色定位与战略选择》,载《世界经济与政治》,2018年第4期,第8页。
③ 董亮、张海滨:《IPCC如何影响国际气候谈判——一种基于认知共同体理论的分析》,载《世界政治》,2014年第8期,第70页。

"认知共同体"是基于知识的、来自不同学科的科学家共同体联系网络。[①]科学共同体对他们领域社会或自然现象的因果关系有共同的认知和理解,并对在这一领域采取何种行动能够对促进人类福祉持有共同的看法。科学共同体对该领域的相关知识拥有权威的解释,可以让各国政府和利益相关方充分了解到全球环境问题的现状和治理发展趋势,将科学发现导入全球环境治理的政策制定中,并提出更加协调和综合的应对政策。

政府间气候变化专门委员会(Intergovernmental Panel on Climate Change,IPCC)是当前全球环境治理领域最知名的科学共同体,为国际社会认识气候变化问题、推动全球气候治理体系提供科学基础。1988年世界气象组织和UNEP共同建立IPCC,旨在为决策者定期提供针对气候变化科学依据、气候变化的影响和未来风险,以及适应和减缓措施的系统评估。目前,IPCC已经成为评估气候变化相关科学的权威国际机构,是联合国气候大会和联合国气候变化框架公约谈判的基础。

自1990年发布第一份评估报告以来,IPCC已经发布了5次报告。这些报告汇集了全球关于气候变化问题最新的研究成果。第一份评估报告直接推动了《联合国气候变化框架公约》(UNFCCC)的形成,后续的报告也塑造了全球气候谈判的方向。2013年9月到2014年11月,IPCC陆续发布的第五份评估报告的三份工作报告和综合报告,为国际社会应对气候变化提供了最权威的科学知识。[②] 三份工作报告分别为《气候变化科学》《气候变化影响、适应和脆弱性》《气候变化减缓》,是有史以来最全面的气候变化相关科学、技术和社会经济的评估报告。

---

① 孙凯:《"认知共同体"与全球环境治理——访美国马萨组赛大学全球环境治理专家Peter M. Haas先生》,载《世界环境》,2009年第9期,第36页。
② 董亮、张海滨:《IPCC如何影响国际气候谈判——一种基于认知共同体理论的分析》,载《世界政治》,2014年第8期,第72页。

IPCC的第五次评估报告引用了超过3万份科学论文。该报告由来自80个国家的830名主要作者共同撰写,提供气候问题领域的专业知识。另有超过2000位评审专家参与报告的编写,确保报告反映科学界全方位的观点。IPCC报告需要通过数轮的起草和评审来保证编写方式的开放、透明和报告内容的全面、客观。IPCC不独立开展科学研究,只评估已发表的文献,确定科学界关于气候变化的共识、分歧以及需要进行的下一步工作。作为科学共同体,IPCC建立起科学家和决策者之间的桥梁,为决策者提供权威和均衡的科学信息。IPCC的研究报告具有政策相关性,但又对政策的制定保持中立的关系,不具有政策指示性。

2018年10月,IPCC在气候变化卡托维茨大会前夕发布题为《全球1.5℃增暖》的特别报告,阐述全球升温1.5℃的影响。最新的科学认知显示把升温控制在2℃以内的目标不能有效避免气候变化带来的最坏影响,全球升温2℃目标的真实影响比第五次评估报告预测得更为严重。如果将升温目标调整为1.5℃,人类社会将避免大量因气候变化带来的损失和风险。为避免不堪设想的后果,国际社会需要采取紧急行动,实现"快速、深刻和史无前例的变革"。该报告直接推动卡托维茨大会上各方同意追求在21世纪末将全球温度控制在比前工业化时期不高于2℃,在此基础上进一步追求不高于1.5℃的目标。

IPCC界定了气候变化的问题维度,帮助各国厘清气候变化谈判的国际利益,有力地推动了全球气候变化谈判。尽管IPCC报告一致避免较强的政治导向,但其定期报告具有极强的传播能力,会重塑国际社会对气候变化问题的认识,保持了气候变化在全球政治议程中较高的排序。

以IPCC为代表的科学共同体已成为推动全球环境治理进程的重要推动力。科学共同体通过科学话语权塑造国际社会对全球环境问题的认知。由于全球环境治理决策过程的复杂性和不确定性,各国政府都需要来自政府间科学研究机构的政策建议。全球环境治理目标的实施与进展也需要科学可信的指标和信息来反馈和指导。科学共同体为推动建立公平合理、合作共赢的全球环境治理体系提供重要支撑。

三、全球环境治理体系内部的复杂性与矛盾性

由于环境问题的全球性,全球环境治理涉及世界各国。由于不同国家对环境问题的认识、社会经济发展水平和文化习俗存在差异,全球环境治理体系从形成之初就是一个复杂的矛盾体。全球环境问题的严峻性需要各国消除隔阂,通力合作,共同解决。全球环境治理的公共物品属性又使各国出于各自政治和经济利益的"单边理性计算",而在全球环境治理中存在搭便车的倾向。

1972年斯德哥尔摩人类环境会议宣布保护环境是全人类的"共同责任",但是发展中国家的环境问题在很大程度上是发展不足造成的。1992年联合国环境与发展大会确立了"共同但是有区别的责任"这一国际环境合作原则。依据这一原则,1997年签署的《京都议定书》将全球气候治理的主体分为附件一国家和非附件一国家,对这两类主体的气候治理责任区别对待。附件一国家主要是发达国家,包括美国、欧盟、日本等发达国家和组织,还包括正向市场经济过渡的东欧国家和独联体成员国。非附件一国家主要是发展中国家。《京都议定书》规定附件一的发达国家应当承担温室气体减排的定量目标,而没有严格规定发展中国家应承担的义务。[①]

国际气候谈判的曲折历程体现了全球环境治理内部的复杂性和矛盾性。《京都议定书》确定了发达国家"自上而下"的强制减排机制,而发展中国家暂时不承担减排义务。2001年3月,小布什总统以"减少温室气体排放会影响美国经济发展"和"发展中国家也应该承担减排义务"为由,宣布退出《京都议

---

① 黄新焕、叶琪:《全球环境治理体系的构建与战略选择》,载《经济研究参考》,2016年第16期,第6页。

定书》。作为当时世界上最大的温室气体排放国,美国的退出使议定书迟迟不能生效和得到执行。

在《京都议定书》第二承诺期的谈判过程中,发达国家和发展中国家在"共同但是有区别的责任"原则中的分歧越来越大,发达国家在改善全球环境方面的表现也越来越消极。发达国家与发展中国家主要的分歧在于发达国家在减缓气候变化方面强调"共同责任",指出减排应该是全球共同行动,所有国家都要受到约束,回避"区别责任"。发展中国家强调"区别责任",希望发达国家承担历史责任,同时希望发达国家给予资金和技术援助,加强气候适应能力。

历次气候变化谈判大会的焦点包括发达国家应如何履行援助承诺、应对气候变化资金援助的规模与来源和发达国家是否应向发展中国家转让应对气候变化的技术等。2008年哥本哈根会议前,发达国家纷纷主动提出它们减排承诺的前提是发展中国家减排。俄罗斯、加拿大、日本、新西兰是减排第二承诺期坚定的反对者。由于《京都议定书》的减排控制纲要的差别适用,所以加拿大也于2012年退出了《京都议定书》。

在全球气候治理谈判的徘徊阶段,世界各国通过艰难的利益博弈逐步建立新的责任分担原则。全球环境治理体系中发达国家与发展中国家责任趋同,共同责任日益强化。国际合作的原则从"共同但是有区别的责任"原则过渡到"公平、共同但是有区别的责任和各自能力原则"。在该国际合作原则下,《巴黎协定》确定了各国自下而上以"国家自主贡献"的方式参与全球应对气候变化行动。各国考虑自身国情,依靠各自能力,采取"国家自主决定"的安排,体现了行动与支持相匹配。全球气候谈判的曲折进程充分体现了全球环境治理体系内部的复杂性与矛盾性。

四、全球环境治理体系的多维性

全球环境治理呈现环境议题多样化、参与主体多元化、参与方式多样性的多维性特征。当前全球环境治理的议题主要聚焦在大气、土地、淡水、海洋、生物多样性以及化学品与废弃物六方面。全球环境问题的多维性和交叉性使在不同时期出现的聚焦单个问题的国际环境条约的实施可能存在相互矛盾的风险。1987年,全球达成的控制消耗臭氧层物质的《蒙特利尔议定书》,大幅削减了用于气溶胶和制冷系统的含氟氯烃(CFCs)。在国际社会的努力下,议定书缔约国已成功淘汰了近99%的臭氧层消耗物质,全球臭氧层正在恢复中。但是作为CFCs的替代品,被广泛使用的氢氟烃(HFCs)是一类具有非常高全球增温潜势的温室气体,对气候变化产生不利影响。2016年,蒙特利尔议定书缔约国终于签署了基加利修正案启动全球的HFCs消减行动。

在环境治理中,由于气候变化、土地利用、水资源以及生物多样性丧失之间的内在联系,孤立地针对某一类环境问题采取相关治理措施会对其他环境领域和社会经济领域带来风险。许多国家采用生物燃料作为应对气候变化的重要措施,但是生物燃料的种植常常以占用耕地或砍伐森林为代价,会对当地的生物多样性产生威胁。生物燃料的种植也会加重全球水短缺问题。此外,各环境议题也与人类健康、城市化、全球化和性别平等密切相关。环境议题的多样性和内在关联性要求国际社会采取综合性措施,将环境治理融入各部门的决策中。环境治理也需要综合性地考虑社会和经济影响,使环境干预措施能够发挥更好的变革作用。

全球环境治理的参与主体也越来越呈现多元化的趋势。以UNEP为主导的政府间国际组织在全球环境治理中发挥着战略性的指导作用,通过倡导多边环境协定的形成并监督其执行来推动并协调各国环境问题。主权国家是全球环境治理的行为主体,通过双边或多边合作机制推行相关政策。美国和欧洲是全球环境治理的传统领导力,主导了全球环境治理的形成与发展。随着全球化的深入,以中国和印度为代表的新兴大国在全球环境治理体系中获得了越来越多的话语权,全球环境治理的领导力开始向东转移。作为国家环境政策的具体实施者,以城市为代表的地方政府正通过更严格的标准、构建跨国城市环境合作治理网络等方式影响所在国家的环境政策,推动全球环境治理的发展。

各类参与主体在全球环境治理中的参与手段方面也呈现多样化的特征。全球环境治理响应框架从孤立向整合过渡。在自上而下层面,国际社会在生物多样性、气候变化和化学品等领域达成的全球性环境条约为各国设立了新的标准和期望值,推动了缔约国国家法律、制度的完善和相关行动计划的实施。在自下而上层面,各主权国家通过协调国内政策履行国际承诺。发达国家也通过资金和技术援助为发展中国家加强环境治理能力建设提供帮助。环保非政府组织等非国家行为体也通过提供咨询、介入环境诉讼等方式在不同级别上推动了环境治理的知识交流和能力提升。在可持续发展目标的实施中,政府间机构、各国政府、非政府组织、城市网络等在一些政策议题上的合作强化了全球环境治理的能力。

第五节　全球环境治理发展展望

一、全球环境持续恶化推动全球环境治理转型

联合国环境规划署2019年新发布的《全球环境展望6》指出,人口增长、城市化、经济发展、技术革新和气候变化等驱动力对地球环境和人类健康产生了巨大的压力。当前大气、土地、水、海洋和生物多样性等环境状况持续恶化,其中气候变化、生物多样性、氮元素的全球循环的环境压力已经超过地球边界,对地球健康产生不可逆的影响。生态环境的持续恶化也对人类健康产生了很深的不利影响,可能导致生计丧失、公众疾病负担上升以及经济放缓,甚

至导致局部暴力冲突上升等。

尽管国际社会在许多环境议题上已达成共识并采取一系列的行动,但是在主要的环境议题上取得的进展却不尽如人意。《全球环境展望5》中评估了重大多边环境协议中的全球环境目标,发现除了淘汰臭氧层消耗物质、淘汰含铅汽油以及千年目标中将无法持续获得安全饮用水的人口比例减半等目标取得重大进展外,其他全球环境目标的实际进展都未达到预期承诺。气候变化、珊瑚礁以及湿地等生态环境状态甚至出现进一步恶化。

面对严峻的环境压力,当前国际社会亟须改变现有的不可持续的线性经济发展模式,采取紧急和持续的行动扭转环境恶化的趋势。《全球环境展望6》较乐观地指出实现健康地球和可持续发展的路径是存在的。实现2030年可持续发展目标需要国际社会改变现有的生产和消费方式,提高能源资源利用效率,发展循环经济实现经济发展与能源资源消耗的脱钩。国际社会需要通过一系列社会和技术创新将环境因素纳入社会和经济发展的主流决策中,推动可持续发展的转型变革以及从地方到国际的不同规模的合作。

二、全球环境治理机制碎片化向整体化转变

在过去半个世纪中,国际社会对环境问题的各种响应形成了一个相互影响的系统。但现有的以联合国机构为主导,各主权国家为行动主体的全球环境治理框架存在碎片化的困境,整体的治理效果远低于预期。联合国环境规划署是全球环境治理的主要协调者。目前许多联合国机构和多边金融组织也纷纷设立环境部门,将环境因素纳入统一的决策。这些机构往往与联合国环境规划署地位相当,使环境规划署很难发挥协调全球环境治理的职责。此外,全球环境治理的转型需要将环境因素纳入社会和经济的主流决策。政府间机构组织中负责社会和经济决策的机构往往级别高于联合国环境规划署。在实际操作中,全球环境治理合作框架在运行效能方面存在耗散的风险,机构碎片

化现象日渐明显。

目前全球有超过500多项多边环境协定分别针对大气、生物多样性、化学品、土地利用和水的环境议题。目前,全球环境治理以多边环境协定在各自领域实施治理行动为主。每个多边环境协定专注于自己的领域,相互之间缺乏联系,存在决策分散甚至决策冲突的问题。[1] 各公约秘书处所在地的分散也制约不同多边环境协定之间制度和政策的协同性。由于缺乏综合协调机构,全球多边环境协定也存在在热点议题上反复投入、在冷门议题上投入不足等资源低效配置问题。以水资源保护为例,防治荒漠化公约组织、湿地保护公约组织、联合国淡水计划、世界海事组织、联合国环境规划署、联合国开发计划署等机构都负责水资源保护等问题。[2] 每个机构都有一套独立的运行机制,互不隶属,导致资源的重复投入与浪费现象。

随着全球环境治理体系的碎片化和全球环境的演化,UNEP的组织结构和职权功能无法应对全球环境治理的需求。在2012年"里约+20"峰会的呼吁下,UNEP进行了一系列渐进式的改革提高其国际影响力。2013年由54个成员国组成的UNEP的环境理事会升级为普遍会员制的联合国环境大会,升级和强化UNEP的作用。UNEP的秘书处也与多边环境条约的秘书处进行频繁互动,提高机构效率。此外,在全球治理的议程设置中,UNEP积极倡导综合考虑社会、经济和环境因素,将环境嵌入《2030年可持续发展议程》,推动环境议程的主流化。近年来,UNEP也积极参与更多全球治理的国际合作,强化环境与贫困、卫生、安全和资源等领域的协同治理,有效提高UNEP的全球影响力。

尽管UNEP的渐进式机构改革逐渐增强了机构的国际领导力,但UNEP

---

[1] 王志芳、张海滨:《UEA对MEAs影响与中国对策》,载《中国人口资源与环境》,2015年第5期,第164页。

[2] 于宏源、于雷:《二十国集团和全球环境治理》,载《中国环境监察》,2016年第8期,第10页。

目前仍无法获得类似世界卫生组织的国际法律地位。在全球环境持续恶化的背景下，UNEP 的机构设置仍存在宏大的国际议程与自身机构能力不匹配的矛盾。国际社会需要强化 UNEP 的职责，推动联合国环境治理框架在融资、规则和制度方面的改革，使 UNEP 成为全球环境事务的权威政府间机构。

三、全球环境治理领导力东移，多边治理加强

当前，全球环境治理的领导力开始向东转移，美国和欧盟的传统领导力不断弱化并转移，新兴国家的领导力逐步增强。在全球环境治理体系内部，发达国家和发展中国家在环境治理目标、责任分担机制以及资金和技术转让等诸多问题上存在分歧，很难形成一致的治理合力。[1] 发达国家和发展中国家对"共同但有区别的责任原则"的认识分歧使全球气候治理在《京都议定书》实施后就进入徘徊分化期。在全球环境议程的实施期，发达国家在改善全球环境方面的表现也越来越消极，更倾向于让发展中国家承担更多的减排责任。应对气候变化最脆弱的最不发达国家和小岛屿国家希望发达国家和新兴经济体承担更多的减排责任。

美国联邦政府与全球气候治理的若即若离关系使美国逐步丧失全球气候治理的领导力。受金融危机和脱欧等事件影响，欧盟对全球环境治理的议程设置能力逐渐收缩，整体式微。以中国为首的新兴发展中大国的崛起也深刻影响着全球环境治理格局。自 1972 年以来，中国逐渐从全球环境治理体系的被动接受者和参与者转变为积极参与者、塑造者和引领者，正在多项全球环境议程中发挥着负责任大国的引领性作用。传统发达国家、新兴经济体和其他发展中国家在全球环境治理的博弈中逐渐形成了共同参与、合作和竞争的新型多边全球环境治理体系。

---

[1] 于宏源、于雷：《二十国集团和全球环境治理》，载《中国环境监察》，2016 年第 8 期，第 10 页。

《巴黎协定》的签订与生效是新型多边环境治理体系的重要成果。《巴黎协定》的责任分担原则是公平、共同但有区别的责任和各自能力原则。全球气候治理模式原来的"自上而下"式的强制性分配转向以"自下而上"为主的国家自主贡献减排模式。各国的气候行动目标都建立在不断进步的"自主贡献"基础上。《巴黎协定》每5年会盘点各国的减排进展与长期目标之间的差距,确保气候变化长期目标的实现。《巴黎协定》微妙地处理了各国对"共同但有区别的责任"理解上的分歧,为全球环境治理提供了一个更灵活的能凝聚共识的新框架。

由于全球社会经济发展的不平衡和环境治理能力的不协调,全球环境治理内部的矛盾依然有待解决。全球环境治理亟须在包容性理念的指导下树立环境治理的价值共识,构建有更广泛主体参与的公平合理、合作共赢的多边治理体系。国际社会需要在全球环境治理战略、原则、投融资和措施方面采取集体行动,通过减缓和适应行动形成全球环境治理响应的多边合力。全球、地方、国家和国际层面的多层次治理体系将有助于全球环境治理向可持续发展模式过渡。

第六章
着眼可持续发展:能源安全与全球能源治理

方婷婷

能源是人类生存和社会发展的基石。近年来,人们越来越认识到能源对于经济增长以及环境可持续性方面的重要作用,国际能源秩序与治理问题开始得到广泛重视。

第一节 能源问题研究历史及现状

能源政策的研究一直被自然科学和经济学的"经典"范式所主导,而社会科学却长期居于次要地位,仅仅处在能源研究的边缘区域。[1] 但是,学者们常

---

[1] B. K. Sovacool, "What are We Doing Here? Analyzing Fifteen Years of Energy Scholarship and Proposing a Social Science Research Agenda," *Energy Research & Social Science*, No.1, 2014, pp. 25 - 26.

常只关注技术改造和革新,而忽略了与能源技术相关的政策制定以及行动"角色分配不当"。由于忽略了社会、政治和行为变量,难免会在能源政策研究中产生重大的"盲点"。[1] 然而,能源已经成为世界上最重要的公共政策挑战之一,[2]这些挑战包括:全球能源需求不断增长而传统能源的储量分布极不平衡;能源系统对气候的影响亟待减轻;现代新能源的开发和利用。[3] 所有这些挑战都是巨大的、紧迫的、全球性的和系统性的,[4]这些挑战对于社会科学领域的学者,尤其是国际关系研究领域的学者来说也是不容忽视的。

一、能源问题得到学术界的广泛重视

值得注意的是,能源在社会科学领域的研究中越来越得到重视。在 Web of Science 数据库中以"能源政策"(energy policy)或"能源政治"(energy politics)为关键词分别对自 20 世纪 60 年代以来的社会科学领域和国际关系领域文献题目进行搜索,不无遗憾的是,尽管搜索结果显示出(见图 6-1 和图 6-2)在第一次石油危机之后,社会科学领域的学者,包括国际关系领域的学者中的许多人都对能源政策和能源政治给予了高度关注,但很快又失去了兴趣。从 20 世纪 90 年代开始由于国际原油价格持续低迷,能源问题渐渐被社会科学领域的学者所忽视。进入 21 世纪,尤其是 2008 年以后,政治学家和国

---

[1] P. C. Stern, "Blind Spots in Policy Analysis: What Economics doesn't Say about Energy Use," *Journal of Policy Analysis and Management*, Vol. 5, No. 2, 1986, pp. 200-227.

[2] T. Van de Graaf, eds., *The Palgrave Handbook of the International Political Economy of Energy*, Basingstoke, U.K.: Palgrave Macmillan, 2016, p. 3.

[3] IEA, *World Energy Outlook* 2009, Paris: OECD; AGECC, Energy for a Sustainable Future, Summary Report and Recommendations, The UN Secretary-General's Advisory Group on Energy and Climate Change, New York, 2010.

[4] Aleh Cherp, Jessica Jewell and Andreas Goldthau, "Governing Global Energy: Systems, Transitions, Complexity," *Global Policy*, Vol. 2, No. 1, 2011, p. 76.

际关系学者再次发现能源是一项值得研究的课题。[①] 再次激起研究兴趣的一个原因是全球能源市场目前正发生着一系列引人注目的转变。

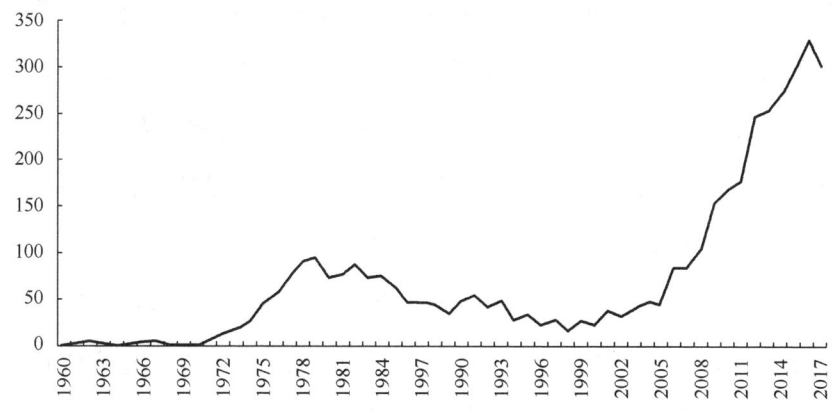

图 6-1　社会科学学界对能源政策或政治的关注趋势

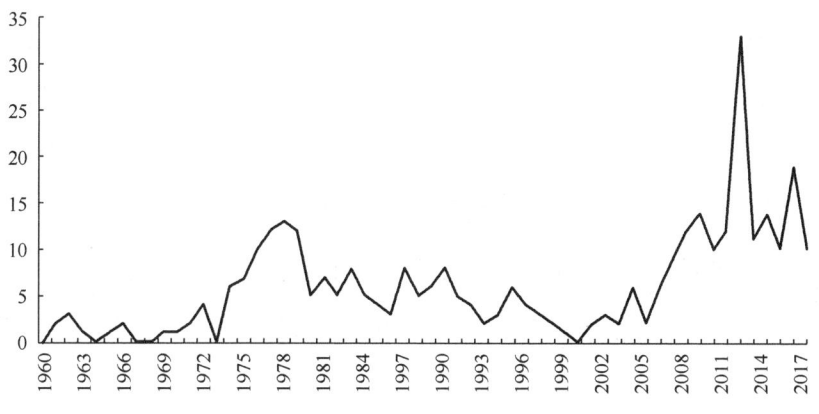

图 6-2　国际关系学界对能源政策或政治的关注趋势

二、能源问题研究的新视角

在国际能源政策的研究中,学者仍然常常从地缘政治或者实用主义安全

[①] Hughes L and Lipscy PY, "The Politics of Energy," *Annual Review of Political Science*, Vol. 16, No. 1, 2013, pp. 449-469.

观的角度进行分析。① 当然,地理方面的作用对于理解全球能源政治无疑是非常重要的,无论是能源供应国还是能源消费国,其能源的可获得性都与"地理"密切相关。② 然而,问题在于,很多政治学和国际关系学者仍然生活在一个以国家为中心的世界,在这个世界中,国家是主要的行为体,国家外交和军事互动被看作最重要的。他们无法想象一个更复杂的能源世界,在这个世界里,国家、国家石油公司、企业、消费者(或公民)、地方性的能源合作社和市场都扮演着关键的角色。③

然而,近年来在能源领域的公共政策研究中地缘政治框架的主导地位受到批评。④ 因为"对能源安全地缘政治层面的过分关注,是基于对全球能源政治必然是一场零和博弈的短视和错误的假设,即一国的能源安全是另一国家缺乏能源安全的原因"。然而,地缘政治框架忽视了市场力量在国际能源贸易中的首要作用。这样的观点根植于市场自由主义和制度主义,认为能源安全应建立在市场交易和市场机制之上。与地缘政治观点形成鲜明对比的是,以市场为中心的观点认为,能源安全是"由市场运作决定的,因此只能在市场条件下被定义——特别是供给(实物供应)和价格"。⑤

显然,学者们在分析能源政治方面主要有两种方法:地缘政治方法和市场分析方法。前者立足于现实主义和权力政治,强调能源安全的战略性,而后者

---

① D. Moran and J. A. Russell, *Energy Security and Global Politics: The Militarization of Resource Management*, London: Routledge, 2009; J. R. Deni, *New Realities: Energy Security in the 2010s and Implications for the US Military*, Carlisle: US Army War College Press, 2015.
② 王海运、许勤华:《能源外交概论》,北京:社会科学文献出版社,2012年,第74页。
③ Van de Graaf T, Sovacool BK, Ghosh A, Kern F and Klare MT, *The Palgrave Handbook of the International Political Economy of Energy*, p. 6.
④ A. Goldthau and J. M. Witte, "Back to the Future or Forward to the Past? Strengthening Markets and Rules for Effective Global Energy Governance," *International Affairs*, Vol. 85, No. 2, 2009, p. 374.
⑤ L. Chester, "Conceptualising Energy Security and Making Explicit its Polysemic Nature," *Energy Policy*, Vol. 38, No. 2, 2010, p. 889.

着眼于自由主义和制度主义,认为经济全球化背景下石油从战略性商品转变为普通商品,强调能源治理,关注能源跨国进程、国际能源市场和全球能源机构。因而,有学者把保障能源安全的措施细分为战略性措施与市场性措施。[1] 不过,通过关注国际层面上的国家与市场之间的相互作用,国际政治经济学为我们分析纷繁复杂的全球能源治理提供了一个很好的分析框架。可惜的是,能源已经被国际政治经济学者广泛忽视。[2] 事实上,能源的多面性决定了国际能源问题研究需要进行经济学、政治学、国际关系学和其他社会科学的跨学科研究,单一的学科并不能全面剖析能源问题。经济学家们试图将经济理论应用于能源市场,但是能源市场往往受到政治因素的干扰。政治学和国际关系学者在分析能源政治时又经常会低估市场力量和技术变革因素。正如苏珊·斯特兰奇所说,能源似乎构成了"许多社会科学学科中间一块无人涉足的荒地,一块还没有任何主要理论学科去开拓和占领过的地区"。[3] 因而,她呼吁政治学家们在研究国际能源问题中应超越经济和政治的人为分离。

三、能源问题治理研究的不足

就目前而言,全球治理领域研究对公共卫生[4]、气候变化[5]和环境问题[6]等方面给予了高度关注,但对能源方面的关注显然是不够的。这主要是因为探

---

[1] Philip Andrews-Speed, Xuanli Liao and Roland Dannreuthe, "The Strategic Implications of China's Energy Needs," *Adelphi Papers*, Vol. 42, No. 346, 2002, p. 71.

[2] Thijs Van de Graaf and Jeff Colgan, "Global Energy Governance: a Review and Research Agenda," *Palgrave Communications*, Vol. 2, No. 15047, 2016, p. 9.

[3] [英]苏珊·斯特兰奇:《国家与市场》,杨宇光等译,上海:上海世纪出版集团,2012年,第203页。

[4] A. F. Cooper, J. J. Kirton and T. Schrecker, *Governing Global Health: Challenge, Response, Innovation*, Aldershot: Ashgate Publishing, 2007; D. Fidler, "Architecture amidst Anarchy: Global Health's Quest for Governance," *Global Health*, Vol. 1 No. 1, 2007, pp. 1–17.

[5] F. Biermann, P. Pattberg and F. Zelli, *Global Climate Governance beyond 2012: Architecture, Agency and Adaptation*, Cambridge: Cambridge University Press, 2010.

[6] J. G. Spethand P. M. Haas, *Global Environmental Governance*, Delhi: Island Press, 2006.

讨全球能源问题的研究更多聚焦于能源安全,强调化石燃料供应、能源储量和地缘政治之间存在密切联系。这主要出于古典现实主义对国际关系和国际安全的假设,认为国家之间资源争夺难以避免,能源是国家获取权力和开展外交的一种手段。① 依照这一思路,国家仍然是基本的分析单位,它们之间相互作用被视为零和游戏,忽略了市场和国际机制的作用。当然,也有学者从市场和国际机制的角度出发,②将研究重点放在评估现有的各种与全球能源治理相关的组织上(例如 G8③、IEA④)。这样一来,探讨有效全球能源治理往往研究的是"由谁来治理",而更基本的问题"应该治理什么"以及"如何去治理"却没能得到很好的解决。

第二节　国际政治经济学理论框架下的能源安全观

能源安全已成为国家安全的重要组成部分。能源安全问题涉及的领域很多,研究视角也日益宽泛。现实主义、新自由主义都对能源安全的问题提出了不同的分析视角。现实主义派将能源与权力的获得和确保相联系。在保障能

---

① J. Barnes and A. M. Jaffe, "The Persian Gulf and the Geopolitics of Oil," *Survival*, Vol. 48, No. 1, 2006, pp. 143 – 162; A. N. Stulberg, *Well-Oiled Diplomacy: Strategic Manipulation and Russia's Energy Statecraft in Eurasia*, New York: State University of New York Press, 2008.

② A. Goldthau and J. M. Witte, "Back to the Future or Forward to the Past? Strengthening Markets and Rules for Effective Global Energy Governance," *International Affairs*, Vol. 85, No. 2, 2009, pp. 373 – 390.

③ J. Kirton "The G8 and Global Energy Governance: Past Performance, St Petersburg's Opportunities," Paper presented at a conference on "The World Dimension of Russia's Energy Security," sponsored by the Moscow State Institute of International Relations (MGIMO), Moscow, 2006.

④ T. Van de Graaf and D. Lesage, "The International Energy Agency after 35 Years: Reform Needs and Institutional Adaptability," *The Review of International Organizations*, Vol. 4, No. 3, 2009, pp. 293 – 317.

源安全的政策措施上,现实主义认为国家应该做到自足(self-sufficiency),通过来源多元化发展多种能源形式,建立能源储备以应对日益紧张的供应局势。不过,在现实主义学派的无政府状态下,各个国家在争夺权力以维护自身国家利益时,必将能源也纳入竞争过程之中,也就是说,能源将不可避免地会使各国朝着相互竞争而非合作的方向发展。约翰·米尔斯海默认为,石油生产地是财富生产地,各大国势必对石油生产地进行竞争,以阻止对手控制和增加本国财富,能源对于国际政治的大国来说就是竞争关系。[①] 按照新自由主义的观点,石油作为战略商品的意义降低了,而应遵循市场规律,作为普通商品交由市场调节价格使其在全球范围内流通。只有在市场失灵的时候,政府才能实施干预,但也应该以市场管理、信息收集和发布以及国际合作为基础。军事威胁和武力战争并不能从根本上解决能源安全问题,而是应该共同建立一个全球统一的能源市场。因此,新自由主义学者认为,能源问题是能够在多边合作的机制之下共同管理危机的,而这样的合作将建立在复合式相互依赖之上。因此,在没有霸权能够独自管理能源问题的今天,走向多边合作将是必然趋势。

一、国际政治经济学视角下的能源安全

在考察能源问题时,国际政治经济学为我们提供了一个有效的分析框架,可以阐明政治结构和政治经济互动如何塑造能源市场,揭示一些公益能源项目背后隐藏的利益,以及特定能源技术或政策背后的根本动力。国际政治经济学还可展示特定行为扭转世界能源财富集中的方式,即某些行为体排斥其他群体参与能源决策的手段,以及政策执行的政治和竞争本质。它可以分析

[①] 参见[美]约翰·米尔斯海默:《大国政治的悲剧》,王义桅、唐小松译,上海:上海人民出版社,2008年,第77—82页。

谁能够从既定的能源计划或政策中获益,或者剖析从化石燃料到非化石燃料的转变过程中,谁是赢家,谁是输家。[1]

国际政治经济学研究的是国际层面的政治经济互动关系。在能源领域的国际政治经济学研究的是全球能源经济对世界政治的影响,以及国家间政治关系与能源地缘政治对世界能源经济乃至全球经济产生的影响。两者的互动反映了政治因素在世界能源经济中占据重要地位。罗伯特·吉尔平认为能源的稀缺性导致国家间竞争难以避免,因为"为了世界上日趋减少的石油供应,为了要求资助能源进口的资源,为了瓜分最后的共同财富(海洋)从而获得它们所包含的资源,激烈的竞争很容易在各种经济体系之间发展起来"[2]。此外,能源地位的变化还会影响国家间关系,正如罗伯特·吉尔平所说,20世纪70年代石油危机爆发,美国对世界能源市场的控制权转移到了沙特阿拉伯,美国在石油方面地位的转变对美国与中东地区之间的关系产生了非常重大的影响,世界政治也发生了重大变化。[3]

苏珊·斯特兰奇提出,国际政治经济中的权力分为两类:联系性权力(Relation Power)和结构性权力(Structure Power)。前者指甲靠权力使乙去做他本来不愿意做的事情,后者指形成和决定全球各种政治经济结构的权力。结构性权力由四个基本结构(安全、生产、金融和知识)和四个从属结构(运输、贸易、能源和福利)组成。这四种基本结构对于大国的政策、公司战略、市场环境都产生巨大影响,次级结构是基本结构的辅佐,基本结构对于次级结构的形成起了很大作用。具体来说,安全结构是指"由于某些人为另一些人提供安全

---

[1] B. K. Sovacool and M. E. Goodsite, "The Political Economy of Climate Adaptation," *Nature Climate Change*, Vol. 5, No. 7, 2015, pp. 616 – 618.
[2] [美]罗伯特·吉尔平:《世界政治中的战争与变革》,宋新宇、杜建平译,上海:上海人民出版社,2007年,第227页。
[3] [美]罗伯特·吉尔平:《温和现实主义视角下国际关系研究》,刘丰译,载《世界经济与政治》,2006年第4期,第66页。

防务而形成的一种权力框架"。就能源而言,为了保障能源安全,防务政策和外交政策以及国内的能源政策必须同时运用起来,单靠一项战略会带来不足或缺陷,必须通过加强其余两项或一项的战略进行弥补。石油贸易的不稳定扩大了国家关于不安全的概念;反过来,国家的反应又增加了石油市场的动荡不安。生产结构是指"决定生产什么、由谁生产、为谁生产、用什么方法生产和按什么条件生产等各种安排的总和"。在全球能源市场中,权力掌握在控制能源生产结构性权力的行为体中。当能源生产国占据卖方垄断地位,便具有了对能源消费国的结构性权力。相反,倘若能源消费国由于能源自给程度提高或替代能源的使用而使能源进口需求量降低,能源生产国的结构性权力则会相对减弱。金融结构是指"支配信贷可获得性的各种安排与决定各国货币之间交换条件的所有要素之总和"。对能源系统的影响主要表现为石油价格和国家货币(尤其是美元)的多变,两者相互发生作用与反作用,给金融结构和能源的供应与价格前景增添了变数。

能源与金融相互影响与作用,能源领域一旦出现动荡波折,金融领域就会因为放大效应而呈现出剧烈反应。相反,原油价格波动又深受世界主要石油期货市场上金融资本博弈的影响。能源结构在知识结构变化之后产生了相应的变化,这里的知识是对地质构成和新油井中找到原油的可能性的了解,以及对国家到目前为止还没有卷入的一种产业的多方面了解。在知识结构中,人们广泛认为对利润、财富和更好的物质享受的追求是可取的和合理的,更多、更便宜的能源会对这些目标的实现起很大的作用。诚然,能源在国际政治经济学中是权力运作不可缺少的条件,但是世界能源系统在四种基本结构中存在,并在它们的影响下发生了变化。[①]

---

① [英]苏珊·斯特兰奇:《国家与市场》,杨宇光等译,第 212—217 页。

二、政治经济学不同流派的能源安全观

根据罗伯特·吉尔平的分类,国际政治经济学主要形成了三大流派,包括重商主义(也称现实主义、国家主义或经济民族主义)、自由主义和马克思主义。所有的理论都包含关于世界如何运作的基本假设。由于这些假设反映了关于人类和社会本质的价值观和基本信念,因而每个派别不仅提供了世界如何发展的科学描述,而且还指出了世界应该如何发展的正确主张。[①] 由于不同的基本假设,各个派别对于如何保障能源安全提出了不同见解(见表6-1)。

表6-1　国际政治经济学的主要流派及其能源观[②]

理论	基本假设	能源观
重商主义	政治推动经济;民族国家是国际政治经济关系的主要行为体;国家为了维护国家利益将最大限度地追求权力和自治;国家间的政治经济关系是零和博弈,具有相互冲突性。	国家掌控能源部门(例如将石油公司公有化);能源作为一种特殊战略商品,对国家安全和发展至关重要,可以成为权力的源泉或者脆弱的来源;国家追求安全的能源供应,这也是经济的重要投入部分。
自由主义	政治和经济是分离的;个人是政治经济学分析的主要行为角色,公司、消费者和国际组织与国家同样重要;国际合作和国际贸易是可能的,所有人都将获利;国际经济交往与相互依存关系的加深可以消融国际政治的冲突。	能源被视为和其他商品一样的商品;电力和天然气市场的自由化以及公用事业私有化都是非常可取的;国际能源贸易加强国家间相互依存,从而降低了冲突的风险,所有人将从中获利;例如国际能源署(IEA)这样的国际组织可以通过应急措施应对石油市场的冲击。
马克思主义	经济推动政治;阶级是政治经济学的主要分析单位;国家反映了统治阶级的利益;在世界资本主义经济体系中存在着在中心-外围层次。	能源出口往往被锁定在资源供货商的角色中;西方国家和跨国公司常常与资源富饶国家的精英阶层密切联系;中东战争反映资本主义国家获取石油的需要。

重商主义源于政治精英在近代早期的世界观。他们认为经济活动的方式

[①] [美]罗伯特·吉尔平:《国际关系政治经济学》,杨宇光等译,上海:上海人民出版社,2006年,第8页。
[②] 资料来源:笔者整理。

应该服从于建设强国的首要目标。换句话说,经济政策是政治的手段和工具。重商主义将世界经济视为国家间相对权力竞争的最大舞台。在这个舞台上,每个国家都力求通过在关键战略产业和商品中自给自足,并利用贸易保护主义,最大限度地获得财富和独立。在能源领域,重商主义认为,获取或控制能源资源是一种权力,缺乏控制是脆弱的标志。[①] 在如何控制能源方面,重商主义往往从两个极端来思考:要么最大限度利用海外能源以保存本国资源储量,要么尽最大可能开发利用国内能源以减少对其他国家的能源的依赖。这两个极端理念的前者由于殖民主义的结束面临挑战,后者由于不符合经济规律而受到质疑。毕竟单从经济效益的角度来看,在能源开发利用过程中成本是重要考量因素,当使用本国某一资源的成本高于从其他国家进口能源的成本时,选择进口符合经济学中生产资源优化配置的基本理念。[②]

自由主义承认并主张政治和经济存在于不同的领域。自由主义强调自由市场在分配资源方面的作用既有效又道德。自由贸易是至关重要的,因为它保障了各个国家能够从它们的相对优势产业中获益。政府发挥的最佳作用是确保市场的平稳,以及让市场能够相对不受限制地运作。因此,经济自由主义反对重商主义的"国家中心论",认为国家以外的许多行为体都发挥了关键作用,包括跨国公司、银行、民间社会团体、国际组织和个人。对自由主义者来说,没有什么特别的能源,能源被视为和其他商品一样的商品,应该让能源市场自我调节,因为市场作为"看不见的手"会给所有人带来好处。当然,国际能源贸易尤其是油气贸易往往面临政治风险,这不仅取决于能源进出口国的双边政治关系和能源出口国的国内政治变化,还与国际关系和全球能源形势密

[①] T. Van de Graaf, eds., *The Palgrave Handbook of the International Political Economy of Energy*, p. 13.
[②] 查道炯:《中国的能源安全:国际政治经济学的视角》,载《教学与研究》,2004 年第 8 期,第 60 页。

切相关。

马克思主义认为,经济驱动政治。资本主义的动力是追求剩余价值。工人阶级(那些只拥有劳动力的人)付出的劳动比得到的收益要多,这让资产阶级(拥有生产资料的人)获得了剩余价值。这是资本主义的利润,是从劳动剥削中得来的。这种模式通过不平等交换机制在国际层面上得到复制,这种机制将经济盈余从外围国家转移到中心国家。发展中国家往往被锁定为主要的资源供应国,世界能源产地和出口国除美俄等少数国家外多为发展中国家,出口能源的种类也多以原油等初级产品为主,而发达国家却掌握了原油等重要能源的定价权和话语权,发展中国家往往在能源贸易中处于被动地位。在全球能源市场中,主要的行为体由国家和跨国公司构成,而主要的资源供应国获得的份额与跨国能源公司从资源开发中获得的收益相比是微不足道的。[①]

第三节　全球能源治理模式的转变

碳氢化合物(煤炭、石油和天然气)常被誉为现代社会的命脉,它们形成了古典经济学家所称的"基本商品",这种商品直接或间接地涉及每一种商品的生产或每一项服务活动。可是,政治学家则倾向于将不可再生的化石能源视为"战略物品",这种物品具有较高的实用价值,且没有现成的替代物。自温斯顿·丘吉尔于1912年将皇家海军从以国内的煤为燃料改成以国外进口的石油作为动力资源以来,石油已然成为战争的必需品。与此同时,由于能源短缺和价格上涨往往会导致社会剧变,因而能源供应又是国内政治关注的焦点问

[①] J. Nitzan and S. Bichler, "Bringing Capital Accumulation Back in: The Weapondollar-Petrodollar Coalition-Military Contractors, Oil Companies and Middle East Energy Conflicts," *Review of International Political Economy*, Vol. 2, No. 3, 1995, pp. 446–515.

题。然而,随着全球能源系统相互依存度不断加深,国家设计和控制自身能源系统的能力正在减弱,很少有国家能够仅仅依靠自身能源资源谋求发展。可是,很多国家并不具备充足的资金和知识去实现能源转型。很多学术著述将这些特征与国家之外的治理需求相联系,通常称之为"全球治理"。[1] 治理概念在20世纪80年代被广泛应用于发展政策领域,并由此扩展到其他社会科学学科,包括政治学、法学、公共行政学、经济学、社会学、地理学和历史学。[2]这个词的出现以及快速运用到多个学科与新自由主义兴起和全球化进程密切相关,这样的进程标志着从20世纪70年代开始全球转向了金融自由化、贸易自由化和全球生产网络相融合。[3] 这些转变削弱了传统国家监管模式引导国内和国际社会的能力。[4] 尽管在全球化过程中"国家撤退"可能被夸大,但有大量证据表明,非国家行为体在公共政策问题上发挥了更为重要的作用。治理曾一度被认为是政府行动,而在今天还包括地区和国际非政府组织乃至公司的行动以及全球会议和公司董事会的决议。当然,"统治"和"治理"的关键区别在于前者行使权力有强有力的执行机制作为基础,而后者是以共同目标为基础的行动,有可能不依赖于正式权力和强权。[5]

一、世界政治、全球经济与能源转型之间的互动

将世界能源结构转型和全球能源治理模式转变与国际政治经济的整体变

---

[1] D. Held and A. G. McGrew, *Governing Globalization: Power, Authority and Global Governance*, Cambridge: Polity Press, 2002; M. Koenig-Archibugi and M. Zürn, *New Modes of Governance in the Global System*, Basingstoke: Palgrave Macmillan, 2005.

[2] RAW Rhodes, "The New Governance: Governing without Government," *Political Studies*, Vol. 44, No. 4, 1996, pp. 652-667.

[3] J. A. Scholte, *Globalization: A Critical Introduction*, Basingstoke, U. K.: Palgrave Macmillan, 2005.

[4] S. Strange, *The Retreat of the State: The Diffusion of Power in the World Economy*, Cambridge: Cambridge University Press, 1996, p. 78.

[5] J. N. Rosenau and E. O. Czempiel, *Governance without Government: Order and Change in World Politics*, Cambridge: Cambridge University Press, 1992, p. 132.

化并置,我们能发现世界政治、全球经济与能源转型之间存在明显的互动关系,而正是这种互动关系促进了全球能源治理模式的转变。人类社会已经历了煤炭代替薪柴、石油代替煤炭两次能源革命,并正在经历从化石能源向可再生能源的变革。每一次能源革命,都对世界经济和国际政治产生了深远影响。

在威斯特伐利亚体系形成之前,能源体系大都规模小而松散,基本在部落和城市的范围内形成,即便范围偶尔超出国家的边界,也并未引发军事冲突和战争。《威斯特伐利亚和约》促进了以民族国家为基础的现代世界治理体系的形成,而工业革命及其带来的经济腾飞和科技进步则强化了这一体系。在此过程中,以煤炭为主导的能源政治体系逐步形成,这既与国际政治经济的变化相关,同时又促进了国际政治经济新秩序的建立和发展。正如美国学者理查德·海因伯格所说:"19世纪欧洲引领世界煤炭生产,迎来了工业革命——这改变了欧洲国家乃至世界的经济和政治命运。"[1]正是在煤炭的使用过程中,人们形成了一种现代政治意识,认为:"煤炭不是与其他商品同列,而是位于所有商品之上。它是国家实实在在的能源资源,是万能的助手,是我们做一切事物的决定因素。"[2]美国汉斯·摩根索指出"煤炭自给自足的英国,是19世纪唯一的世界大国"。可以说,所谓19世纪"英国治下的和平"正是建立在"煤、铁"基础之上的。直到一战以前,英国不仅在世界煤炭贸易中占据大约一半的份额,还控制了海军所需的硬无烟煤。[3]

1912年英国皇家海军决定用石油取代煤炭作为海军舰队的动力资源,这是英国在第一次世界大战能够胜出的重要因素之一。为了保障皇家海军的所需石油,英国政府控制了英波公司(Anglo-Persian Company)。石油作为战略

---

[1] [美]理查德·海因伯格:《煤炭、气候与下一轮危机》,王玲译,北京:社会科学文献出版社,2007年,第99页。
[2] [美]保罗·罗伯茨:《石油恐慌》,吴文忠译,北京:中信出版社,2008年,第9页。
[3] 张建新:《能源与当代国际关系》,上海:上海人民出版社,2016年,第41页。

性资源逐渐取代了煤炭在国际关系和各国发展战略中的位置。当然,在早期石油发展史上占据霸主地位的不是英国,而是美国。自1859年德雷克在宾夕法尼亚州打出第一口现代工业油井以后,美国石油工业得到迅速发展。一战期间,协约国80%的战争所需石油是由美国供应的。二战期间,获得石油资源成为交战国至关重要的战略目标,也是许多作战行动取得成功的主要决定因素。[1] 美国此时的石油产量占全球产量的三分之二,同盟国战争所需石油也大都来自美国。两次世界大战标志着以石油为主导的能源政治体系初步形成,石油也因此与战争结下了不解之缘。国家一方面需要石油来赢得战争,另一方面又为了争夺石油而挑起战争。能源,特别是石油成为未来最有可能引发战争的导火线。[2]

在1973年第一次石油危机之前,全球能源治理体系(尤其是石油)基本由英美两国所主导。从权力分配角度来讲,这是一个买方在石油市场占据主动的时代,英美两国不仅是主要能源消费国,它们还凭借巨大的军事、金融、外交和技术优势形成了世界能源霸权。一方面,英美两国在国家层面上作出政治安排,尽力减少消费国之间的能源利益冲突;另一方面,英美给予本国石油公司(所谓"七姐妹")强有力的外交支持,"七姐妹"几乎控制了国际石油生产和销售的各个环节,导致中东、拉美等地区石油生产国在资源主权、石油产量和定价等方面完全丧失了应有权力,在相当长一段时期内,产油国仅仅能得到西方国际石油公司的超额利润中很少的一部分。在英美霸权体系下,霸权和被统治的石油生产国之间的冲突达到了尖锐的程度,特别是阿拉伯国家对美欧重建以色列的政策和行动感到极度的失望和不满,这个问题导致了阿以冲突,最终成为欧佩克革命的导火索。

---

[1] Brenda Shaffer, *Energy Politics*, Philadelphia: University of Pennsylvania Press, 2009, p. 6.
[2] [英]瓦西利斯·夫斯卡斯、[英]比伦特·格卡伊:《新美帝国主义:布什的反恐战争和以血换石油》,薛颖译,北京:世界知识出版社,2006年,第118页。

随着20世纪60年代英美两国政治势力的衰落,英美石油霸权的政治基础被大大削弱了。1973年欧佩克(OPEC)夺取了定价权,从根本上动摇了美国在中东地区的石油霸权,战后由英美石油公司控制的国际石油机制彻底崩溃。欧佩克通过对美国及其盟国实行禁运,一举改变了国际能源体系的权力结构,从此占据了国际石油体系的权力中心。从全球治理的角度来说,欧佩克体系就是以欧佩克为权力中心的石油治理新结构取代了以英美国际石油公司为权力中心的旧结构。

二、当前能源安全内涵的转变

如果说在20世纪70、80年代,能源安全意味着确保以低廉的价格获得充足的石油供应,那么当今能源安全观则涵盖了石油供应以外更广泛的问题。人们将能源与经济发展以及气候变化等其他全球性问题联系在一起。[1] 当今能源安全的概念和内涵正随着全球能源市场的转变而发生重大变化。

第一个也是最重要的转变与全球气候改变和全球经济"减碳"问题相联系。能源生产和消费是温室气体排放量最大的来源,占全球排放量的近70%[2],因此能源领域的减排是最主要的减排领域。由于国家和市场改变较慢,世界碳排放量持续上升。然而,在各国采取积极行动减少温室气体排放的背景下,这极有可能为燃料选择和能源生产模式的重大改变创造动力。低碳经济虽然已成为未来各国经济运行的必然选择,但在全球低碳化转型的过程中则需要构建新的治理机构和网络去促进、协调和管理。国际可再生能源机构(International Renewable Energy Agency)和可再生能源及能源效率伙伴

---

[1] A. Cherp, and J. Jewell, "The Concept of Energy Security: Beyond the Four As," *Energy Policy*, No. 75, 2014, pp. 415-421.

[2] International Energy Agency (IEA), *CO2 Emissions from Fuel Combustion: Highlights*, OECD/IEA: Paris, France, 2014.

关系计划(Renewable Energy and Energy Efficiency Partnership)等机构机制的出现,标志着这一制度发展已进入第一阶段。

第二个主要的转变来自能源地缘政治的改变,有两个最显著的变化。其一,国际能源格局由原来的"双中心"向"多中心"转变。非经济合作与发展组织(OECD)国家在全球能源需求中所占份额从1970年的不到30%上升到2014年的将近60%。[①] 20世纪70年代,所有主要石油进口国都是经济合作与发展组织的成员国,而今天快速发展的发展中国家改变了这一状况。例如,1995年中国每天进口原油约40万桶,2017年每天进口原油约840万桶,首次超过美国的790万桶每日,成为全球第一大原油进口国。除了涌现出像中国、印度这样的非国际能源署(IEA)石油消费大国,还出现了俄罗斯等非欧佩克(OPEC)石油生产大国。其二,以美元主导的石油金融体系面临挑战,石油欧元、石油人民币和石油卢布等正冲击着石油美元。

第三个主要的转变是石油和天然气市场的波动性增强。过去几年石油价格大幅波动。经历了1985至2005年间的低价格周期之后,从2005至2014年间,能源价格出现了一个高价格而不稳定的周期。21世纪以来的高油价引发了一场关于"石油峰值"和地球上石油地质储量的激烈辩论。北美的页岩气革命在很大程度上阻碍了这场辩论。不过,就目前而言,大部分石油储量依旧位于全球专制而政局不稳的地区。自从石油在全球一体化市场上进行交易起,任何地方的动荡都可能在全球市场引起连锁反应。值得注意的是,能源安全威胁的性质随着时间而改变。在20世纪70年代,阿拉伯民族主义和紧张的石油市场情况紧密相联,欧佩克组织(OPEC)的石油禁运使能源进口国家对能源供应问题感到担忧。进入21世纪以后,尤其是2015年以来,能源安全

---

① British Petroleum Company, *Statistical Review of World Energy*, London: BP Plc. 2015, p.5.

威胁的性质发生了很大的变化,来自非国家行为体的威胁日益增大。索马里的海盗,尼日利亚的盗窃和走私,以及沙特阿拉伯、叙利亚和伊拉克的恐怖主义都将对其他国家的能源安全构成威胁。

第四节 全球能源治理的范围和目标

全球能源治理的目标就是应对全球能源挑战,但是对于全球能源挑战到底是什么,学界并没有达成一致的观点。因而,全球能源治理的范围至今还没有形成统一的框架。

一、全球能源治理中的不同能源安全观的关注焦点

全球能源治理中存在"政策三难"(Policy Trilemma)困境。这种三难困境主要是三个目标之间不仅是此消彼长的关系,而且很难同时实现这三个目标。全球能源领域的"政策三难"主要围绕如何确保能源供应、保护全球气候和减少能源贫困,尤其是发展中国家的问题。[1] 然而,就具体实践来讲,存在不同版本的三难能源困境。例如,世界能源理事会(World Energy Council,WEC)提出,能源三难问题主要是如何在能源安全、能源公平和环境可持续性之间找寻平衡。[2]《里斯本条约》明确阐明了欧盟能源政策的中心目标是能源供应安全、能源市场稳定与可持续性发展。[3] 与世界能源理事会提出的能源三难问题相比,在全球范围内没有提到能源贫困问题。

---

[1] A. Cherp and J. Jewell, "The Three Perspectives on Energy Security: Intellectual History, Disciplinary Roots and the Potential for Integration," *Current Opinion in Environmental Sustainability*, Vol. 3, No. 4, 2011, pp. 202 - 212.

[2] World Energy Council, *World Energy Trilemma*, 2015, p. 13.

[3] The Lisbon Treaty, 2009, Article 194. URL: http://www.lisbon-treaty.org/.

第六章 着眼可持续发展:能源安全与全球能源治理

然而,之所以没有达成一致的"全球能源挑战",最重要的是决策者持有不同的世界观和价值观。本杰明·索瓦库尔(Benjamin Sovacool)和玛丽莲·布朗(Marilyn Brown)按照不同领域的学者以及所持有的不同世界观提出了八种与能源相关的认知框架。[①] 物理学家、科学家和工程师基本属于"技术乐观主义者",他们大都认为人类可以通过技术创新解决任何能源问题。经济学家基本同样持有这种乐观态度,即"市场自由主义者",认为能源是商品,最好由自由市场来管理。不过,还有些学者持有的世界观较为悲观,强调能源的战略属性("国家安全的捍卫者")、组建社会共同体("能源慈善家")、能源对环境的不良影响("环境保护者")、制定公平合理的能源政策("能源正义倡导者")、劳动关系("新马克思主义者")和改变社交价值观和消费方式("有良知的消费者")。这一认知框架与珍妮弗·科莱普(Jennifer Clapp)和彼得·道维哥尼(Peter Dauvergne)提出的国际环境政治经济学存在的四种世界观类似。一是市场自由主义观(Market Liberalism),认为全球化和经济增长是改善或修复环境的积极力量,市场自由主义者相信现代科学和技术能够帮助社会摆脱可能出现的任何一种环境困境。二是制度主义观(Institutionalism),指出缺乏全球合作是环境退化的主要原因,制度主义论者主张构建强有力的全球机构和更为严格的全球规范。三是生物环境主义观(Bioenvironmentalism),强调地球的承载能力即将捉襟见肘,生物环境主义者倡议应该限制经济增长和人口增长,发展生态经济。四是社会绿色观(Social Greens),社会绿色论者将社会和环境问题看作不可分割的,一致反对全球化。在他们看来,全球资本主义以剥削社会群体(工人、妇女、穷人等)和环境为代价,应当予以

[①] B. K. Sovacool and M. A. Brown, "Deconstructing Facts and Frames in Energy Research: Maxims for Evaluating Contentious Problems," *Energy Policy*, No. 86, 2015, p. 37.

拒绝。[1]

基于以上概念不难看出，不同的能源认知框架和世界观关注的能源焦点问题也各不相同，这也是"能源安全"成为有争议议题的重要原因。国际能源政治经济学至少存在四种世界观，基于这四种主导世界观，能够得出四种不同的关键能源问题，其能源安全对象、基本价值观和追求目标也各不相同（见表6-2）。市场自由主义者（Market Liberalists）往往关注的是经济的承受能力，强调能源市场的稳定，卡特尔组织、油价的剧烈波动等都会造成能源市场的失灵。新重商主义者（Neo-mercantilists）更多关注的是能源地缘政治的稳定，追求国家能源的独立。生物环境主义者（Environmentalists）主要关注环境的可持续性，倡导保护自然环境，应加大可再生能源的利用，以此防止不可再生能源的全面枯竭。社会绿色论者（Social Greens）高度关注社会接受度，在能源分配和利用的过程中应尊重个人和社会团体的人权和尊严。

表6-2 国际能源政治经济学的世界观与认知框架[2]

世界观	能源认知框架代理人	关注的问题	为谁提供能源安全保障	价值观和目标
市场自由主义	技术乐观主义者、市场自由主义者	经济的承受能力	经济	经济效率
新重商主义	国家安全的捍卫者	能源地缘政治的稳定	国家	能源独立
生物环境主义	能源慈善家、环境保护者、有良知的消费者	环境的可持续性	地球	环境保护
社会绿色	能源正义倡导者、新马克思主义者	社会接受度	社会	能源公平

这样的能源安全认知框架虽不能涵盖所有的能源安全问题，但基本可以

---

[1] Jennifer Clapp and Peter Dauvergne, *Paths to a Green World: the Political Economy of the Global Environment*, Cambridge, MA: The MIT Press, 2005, pp. 1-17.
[2] 资料来源：笔者整理。

体现当前能源安全领域中主要最优先关注的相关问题。然而,这些问题都是全球性的,解决这些问题需要突破单一国家的界限和范围,要求国际组织与国家和非国家行为体配合协作。因而,解决这些问题将成为全球能源治理的主要目标。

二、能源安全的治理路径

全球能源治理的范围至少包含以下五个主要目标:能源供需安全(Security of Energy Supply and Demand)、能源可及性(Energy Access)、国际安全(International Security)、环境的可持续性(Environmental Sustainability)和能源公平(Energy Equity),实现这些目标又分别有各自有不同的路径(参见表 6-3)。

表 6-3 全球能源治理的主要目标和实现路径[①]

主要目标	实现路径
能源供需安全	(1) 管理石油储备以缓解能源冲击 (2) 能源市场信息互通 (3) 协调各国管道政策以及解决过境管道争端
能源可及性	(1) 减少能源贫困 (2) 监管长期能源投资的盈利情况 (3) 促进能源技术转让与合作
国际安全	(1) 减少核扩散、核恐怖主义和民用核事故的风险 (2) 应对以石油和天然气油轮为目标的海盗行为 (3) 减少和减轻对管道和能源基础设施的恐怖袭击
环境的可持续性	(1) 促进全球气候变化合作 (2) 发展可再生能源、市场和法规 (3) 管理由于能源生产导致的国家和地区性污染
能源公平、公正	(1) 处理与开采业相关的侵犯人权行为 (2) 增强能源市场和治理的透明度 (3) 缓解能源消费国与生产国之间的代内不公问题

---

① 资料来源:笔者整理。

第一个全球能源治理领域集中在能源供需安全问题上,而这个问题治理的主要对象是能源(主要是石油和天然气)市场失灵。油价的剧烈波动以及油气管道的铺设和运输问题显然与外部性有关,同时也表现出公共产品的特点,因此需要超越国家一级采取行动,避免与此类货物相关的集体行动困境,[1]如搭便车、囚徒困境或公地悲剧。这个治理领域多由民族国家及其联盟所主导。第二个能源治理领域关注于能源可及性方面,这与全球经济发展密切相关。"能源可及性"指在全球范围内让每一位地球村民都能享受到能源带来的福祉。这一治理领域除了关注国家能源基础设施建设,还致力于现代能源的普及和应用,这个领域主要由国际组织主导。不过,发达国家政府除了通过国际援助机构外,大都不积极参与这一领域。第三个能源治理领域与能源运输和使用的安全密切相关,这一治理领域与第一个治理领域相似,例如核恐怖主义也表现出公共产品的特点。第四个能源治理领域主要是减少能源系统对气候和环境的负面影响。这个治理领域的参与者包括国家、政府间组织和非政府组织,而且这个领域的目标很多虽然是国际性的,但由于国家通过国际机构相互学习和/劝诱,从而改变了自己的国内治理政策。第五个能源治理领域与能源公平正义相关。这一治理领域的有些目标,类如保护人权,主要涉及国家境内的个人,但引起关切和解决问题(或引起问题)的行为都来自国际方面。[2]

---

[1] S. I. Karlsson-Vinkhuyzen, N. Jollandsand L. Staudt, "Global Governance for Sustainable Energy: The Contribution of a Global Public Goods Approach," *Ecological Economics*, Vol. 83, No. 7, 2012, pp. 11 - 18.

[2] A. Ghosh and K. Ganesan, "Rethink India's Energy Strategy," *Nature*, Vol. 521, No. 7551, 2015, pp. 156 - 157.

第五节 全球能源治理体系的"碎片化"

显然,全球能源系统面临的棘手问题,包括保障所有国家能源供需安全、确保所有国家获取现代能源、保护地球的环境和气候以及维护能源公平公正。虽然能源部门仍主要是指国家一级政府,但由于能源市场和外部性日益全球化,越来越多的能源问题需要在区域或全球层面采取集体行动,故而全球能源治理势在必行。然而,就目前而言,全球能源治理在国家和国际层面都存在治理缺陷。

一、能源安全治理中的主权悖论

在国家层面,即使每个国家政府能够很好地管理能源问题,但很少能有效地参与全球能源治理。[1] 尽管各个国家可以从国际能源合作中获益,但各国传统上将能源部门视为国家主权的重要组成部分,因而政府常常干预能源部门以保障能源独立或者至少保证自身能源供应。这意味着,实际上,国家能源治理依然高于多边或跨国能源治理。即使是在欧盟这样区域一体化较高的组织内,成员国在能源政策制定方面依然十分谨慎地保护着自己的主权。与能源部门有关的政治和经济敏感性使得国家不愿意将控制能源政策交给全球机构或通过国际协议。这就出现了"主权悖论",即由于能源市场的全球化和相关的外部性,各国的能源监管能力逐渐下降,但依然不愿采取联合行动。[2] 在

---

[1] A. Florini and B. K. Sovacool, "Who Governs Energy? The Challenges Facing Global Energy Governance," *Energy Policy*, Vol. 37, No. 12, 2009, p. 5240.

[2] F. McGowan "International regimes for energy: Finding the right level for policy," in I. Scarse and G. MacKerron eds., *Energy for the Future: A New Agenda*, Basingstoke, U. K.: Palgrave Macmillan, 2009, p. 21.

国际层面,全球能源治理呈现出"碎片化"的特点。非国家行为体包括公司、民间社会组织、政府间组织等出台了一系列旨在解决全球能源问题的举措,但是这些举措较为零碎,而政府缺乏充分的参与也造成了一个不协调的政策环境。

尽管在全球化和自由化的背景下政府对能源部门的管制有所放松,但政府在管理能源部门中的作用仍然至关重要。能源投资和能源消费依然主要由国家层面制定的能源政策和监管机制来引导。然而,各个国家和地区由于经济发展水平不同所关注的能源挑战也不同。对于发达国家的高能耗社会来说,主要协调减缓气候变化的脱碳必要性与能源安全的可承受性之间的关系。对于新兴经济体而言,确保充足的能源以推动经济的快速发展通常比节能减排重要。对发展中国家来讲,能源可及性问题往往优先于发展清洁能源。当然,在这些不同类别的国家中,能源出口国与进口国之间的战略也各有不同,每个国家都面临着不同的能源困境。[①] 这些国家在制定能源战略时,主要依照新重商主义或者市场自由主义,而受环保主义的影响较少。这也是政府在很大程度上没能对气候变化、跨界污染等关键国际问题进行有效治理的重要原因之一。

国家利益和权力的分散是能源部门没有让位于国际制度的主要原因之一。目前,在全球范围内没有一个统一的全球性能源管理机构。相反,是由一系列并行、嵌套和重叠的国际机构机制来共同管理的。这些国际机构机制从合作权力和合作程度来看,还可以分为同盟型、协作型、协调型和对话型。[②] 从参与主体和合作形式来划分,主要包括五种类型:政府间组织(intergovernmental organization)、峰会进程(summit process)、多边发展银行

---

① M. J. Bradshaw, *Global Energy Dilemmas: Energy Security, Globalization, and Climate Change*, Cambridge: Polity Press, 2014.
② 管清友、何帆:《中国的能源安全与国际能源合作》,载《世界经济与政治》,2007年第11期,第50—51页。

(multilateral development bank)、公私合作伙伴关系(public-private partnerships)和私人制度(private regimes)。

二、能源安全治理中的政府间组织

政府间组织是最容易得到认可的全球治理体制形式,这类组织中同盟型的主要是国际能源机构(IEA)和石油输出国组织(OPEC)。IEA 有可能是近几十年来在能源领域最具影响力的政府间组织。IEA 成立于 1974 年,成立的初衷是协调各国应对石油供应的重大中断,建立了两大核心管理机制即国家石油储备项目(IEP)和紧急协调应急机制(CRM),改变了全球石油市场,促使其进入了自由化的时代。

国际能源机构(IEA)工作的一个关键方向仍然是避免石油中断的风险,但其功能已明显被发展和扩大了。目前,国际能源机构(IEA)主要关注四个领域:能源安全(促进所有燃料和能源来源的多样化、效率、灵活性和可靠性)、经济发展(支持自由市场,促进经济发展,消除能源贫困)、环境意识(减少能源生产和使用对环境的影响,尤其是对气候变化和空气污染的影响)、全球参与(与合作伙伴国,尤其是主要新兴经济体密切合作,寻求能源和环境问题的解决方案)。除了促进全球能源对话,国际能源机构(IEA)还出版了一系列权威能源分析报告,包括世界能源展望(World Energy Outlook)、IEA 市场报告(IEA Market Reports)、世界能源统计(Key World Energy Statistics)等。这些报告已成为政府和能源私营部门的主要信息来源。[①]

提到国际能源机构(IEA),不得不说 1960 年成立的石油输出国组织(OPEC)。这两个组织曾经是对立的,但双方近年来加强了交流与磋商,甚至联合举办新闻发布会,并在石油危机时期进行非正式协调,以共同促进全球石

---

① 参见 IEA 官网上的宗旨:https://www.iea.org/about/ourmission/。

油市场的稳定。为了维护天然气出口国的利益,2001年俄罗斯、伊朗等国共同成立了类似于OPEC的组织——天然气输出国论坛(GECF),可惜该组织影响一直有限。

其他政府间能源组织以协调型和对话型居多,包括:国际能源论坛(IEF),该机构成立于2002年,旨在促进能源出口国与进口国之间的对话,增加油气市场交易的透明度;国际原子能机构(IAEA),该机构于1957年成立,其任务是促进和平和安全使用核能;能源宪章条约(ECT),成立于20世纪90年代,旨在促进国际能源开发合作,涵盖了石油、天然气、煤炭及可再生能源的勘探、开发、运输等领域;国际可再生能源机构(IRENA),成立于2009年,主要目标为在全球范围内积极推动太阳能、风能、水能等可再生能源的开发和使用。

政府间组织之外,峰会进程也同样成为全球能源治理的平台,这一类机制多为协作型的。G7在1975年创立时就与能源密切相关,能源问题在该组织创立后的最初几年曾一度成为其议程中的核心议题之一。虽然在20世纪80、90年代能源问题没有成为核心议题,但在进入21世纪,能源问题在该组织内部再次引发了关注,能源安全也逐渐与气候变化结合起来。G7在全球能源治理中占有重要地位,但由于其本身结构性缺陷,且在关键问题上存在内部分歧,又没能将新兴经济体纳入其中,故而G7/G8的全球能源治理行动并没有收到预期的成效。[①] G20近年来也在不断深化对全球能源问题的关注,与G7/G8不同的是,G20为发达国家与新兴经济体之间提供了对话与合作的平台。尽管如此,在对全球能源治理的议程和规则制定方面,发达国家依然占据主导地位。虽然G20近年来的首脑峰会议题对能源治理领域的很多方面都

[①] 李昕:《G7/G8参与全球能源治理:功能演变和制度缺陷》,载《国际展望》,2011年第1期,第60页。

有涉及,但 G20 本身缺少执行机制,依旧需要依靠 IEA、IEF 等机构去执行相关的能源决议,且能源议题并没有在制度上常态化。

在全球能源治理中世界银行(WB)和其他多边开发银行的作用也是不容忽视的。尽管这些国际组织不是为了管理能源创建的,但在能源领域依然具有一定的影响力。WB 是全球最大的发展援助机构之一,其中很重要的内容便是能源基础设施建设的援助,并且还倡导能源产业公平。亚洲开发银行(ADB)自 1979 年发生第二次石油危机之后更多地将其贷款用来支持区域内国家能源项目建设。ADB 的核心目标之一就是为贫困人口和边缘化人群,尤其是农村贫困人口提供电力和天然气服务。ADB 还提出了一项有争议的目标,为剥夺权利者提供公平获得能源服务的机会,这是政府或私营部门通常不能解决的问题。[1] 总之,这些银行的贷款对发展中国家能源基础设施的发展产生了深远影响。[2]

三、能源安全治理中的其他非国家行为体

除了国家政府创建的国际组织和主导的峰会进程之外,非国家行为体(如商业企业、民间社团和科学组织等)在全球能源治理中也发挥了日益重要的作用。这些非国家行为体开始参与政府间进程。例如,2015 年 12 月在巴黎召开的气候大会上,有大量民间社团和商业组织参加,它们都试图影响谈判进程。非国家行为体还围绕全球政策目标建立了跨国网络。虽然这种网络可能涉及政府行为者,但其特征是不需经过国家批准或支持。如果这种网络采取更加制度化的形式并开始制定更广泛的规范和规则,它们本身就形成了跨国倡议

---

[1] Asian Development Bank, *Energy 2000: Review of the Energy Policy*, ADB, Manila, Philippines, 2003.
[2] D. Tirpak and H. Adams, "Bilateral and Multilateral Financial Assistance for the Energy Sector of Developing Countries," *Climate Policy*, 2008, Vol. 8, No. 2, pp. 135 – 151.

网络。①

这种跨国倡议网络以各种形式出现,其中一种为"公私合作伙伴关系",将企业行为者,社会团体和政府行为者聚集在一起,共同解决具体的公共政策问题。可再生能源及能源效率伙伴关系计划(REEEP)就是一个例子,这是一个在可再生能源、气候变化和可持续发展领域开展合作的多方利益平台,它的成员包括政府、商业企业、民间组织代表以及其他国内和国际组织。跨国治理的另一种组织结构是"私人制度",是指非国家行为体自愿在特定问题领域承诺遵守自律规范和准则。采掘业透明度行动计划(EITI)就是一个例子,其目的是让跨国公司自愿公布其向出口国支付的细节,以减少上游石油和天然气行业中的腐败和贪污问题。EITI可以看作全球能源和气候治理领域信息化治理的一部分。②

四、能源治理机制的目标及其破碎性

表6-4列出了目前全球主要能源治理机制的治理目标,该表格虽然只反映了机构活动的重点,没能呈现这些活动的功效和目标差异,但是依然不难看出主要政府间能源组织都将确保能源供需安全作为重要的行动目标,对能源可及性和国际安全的关注度次之,而对缓解气候变化和维护能源公平的关注反倒不如世界银行等非能源国际机构。因而,政府间能源组织在很大程度上反映了市场自由主义的观点,而例如多边发展银行这样的组织受环保主义和社会绿色认知框架的影响更大。与政府间能源组织不同的是,大多数跨国倡议网络都把能源安全问题与环境可持续性结合起来,将市场自由主义与环保

---

① F. Biermann and P. Pattberg, *Global Environmental Governance Reconsidered*, Cambridge, M. A.: the MIT Press, 2012.
② A. Florini and S. Saleem, "Information Disclosure in Global Energy Governance," *Global Policy*, Vol. 2, No. 1, 2011, pp. 144 - 154.

主义的认知框架相结合,倡导和推进绿色经济的发展。值得注意的是,这些机构在相同目标上的行动力也是不同的。比如说,IEA、IAEA、IRENA 和 WB 都在关注气候变化问题,但是它们行动的效果存在实质性差异。即使这些机构具有相同的目标,但其关注点却各自不同。例如,IEA、OPEC、IRENA 都关注能源供需安全,但 IEA 关注的是石油和其他能源的供应安全,OPEC 侧重于石油需求的安全性,而 IRENA 则专注于替代石油市场。

表6-4 全球主要能源治理机制的治理目标

机构机制名称	能源供需安全	能源获取	国际安全	环境可持续性	能源公平正义
IEA	√	√		√	
OPEC	√				
IEF	√	√			
IAEA	√		√	√	
ECT	√	√	√		
IRENA	√			√	
WB	√	√		√	√
ADB	√	√		√	√
REEEP				√	
EITI					√

显然,全球能源治理呈现出主体多层次、目标多元化、机制碎片化的治理网络,[①]其中既有经济效率、能源独立、环境保护和能源公平等多种价值目标相竞争,又有国家、国际组织、商业企业、民间社团等多重利益相博弈。就治理结构而言,在全球能源治理网络中,代表发达国家利益的 IEA 居于主导地位,其次是 OPEC、GECF 等代表生产国利益的能源组织,最弱的是 WB、ADB 等

---

① Aleh Cherp, Jessica Jewell and Andreas Goldthau, "Governing Global Energy: Systems, Transitions, Complexity," *Global Policy*, Vol. 2, No. 1, 2011, p. 79.

提出的一系列消除能源贫困计划,主要代表发展中国家利益。这三方形成了全球能源治理的不对称"三角"结构(见图6-3)。与此同时,ECT、IEF等机构为三方构建起对话平台,G7/8和G20峰会进程丰富了"三角"结构的功能并促成其行动,各类跨国倡议网络则成为推动全球能源治理的重要力量。当然,全球能源治理是由国际、国家和国家以下等层面各方之间互动形成的。因而,在能源领域的国际与国内互动也是至关重要的。例如,IEA与其成员国之间的合作,其中包括分享能源政策的最佳实践,以改善成员国的国家能源治理。

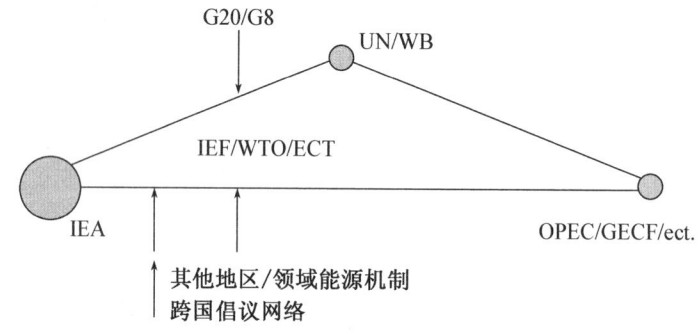

图6-3 全球能源治理的不对称"三角"结构①

第六节 中国参与全球能源治理的战略选择

目前,中国与全球主要能源治理机制的合作表现出合作对象多层次、范围多元化、领域多样化的特点。具体来讲,中国与全球能源治理机制的合作对象包括各国政府、国际组织、非政府组织或跨国公司等,合作范围涵盖石油、天然

---

① 叶玉:《全球能源治理:结构、挑战及走向》,载《国际石油经济》,2011年8期,第45页。

气、煤炭、核能、可再生能源等,合作领域涉及能源生产、能源信息统计、能源技术、能源运输、能源转型、能源环境等。不过,中国参与全球能源治理机制总体上合作的程度不深,基本处于积极对话和政策协调阶段,在全球能源治理中的主导权和话语权有待加强。

一、树立和倡导新能源安全观

构建新的能源安全观,以表明中国意在积极参与全球能源治理的态度。中国传统的能源安全观具有明显的"重商主义"心态,采取了战略性方案;[1]更多强调国家安全属性,而不是对全球能源市场的依赖。为了破解"马六甲困局"而不遗余力地打通陆路能源通道,虽规避了传统上的安全风险,但依然存在政治风险,以及可能面临巨大的经济损失,这并非保障中国能源供应的最佳方案。此外,在实施鼓励能源企业"走出去"战略背景下,中国国有能源公司在与国外企业竞争的过程中采用高于市场价格的出价与承诺大量经济和社会投资捆绑销售,不仅让国外企业对中国国有能源企业感到不信任,还让西方国家对中国产生了"锁定全球能源供应"的质疑。[2] 这样的能源安全观念和能源外交手段势必会影响与西方国家展开能源对话与合作。

国际能源贸易和境外能源开发都与国际政治经济关系密切相关,在国际政治层面与军事因素不可分割,在国际经济层面究其本质则是相互依赖。所以,对于境外获取能源的政治风险既不能忽视也不应过分夸大,国际能源运输通道不应被视为大国争霸的工具,而应被看作国际能源贸易的公共产品,[3]与

---

[1] Zhang Jianxin, "Oil Security Reshapes China's Foreign Policy," Working Paper, No. 9, The Hong Kong University of Science and Technology, 2005—2006.
[2] David E. Sanger, "China's Rising Need for Oil Is High on U. S. Agenda," *New York Times*, April 19, 2006.
[3] 查道炯:《中国的能源安全:国际政治经济学的视角》,载《教学与研究》,2004年第8期,第66页。

其他国家共同维护。自2006年起,中国提出要构建一种新的能源安全观,倡导通过国际合作来解决能源安全问题。自党的十八大明确提出"人类命运共同体"以来,中国主张权责共担,加强与其他国家在能源资源安全、全球气候变化等全球性问题上的对话与合作,这都体现了中国希望参与全球能源治理的意愿。然而,中国目前保障能源安全供应依然是能源地缘政治战略所主导,例如,"一带一路"倡议虽为中国参与全球能源治理搭建了一个平台,但就目前在能源领域的战略实施情况来看实际是强化了地缘政治战略,而中国参与全球能源治理的目标却没能提高到这一高度。[①]

二、维护新兴经济体与发展中国家的共同能源利益

中国的全球能源治理观应立足于发展中国家的角度,致力于能源可及性问题。在所谓的经济金字塔底层的40亿人中,能源贫困是一个亟待解决的问题,在经济发展落后的发展中国家尤为突出。中国可以将消除全球能源贫困作为保障人权的一个路径,从而获得发展中国家的支持,在某种程度上可以增加中国在全球能源治理中的话语权。事实上,中国已开始进行这方面的努力,2016年,中国国家能源局在北京举办了G20能源部长会议,达成了《加强亚太地区能源可及性:关键挑战与G20自愿合作行动计划》,中国表示将积极支持能源可及性推动工作。此外,中国应积极与其他新兴经济体在全球能源治理领域展开合作。目前,西方发达能源大国依然掌控着全球能源市场化进程,主导着国际议程的设置权、能源规则的制定权、执行决议的行动权。因而,中国应尽快推动新兴经济体之间构建能源合作的制度性框架,努力拓展参与全球多边能源合作的渠道,以此提升新兴经济体在全球能源治理体系中的话语权。

---

① 何兴强:《中国与G20框架下的全球能源治理》,载《国际石油经济》,2016年第9期,第18页。

三、推动能源转型

根据国际政治经济学理论,全球能源治理体系的上层建筑国际能源机构和机制,应该随着国际能源经济基础和环境气候的变化而变化。比如说,传统的国际能源治理制度应该向综合性国际能源治理制度转变。究其本质,当今全球能源治理的根本问题就是如何处理化石燃料的利用与其外部性之间的矛盾。换句话说,只有推动清洁能源和可再生能源的开发利用,加强环境和气候治理,才能为全球能源治理提供持续动力。中国在能源转型和应对气候变化方面的努力是有目共睹的。"十三五"规划中明确指出,到2020年实现单位国内生产总值二氧化碳排放比2015年下降18%,非化石能源占一次能源消费比重达到15%。由于该指标为约束性指标,可以通过政策保障得以执行,因而多个国际组织对我国政府的能源转型政策给予高度好评,同时也激励了大量社会资本投资清洁能源。2017年中国的清洁能源投资达到了1326亿美元,同比增长了24%,成为全球第一大清洁能源市场。然而,目前我国在国际碳市场的话语权仍然缺失,非化石能源消费量与发达国家相比依旧存在差距,这都会阻碍到我国在全球能源治理中的话语权谋求。

四、推进全球能源治理制度机制创新

在此方面,一要大力发展"一带一路"区域能源治理平台,使之融入当前主流全球能源治理体系;二要推进G20全球能源治理的机制化,增强其在全球能源治理中的执行力。"一带一路"倡议为中国与外部世界展开国际合作构建了一个新的平台,同时也为中国探索全球能源治理路径提供了新的思路。"一带一路"沿线国家多为世界主要能源生产国和消费国,中国深化与沿线国家的能源合作,尤其是多边能源合作,有利于欧亚能源格局由传统的"双边"能源合作向"多边"全球能源治理转变。中国一直致力于构建"一带一路"能源合作俱

乐部,为能源生产国和消费国搭建一个开放共享的对话平台。这个平台将区别于IEA和OPEC,将充分考虑到发展中国家的利益。中国在"一带一路"建设中应努力推进沿线国家之间的多边能源合作,搭建区域内互联互通的能源基础设施网络,建立有效的能源投资金融保障体系,创造战略沿线能源资源整合产业链,确立跨境能源运输安全的相关保障制度等。

除了"一带一路",G20是目前中国最适合开拓全球能源治理的平台。从G20目前的非正式论坛的制度性质来看,G20很难成为同盟型或协作型国际能源组织,因而,替代IEA这样的国际能源组织很难。不过,G20涵盖了全球最有影响力的经济体,其中包括非IEA正式成员国,因为G20是一个可以将新兴经济体纳入全球能源治理的平台,而且G20具有多层次能源治理主体之间的政策协调能力,这也是其他国际能源合作机制不具备的。随着G20从危机应对向常态化治理机制转型,中国应深化G20框架下各类能源组织的合作方式,通过G20平台获得更多国家在全球能源领域中的共识。

五、提高国内能源治理能力

这是解决本国能源外部性问题的重要举措之一。全球能源治理与国内能源治理是分不开的。全球能源治理最大的一个挑战就是对外部性的治理,因而中国首先应该处理好外部性问题,应积极推动能源结构调整,提高能源利用效率,鼓励新能源技术的开发和利用。另外,中国在国内能源统计数据透明度问题上有待提升。由于我国公布的能源数据与BP和IEA的能源统计年鉴数据存在不小的差异,常常受到外界的质疑,这样势必会影响到国际声誉,增加国际合作边际成本。

总之,全球能源治理正面临着治理主体多层次、治理目标多元化和治理机制碎片化的三重挑战。在全球能源治理过程中既要积极推动全球能源市场化,并努力消除能源贫困,又要避免能源全球化和市场化产生的环境破坏和社会不公。就目前而言,构建一个全新的、全面的、权威的全球能源治理机制并不现实,但并非不能实现全球能源治理的主要目标,而实现这些目标的关键问题在于协调各国之间的能源政策。因而,中国在参与和推进全球能源治理的过程中,应积极融入现有的全球能源治理机制中,即使出于身份和国家利益的考虑,暂时无法加入同盟型国际能源组织中,但至少应加快与这些组织机构的实质性合作,唯有如此,中国方可有效促进和协调主要国际能源组织之间的合作,从而在全球能源治理中发挥自己应有的作用。

第七章
消除全球政治毒瘤：国际反恐合作与反恐机制构建

肖 杰

随着全球化的日益演进，国际恐怖主义的危害日益增大且已成为国际社会高度关注的安全议题。因此，防范和打击国际恐怖主义，作为当下国际社会的基本共识与重点关注问题，催生了以反恐国际合作为主要内容的反恐国际治理。[①] 广义而言，反恐国际治理就是国际行为体（包括国家、超国家地区组织、政府间及非政府国际组织等）就国际反恐议题展开广泛的国际合作；狭义而言，则强调反恐国际治理是机制化的国际合作，即国际行为体（包括国家、超国家地区组织、政府间及非政府国际组织等）基于反恐议题所达成的国际共识，以及基于这种共识形成的国际原则、规范、规则与决策程序，通过正式或非

[①] 鉴于目前国际社会对恐怖主义的基本定义尚未达成共识，为聚焦治理问题与方便论述，本文并不打算在恐怖主义定义问题上纠结，而是直接采用《中华人民共和国反恐怖主义法》对"恐怖主义"的定义，即通过暴力、破坏、恐吓等手段，制造社会恐慌、危害公共安全、侵犯人身财产，或者胁迫国家机关、国际组织，以实现其政治、意识形态等目的的主张和行为。详情参加《中华人民共和国反恐怖主义法（2018年修正）》，http://www.chaoyang.jcy.gov.cn/art/2018/6/28/art_3078_12975.html。

正式的制度安排进行反恐国际合作。① 当前,为应对日益肆虐的国际恐怖主义威胁,国际反恐治理虽然得到了极大发展,但从打击国际恐怖主义的效果来看,仍存在诸多不足,甚至陷入所谓"越反越恐"的困境。鉴于此,聚焦反恐国际治理困境问题,沿着"梳理历史现状—剖析主要问题—提出解决路径"的逻辑思路,梳理当代国际恐怖主义及其治理进程的演变现状,透析其映射出的反恐治理主要困境,并进而试着提出旨在推动治理完善、提升治理效能的可行举措,不失为一种旨在有效预防、控制乃至消除国际恐怖主义这一棘手国际安全问题的有益探索。

第一节 当代国际恐怖主义问题

恐怖主义由来已久、根深蒂固,其现代形式至少可追溯到18世纪法国大革命时期。② 从19世纪70年代起,因其呈现出较为明显的跨国特征,所以这一阶段通常被认为是国际恐怖主义的开端。此后,国际社会大致经历了19世纪70年代至20世纪初的"无政府主义恐怖主义"(anarchists terrorism)、20世纪20年代至20世纪60年代的"反殖民恐怖主义"(anti-colonial terrorism)、20世纪60年代至冷战结束的"新左派恐怖主义"(new left terrorism)、20世

---

① 曾向红:《恐怖主义的全球治理机制及其评估》,载《中国社会科学》,2017年第12期,第180页。
② Chalmers Johnson, "Perspective on Terrorism", in Walter Laquer ed., *The Terrorism Reader: A History Anthology*, New York, London and Scarborough, Ontario, 1978, P. 270.

纪80年代至今的"宗教恐怖主义"(religious terrorism)等四波浪潮。[①] 从这一意义上讲,当代国际恐怖主义正处于所谓"第四波浪潮"。以宗教极端主义为核心的当代国际恐怖主义大致经历着以下几个阶段,即20世纪80年代至1998年2月(1998年2月"基地"组织联合其他恐怖主义势力组合成国际恐怖主义阵线)的当代恐怖主义的形成发展期、1998年2月至2011年5月(2011年5月1日本·拉登被击毙)的当代恐怖主义暴恐扩散期和2011年5月至今的当代恐怖主义的多元竞合期。[②]

一、当代国际恐怖主义的形成与发展(20世纪80年代至1998年2月)

当代国际恐怖主义的形成与发展是以宗教极端主义思想的政治化运用与传播为基础的。一些宗教极端势力通过以宗教话语评价阿以冲突、阿富汗战争、社会发展等问题,逐步形成了以极端化宗教政治思想为牵引、以恐怖暴力理念为依托的极端主义政治话语体系,进而为恐怖势力、极端势力的形成、扩展、运行确立了精神纽带与思想基础。就宗教极端政治思想而言,一方面,极端组织通过不断以极端主义批评政府,煽动民众对政府不满,以实现打击政府权威与颠覆国家政权的对内目标,另一方面,极端组织在国际上将美国等国家确立为宗教敌人,并将宗教极端主义思想向世界范围扩张(主要表现为从中东地区向中亚、东南亚、非洲等地扩张),妄图以宗教极端政治取代现代世俗的国

[①] David C. Rapoport, "The Fourth Wave: September 11 in the History of Terrorism," *Curent History*, Vol. 100, No. 650, 2001, pp. 419 – 424; David C. Rapoport, "The Four Waves of Modem Terrorism," in Audrey Kurth Cronin and James ML Laudes, eds, *Attacking Terrorism: Elements of A Grand Strategy*, Washington, D. C.: Georgetown University Press, 2004, pp. 46 – 73; David C. Rapoport, "It Is Waves, Not strains," *Terrorism and Political Violence*, Vol. 28, No. 2, 2016, pp. 217 – 224; Jean E Rosenfeld. ed., *Terrorism, Identity, and Legitimacy: The Four Waves Theory and Political Violence*, New York: Routledge, 2010;张家栋:《现代恐怖主义的四次浪潮》,载《国际观察》,2007年第6期。

[②] 张金平:《当代恐怖主义与反恐怖策略》,北京:时事出版社,2019年,第72页。

第七章　消除全球政治毒瘤:国际反恐合作与反恐机制构建

际政治,否定当代世界发展的方向并妄图以历史的倒退来颠覆现代世界秩序。在这种思潮影响下,"基地"组织自1991年起制造了一系列产生重大影响的恐怖事件,包括1993年2月纽约世贸中心爆炸、1995年6月行刺埃及总统穆巴拉克、1997年11月的埃及卢克索惨案等。① 就极端化宗教暴力理念而言,恐怖势力积极宣扬宗教"圣战"暴力概念,通过暴力倾向鼓动与暴恐效应最大化追求,不仅将宗教"圣战"等同于宗教暴力,进而为自杀式袭击等恐怖暴力手段辩解,而且积极以政要、平民为袭击目标,扩大暴恐攻击范围,呈现出大规模杀伤与标志性目标袭击相结合、暴恐袭击与武装袭扰活动相融合的双重趋向。② 就前者而言,埃及"伊斯兰组织"实施的1993年世贸大厦的袭击便是大规模杀伤与标志性目标袭击相结合的典型范例;就后者而言,则集中体现为暴恐分子在阿富汗战场、科索沃战场交互采用这两种暴力袭击手段,例如,在中东,暴恐分子针对美国、法国在黎巴嫩、也门等地的军事目标实施武装袭扰,同时针对美国等国的平民目标实施恐怖袭击。

随着宗教极端思想的肆虐传播与暴力恐怖主义活动的频繁发生,国际恐怖主义势力在北非、西亚、中南亚、东南亚等地区形成了多个相互联系的暴恐活动中心,为此后全球恐怖主义整体态势的形成奠定了基础。一是以埃及与阿尔及利亚的恐怖主义势力为支点形成了北非中心。埃及方面,主要恐怖组织包括埃及"伊斯兰组织"与埃及"圣战组织"。其中,成立于20世纪70年代的埃及"伊斯兰组织"在20世纪80年代主要在埃及的大学、小清真寺宣扬宗教极端主义思想且享有较大影响力,并在进入20世纪90年代以后,随着一部分从阿富汗返回的极端暴力分子与出狱的暴恐分子的加入和成为该组织的主

---

① 张金平:《当代恐怖主义与反恐怖策略》,北京:时事出版社,2019年,第77—78页。
② 就前者而言,埃及"伊斯兰组织"实施的1993年世贸大厦的袭击便是大规模杀伤与标志性目标袭击相结合的典型范例;就后者而言,则集中体现为暴恐分子在阿富汗战场、科索沃战场交互采用这两种暴力袭击手段。例如,在中东,暴恐分子针对美国、法国在黎巴嫩、也门等地的军事目标实施武装袭扰,同时针对美国等国的平民目标实施恐怖袭击。

力,开始针对政府、游客、埃及科普特人进行暴恐活动;[1]埃及"圣战组织"是由一个个暴恐小组构成的、松散的恐怖主义势力[2],并总体上鼓励以暴力颠覆世俗政权及其秩序,20世纪80年代策划了包括"塔拉越狱"事件(1988年)在内的一系列的劫狱事件,20世纪90年代实施了多起针对政府官员的恐怖袭击。阿尔及利亚方面,于1992年2月国家暴力动荡时期崛起的"伊斯兰武装组织"以从阿富汗战场返回的阿尔及利亚极端武装分子为核心力量在1997—1998年间制造了一系列导致数千平民死亡的恐怖袭击。1997年从该组织分离出的"萨拉夫宣教与战斗组织"后来与"基地"组织势力勾结组建"基地"马格里布分支。二是以黎巴嫩恐怖组织、索马里极端势力以及本·拉登基地组织为支点形成了西亚中心。其中:黎巴嫩方面,相关势力主要为巴以冲突地区的一些宗教恐怖势力以及政治-武装组织的一些下属武装小组;索马里方面,继1991年索马里内战与1995年联合国维和部队全部撤离后,索马里各地逐步自发形成了一些维护地方社会秩序的"伊斯兰法庭",并逐渐滋生了一些暴恐势力,其中"索马里青年党"便是于2008年从中脱离产生的典型代表;由本·拉登于1988年左右成立的基地组织在这个阶段通过与其他恐怖主义组织合作,开始在中东之外招收成员,从而逐步发展壮大,并较为频繁地进行了一系列影响较大的暴恐活动[3]。三是以中亚"乌伊运""伊斯兰复兴运动"以及车臣恐怖势力为代表的中南亚-车臣暴恐中心。其中,中亚的"乌伊运""伊斯兰复兴运动"恐怖势力自1991年后迅速形成,以费尔干纳地区为中心形成了地区活动中心,

---

[1] 该势力指责科普特人为西方的代理人、异教徒,采取群体性暴力冲击、毁坏财物、劫持人员等袭击方式。

[2] 其中部分成员在20世纪70年代与埃及穆兄会有着密切联系;还有部分人员参加过第四次中东战争,借此机会向军队渗透,并成功借助在军队中的恐怖分子暗杀了萨达特。

[3] 这包括:1992年12月针对驻索马里美军的也门旅馆爆炸案;联合埃及"伊斯兰组织"于1993年2月在美国的世贸中心实施的爆炸案;1994年本·拉登宣布向美国发动圣战;1995年11月制造利雅得美军军营爆炸案与埃及驻巴基斯坦使馆爆炸案;1996年制造宰赫兰美空军住所爆炸案;1997年制造开罗外国旅游者客车爆炸案等。

并与阿富汗等地的恐怖分子相互联系;车臣恐怖势力分别于 1994 年和 1995 年对人群制造恐怖袭击和实施人质绑架。① 四是以印尼极端势力"伊斯兰祈祷团"和菲律宾的"摩罗民族解放阵线""摩罗民族解放阵线""阿布萨耶夫组织"等极端暴恐组织为代表的东南亚中心。其中,在 20 世纪 70 年代印尼总统大力扶持伊斯兰势力的背景下产生的"伊斯兰祈祷团"在遭到政府的打击后向国外转移,并与"基地"组织的武装势力建立了联系,并在 1999 年更换领导层后迅速走向暴恐化。就菲律宾方面而言,成立于 1968 年的菲律宾"摩罗民族解放阵线"与 1984 年成立的"摩罗伊斯兰解放阵线"属于宗教极端组织范畴;而成立于 1998 年 12 月的"阿布萨耶夫组织"是由 20 世纪 80 年代中期的 7 个极端武装团伙组合而成,具有明显的暴恐化倾向。

二、当代国际恐怖主义的暴恐集群化(1998 年 2 月至 2011 年 5 月)

1998 年 2 月"基地"组织联合其他恐怖势力组合成了国际恐怖主义联合战线,以阿富汗作为大本营,组织策划了一系列以"9·11"为标志的重大恐怖袭击活动,彰显了以"基地"组织为核心的宗教极端恐怖主义的绝对主体性地位,从而开启了以极端暴恐化活动为特征、以"基地"组织为中枢的全球分散且彼此联系的恐怖组织群体式发展新时期。②

一方面,该阶段的国际恐怖主义极端暴恐化趋向较为强烈。这种极端暴恐化趋向主要体现为恐怖袭击目标的国际化与自杀式袭击手段的普遍化。其一,就恐怖袭击目标的国际化而言,"基地"组织等国际恐怖主义组织强调其袭

---

① 张金平:《当代恐怖主义与反恐怖策略》,北京:时事出版社,2019 年,第 79—80 页。
② 这是因为,该阶段其他类型的国际恐怖主义组织除零星的行动外,影响力很微弱,根本无法与宗教极端恐怖主义相比,这包括:诸如"真正爱尔兰共和军"("爱尔兰共和军"下属衍生组织)、"埃塔"组织、"科西嘉解放阵线"、斯里兰卡"泰米尔猛虎组织"、"自由亚齐运动"等民族主义极端分裂恐怖组织;诸如意大利的"红色旅"、希腊的"11 月 17 日革命组织"和南美的一些反政府武装组织等具有左翼倾向的极端组织;以及一些右翼、邪教恐怖势力。

击目标的国际化与多样性,即既要在世界各地对世界各国实施针对性袭击,也要联合世界各地的恐怖分子针对性地攻击世界各国的目标。例如,"基地"组织恐怖分子不但在美国制造"9·11"袭击,也在其他地区或单独或联合其他组织袭击美国,同时既针对美国、欧洲,也涵盖中国等其他国家和地区(如协助"东突"恐怖分子);"博科圣地"也同样秉持类似目标国际化的逻辑,极力通过把多样化打击西方作为一个宣传口号以吸引民众扩大自身影响;此外,东南亚、中亚等地的恐怖势力也在不同程度、不同层面突出这一目标袭击策略。其二,自20世纪80年代出现的极端的自杀式恐怖袭击手段在该阶段被各地恐怖势力普遍采用,甚至日益发展为宗教极端主义暴恐袭击的标志性手段。

另一方面,该阶段形成以"基地"组织所在的西亚-北非为中枢的全球暴恐集群性活动中心。该阶段国际恐怖主义的活跃区大致与前一阶段相当,但出现了串联各暴恐活动中心的"基地"组织中枢。特别是"9·11"事件及伊拉克战争后,随着全球恐怖活动频度与范围的进一步拓展,全球暴恐活动日益呈现出以"基地"组织所在的西亚北非为中心,涵盖非洲、欧洲、中亚、南亚、东南亚地区的全球集群性分布态势。一方面,"基地"组织及其分支所在的西亚、北非成为国际恐怖主义的中枢。早在1996年,"基地"组织在阿富汗组建了新的国际活动中心为世界各地的恐怖分子提供培训和资金支持等,建立了全球恐怖主义网络;到1998年2月,"基地"组织联合其他恐怖势力组合成了国际恐怖主义联合战线;2001年10月后,"基地"组织在阿富汗的活动中心被摧毁,"基地"组织的骨干分子流窜到世界各地,与当地极端势力及恐怖组织组建"基地"分支。[①] 另一方面,非洲、欧洲、中亚、南亚、东南亚等地的暴恐势力与"基

[①] 相关分支包括:2009年1月由也门和沙特的"基地"恐怖主义力量整合而来的"基地"阿拉伯半岛分支、由2003年9月宣布对"基地"组织效忠的阿尔及利亚"萨拉菲宣教与战斗组织"在2006年12月组建的"伊斯兰马格里布基地组织"、在伊拉克战争后逐步形成的"基地"组织伊拉克分支(在2011年后突入叙利亚而演化为"伊斯兰国"势力)等。

地"组织具有不同程度的广泛联系。一是作为"基地"组织的大后方的非洲与西亚、北非在恐怖主义领域有着较为密切的联系。冷战结束以来,"基地"组织及其支持者就在索马里的中部和北部及肯尼亚的索马里人居住区寻求避难并建立恐怖网络,以及进行一系列与恐怖活动相关的融资和组织活动。1993年,"基地"组织利用索马里作为行动基地,策划了1998年肯尼亚等国的美国使馆爆炸案。伊拉克战争后,尼日利亚的一些激进组织宣称要招募自杀性袭击者到伊拉克进行反美斗争。[1] 二是欧洲一直被中东恐怖分子视为资金筹集地和人员中转地(例如,2003年8月参与巴格达联合国办事处爆炸案的犯罪分子之一就是在意大利招募的),但伊拉克战争使国际恐怖组织将欧洲由"后方"变为"前方"(例如,与"基地"组织联系密切的"阿布·哈夫斯·马斯里旅"策划了2004年3月11日西班牙首都马德里火车站爆炸事件,以报复西班牙协助美国进行伊拉克战争)。三是中亚及车臣恐怖势力与"基地"组织有联系,这包括其不仅接受"基地"组织的支持、培训,而且还听从"基地"组织的一些命令指挥。特别是美军攻打伊拉克后,中亚地区反美暴力活动明显增多,且背后大多有着"基地"组织的影响与支撑。[2] 四是与"基地"组织相关联的跨境恐怖主义活动在南亚、东南亚地区日益猖獗。一方面,在阿富汗战争影响下,许多恐怖分子转移到巴基斯坦进行活动,南亚地区的恐怖主义也随之猖獗;另一方面,"伊斯兰祈祷团""摩洛伊斯兰解放阵线"等东南亚的恐怖组织与"基地"组织的联系都比较密切,这包括为"基地"组织提供恐怖分子训练(例如在菲律宾和印度尼西亚有着此类训练营)以及依托"基地"组织为东南亚恐怖势力培养暴恐骨干(其基本模式为"基地"组织从东南亚招收"阿富汗东南亚人",然后让

---

[1] 贺文萍:《伊拉克战争对非洲的影响》,载《西亚北非》,2003年第3期,第22页。
[2] 例如:2004年3月29日,乌兹别克斯坦首都塔什干市中心首次发生源于中东的自杀性爆炸事件;7月30日,乌兹别克斯坦美国大使馆、以色列大使馆、乌兹别克斯坦总检察长办公室同时发生爆炸。

其回流到东南亚,这些人有不少后来成为东南亚极端组织的领导人)。

三、当代恐怖主义的复合多元化发展(2011年5月至今)

一方面,随着2011年5月1日"基地"组织的缔造者本·拉登被击毙,以及2011年5月28日"伊斯兰酋长国"的宣布建立,伊斯兰极端国际恐怖势力因"发展路线分歧"而产生分化;另一方面,随着民粹主义等逆全球化思潮的发展,极右翼恐怖主义威胁也开始凸显。与此同时,在技术的快速发展下,网络恐怖主义等非传统恐怖主义风险也日益累积。[①] 可以说,自2011年5月起至今,随着国际形势变化、技术革新发展,国际恐怖主义进入了传统与非传统恐怖主义安全威胁交织的复合多元化发展时期。

传统恐怖主义方面,宗教极端恐怖主义仍居主流,极右翼恐怖主义威胁日渐凸显。一是"伊斯兰国"势力的崛起使宗教极端恐怖主义出现一定分化,暴恐活动强度达到空前水平,并总体上呈现竞合发展之势。2011年5月发生了两件在恐怖主义发展史上具有重要意义且存在一定内在关联的历史性事件:一是5月1日"基地"组织的缔造者本·拉登被美国在巴基斯坦击毙;二是5月28日,"基地"组织阿拉伯半岛分支宣布在占领的也门南部城市津吉巴布尔建立"伊斯兰酋长国"。前一个事件发生后,美国奥巴马政府想当然地认为,在对"基地"组织等国际恐怖主义的持续打击下,恐怖主义势力已被严重削弱,因此,击毙本·拉登能够让"基地"组织等国际恐怖势力进一步在组织上瘫痪。事实证明,击毙本·拉登确实使得以"基地"组织为核心的国际恐怖主义产生了分化:一方是坚持本·拉登曾经主张的暴恐国际化路线传统派,另一方则是

[①] 所谓非传统恐怖主义威胁,是相对于"以暗杀、绑架、爆炸、劫持飞机和人质等传统的暴力方式,徒手或采用刀、枪、弹等常规武器实施"的传统主义恐怖主义威胁而言的。换言之,一定意义上,凡采用超越传统暴力方式或使用了非常规的武器所实施的恐怖主义活动都可以被视为构成了非传统恐怖主义威胁。

选择"国家化"路线的极端政权派。2014年1月,"伊斯兰国"与叙利亚多股反对派武装力量发生激烈冲突,"基地"组织头目扎瓦希里多次提出希望通过和平方式协商解决但均遭到对方的无视和反对;同年2月2日,"基地"组织正式发表声明,宣布"基地"组织与"伊斯兰国"不存在隶属关系,宣告"基地"组织与"伊斯兰国"关系正式破裂,并且开始在多地进行势力范围的争夺,呈现出一种既合作又竞争的关系。[①] 究其原因,一方面二者拥有"圣战萨拉菲主义"这一共同的思想根源,且终极目标都是要建立政教合一的伊斯兰宗教国家;另一方面,二者存在"暴恐理念"分歧(传统派倾向于以西方世界这个"远敌"为先,而"伊斯兰国"代表的政权派倡导以伊斯兰世界"叛教者政府"这一"近敌"为先)[②]以及对"国际'圣战'的领导地位"的争夺。但需要注意的是,伊斯兰极端恐怖势力发生分化,并不代表其总体发展势头弱化。特别是后起之秀"伊斯兰国"有着类政权层级组织结构,依托一定规模的军事武装力量与其控制的一定范围的"领土",对内进行"沙利亚法"统治,对外开展暴力征服,并与西方国家的正规军进行正面对抗,从而使其在暴恐号召力与影响力方面达到了空前的水平。[③] 二是后伊斯兰时期宗教极端恐怖主义重拾隐秘低调,恐怖活动呈现分散化、网络化、独狼化趋势。自2017年初以来,随着打击"伊斯兰国"等极端、恐怖组织的斗争取得了令人鼓舞的胜利,"伊斯兰国"节节败退,丧失了叙利亚和伊拉克相关占领地,转而回归更为隐秘低调的极端化策略与暴恐路径。一方面,相关"伊斯兰国"暴恐分子向外扩散("回流"母国以及扩散至世界各地),使得极端思想进一步泛滥,恐怖主义活动更为广泛地出现在世界各地;另

---

① 姚建龙主编:《反恐怖学导论》,北京:北京大学出版社,2018年,第17页。
② Graeme Wood, "What ISIS Really Wants," *The Atlantic*, February 24, 2015, https://www.theatlantic.com/international/archive/2015/02/what-isis-really-wants-reader-response-atlantic/385710.
③ 兰迪、刘思彤:《当代国际恐怖主义的重大发展变化及其应对策略——以"基地"组织为中心》,载《山西警察学院学报》,2019年第2期,第55—56页。

一方面,"伊斯兰国"暴恐势力还积极运用网络恐怖主义手段,采取非接触式"极端化+暴恐化"策略,在欧洲等地对人进行宗教极端化洗脑与暴恐化培训,频繁策动"独狼"式暴恐活动,使得宗教极端恐怖主义发展进入后伊斯兰国阶段。三是新冠疫情导致乱源地区恐袭反弹。2020年新冠疫情以来,国际上普遍无暇顾及反恐问题,导致反恐力量缩水,造成局部势力迅速发展、暴恐活动显著增加。特别是基于东南亚相对舒缓的疫情形势以及非洲宽松的防控措施,"伊斯兰国"逐渐向这些区域内强化行动动员和远程指挥,使得东南亚和非洲成为当下较活跃的暴恐中心。例如:东南亚境内宣称效忠"伊斯兰国"的阿布沙耶夫组织和"穆特"组织在菲律宾总统签署新《反恐怖主义法》后,发动霍洛岛连环恐怖袭击,致15人死,70余人伤;泰国、马来西亚、印尼、缅甸等国恐怖分子利用反恐防疫间隙交叉流窜,制造恐怖袭击症候;非盟恐怖主义研究调查中心(CTRS)和美国国际战略研究中心(CSIS)数据显示,2020年1至8月非洲发生恐袭事件1168起,激进团体参与暴力事件4161起,同比激增18%和31%,较2011年增长了6倍,恐怖势力利用疫情掩护,在非招募和暴力行为显著增加。[1] 四是极右翼恐怖主义威胁的日益凸显。一方面,随着美欧"白人至上主义者"等极右恐怖活动日趋活跃,极右翼思想开始在西方国家肆虐传播并彰显较强的社会渗透性。据德国议会负责军队事务的专员披露,德国军队中疑似的极右翼极端主义事件从2019年的363起增至2020年的477起,近5年德精锐力量特种突击队多次出现极右翼丑闻(例如,德国高级军官公然传播"纳粹"思想,甚至计划军事政变,并编制针对政府高官及少数族裔领袖的暗杀名单)[2];2020年德联邦宪法保卫局通过排查全德安全系统发现,近3年

---

[1] 岳晓勇主编:《当前全球形势演变与前瞻》,2021年1月,http://nads.ruc.edu.cn/docs/2021-02/a6193c5721954c8fb66073eb29d7ed8e.pdf.
[2] 《美媒:德军极右翼事件数量猛增 去年增至477起》,新华网,2021年2月24日,https://baijiahao.baidu.com/s?id=1692554708137823636&wfr=spider&for=pc.

第七章 消除全球政治毒瘤:国际反恐合作与反恐机制构建

至少350人因存在极右翼思想或从事相关活动受处分。① 另一方面,随着极右翼思潮的泛滥,极右翼恐怖活动频发。根据联合国安理会反恐委员会,自2016年至2020年的5年里,全球右翼恐怖主义活动增加了320%②;根据马里兰大学全球恐怖主义数据库,2015年至2019年,仅在美国就发生了310起恐怖袭击事件,大多数是右翼极端分子(包括白人民族主义者和其他非主流右翼分子)所为。

另一方面,以网络恐怖主义为代表的非传统恐怖主义威胁日益加大。在网络信息化发展趋势下,恐怖主义分子利用网络实施与恐怖主义相关的活动(或伺机在网络上实施网络袭击)业已成为一种新常态且威胁日益增大。依据"利用网络"与"在网络上"两大行动逻辑,网络恐怖主义大致可分为网络赋能式与网空暴恐式两类。网络赋能式恐怖主义本质上是一种恐怖主义网络化(网络化技术与恐怖主义相结合使得恐怖主义活动更加隐秘与高效),是当前网络恐怖主义活动的主要形式,具体表现为极端思想的网络化传播、组织活动的网络化运作等。③ 就前者而言,恐怖主义组织积极利用互联网进行极端、暴恐思想传播,效率高、影响广。"伊斯兰国"组织专门建设了分类专业详细(设有9万多个类别)、内容具体翔实(包含大量恐怖袭击行动的细节以及爆炸物的制造方法等内容且仍不断补充和更新)、语种覆盖广泛(包含9种语言)的"线上图书馆",且拥有每月近万人次的匿名登录访问流量,彰显了比传统方式在使世界各地怀有"仇恨"与"不满"人群激进化方面更高的传播效能。就后者而言,恐怖主义分子将传统的线下活动转为线上活动,积极利用网络在全球范

---

① "KSK: German Special Forces Company Dissolved due to Far-right Concerns", July 30, 2020, https://www.dw.com/en/ksk-german-special-forces-company-dissolved-due-to-far-right-concerns/a-54386661.
② 《右翼极端主义:全球恐怖主义新浪潮》,2020年11月5日,https://cn.weforum.org/agenda/2020/11/you-yi-ji-duan-zhu-yi-quan-qiu-kong-bu-zhu-yi-xin-lang-chao/。
③ 赵红艳:《总体国家安全观与恐怖主义的遏制》,北京:人民出版社,2018年,第147—149页。

围完成宣传、融资、培训、策划和实施恐怖袭击等各类活动。可以说,"伊斯兰国"组织的发展、壮大以及在欧洲频繁发动的"独狼式"恐怖袭击,都离不开对网络空间的利用。一方面,"伊斯兰国"组织曾巧妙利用推特(Twitter)、脸书(Facebook)、优兔(YouTube)等各类公开公共的网络通信平台与资讯传播工具,进行宣传、招募以及暴恐策动等活动;另一方面,为避免相关信息被删除以及提供行动的隐蔽性,其还使用"暗网"以及加密货币进行招募和融资等组织运作活动。需要指出的是,新冠疫情下,网络赋能式恐怖主义发展迅速。究其原因,一来新冠疫情使得人们的社交更加依赖互联网,人们的网络活跃程度较高;二来新冠疫情下,一些西方国家因疫情失控与处置不力叠加疫情在经济社会层面的巨大冲击使其国内底层群体有一种"被抛弃"的失落感,并借助网络空间不断宣泄愤怒与不安的情绪,从而为恐怖组织积极对特定人员进行激进化与暴恐化提供了更多机会。此外,恐怖主义势力还积极利用疫情恐怖极端话语。一方面宗教极端恐怖主义"伊斯兰国"组织将新冠疫情描述为"对西方世界的惩罚,虔诚的穆斯林将免于这种疾病;政府已不能提供保护,加入组织才有生存的希望";另一方面,以"白人至上"为代表的极右翼恐怖主义势力也在疫情期间不断在网络上传播阴谋论,宣扬种族仇恨,呼吁对执法人员、穆斯林、犹太人、黑人实施暴力攻击。[①] 就网空暴恐式恐怖主义而言,当前尚未出现实际发生的对网络空间虚拟资产以及关键基础设施所进行的恐怖主义袭击,但随着网络技术发展,特别是新技术的安全风险防护往往处于滞后于新技术的应用实践,恐怖分子在技术上一定程度上享有这种技术应用先机,因此其在网络空间针对关键基础设施进行"9·11"式重大网络袭击的可能性不仅存在且日益增大。特别是当前 5G 技术的出现极大地促进了物联网的发展,交

---

① 《右翼极端主义:全球恐怖主义新浪潮》,2020 年 11 月 5 日,https://cn.weforum.org/agenda/2020/11/you-yi-ji-duan-zhu-yi-quan-qiu-kong-bu-zhu-yi-xin-lang-chao/。

通、医疗、工业等众多行业将实现自动化和智能化,在深刻影响人类生活的同时,也将给恐怖组织提供通过侵入网络对智能设备进行控制和攻击的更多机会,例如攻击医疗设备、无人驾驶汽车、危险行业的智能化设备等,都会直接威胁现实世界人们的生命安全。

综上所述,处于第四波浪潮且以宗教极端主义为核心的当代国际恐怖主义于20世纪80至90年代逐步发展而来,并以"9·11"事件为起算标志在21世纪初走过了暴恐扩散时期,并进入当下传统与非传统恐怖主义安全威胁交织的复合多元化发展阶段。近年来,随着美国聚焦"大国竞争"并最终从阿富汗撤军以及以俄乌冲突为代表的全球地缘政治对抗日益加剧导致全球反恐战略一定程度上走向弱化,再叠加全球新冠疫情带来的经济低迷与治理困境等不利因素影响,以及在恐怖主义与网络技术深度融合的情况下,国际恐怖主义的发展更加多元、更加复杂,新老热点问题层出不穷,种种困境对反恐国际治理提出了更高的要求。

第二节 当代反恐国际治理的历史演变

从广义定义来看,反恐国际治理可追溯至20世纪30年代。1935年11月由比利时、英国、智利、西班牙、法国等11国共同签署的《防止和惩治恐怖主义公约》和《建立国际刑事法院公约》,开创了通过国际立法打击和遏制恐怖主义的先河。[1] 虽然后续因一些签字国未批准,两项反恐治理公约均未生效,但这并不能抹杀二者对反恐国际治理所具有的里程碑式历史意义。[2] 正如有学

---

[1] 赵永琛:《国际反恐怖主义法的若干问题》,载《中国人民大学大学学报》,2020年第3期。
[2] 皮勇:《网络恐怖活动犯罪及其整体法律对策》,载《环球法律评论》,2013年第1期。

者所指出的那样,"该公约虽然由于各种原因而未能批准生效,但它的影响深远,此后的欧洲反恐怖主义的公约、美洲反恐怖主义的公约的许多内容都和该公约的基本精神是相同的"。[1] 二战后,随着国际社会对恐怖主义活动危害的共识日益积聚,推进国际反恐治理进程(缔结国际条约进行规范与设立国际组织具体实施),超越国家主权的普遍管辖权来协调国际反恐合作成为一项正式的国际议题。[2] 从历史演变(纵向)来看,与当代国际恐怖主义发展阶段大体相当,反恐国际治理的发展也经历了自20世纪60年代末至冷战结束的国际反恐治理发展成形期、20世纪90年代国际反恐治理巩固发展期以及21世纪"9·11"事件发生起至今的国际恐怖治理深化拓展期。从理论范式(横向)来看,反恐国际治理以权力(现实主义的)、利益(自由主义的)、知识(建构主义的)三个维度为依据,大致可分为基于权力的霸权治理、基于利益的国际组织治理[3]、基于知识的混合型治理[4]三种反恐国际治理类型。[5]

一、冷战时期国际反恐治理的发展成形(20世纪60年代末至冷战结束)

一方面,这个时期,虽然美苏着眼冷战博弈,都有将国际恐怖主义工具化

---

[1] 赵永环:《国际反恐怖主义法的若干问题》,载《中国人民公安大学学报》,2002年第3期。
[2] 贾宇、舒洪水著:《国际恐怖主义犯罪问题研究》,北京:中国政法大学出版社,2018年,第21页。
[3] 尽管国际组织在一定程度上受到国际关系中权力分配的影响,但一旦建立并且运行,它们往往具有独立性和自主性,而为其成员谋取利益是国际组织得以维系和发展的基础。从这个意义上说,国际组织主要是基于利益而形成的治理机制,并发挥着拟定涉及防范、打击恐怖主义的国际规范,成立国际反恐机构,督促和协调成员国落实相关反恐国际法律或规范等。
[4] 所谓混合型治理机制,是指国际社会在治理某一或某些全球问题的过程中,众多国家和非国家行为体出于实用主义或便利的目的而组建的临时、松散且具有等级和网络化特征的合作机制。参见曾向红:《恐怖主义的全球治理:机制及其评估》,载《中国社会科学》,2017年第12期,第184页。
[5] 需要指出的是,各自以三种要素为驱动的治理模式并非排他性地只受单一要素的影响与作用,而是三种要素共同作用下的一种要素起主导作用。参见曾向红:《恐怖主义的全球治理:机制及其评估》,载《中国社会科学》,2017年第12期,第181页。

的倾向,但面对暴恐活动对国际社会造成的一般性威胁,均能在表面上予以谴责与反对,并在以联合国为核心的国际平台上推进一定程度上的国际反恐治理合作;另一方面,作为冷战时期恐怖主义肆虐重灾区的拉美和欧洲也最先出现了以多边反恐合作为特征的区域性国际反恐治理进程。在冷战结束时,以"联合国全球反恐治理为主体、区域多边(双边)反恐治理为补充"的复合国际反恐治理体系初步构建,标志着国际反恐治理基本发展成形。

就全球层面而言,自 20 世纪 60 年代以来,国际社会以联合国等国际组织为治理平台,相继制定了一系列惩治恐怖主义的国际公约、安理会决议以及联合国大会决议等治理规范。首先,国际民航组织、国际海事组织、国际原子能机构等联合国专门机构围绕恐怖犯罪制定了一系列公约。20 世纪 60 年代至 20 世纪 70 年代初,国际民航组织制定并通过了三项关于航空器犯罪行为的公约,即 1963 年通过的《关于在航空器内的犯罪和其他某些行为的公约》(简称《东京公约》)、1970 年通过的《关于制止非法劫持航空器的公约》(简称《海牙公约》)和 1971 年通过的《关于制止危害民用航空安全非法行为的公约》(简称《蒙特利尔公约》),不仅填补了关于惩罚在公海以及飞机上进行犯罪的法律空白,也是最早围绕空中劫持犯罪形成的一套国际法规范,彰显了联合国在反恐合作上的机制化取向。[①] 随后,国际海事组织、国际原子能机构也相继制定并通过了《核材料实物保护公约》(1980 年)、《制止危及海上航行安全非法行为公约》(1988 年)、《制止危及大陆架固定平台安全非法行为议定书》(1988 年)。

其次,联合国大会通过成立相关机构,陆续审议通过了一系列反恐相关公约。随着 1972 年 9 月 5 日绑架杀害以色列运动员的慕尼黑恐怖主义事件的发生,恐怖主义问题开始成为联大关注和争论的中心问题,并被列入联大会议

[①] 《国际条约集(1934—1944)》,北京:世界知识出版社,1961 年,第 155 至 156 页。

议程。1972年9月8日,时任联合国秘书长库尔特·瓦尔德海姆提出"防止恐怖主义和其他形式的暴力措施"的建议任务,相关反恐问题由联大下属的第六委员会负责审议;同年12月18日,联合国大会通过了"3034号决议",在重申自决权和争取民族解放的合法性的前提下首次对暴力行为表示深刻关注,同时要求各国依据该决议向秘书长提交包含对打击恐怖主义建议的报告,并设立了由联大第六委员会负责的特设委员会,专门研究国际恐怖主义相关问题与处理反恐国际法治问题。在随后的1973、1977和1979年,该特设委员会召开了一系列会议,审议了围绕国际恐怖主义的定义、根本原因和应对措施等方面主要问题,并在此基础上起草了《关于防止和惩处侵害应受国际保护人员包括外交代表的罪行的公约》(1973年)与《反对劫持人质国际公约》(1979年)。到20世纪80年代末,联合国及所属机构已先后制定并通过了9个涉及恐怖主义的国际公约,彰显了国际社会的反恐共识[1],确立了界定和打击恐怖主义的具体规范框架,从而为世界各国在反恐问题上的协同合作提供了行动指南。

在区域层面,作为冷战时期恐怖主义肆虐重灾区的拉美、欧洲、南亚地区最先开展了多边反恐合作。拉美方面,美洲国家组织于1971年签署了专门针对该地区恐怖主义的《防止和惩罚恐怖活动公约》。[2] 1981年美洲国家组织再次召开反恐会议,并达成《美洲国家组织国家间引渡公约》。由于美国对拉美国家多次的政治经济渗透、干预乃至颠覆政权行为,两项公约的政治合法性难获拉美国家认同,致使拉美反恐合作长期停留在"纸上谈兵"的状态。[3] 欧洲方面,作为现代恐怖主义发源地和活跃场所,西欧地区在反恐法治制定方面走

---

[1] 这些国际反恐共识主要包括:任何国家不得从事或包庇恐怖主义;必须加强国际反恐合作;将恐怖主义行为界定为犯罪行为等。
[2] 张家栋:《全球化时代的恐怖主义及其治理》,上海:上海三联书店,2007年,第194页。
[3] 余建华、戴轶尘:《"9·11"前国际反恐合作的历史演进析论》,载《历史教学问题》,2011年第2期,第15页。

在国际社会的前列,集中体现为域内国家不仅相互签订一系列反恐双边协定,而且积极寻求在欧共体层面上构建多边反恐治理机制。1977年1月欧洲议会通过《欧洲惩治恐怖主义协定》,在重申联合国惩治恐怖犯罪"不引渡即审判"原则的基础上,进一步明确,政治犯不应涵盖劫机、绑架和攻击"被保护的人"的人员,旨在消除将恐怖主义分子视为政治犯而适用"不引渡条款"的情况。[①] 随后,欧共体又出台了《关于反恐怖主义措施的决定》等一批反恐政策和法律文件,为该区域反恐治理奠定坚实的法律规范基础,为区域反恐治理树立了成功范例。南亚方面,鉴于南亚地区的恐怖主义与民族问题、宗教纠纷、领土争端相交织且危害严重,印度分别与尼泊尔、斯里兰卡等国开展双边反恐合作。在此基础上,印度主导的南亚合作联盟于1987年签订《南亚反恐公约》,客观上为南亚区域性多边反恐治理提供了指导。

综上所属,该阶段初步形成了一个以联合国反恐治理为主体、区域治理为补充的国际反恐治理体系,体现了基于利益的国际组织治理类型。但在冷战格局的束缚下,在东西方对抗的掣肘与南北关系鸿沟困局的双重作用下,冷战时期的国际反恐治理的普遍性和有效性是极为有限的。

二、后冷战时期国际反恐治理的巩固与发展(冷战结束至"9·11"事件发生前)

随着以"基地"组织为典型代表的国际恐怖主义威胁日趋严峻,世界各国意识到加强反恐合作的必要与迫切,并在巩固已有国际反恐治理体系的基础上,协力反恐,进一步推动国际反恐治理在全球与地区层面的发展。

在全球层面,联合国安理会反恐作用逐步强化。首先,联合国安理会通过

---

① 杨洁勉等:《国际合作反恐——超越地缘政治的思考》,北京:时事出版社,2003年,第53—54页。

一系列反恐决议,提升反恐治理效能。冷战结束至 2001 年"9·11"事件发生前,联合国安理会通过了 11 项旨在谴责和制裁恐怖主义的相关决议,其中 1267 号(1999 年 10 月)、1333 号(2000 年 12 月)和 1363 号(2001 年 7 月)等决议明确要求阿富汗塔利班交出 1998 年 8 月造成 257 人死亡、5000 余人受伤的东非美国大使馆爆炸案肇事者本·拉登以对其进行法律制裁,并设立反恐治理相关监测机制和机构。其次,该时期联合国大会相继通过 14 项与恐怖主义相关的宣言和决议,其中聚焦"消除国际恐怖主义措施"这一主题就有 8 项。再次,联合国及其专门机构还制定并通过了 3 项反恐公约,这包括联合国原子能机构于 1991 年制定并通过的《关于在可塑炸药中添加识别剂以便侦测的公约》,以及联合国大会第六委员会分别于 1997 年、1999 年制定并通过的《制止恐怖主义爆炸事件的国际公约》(旨在针对恐怖主义爆炸事件,建立对爆炸装置的普遍管辖制度)与《制止向恐怖主义提供资助的国际公约》(围绕防止和制止为恐怖主义分子筹集经费、追究资助恐怖主义者相关责任以及互助合作方面提出了规范要求)。最后,联合国安理会还采取经济制裁的方式一定程度上提升了联合国反恐治理强制力。例如,在经历长达 7 年的联合国经济制裁后,利比亚政府于 1999 年 4 月向海牙国际法庭移交了参与制造 1988 年洛克比空难的两名利比亚籍嫌犯。

在区域层面,这一时期中东、中亚、南亚、非洲地区的反恐治理强度有着比较显著的提升。就中东地区而言,由于该地区恐怖活动日益肆虐,这一时期中东地区以阿拉伯国家联盟为主体的区域反恐治理进程得以积极推进。一是 1993 年初,埃及、沙特、阿尔及利亚、突尼斯四国就相关反恐情报交换和恐怖分子引渡问题达成初步协议,构建了以"开罗、利雅得、阿尔及尔、突尼斯"为主体的阿拉伯"反恐轴心";同时 16 个阿拉伯国家就"反对一切形式的恐怖主义、谴责支持恐怖主义的行为"发表了一致声明。二是 1996 年 3 月 13 日,14 个阿拉伯国家在内的约 30 个国家首脑或代表出席了在埃及召开的"和平缔造者国际首脑会议",就"全力支持中东和平进程,各方协作遏制国际恐怖活动,切断恐怖组织的财源,以及不向恐怖组织提供训练、设备和其他形式的支持"达成广泛共识。三是 1998 年 4 月阿拉伯国家联盟(简称阿盟)通过阿盟反恐协议,围绕恐怖主义界定、反恐行动细则制定,以及阿拉伯国家反恐合作中的罪犯引渡司法合作与涵盖财物查封和移交、证据交换等法规执行机制两方面的反恐合作事务明确了相关规范要求,为该地区有效开展阿拉伯国家间的反恐合作提供了制度框架。[1] 在此基础上,1999 年 1 月底,阿拉伯内政部长理事会通过了阿拉伯国家反恐一揽子计划。就中亚地区而言,以上海合作组织为代表,秉持"互信、互利、平等、协作"新安全观的新型区域组织逐步探索与实践兼顾安全与发展的反恐治理路径,为推进区域多边反恐治理提供了平等互助、多管齐下、标本兼治的新思路。[2] 1998 年 7 月,随着阿拉木图峰会的召开,作为上海合作组织的前身的"上海五国"机制得以正式确立,由此开启了中、俄与中亚国家围绕打击"三股势力"(恐怖主义、极端主义和分裂主义)展开的军事安全合作,并且五国安全执法部门成立了"比什凯克小组"反恐治理协调机构,为日后上海合作组织地区反恐治理机制的建立奠定了基础。2001 年 6 月,"上海五国"首脑共同签署《打击恐怖主义、分裂主义和极端主义上海公约》,奠定了五国联合打击"三股势力"法律基础。随着这一地区反恐治理规范的确立,"上海五国"机制也成功升级为以深化反恐治理领域合作为首要任务的上海合作组织这一新型的区域性反恐治理机构。该组织的"新"意主要体现为两个方面:一是上海合作组织孕育、发展起来的"互信、互利、平等、协作,尊重多样文明,谋求共同发展"的"上海精神";二是涵盖国家元首定期会晤、国家间反恐机

---

[1] 中国现代国际关系研究所反恐研究中心:《世界主要国家和地区反恐政策与措施》,北京:时事出版社,2002 年,第 397—414 页。
[2] 余建华、戴轶尘:《"9·11"前国际反恐合作的历史演进析论》,载《历史教学问题》,2011 年第 2 期,第 16 页。

构(包括国家安全、执法、情报、军事等部门)合作交流、反恐演习等多样务实的"上合实践",这一实践兼顾成员国反恐能力提升与五国基于共识的反恐合作行动意愿,从而为推进平等互助、多管齐下、标本兼治的区域反恐治理新思路提供了支持。就南亚地区而言,1995年5月,第八届南盟首脑会议在印度首都新德里召开,南盟各成员国首次提到共同打击恐怖主义活动,并达成了一系列共识,发表了《德里宣言》。为落实反恐协议,1995年在科伦坡成立了南盟恐怖犯罪监察机构,1996年成立了南盟警察事务合作会议(主要负责引渡、起诉涉嫌实施恐怖犯罪的行动)。1998年7月,第十届南盟首脑会议在斯里兰卡首都科伦坡召开,会议再一次重申了打击恐怖主义活动,并提出了打击毒品走私等相关问题,会议发表了《科伦坡宣言》。就非洲地区而言,早在1992年7月,非洲统一组织国家元首和政府首脑在达喀尔会议上通过了第213号决议,旨在加强非洲国家之间的反恐合作与协调。在阿富汗对苏联的战争之后,一些前圣战者返回了他们的原籍国,从而导致相关国家极端主义高涨,进而在阿尔及利亚、埃及和突尼斯引发了一系列恐怖主义事件。鉴于此,非洲统一组织于1999年通过《防止和打击恐怖主义公约》,呼吁会员国采取举措,防止其领土被用于向任何可能破坏稳定和通过使用暴力破坏会员国的领土完整。1994年6月,在突尼斯会议期间,国家元首和政府首脑会议通过了"非洲间关系行为准则宣言",明确提出"反对狂热和极端主义,无论其性质、起源和形式如何,特别是那些基于宗教的,认为它们不可接受,不利于促进非洲大陆的和平与安全"。国家元首和政府首脑会议第35届常会于1999年7月在阿尔及尔通过了《非统组织防止和打击恐怖主义公约》,呼吁会员国坚信在任何情况、起源、原因和目标下都不得为恐怖主义辩护。该公约首次载入关于恐怖主义行为的定义与组织成员国之间合作的规定(特别是关于恐怖组织及其资助网络的信息交流,并涵盖引渡、域外调查和法律援助等合作领域)。可以说,非洲统一组织首脑会议毫无保留地谴责恐怖主义的行为、方法和做法,并表示决心加强会员国之间的合作。

综上所述,这个阶段,随着国际恐怖主义的威胁的日益扩大,国际反恐治理日益成为国际社会共同关注与协力合作的安全领域,不仅在联合国层面上治理强度有所提升,而且在中东、中亚、南亚、非洲等反恐压力较大的地区进一步迸发出现区域性反恐治理合力,从而总体上延续了基于利益的国际组织反恐治理的这一主流逻辑,并取得了一定治理成效。

三、"9·11"事件以来国际反恐治理的深化与拓展

2001年发生在美国的"9·11"暴恐袭击事件是促使国际反恐治理体系走向深化与拓展的重要历史性节点。一方面,"9·11"事件使美国对国家安全战略进行了重大调整,开启了长达十多年之久(甚至一定程度上仍延续至今)的全球反恐战略实践,而由此形成的美国主导的国际反恐治理更是成为国际反恐治理中极具影响力的一条重要路径,不断发生演变至今。另一方面,"9·11"事件发生后,联合国在反恐观念、规范和制度上发生重大变化,加速制定反恐国际公约和决议,短短几年时间就通过了十余项联合国大会决议、安理会决议,为国际社会防范、打击恐怖主义提供了有力依据,并成立专门的反恐机构,制定全球反恐战略;与此同时,区域性反恐治理也在快速拓展,规模上已能覆盖全球。

(一) 美国主导下"基于权力的霸权治理"进程的演进

随着"9·11"事件彻底颠覆了美国的安全观与战略认知,美国全球反恐战略应运而生,[1]并由此开启了由美国引领和主导的、"基于权力的霸权治理"逻辑的国际反恐治理进程。美国通过议题主导、内法外溢(将国内立法作为国际

---

[1] Martha Crenshaw, "Terrorism, Strategies, and Grand Strategies," in Audrey Kurth Cronin and James M. Ludes, eds., *Attacking Terrorism: Elements of a Grand Strategy*, Washington, D. C.: Georgetown University Press, 2004, p. 81.

行动的依据)、行动组织、话语建构等路径手段主导的国际反恐活动,使得这一阶段的反恐国际治理大致经历了小布什政府时期以"反恐战争"为特征的硬性治理、奥巴马政府时期以"综合反恐"为特征的柔性治理以及特朗普政府时期以"实用反恐"为特征的治理。

2001年"9·11"事件后,美国小布什政府通过对反恐目标与手段的国际反恐议题的设置与操纵,主导着"国际反恐联盟"于2001年10月7日及2003年3月20日在阿富汗、伊拉克先后发动了两场反恐战争,彰显了其"操纵议题、倚重武力"的硬性反恐治理逻辑。一方面,美国小布什政府将以"9·11"事件罪魁祸首为代表的恐怖主义者界定为最高国家安全威胁,通过健全国内法[1]并利用其外溢效应为其主导国际反恐议题提供支撑,确立了"针对基地组织的阿富汗反恐战争"议题,进而又将议题调整为"先发制人"地打击美国所认定的"国家恐怖主义"。[2] 另一方面,美国小布什政府在反恐手段上强推"单边主义"武力反恐;[3]同时也遵循着美国的自由国际主义[4]战略方针,对所谓"失败国家"的能力建设方面提供了相关的军事和经济援助,试图以"民主改造"的方式从根本上消除恐怖主义。[5]

---

[1] 具体包括,2001年10月24日通过的《爱国者法》(其中第804条规定了美国可对境外的针对其国家安全的恐怖主义犯罪进行处置)、2002年通过的《美国国家安全法案》(据此设立国土安全部,明确允许国家在阻止国内外的恐怖主义时实施军事打击)、2002年通过的《授权对伊拉克使用武力决议案》(为美国对伊拉克动武提供国内法依据)、2015年修订的《美国法典》(新增第113B章第2332i节的条款,就核恐怖行为的情形、管辖以及量刑进行了相关规定,特别是明确了如果"禁止行为发生于美国领土之外,并且受害者或潜在受害者具有美国国籍,或是美国公司,或是合法实体,或侵害目标为美国国家或政府机构"时,美国同样具有管辖权)。

[2]《2002年1月29日布什总统向国会发表的国情咨文》,http://usinfo.org/USIA/usinfo.state.gov/regional/ea/mgck/archive02/0130bush.htm。

[3] The White House, "President Delivers State of the Union Address," January 29, 2002, https://georgewbush-whitehouse.archives.gov/news/releases/2002/01/20020129-11.html.

[4] 所谓"自由国际主义"(亦称自由霸权)是二战后美国大战略的一种思想传统,其战略目标是推广民主制度和市场经济以及建立美国的领导地位。参见王栋、尹承志:《自由国际主义的兴衰与美国大战略》,载《外交评论》,2015年第1期,第87—112页。

[5] "US Aid form the American People," https://explorer.usaid.gov/aid-trends.html.

第七章 消除全球政治毒瘤：国际反恐合作与反恐机制构建

奥巴马上台后，美国政府制定了"'阿富汗-巴基斯坦'反恐新战略"，着眼"破坏、瓦解和击溃"阿巴地区的"基地"组织，倡导武力反恐的慎用以及依靠联盟分担与当地伙伴支撑而进行"反叛乱"行动，引领着美国主导下的国际反恐治理向着更为务实地打击"暴力极端主义"与促进民主以消除恐怖分子利用的潜在条件[①]的方向转变。[②] 同时，在反恐治理手段上，美国奥巴马政府更注重军事手段的慎用与巧用，以及对多边框架的倚重。一方面着眼负面安全影响最小化与反恐性价比最大化，强调运用无人机和特种部队进行精确反恐，以及出台了一系列法律以规范打击恐怖分子的原则、程序和操作标准，采取一系列诸如增加执法的透明度、关闭关塔那摩、减少虐囚等保障的做法。另一方面，积极借助联合国、北约、非洲联盟、阿拉伯地区盟友的支持，特别是更多以北约框架为主体展开具体的反恐行动；改善与伊斯兰国家的关系，大力推进巴以和谈；建立美巴阿三方对话机制，在联合国框架内建立阿巴事务联络小组。

自特朗普上台以来，虽然恐怖主义威胁仍在肆虐，但美国政府实际上并没有延续自"9·11"事件以来历届美国政府将恐怖主义视为首要安全威胁的认知，而是首次将"大国竞争"列为首要安全关切，使得在其任期内的反恐政策呈现出以"美国优先"为特征的实用主义新趋向。具体而言，一方面，该阶段的美国主导的反恐治理不再遵循"自由国际主义"逻辑，而是转向了以经济民族主义、绝对的国土安全、无道德束缚的交易主义以及强大而超脱的军事主义为支撑的"美国优先"方针。[③] 例如，2018年美国《国家反恐战略》就明确表示"尽管

[①] 美国2006年的《国家反恐战略》指出，恐怖主义并非完全是贫穷、美国的伊拉克政策、巴以问题和反恐行动的结果，而是来源于政治疏离、归咎于他者的不满、阴谋和错误信息的亚文化及为谋杀证明的意识形态。有效民主恰恰能应对以上四种原因，消除恐怖分子利用的潜在条件。参见 The White House, National Strategy for Combating Terrorism(2006), pp. 9 – 11.

[②] The White House, "A New Strategy for Afghanistan and Pakistan," March 27, 2009, https://obamawhitehouse. archives. gov/the-press-office/remarks-president-a-new-strategy-afghanistan-and-pakistan.

[③] Colin Kahl and Hal Brands, "Trump's Grand Strategic Train Wreck," *Foreign Policy*, Vol. 31, 2017.

美国将继续领导及为打击恐怖主义的伙伴提供支持,但美国并不对全球反恐行动负首要责任"[①],彰显了赤裸裸的唯美国利益论。在此逻辑下,美国不再追求根除恐怖主义的目标,而是着眼处理反恐遗产和防止全球反恐形势继续恶化。[②] 另一方面,在反恐治理手段上,特朗普的短视交易(非战略性)与极端工具主义(无视道德)的反恐举措使得美国主导的反恐治理具有浓厚的实用主义倾向。一是美国特朗普政府的缩减反恐规模、调整反恐重心以及减少反恐行动资金支持的种种举措削弱了旨在打击"伊斯兰国""基地"组织等恐怖主义组织的反恐治理力量。[③] 二是美国特朗普政府较为激进的言论与打击手段为反恐治理带来较大的负面影响,甚至一定程度上造成了新的恐怖主义威胁滋长隐患。一方面,特朗普颁布了一系列"禁穆令"法案,以及通过国土安全部加强对海外人员入境的审查,从而一定程度上加剧了国内及国际上对穆斯林群体和少数族群的针对与歧视。另一方面,特朗普对多边机制的参与采取实用主义交易性态度:对于非美国主导、投入大、收益低的多边机制,采取退出或削减投入的方式,例如减少联合国反恐经费缴纳、削减联合国维和经费份额、退出联合国人权理事会等;对于美国主导的、需长期进行反恐投入却无法完全脱身的多边机制,特朗普则试图借助其他国家和组织减轻自身负担,例如要求北约增加反恐行动经费,以及建立由中东国家主要负责的"打击恐怖主义融资中心"和"全球打击极端主义意识形态中心"等。

(二)联合国反恐治理的深化发展

"9·11"事件后,联合国反恐治理在反恐形势不断演进中得以深化发展,并集中体现为安理会反恐治理职能不断加强与联合国大会秘书处反恐作用的

---

① The White House, *National Strategy for Counterterrorism* (2018), p. 11.
② The White House, *National Strategy for Counterterrorism* (2018), p. 5.
③ "Counterterrorism Spending: Protecting America while Promoting Efficiencies and Accountability," The Stimson Center, May 2018, p. 13.

第七章 消除全球政治毒瘤：国际反恐合作与反恐机制构建

提升两个方面。

安理会反恐治理方面，其通过对所有成员国都具有强制约束力的反恐决议实施反恐治理，集中体现为相关反恐决议推动下反恐怖主义委员会（简称反恐委员会）及其执行局、相关制裁委员会、不扩散委员会等三大机构的设立及其职能完善。其一，2001年9月28日安理会通过第1373（2001）号决议，成立反恐委员会，致力于加强与提升联合国成员国打击与预防恐怖主义的能力。[1] 2004年3月26日，依据安理会第1535号决议，反恐委员会下设反恐怖主义执行局（简称反恐执行局），主要负责监测决议执行（同会员国进行对话、评估安理会第1373号决议执行情况）、协助提供援助（向反恐能力较弱的会员国提供反恐技术援助）与促进反恐合作（促进与国际、区域和次区域组织的密切合作及协调）等三个方面，[2] 以促进反恐委员会在反恐国际治理中发挥更为积极主动的作用。其二，自"9·11"事件发生以来，安理会通过不断设立与反恐治理相关的制裁委员会，[3] 以有效推进相关反恐制裁决议的管理、监督和执行。反恐治理相关的制裁委员会包括：伊黎伊斯兰国（达伊沙）和基地组织制裁委员会、1988制裁委员会、伊拉克与科威特制裁委员会、1636制裁委员会、利比亚制裁委员会、2140制裁委员会、马里制裁委员会等。其三，2004年4月28日，安理会第1540（2004）号决议设立不扩散委员会（1540委员会），以应对核武器、化学武器和生物武器及其运载工具的扩散对国际和平与安全构成威胁，特别是防止恐怖分子获得大规模杀伤性武器。2007年，该委员会和联合国裁军武器办公室与国际原子能机构和禁止化学武器组织协作制定了关于传播最

---

[1] 《反恐怖主义委员会执行局（反恐执行局）》，https://www.un.org/chinese/aboutun/prinorgs/sc/committees/1373/mandate.html。

[2] 《联合国呼吁全球打击反恐怖主义》，https://www.un.org/chinese/aboutun/prinorgs/sc/committees/1373/Almaty.htm。

[3] 根据《联合国宪章》第七章第四十一条规定，安理会可以通过设立制裁制度来强制执行相关安理会决议（可以采取一系列可供选择的不涉及使用武力的强制措施以维持或恢复国际和平及安全）。

佳做法和促进技术援助的合作措施,并针对非国家行为体,统筹现有核武器扩散问题和军备控制问题。①

就联合国秘书处而言,相关反恐国际治理作用的发挥主要依托反恐怖主义办公室(简称反恐办)及其两个直属单位——反恐怖主义中心(简称反恐中心)、反恐契约协调委员会(Counter-Terrorism Compact Coordination Committee)。其一,2017年6月15日,联合国依据秘书长安东尼奥·古特雷斯提交的关于联合国协助会员国执行《联合国全球反恐战略》的能力的报告(A/71/858)中推动反恐机构改革的建议,通过第71/291号决议设立反恐办,以落实《联合国全球反恐战略》(A/RES/60/288),进一步协调和加强联合国各会员国在打击恐怖主义方面的努力。其二,2011年9月联合国在原反恐执行工作队②下设立反恐中心,并于2017年6月15日与原反恐执行工作队办公室一起并入反恐办公室,成为反恐办公室下平行的直属机构,以更好地完成其三大职能任务③。其三,2018年12月6日,根据联合国《全球反恐协调契约》(简称《反恐契约》)④设立反恐契约协调委员会,通过其下设的8个"反恐契约工作组"就《联合国全球反恐战略》相关执行工作向机构间工作组提供监督和战略层面的指导(2019年7月27日通过了其第一份2019年至2020年联合工作方案),同时通过工作组内的定期合作和信息交流、联合调动资源以及制定并实施联

---

① 王逸群:《联合国对当代中东恐怖主义的治理研究》,西北大学硕士学位论文,2019年6月,第50页。

② 2018年,反恐执行工作队的协调安排由联合国全球反恐协调契约取代。

③ 反恐中心主要三大任务:一是旨在通过制订国家和区域反恐战略执行计划,以全面综合的方式加强该战略支柱的实施;二是开展旨在促进国际反恐合作的活动,并推动各国、区域和国际反恐怖主义中心和组织之间的协作;三是通过与反恐执行工作队各工作组进行协作,联合国反恐中心在进行会员国的能力建设以加强其反恐能力方面发挥了关键作用。详见反恐办公室:"反恐中心-方案和项目",https://www.un.org/counterterrorism/zh/cct/programme-projects。

④ 2018年2月23日,联合国秘书长与36个联合国实体以及国际刑警组织和世界海关组织的负责人签署了作为商定框架的《全球反恐协调契约》(截至2019年8月,该契约汇集了作为成员或观察员的43个实体)。参见反恐办公室:"全球反恐协调契约-协调与连贯",https://www.un.org/counterterrorism/zh/global-ct-compact。

合方案和项目等举措,加强联合国反恐治理在《反恐契约》框架下的协调一致。

(三) 区域性反恐治理的发展

进入21世纪,随着反恐形势的发展演变,欧洲、非洲、亚洲等区域层面的反恐治理也与时俱进,在规范构建与制度建设方面,不断拓展与深化。

欧洲方面,欧盟通过迭代更新反恐治理规范与不断完善相关治理机构,积极推进该地区层面的反恐国际治理。反恐治理规范更新方面,欧盟以恐怖主义危机事件为牵引,应对式地推动相关治理进程。"9·11"事件发生后,欧盟立即成立了一支反恐特遣部队来评估本土恐袭威胁,同时增加警察组织内部的反恐人员和预算。2002年6月,欧洲理事会在《打击恐怖主义的框架决定》中首次明确了"恐怖主义犯罪"的定义,随后在2003年12月出台的《欧洲安全战略》中将恐怖主义列为欧盟的三大战略威胁之一。2004年1月,欧盟15国推出恐怖组织"黑名单"和《欧洲逮捕令》,并在马德里"3·11"爆炸案后又推出一揽子反恐措施(涵盖设置"欧盟反恐协调员";将欧盟和其他国家的经济合作与反恐合作挂钩;加强国家间情报警务合作、边界控制,建立欧洲恐怖犯罪嫌疑人数据库等)。2005年法国重大恐袭发生后,欧盟推出了具有里程碑意义的《欧盟反恐战略》,明确了反恐的理念、原则及方向。2010年,欧盟发布了第一份《内部安全战略》及其行动计划,旨在在充分尊重隐私权和个人数据保护的基础上,通过联盟共同行动去解决包括网络恐怖主义在内的相关安全威胁。[1] 2020年12月,欧盟委员会通过了新的反恐议程,为欧盟制定了在欧盟层面打击恐怖主义行动的前进方向,提出预测(识别漏洞,在最需要的地方建设能力)、预防(在各个层面解决极端化问题)、保护(加强外部边界,阻止恐怖分子采取行动)和应对(尽量减少影响,允许起诉,增加对受害者的支持)等四

---

[1] 周秋君:《全球化背景下欧盟反恐政策的发展及其启示》,载《情报杂志》,2020年第1期。

大反恐与去极端化方针。① 反恐治理机构完善方面：一方面欧盟将原反恐专家委员会(CODEXTER)升级为反恐委员会(CDCT)，负责协调欧洲委员会层面政府间机构的反恐行动②；另一方面，2016年，欧盟在欧洲刑警组织下设欧洲反恐中心(ECTC)，负责对欧盟成员国提供业务支持、外籍恐怖分子流窜治理、反恐怖主义融资、反恐情报共享、网络恐怖主义治理、反恐国际合作等。③

非洲方面，相关反恐治理主要是依托非洲联盟(简称非盟)以及萨赫勒五国集团(G5 Sahel)次区域组织开展。非盟方面，2002年7月非盟通过了《关于建立非洲联盟和平与安全理事会的议定书》，责成新成立的和平与安全理事会(PSC)，以协调非洲大陆预防和打击国际恐怖主义的努力以及确保执行包括《非统组织防止和打击恐怖主义公约》在内的相关国际公约和文书。同年9月，非洲联盟通过"预防和打击恐怖主义行动计划"，进一步细化了PSC在反恐治理方面的职责，并于2004年7月通过"非统组织预防和打击恐怖主义公约议定书"，完善了PSC在协调大陆反恐方面的职能。④ 此外，为了进一步加强大陆反恐合作，2004年10月，非盟成立了非洲恐怖主义研究中心(ACSRT)，以开展一系列研究、分析、知识管理和能力建设活动，从而加强非盟在预防和打击非洲恐怖主义方面的专业能力。⑤ 2010年，非盟还通过了"关

---

① European Commission, "Counter terrorism and radicalisation," https://ec.europa.eu/home-affairs/what-we-do/policies/counter-terrorism_en.

② 2018年和2019年，CDCT主要优先事项是：制定欧洲委员会2018—2022年反恐战略；审查在2005年华沙公约中同意"恐怖主义"的泛欧法律定义的可行性；解决外国恐怖主义战斗人员和返回者的现象；应对恐怖分子使用和滥用互联网；应对恐怖主义与有组织犯罪相互勾连[将与欧洲犯罪问题委员会(CDPC)合作解决]。相关内容参见"Council of Europe Committee on Counter-Terrorism (CDCT)," https://www.coe.int/en/web/counter-terrorism/cdct.

③ "EUROPEAN COUNTER TERRORISM CENTRE – ECTC," https://www.europol.europa.eu/about-europol/european-counter-terrorism-centre-ectc.

④ 相关协调职能包括：一是建立信息收集、处理和传播的操作程序；二是建立机制，促进缔约国之间就恐怖主义行为和恐怖团体活动的模式和趋势以及打击恐怖主义的成功做法交流信息；三是与国家、区域和国际恐怖主义问题协调中心建立信息网络。

⑤ "African Centre for the Study and Research on Terrorism-ACSRT/CAERT," https://caert.org.dz/3389-2/.

于预防和打击恐怖主义的决定",进一步强化了非洲地区反恐治理合作的共识与举措。萨赫勒五国集团(G5 Sahel)方面,2014年2月,马里、毛里塔尼亚、布基纳法索、尼日尔和乍得五国共同成立了该次区域安全组织,旨在通过合作,在各成员国边境地区协调配合,采取一致的政策,应对该地区的安全与发展问题。2017年2月,萨赫勒五国集团决定成立一支5000人的联合部队。同年7月,五国领导人在马里首都巴马科举行会晤,正式启动联合部队。[1] 需要指出的是,由于萨赫勒五国经济实力较弱、军备水平较低,自成立以来更多是依靠外部援助来维持其反恐治理运作。首先,法国作为萨赫勒五国集团的重要反恐合作伙伴,出于维持在非洲的影响力与防止难民问题以及恐怖主义渗透欧洲国家的考虑,一直积极参与萨赫勒地区的反恐行动,并且在国际社会上积极斡旋,为萨赫勒五国反恐部队筹集资金。例如:联合反恐部队4.23亿欧元的启动预算资金中,萨赫勒五国各出资1000万欧元、欧盟提供5000万欧元,法国则提供价值约800万欧元的70辆作战车辆及单兵通信装备;其后美国也于2017年11月宣布向联合反恐部队提供6000万美元资助;最后,沙特阿拉伯也响应了欧洲和西非国家领导人在巴黎会议上关于"加大对非洲萨赫勒地区联合反恐部队的支持力度"的呼吁,于同年12月表示其支持的伊斯兰反恐军事联盟将为非洲萨赫勒地区联合反恐部队提供后勤保障、情报和培训等服务。[2]

亚洲方面,该地区层面的反恐治理主要依托上海合作组织与南亚区域合作联盟来开展。进入21世纪,作为区域反恐治理平台的上海合作组织也进入了机制化扩展建设的快车道。第一,上合组织通过一系列宣言、宪章、协定、构

---

[1] 徐晓蕾:《中国代表呼吁继续支持萨赫勒五国集团联合部队》,新华网,2018年11月16日,http://www.xinhuanet.com/mil/2018-11/16/c_129996146.htm。
[2] 王战涛:《马克龙:为美国援助萨赫勒五国反恐感到欣慰》,环球网,2017年11月2日,https://world.huanqiu.com/article/9CaKrnK5CNR。

想来不断凝聚反恐治理共识,牵引反恐治理合作。[①]"9·11"事件后当年的9月14日,上合组织成员国政府首脑在阿斯塔纳举行第一次会晤并发表联合声明,表明上海合作组织在谴责恐怖主义、支持国际反恐合作上的坚定立场。2002年6月的圣彼得堡峰会正式签署了《上海合作组织宪章》,进一步明确了致力于打击"三股势力"的职能。第二,上合组织通过设立专门反恐机构,强化区域反恐治理协作。2002年上合组织签署《上海合作组织成员国关于地区反恐怖机构的协定》,在吉尔吉斯斯坦首都比什凯克设置地区反恐怖机构,并发表《上海合作组织五国执法部门领导人反恐声明》,进一步深化地区反恐协作。2003年,为优化上合组织在中亚地区的反恐力量配置和协作,地区反恐怖机构总部由比什凯克迁至塔什干。第三,上合组织还通过具体的反恐合作实践,推动地区反恐治理走向务实。2005年8月,中国与俄罗斯两国军队各兵种共同参与了首次代号"和平使命"的上海合作组织联合反恐演习;2006年,中国和哈萨克斯坦两国执法机构共同参与了代号为"天山"的首次联合反恐演习;同年,上海合作组织国防部长会议通过了第二年继续举行"和平使命"联合反恐军事演习的决定。2008年,杜尚别峰会通过《上海合作组织成员国组织和举行联合反恐演习的程序协定》,对各成员国在上海合作组织框架下共同举行联合反恐演习的目的和任务等各方面的相关细节进行了明确、详细的规定,上合组织框架下的联合反恐演习活动得到机制化开展。2011年,上海合作组织成立十周年举行的阿斯塔纳峰会发表了《上海合作组织十周年阿斯塔纳宣言》,指出"打击恐怖主义、分裂主义、极端主义仍是上合组织在安全领域的主要优先方向,上合组织成员国严厉谴责一切形式的三股势力,将继续共同落实《打击恐怖主义、分裂主义和极端主义上海公约》和《上海合作组织反恐怖主义

[①] 关于上合组织反恐的宣言与法律文件颁布情况参见《附录4:上海合作组织关于反恐的宣言与法律文件(2001—2020年)》。

公约》的规定",明确了上合组织在安全领域深入合作的方向和任务。2017年6月,上合组织决定吸收观察员印度与巴基斯坦为正式成员国,完成首次扩员,进一步推动上合组织地区联动反恐合作机制发展完善。南亚区域方面,1985年12月依据《南亚区域合作宣言》和《南亚区域合作联盟宪章》成立的南亚区域合作联盟依据《南盟打击恐怖主义地区协定》,经过近30年的发展,一方面相继建立起南盟恐怖犯罪监察机构、南盟毒品犯罪监察机构等合作机制,使南盟反恐一体化进程不断深化,另一方面还不断吸纳其他国家,扩展影响面,从1985年成立之初的孟加拉国、不丹、印度、马尔代夫、尼泊尔、巴基斯坦、斯里兰卡7国扩展至如今的8个成员国与9个"观察员"国。[①] 此外,2008年,南盟通过了涉及反恐、消除贫困、能源和环境保护等多项内容的《科伦坡宣言》,并专门就打击宗教极端主义、分裂主义与恐怖主义问题制定了《南盟司法互助协定》等协定,为南亚国家开展打击"三股势力"提供了法律与制度框架。2009年3月24日,阿富汗、巴基斯坦和伊朗三国在阿富汗首都召开了反恐合作会议,并就加强反恐合作协调了步伐,使得这一地区的反恐合作迈上了新的台阶。

(四)国际反恐多方治理平台涌现

随着国际恐怖主义浪潮及其各阶段的发展演变,国际反恐治理也大致相应经历了三个发展阶段,即20世纪60年代至冷战末,由美苏冷战博弈背景下意识形态型(极左和极右)与民族、宗教极端主义型国际恐怖主义威胁催动的,以"联合国全球反恐治理为主体、区域多边(双边)反恐治理为补充"的复合国际反恐治理体系初步构建为特征的国际反恐治理发展成形期;冷战结束后的20世纪90年代,由以"基地"组织为主要代表的伊斯兰宗教极端暴恐威胁催动,以复合国际反恐治理体系深化发展为特征的国际反恐治理巩固发展期;21

---

① 2005年11月阿富汗加入。"观察员"有9个,包括中国、日本、韩国、缅甸、美国、欧盟、澳大利亚、伊朗、毛里求斯,其中国于2005年成为"观察员"。

世纪"9·11"事件发生起至今,由当代以伊斯兰极端主义暴恐为主的日益多元化的恐怖主义威胁催动,以"复合国际反恐治理体系深入发展为主体、国际反恐治理NGO进程为补充"的多层次国际反恐治理体系为特征的国际恐怖治理深化拓展期。从治理逻辑来看,基于利益的国际组织治理模式贯穿于整个反恐国际治理的全过程,并总体上发挥着主要的作用,但进入21世纪后,在"9·11"事件的影响下,美国主导的"基于权力的霸权治理"模式一定程度上主导了21世纪的头十年反恐治理进程,而随着美国反恐战略的调整与相关力量收缩,以及技术、社会发展对反恐治理提出了更高的专业要求,以联合国为主的"基于利益的国际组织治理"在21世纪第二个十年再次发挥主体性作用。

第三节 当前国际反恐的类型与现状

根据现实主义、自由主义与建构主义等三大国际关系理论范式,反恐国际治理以权力、利益、知识三个维度的驱动要素为依据,大致可分为基于权力的霸权式反恐治理、基于利益的国际组织反恐治理、基于知识的混合型反恐治理三种国际治理类型。[①] 需要指出的是,各自以三种要素为驱动的反恐治理模式并非排他性地只受单一要素的影响与作用,而是三种要素共同作用下的一种要素起主导作用。换言之,三种类型的国际反恐治理均包含权力、利益、知识等要素,只是各类型的主导性要素不同。

一、基于权力的霸权式反恐治理

所谓基于权力的霸权式反恐治理,是国家基于自身霸权实力及由此衍生

---

① 曾向红:《恐怖主义的全球治理:机制及其评估》,载《中国社会科学》,2017年第12期,第181页。

出的强制性权力(coercive power)、制度性权力(institutional power)、结构性权力(structural power)、生产性权力(productive power),主导双边与多边行动以打击国际恐怖主义的治理活动。① 在现实中,这种霸权治理集中表现为自"9·11"事件以来美国通过议题主导、内法外溢(将国内立法作为国际行动的依据)、行动组织、话语建构等路径手段主导的国际反恐活动。

首先,美国以"战争"为手段的全球反恐战略及其实践催生了美国主导下基于"反恐战争"的国际反恐治理议程。"9·11"事件发生后,美国发动了针对基地组织的阿富汗反恐战争,初步使国际反恐治理成为一个重要且紧迫的议程。随着阿富汗反恐战争的阶段性胜利,美国小布什政府通过国家安全战略调整进一步主导着基于"战争手段"的国际反恐治理议程,由打击"基地"组织宗教恐怖主义转向"先发制人"地打击美国所认定的"国家恐怖主义",即美国将伊拉克、伊朗和朝鲜这三个寻求拥有大规模杀伤性武器的国家认定为"恐怖主义国家",打击它们就是打击恐怖主义。② 2002年9月20日颁布的美国《国家安全战略》进一步明确,美国国家安全的主要威胁是恐怖主义与大规模杀伤性武器的结合,为美国以战争为手段的"硬反恐"模式升级提供了支撑。随后美国发动了伊拉克战争,"先发制人"打击所谓"恐怖国家",以使其丧失获取大规模杀伤性武器和支持恐怖主义的能力,使得美国主导的国际反恐具有鲜明的霸权治理特征。

其次,美国霸权式反恐治理还体现在其通过健全国内法并利用其外溢效应为打击境外的恐怖主义提供支撑。第一,加强专门立法,为其国际反恐活动提供国内法依据。具体包括,2001年10月24日通过的《爱国者法》(其中第

---

① Michael Barnett and Raymond Duball, eds., *Power in Global Governance*, Cambridge University Press, 2005, p.12.
② 《2002年1月29日布什总统向国会发表的国情咨文》,http://usinfo.org/USIA/usinfo.state.gov/regional/ea/mgck/archive02/0130bush.htm。

804条规定了美国可对境外的针对其国家安全的恐怖主义犯罪进行处置)、2002年通过的《美国国家安全法案》(据此设立国土安全部,明确允许国家在阻止国内外的恐怖主义时实施军事打击)、2002年通过的《授权对伊拉克使用武力决议案》(为美国对伊拉克动武提供国内法依据)。第二,修订《美国法典》,以适应反恐需要。例如,2015年美国新增第113B章第2332i节条款,就核恐怖行为的情形、管辖以及量刑进行了相关规定,特别是明确了如果"禁止行为(核恐怖行为)发生于美国领土之外,并且受害者或潜在受害者具有美国国籍,或是美国公司,或是合法实体,或侵害目标为美国国家或政府机构"[①]时,美国同样具有管辖权。第三,制定相关战略规划,引领、支持国际反恐行动。一是制定国家反恐战略,为国际反恐提供指导。美国分别于2011年和2018年制定了国家反恐战略。特别是2018年《美国国家反恐战略》将反恐战略手段进一步扩大,具体涵盖海外军事与情报行动、国内外执法行动、外交以及金融措施等手段。[②] 二是制定地区性反恐战略,聚焦国际反恐重点区域。2009年3月,奥巴马制定了"'阿富汗-巴基斯坦'反恐新战略",旨在通过"破坏、瓦解和击溃"阿巴地区的"基地"组织,改善该地区安全形势,确保美国和国际社会的安全。2017年8月21日,美国特朗普政府出台"阿富汗反恐新战略",旨在通过适时增兵(增派4000人)与扩大前线作战权限,进一步打击恐怖势力,进而改善阿富汗安全局势。[③] 三是制定相关行动计划,针对性应对特定恐怖主义组织。2017年1月,美国特朗普政府制定了《击败伊拉克和叙利亚境内的"伊斯兰国"计划》,围绕"伊斯兰国""基地"组织以及其他极端组织提出

[①] Office of the Law Revision Counsel, *United State Code*, http://uscode.house.gov/.
[②] The White House, National Strategy for Counterterrorism of the United States of America, Oct. 1, 2018, http://www.dni.gov/index.php/feature/2621.
[③] "Trump to Announce New Strategy and Probably More Troops for Afghanistan," Aug. 20, 2017, https://www.latimes.com/world/afghanistan-pakistan/la-fg-trump-afghanistan-20170820-story.html.

第七章 消除全球政治毒瘤：国际反恐合作与反恐机制构建

针对性应对计划。[1]

再次,美国依托其霸权实力与国际主导性地位,在基于"战争"手段的反恐治理进程中起到了挑大梁的作用,并得到了一定程度的支持。一方面,美国积极争取世界更多的国家成为其"国际反恐联盟"的成员,并以盟军的名义出兵打击恐怖主义。2001年底,"国际反恐联盟"的支持度达到顶峰时,包括中、俄、英、法、德等国在内的100多个国家表示支持国际反恐斗争;此外,一些国家还同美国签订反恐合作协议,交换情报,相互提供支援。2003年,美国在没有得到联合国授权的情况下,对伊拉克发动"先发制人"战争。这使美国"单边主义"强势反恐逻辑支配下的"反恐"行径,遭到中、俄、法、德、阿拉伯国家联盟、不结盟运动等众多国家及国际组织的批评与谴责。美国霸权治理下的"国际反恐联盟"的成员虽然因此大幅缩水,但仍有49个国家支持美主导的单边主义反恐行动;美国、英国、澳大利亚和波兰派兵参加了地面战,丹麦政府对伊拉克宣战,并派遣了两艘军舰支援美军;韩国、日本、意大利、乌克兰等多个国家提供了后勤支援。随着"伊斯兰国"的崛起及其对国际安全的威胁日益严重,美国领导以反"伊斯兰国"为目标的"国际反恐联盟"的成员规模也由2017年年初的67个增加到同年年底的74个。[2] 这些都体现了美国在国际反恐霸权治理进程中享有的主导地位和行动能力。

最后,美国还通过战略传播手段为其主导的国际反恐治理进程提供"反恐话语权"支持。正如加里·雅各布森所评论的那样,"伊拉克战争是建立在言辞之上,而不是证据之上"[3]。"9·11"事件后,美国不仅主导着战争模式的反

---

[1] "Trump Executive Memorandum on Plan to Defeat Islamic State," January 28, 2017, https://www.voanews.com/archive/trump-executive-memorandum-plan-defeat-islamic-state.

[2] "Defeat-ISIS Coalition Reflects on 2017, Looks Forward to 2018," Jan. 1, 2018, https://www.defense.gov/News/article/article/1406615/defeat-isis-colition-reflects-on-2017-looks-forward-to-2018/.

[3] 刘志勇：《美国跨境反恐评述与启示》,载《中国人民公安大学学报(社会科学版)》,2019年第4期,第25页。

恐治理活动,而且还致力于"在全球范围内,打赢思想战"。[①] 2003年1月,白宫设立了负责协调战略传播工作的全球传播办公室,加强反恐战争的战略宣传。一方面,为塑造美国阿富汗战争的"正义性",消除当地人的敌意并争取其支持,美国于2010年制定并实施了"温和的伊斯兰之声"计划,为反恐部队的正义形象塑造提供了有效支撑。另一方面,美国将维护"人类文明"与反恐战争挂钩,以联合更多的国家支持和参与美国所倡导的全球反恐联盟提供话语支持。[②]

综上所述,美国主导的国际反恐治理以战争手段反恐为特征,从结果看有一定的凝聚国际反恐合力、高效打击恐怖主义的积极方面。但是,美国"借反恐之名,谋霸权之实"的不纯动机、在反恐治理进程中奉行双重标准,以及采取单边行动的做法又在不断削弱霸权治理的合法性,也显露出轻视对恐怖主义社会基础的治理、激化地区及国际矛盾等严重弊端。

二、基于利益的国际组织反恐治理

尽管国际组织在一定程度上受到国际关系中权力分配的影响,但一旦建立并且运行,它们往往具有独立性和自主性,而为其成员谋取利益是国际组织得以维系和发展的基础。从这个意义上说,国际组织主要是基于利益而形成的治理机制。在恐怖主义的全球治理中,国际组织的主要作用在于拟定涉及防范、打击恐怖主义的国际规范,成立国际反恐机构,督促和协调成员国落实相关反恐国际法律或规范等。由于这些内容构成了恐怖主义全球治理的实质内容,国际组织亦成为反恐治理的重要主体。当前,国际组织反恐治理大致可

[①] 刘志勇:《美国跨境反恐评述与启示》,载《中国人民公安大学学报(社会科学版)》,2019年第4期,第21页。

[②] The White House, "Security strategy of the United State of America," June 1, 2002, http://www.dni.gov/index.php/feature/2621.

以分为两个层面,即联合国全球反恐治理和区域性国际组织治理。

(一) 联合国全球反恐治理机制

1. 联合国层面的反恐治理机构

根据《联合国宪章》,联合国下设有六大主要机关,即联合国大会、安全理事会、秘书处、经济及社会理事会、托管理事会、国际法院,其中负责恐怖主义问题的机构主要为联合国大会、安理会和秘书处。

第一,联合国大会作为联合国主要的审议、政策制定和代表机关,由联合国193个会员国组成,处于联合国中心位置,主要职能定位是就《联合国宪章》所涵盖的全部国际问题进行多边讨论的"多边谈判论坛",同时还在制定标准和编纂国际法进程中发挥着重要作用。根据《联合国宪章》,大会的主要职能包括:一是审议和核准联合国预算,并确定各会员国的财政摊款;二是选举安全理事会非常任理事国和联合国其他理事会和机关成员,并根据安全理事会的建议,任命秘书长;三是审议合作维护国际和平与安全,包括进行裁军的一般原则,并就此提出建议;四是讨论与国际和平与安全相关的任何问题,并就其提出建议(但涉及安全理事会正在商讨的争端或局势的情况除外);五是讨论《联合国宪章》范围内的问题或影响到联合国任何机关的权力和职责的问题,并就其提出建议;六是开展研究,提出建议,以促进国际政治合作、国际法的发展和编纂、人权和基本自由的实现,以及经济、社会、人道主义、文化、教育和健康领域的国际合作;七是就可能损害国家间友好关系的任何局势提出和平解决的建议;八是审议安全理事会和联合国其他机关的报告。[①] 依据其职能定位,联合国大会在反恐国际治理中发挥着就关于反恐议题进行讨论及建议(依据第四项职能)、就有关国际反恐合作促进进行研究与建议以及发展与编纂反恐国际法(依据第六项职能)、审议安全理事会和联合国其他机关涉及

---

① 联合国:"大会的职能和权力",https://www.un.org/zh/ga/about/background.shtml。

恐怖主义与反恐治理的报告（依据第八项职能）的治理职能。就程序而言，就所指定的重要问题进行决议需要大会193个会员国（各拥有一票）的三分之二多数票才能通过，而其他一般问题则以简单多数票决定。近年来，为提高"大会决定"达成的效率，大会往往采取"共识-决议"的简化模式，即就各种问题达成共识而不是以正式表决加以决定，而后主席在与各代表团咨商并达成一致之后，可提议不经表决通过一项决议。[①] 需要指出的是，经大会表决通过的反恐决议基于其广泛凝聚的共识基础是有着显著合法性与道德舆论号召力的，从而对国际行为准则的塑造起着促进作用，但对成员国没有实质约束力。

第二，作为肩负维护国际和平与安全首要责任的安理会依据《联合国宪章》赋予其的四项职能[②]，通过对所有成员国都具有强制约束力的反恐决议实施治理，相关主要机构包括反恐怖主义委员会（简称反恐委员会）及其执行局、相关制裁委员会、不扩散委员会。反恐委员会成立于2001年9月28日，成立依据是安理会第1373（2001）号决议。该委员会致力于加强与提升联合国成员国打击与预防恐怖主义的能力。[③] 依据安理会第1535号决议，反恐委员会在2004年3月26日设立反恐怖主义执行局（简称反恐执行局），负责监测决议执行（同会员国进行对话、评估安理会第1373号决议执行情况）、协助提供援助（协助向反恐能力较弱的会员国提供反恐技术援助）与促进反恐合作（促进与国际、区域和次区域组织的密切合作及协调）等三个方面的工作。[④] 制裁委员会是安理会根据《联合国宪章》第七章第四十一条规定确立的制裁组织机

---

① 联合国："大会的职能和权力"，https://www.un.org/zh/ga/about/background.shtml。
② 安理会四项职能为维持国际和平与安全，发展国家间友好关系，合作解决国际问题和促进对人权的尊重，协调各国行动。参见联合国安全理事会："职能与权力"，https://www.un.org/securitycouncil/zh/content/functions-powers。
③ 反恐怖主义委员会："反恐怖主义委员会执行局（反恐执行局）"，https://www.un.org/chinese/aboutun/prinorgs/sc/committees/1373/mandate.html。
④ 《联合国呼吁全球打击反恐怖主义》，https://www.un.org/chinese/aboutun/prinorgs/sc/committees/1373/Almaty.htm。

构,专门管理、监督和执行安理会制裁决议。目前,正在进行的制裁制度有14个,集中在支持政治解决冲突、核不扩散和反恐方面。每个制度由一个制裁委员会管理,委员会主席由一个安理会非常任理事国担任。其中,反恐治理相关的制裁委员会包括:伊黎伊斯兰国(达伊沙)和基地组织制裁委员会、1988制裁委员会、伊拉克与科威特制裁委员会、1636制裁委员会、利比亚制裁委员会、2140制裁委员会、马里制裁委员会,其相关反恐制裁情况见下表。不扩散委员会(1540委员会)成立于2004年4月28日,依据是安理会第1540(2004)号决议。该委员会旨在应对核武器、化学武器和生物武器及其运载工具的扩散对国际和平与安全构成威胁而成立的执行机构。就反恐治理而言,该委员会的作用在于防止恐怖分子获得大规模杀伤性武器。2007年,该委员会和联合国裁军武器办公室与国际原子能机构和禁止化学武器组织交换信函,正式制定了"关于传播最佳做法和促进技术援助的合作措施",并针对非国家行为体,围绕现有核武器扩散问题和军备控制,创造有利于反恐的国际环境。①

表7-1 联合国安理会与反恐治理相关的制裁委员会②

制裁委员会	依据	成立时间	制裁对象与措施
伊拉克与科威特制裁委员会	1518(2003)号决议	2003年11月24日	对第1483(2003)决议制裁实体名单内的个人和实体实施武器禁运、资产冻结
1636制裁委员会	1636(2005)号决议	2005年10月31日	对国际独立调查委员会或黎巴嫩政府指认涉嫌参与2005年2月14日贝鲁特恐怖爆炸事件的组织和个人实施禁止旅行、冻结资产

---

① 王逸群:《联合国对当代中东恐怖主义的治理研究》,西北大学硕士学位论文,2019年6月,第50页。
② 资料来源:作者自制。
注:详细内容可见 United Nations Security Council, "Subsidiary Organs of the United Nations Security Council," 8 January 2021, https://www.un.org/securitycouncil/sites/www.un.org.securitycouncil/files/subsidiary_organs_factsheets.pdf.

(续表)

制裁委员会	依据	成立时间	制裁对象与措施
1988制裁委员会	1988(2011)号决议	2011年6月17日	对与塔利班有关联并对阿富汗和平、稳定与安全构成威胁的个人、团体、企业和实体实施资产冻结、旅行禁令和武器禁运
利比亚制裁委员会	1970(2011)号决议	2011年2月26日	对1970(2011)号决议制裁实体名单内的个人和实体实施武器禁运、旅行禁令、资产冻结和业务限制
2140制裁委员会	2140(2014)号决议、2216(2015)号决议第20段	2014年2月26日	对委员会认定的威胁也门和平、安全或稳定的行为或支持这些行为(包括侵犯人权行为)的个人或实体实施资产冻结(直至2021年2月26日)、旅行禁令(直至2021年2月26日)、定向武器禁运
伊黎伊斯兰国(达伊沙)和基地组织制裁委员会	1267(1999)、1989(2011)、2253(2015)号决议	2015年12月17日(可追溯至1999年10月15日)	对所有伊黎伊斯兰国(达伊沙)和基地组织制裁名单上的个人和实体实施资产冻结、旅行禁令和武器禁运
马里制裁委员会	2374(2017)号决议	2017年9月5日	对委员会认定的威胁马里和平、安全或稳定的行为或支持这些行为(包括侵犯人权行为)的个人或实体实施旅行禁令、资产冻结

第三,作为辅助联合国秘书长处理联合国日常工作的机构,联合国秘书处在反恐国际治理方面日益发挥着重要作用。当前的相关治理机构主要是反恐怖主义办公室(简称"反恐办")及其两个直属单位——反恐怖主义中心(简称"反恐中心")、反恐契约协调委员会(Counter-Terrorism Compact Coordination Committee)。反恐办是联合国大会于2017年6月15日通过第71/291号决议设立的,其设立是联合国秘书长安东尼奥·古特雷斯提交关于联合国协助会员国执行《联合国全球反恐战略》的能力的报告(A/71/858)后进行的第一次重大机构改革。该机构的主要任务是落实《联合国全球反恐战略》(A/RES/60/288),以协调和加强联合国各会员国在打击恐怖主义方面的努力。

具体而言,在职能上,反恐办主要负责五个方面的工作:一是在整个联合国系统领导联合国大会交付秘书长的反恐任务;二是加强《全球反恐协调契约》各实体(38个反恐执行工作队实体)的协调一致性,以确保平衡实施《联合国全球反恐战略》四个支柱的相关举措;三是加强向会员国提供联合国反恐能力建设援助;四是提高联合国反恐工作的能见度、加强其宣传,为其推动资源调动;五是确保整个联合国系统对打击恐怖主义工作具备应有的重视,确保防止暴力极端主义以《联合国全球反恐战略》为基础开展。在组织上,反恐办由主管反恐事务的联合国副秘书长作为负责人(同时兼任联合国反恐中心执行主任和联合国全球反恐协调契约协调委员会主席),同时另设联合国反恐办公室主任负责机构管理(现由原联合国政治事务部政策规划副主任贾汗吉尔·汗博士担任),下设副秘书长办公室[1],联合国反恐怖主义中心(反恐中心),特别项目和创新处[2],政策、知识管理和协调处[3],战略规划和方案支助科[4],驻外

---

[1] 司长级的副秘书长帮办直接向副秘书长报告。由一名办公室主任负责的副秘书长办公室协助副秘书长履行职责,由三个科组成,分别负责:前台办公室业务和通信;捐助方关系和资源调动;上诉管理和与联合国反恐怖主义委员会执行局的协调。

[2] 特别项目和创新处由一名处长负责。该处负责:领导构思、制定和执行需要加强与其他《全球契约》实体和反恐中心的协调和伙伴关系的特别技术援助方案;发展该办公室的增援能力以更好地协助会员国;构建伙伴关系,包括与私营部门、学术界和其他公共部门组织的伙伴关系;与反恐中心密切合作,开发、设计和实施应用于查禁恐怖主义分子旅行,保护重要基础设施和软目标、体育、调查能力及议会参与等领域防止和打击恐怖主义的创新型和技术性解决方案。

[3] 政策、知识管理和协调处由一名处长负责。该处的核心职能包括:就国家/区域参与和主要专题问题提供战略反恐政策咨询和分析;按照大会和安全理事会的授权起草和协调编写秘书长关于反恐怖主义的报告;促进联合国系统反恐怖主义及防止和打击暴力极端主义的工作的协调和连贯性;发展和加强与会员国的关系以及与包括民间社会组织在内的国际、区域和次区域组织的伙伴关系;按照授权支持相关政府间进程,包括对《联合国全球反恐战略》进行两年期审查;支持反恐办重大政策活动的构思、规划和组织。

[4] 该科由一名科长领导,负责:反恐怖活动的长期战略规划;确定资源的优先顺序和分配;与联合国立法、管理和监督机构协调;拟订反恐办的经常预算方案和项目拟议预算;评估风险和制定减轻风险计划;监测和评价反恐办开展的及其授权开展的活动;依照联合国安全管理系统与安全和安保部协调反恐办的活动;向反恐办各组织单位提供人力资源服务;通过政策咨询促进权力下放的实施;支持副秘书长办公室确保对联合国细则和条例以及反恐办的标准作业程序、指令和指示的遵守。

联络处①等六个部门。② 在工作模式上,联合国大会通过《联合国全球反恐战略》两年期审查的决议,确定反恐办的优先事项。在外部关系上,反恐怖主义办公室与负责加强会员国防范和应对恐怖主义行为能力的安理会附属机构密切合作,其中包括反恐怖主义委员会、伊黎伊斯兰国(达伊沙)和基地组织制裁委员会以及不扩散委员会。反恐中心最早于 2011 年 9 月在原反恐执行工作队的基础上设立,③2012 年 4 月开始运行。该中心旨在促进国际反恐合作,并通过沙特阿拉伯政府的自愿捐款支持会员国执行全球反恐战略。④ 2017 年 6 月 15 日,反恐怖中心成为反恐办的直属机构。职能上,反恐中心主要有三大任务:一是旨在通过制订国家和区域反恐战略执行计划,以全面综合的方式加强该战略的实施;二是开展旨在促进国际反恐合作,推动各国、区域间反恐怖主义中心和组织之间的协作;三是通过与反恐执行工作队各工作组进行协作,推动会员国的反恐能力建设。2014 年 11 月 7 日,联合国秘书长在联合国反恐中心咨询委员会第九次会议上提出了关于联合国反恐中心未来作用的六大愿景⑤。

---

① 驻外联络处的职责是:使反恐办更接近地,并更好地了解成员国的相关需求;确保反恐办财政资源的可持续性和得到负责任的使用;更好地履行反恐办提供领导、加强联合国反恐怖主义工作的协调和提供在当地产生实际影响的能力建设援助的任务。依据工作侧重,驻外联络处主要两类:一是位于阿什哈巴德、曼谷、布达佩斯和努瓦克肖特等地的侧重于方案、项目支助的联络处;二是位于布鲁塞尔和达卡的侧重于发展伙伴关系等联络协调工作的联络处。
② 联合国反恐怖主义办公室:"办公室组织结构",https://www.un.org/counterterrorism/zh/office-structure。
③ 2018 年,反恐执行工作队的协调安排由联合国全球反恐协调契约取代。
④ 2014 年 8 月,沙特阿拉伯王国向联合国反恐中心捐款 1 亿美元。自反恐中心成立以来,已有 30 多个国家向该中心及其项目提供了财政支持。参见反恐办公室:"一个打击恐怖主义的国际中心",https://www.un.org/counterterrorism/zh/cct/background。
⑤ 反恐中心六大愿景:一是将中心建成在联合国其他机构未涵盖的问题上拥有学科知识专长的机构;二是为会员国和区域组织提供旨在实现《联合国全球反恐战略》四大支柱要求的能力建设,侧重于恐怖主义威胁特别严重的国家和地区(如阿富汗、肯尼亚、尼日利亚、萨赫勒地区、非洲之角、南亚和马格里布);三是采取战略方式利用资源对能力建设产生短期(快速影响)、中期和长期的影响;四是支助联合国国家工作队、联合国政治特派团和联合国维持和平行动,提供专家知识,以确保将反恐纳入秘书长三大主要优先事项的主流;五是通过共同资助能力建设项目,建立一个反恐激励机制;六是继续确保有效的方案和项目管理,包括通过确保根据适用的联合国规章制度管理捐款及融资。反恐办公室:"反恐中心的目标",https://www.un.org/counterterrorism/zh/cct/vision。

组织上,反恐中心由主管反恐事务的联合国副秘书长担任中心的执行主任,负责管理事务的反恐中心主任由反恐办公室主任兼任,下设咨询委员会(由21个会员国和作为客座成员的欧盟组成,沙特阿拉伯常驻联合国代表阿卜杜拉·叶海亚·穆阿利米大使现担任咨询委员会主席),就包括预算、方案和项目在内的中心工作方案向联合国反恐中心执行主任、反恐办公室副秘书长提供建议。具体工作上,该中心与伙伴会员国、联合国实体以及国际和区域组织一道,正在实施40个惠及71个会员国的侧重于在打击恐怖主义并防止助长暴力极端主义关键专题领域能力建设的方案和项目,具体包括外国恐怖主义作战人员、反恐怖主义及防止和打击暴力极端主义战略、边境安全、网络安全、大规模毁灭性武器/化生放核恐怖主义、南南合作、人权和恐怖主义受害者问题。[1] 反恐契约协调委员会是由联合国秘书长安东尼奥·古特雷斯于2018年12月6日启动的,主要负责根据联合国《全球反恐协调契约》(简称《反恐契约》)[2]设立的协调与执行框架,就《联合国全球反恐战略》相关执行工作向机构间工作组提供监督和战略层面的指导。该委员会由主管反恐事务副秘书长担任主席,通过其下设的8个"反恐契约工作组"开展具体工作。各"反恐契约工作组"由相关反恐契约实体[3]依据《联合国全球反恐战略》四大支柱的任务要求联合设立,通过工作组内的定期合作和信息交流、联合调动资源以及制定并实施联合方案和项目等举措,加强联合国的反恐工作。此外,联合国秘书处

---

[1] 反恐办公室:"反恐中心:方案和项目",https://www.un.org/counterterrorism/zh/cct/programme-projects。
[2] 2018年2月23日,联合国秘书长与36个联合国实体以及国际刑警组织和世界海关组织的负责人签署了作为商定框架的《全球反恐协调契约》(截至2019年8月,该契约汇集了作为成员或观察员的43个实体)。参见反恐办公室:"全球反恐协调契约-协调与连贯",https://www.un.org/counterterrorism/zh/global-ct-compact。
[3] 所谓"反恐契约实体"是指参与反恐协调工作的联合国相关业务和职能部门,例如国际刑警组织、反恐委员会执行局、联合国裁军事务厅、联合国妇女署等。

驻维也纳办事处的联合国毒品和犯罪问题办公室也担负着一定的法定反恐职能[①]，并在其条约事务司下设有专门的反恐机构——预防恐怖主义处，具体负责提供反恐法律咨询，协助各国政府批准和执行关于恐怖主义的各项国际法律文书，特别是协助加强相关的法律框架、机构能力和国际合作。[②]

表7-2 "反恐契约工作组"情况表[③]

《联合国全球反恐战略》依据	"工作组"序号及其任务	"工作组"构成
支柱一：消除有利于恐怖主义蔓延的条件	1. 防止和打击助长恐怖主义的暴力极端主义	主席：联合国反恐怖主义办公室 副主席：联合国不同文明联盟，联合国开发计划署，联合国教育、科学及文化组织
支柱二：防范和打击恐怖主义	2. 与反恐有关的边境管理和执法	主席：反恐怖主义委员会执行局 副主席：国际刑事警察组织、联合国毒品和犯罪问题办公室 联合主席：世界海关组织
	3. 新兴威胁和对关键基础设施的保护	主席：国际刑事警察组织 副主席：联合国裁军事务厅、联合国区域间犯罪和司法研究所、禁止化学武器组织
	4. 刑事司法、法律对策和打击资助恐怖主义	主席：联合国毒品和犯罪问题办公室 副主席：反恐怖主义委员会执行局、联合国反恐怖主义办公室
支柱三：建立各国防范和打击恐怖主义的能力以及加强联合国系统在这方面的作用	5. 资源调动、监测和评价	主席：联合国反恐怖主义办公室 共同主席：反恐怖主义委员会执行局、联合国毒品和犯罪问题办公室
	6. 国家和区域反恐战略	共同主席：联合国反恐怖主义办公室、反恐怖主义委员会执行局

---

① 联合国毒品和犯罪问题办公室与反恐治理相关的是：协助各国政府制定关于毒品、犯罪和反恐问题的国内法；通过具体技术合作项目，提高各成员国打击毒品、犯罪及恐怖主义的能力。参见外交部：《联合国毒品和犯罪问题办公室》，2021年3月，https://www.fmprc.gov.cn/web/wjb_673085/zzjg_673183/gjs_673893/gjzz_673897/lhgdp_674151/gk_674153/。

② 联合国维也纳办事处："联合国毒品和犯罪问题办公室-条约事务司"，https://www.unov.org/unov/zh/div_treatyaffairs.html。

③ 反恐办公室："全球反恐协调契约协调委员会和工作组"，https://www.un.org/counterterrorism/zh/global-ct-compact/coordination-committee-working-groups。

(续表)

《联合国全球反恐战略》依据	"工作组"序号及其任务	"工作组"构成
支柱四：确保尊重所有人的人权和实行法治作为反恐斗争根基	7. 在打击恐怖主义和支持恐怖主义受害者的同时促进和保护人权和法治	主席：联合国人权事务高级专员办事处 副主席：联合国反恐怖主义办公室
	8. 采取防恐和反恐性别敏感做法	主席：联合国妇女署 副主席：反恐怖主义委员会执行局

2. 联合国层面的反恐治理规范

联合国的反恐治理规范主要有与反恐治理相关的国际法律文书（公约和议定书）、安全理事会决议、联合国大会决议三类。

第一，反恐治理相关的国际法律文书是联合国及其专门机构制定，由缔约国共同缔结的、与防治和打击恐怖主义直接有关的多边公约和议定书[①]。自1963年起至今，联合国及其所属的专门机构共制定并通过了涵盖民用航空、海上航行、保护国际工作人员、劫持人质、核材料、爆炸材料、恐怖主义爆炸、核恐怖主义等8大治理领域的19项国际法律文书（19项文书情况见表7-3）。这些法律文书是在联合国及其专门机构的主持下制定的，对所有会员国开放加入，是全球打击恐怖主义法律制度的一个主要组成部分，也是国际反恐治理的重要框架与主要依据。

---

① 每项国际法律文书都规定了需要缔约国应对恐怖主义的具体种类和表现形式（包括通过将某些行为定为犯罪的义务），以及以此作为展开国际反恐合作的基础。

表 7-3 联合国预防与制止恐怖行为的国际法律文书①

治理领域	法律文书	主要内容
关于民用航空	1963 年《关于在航空器内的犯罪和某些其他行为的公约》	适用于影响空中安全的各种行为；授权航空器机长必要时对他或她有理由认为犯下或将要犯下此类行径的任何人采取包括控制在内的合理措施，以保护航空器安全；以及要求缔约国拘押犯罪者，恢复合法机长对航空器的控制。
	1970 年《关于制止非法劫持航空器的公约》	规定飞行中航空器内任何人"使用暴力或暴力威胁或任何其他形式恐吓非法劫持或控制该航空器行为"或此种企图为犯罪；要求《公约》各缔约方把劫持行为定为可受"严重刑罚"处罚的行为；要求拘押罪犯的缔约方引渡罪犯或对案件进行起诉；以及要求各缔约方在依本《公约》提起刑事诉讼方面互相协助。
	1971 年《关于制止危害民用航空安全的非法行动的公约》	规定任何人如果故意非法实施下述行为即为犯罪：对飞行中航空器内的人实施暴力行为，如该行为可能危及航空器的安全；在航空器中放置爆炸装置；企图犯此种罪行；或成为实施或企图实施此种罪行的人的共犯。《公约》要求缔约方将此种罪行定为可受"严重刑罚"处罚的行为；以及要求拘押罪犯的缔约方引渡罪犯或对案件进行起诉。
	1988 年《补充关于制止危害民用航空安全的非法行为的公约的制止在为国际民用航空服务的机场上的非法暴力行为的议定书》	延伸《蒙特利尔公约》的规定，使之包括服务国际民用航空的机场内的恐怖主义行为。
	2010 年《制止与国际民用航空有关的非法行为的公约》	规定利用民用航空器作为武器造成死亡、人身伤害或破坏的行为属犯罪；规定利用民用航空器释放生物武器、化学武器和核武器或类似物质造成死亡、人身伤害或破坏的行为，或使用此类物质攻击民用航空器的行为属犯罪；规定非法运输生物武器、化学武器和核武器或特定相关材料的行为属犯罪；对空中航行设施的网络攻击构成犯罪；当情况显示威胁可信时，威胁实施犯罪行为本身可构成犯罪；共谋实施犯罪行为或等效行为应受到处罚。

① 反恐怖主义办公室："资源-国际法律文书"，https://www.un.org/counterterrorism/zh/international-legal-instruments.

第七章 消除全球政治毒瘤:国际反恐合作与反恐机制构建

(续表)

治理领域	法律文书	主要内容
关于民用航空	2010年《制止非法劫持航空器公约的补充议定书》	补充《关于制止非法劫持航空器的公约》,扩大其范围以涵盖不同形式的劫持航空器行为,包括通过现代技术手段;纳入《北京公约》中关于威胁或共谋实施犯罪的条款。
	2014年《关于修订〈关于在航空器内的犯罪和某些其他行为的公约〉的议定书》	修订了"在航空器内的犯罪和某些其他行为"相关规定。
关于保护国际工作人员	1973年《关于防止和惩处侵害应受国际保护人员包括外交代表的罪行的公约》	把"受国际保护人员"定义为当他/她在外国境内时,有权受特殊保护的国家元首、外交部长、国家或国际组织的代表或官员及他/她的随行家属;以及要求各缔约方把下述行为定为刑事犯罪:国际谋杀、劫持或对受国际保护人员或其自由的其他攻击,对此类人员官方房舍、私人住所或交通工具的暴力攻击,威胁或企图进行此类攻击,以及"参与任何这类攻击的从犯"行为。并且这些罪行应"受到适当处罚,这种处罚应考虑到罪行的严重性"。
关于劫持人质	1979年《反对劫持人质国际公约》	规定"任何人如劫持或扣押并以杀死、伤害或继续扣押另一个人为威胁,以强迫第三方,即某个国家、某个国际政府间组织、某个自然人或法人或某一群人,做或不做某种行为,作为释放人质的明示或暗示条件,即为犯本公约意义范围内的劫持人质罪行。"
关于核材料	1980年《核材料实物保护公约》	把实施下列行为定为犯罪:非法持有、使用、转让或窃取核材料,以及威胁使用核材料,造成死亡、重伤或实质性财产损害。
	2005年《核材料实物保护公约修正案》	使《公约》对缔约国具备法律约束力,以保护国内使用、储存和运输的用于和平目的的核设施和材料;以及规定各缔约国应在快速检测方面扩大合作,以便定位和追回被盗或走私的核材料,减轻任何辐射后果或破坏行为,防止和打击相关犯罪行为。
关于海上航行	1988年《制止危及海上航行安全非法行为公约》	建立类似于国际航空制度的、适用于危及国际海上航行安全行为的法律制度;以及将犯有以下行为的任何人员定为罪犯:以武力、威胁或恐吓方式非法和蓄意劫持或控制船只;对船上人员实施暴力行为,如该行为可能危及船只航行安全;在船上放置破坏性装置或物质;以及危及船只安全的其他行为。

(续表)

治理领域	法律文书	主要内容
关于海上航行	2005年《制止危及海上航行安全非法行为公约议定书》	将船舶用作助长恐怖主义行为的设备属犯罪;在船上运输各种材料且明知它们被打算用于造成或威胁造成死亡或重伤或损害,以助长恐怖主义行为属犯罪;在船上运输人员并明知其犯有恐怖主义行为属犯罪;以及对于据认为犯有公约所规定罪行的船舶,实施登船管理程序。
	1988年《制止危及大陆架固定平台安全非法行为议定书》	建立类似国际航空防范制度的、适用于危及大陆架固定平台行为的法律制度。
	《制止危及大陆架固定平台安全非法行为议定书2005年议定书》	使对《制止危及海上航行安全非法行为公约》进行的修改适用于大陆架固定平台。
关于爆炸材料的文书	1991年《关于在可塑炸药中添加识别剂以便侦测的公约》	旨在对使用未加识别剂和无法侦测的可塑炸药行为进行管制和限制;缔约方有义务在其各自领土确保有效管制"未加识别剂的"可塑炸药,即不含本条约《技术性附件》所述侦测剂的可塑炸药;除此之外,各缔约方必须采取必要有效措施,禁止和防止制造未加识别剂的可塑炸药;防止未加识别剂的可塑炸药进出其领土;对拥有和转让本《公约》生效前制造或进口的未加识别剂的炸药实施严格和有效的管制;确保三年内将除军方或警方所有的一切此类未加识别剂的炸药库存销毁、使用、添加识别剂或使之永远失效;采取必要措施确保十五年内将军方或警方所有的一切此类未加识别剂的炸药销毁、使用、添加识别剂或使之永远失效;以及确保尽快销毁本《公约》对该国生效之日后制造的任何未加识别剂的炸药。
关于恐怖主义爆炸的文书	1997年《制止恐怖主义爆炸事件的国际公约》	建立适用于非法和故意在定义规定的各种公用场所,或是向或针对此公用场所使用爆炸性或其他致死装置、故意致人死亡或重伤、故意对公用场所造成重大损坏行为的普遍管辖制度。
关于向恐怖主义提供资助的文书	1999年《制止向恐怖主义提供资助的国际公约》	要求各国采取步骤,防止和制止为恐怖主义分子筹集经费,无论这种经费是直接还是间接通过声称具有慈善、社会或文化目的或者从事贩运毒品和军火走私等违法活动的团伙提供;要求各国务必追究资助恐怖主义者对此类行为的刑事、民事或行政责任;规定查明、冻结或扣押恐怖主义活动拨款,并在逐案基础上同其他国家分享没收的资金。不得再以银行保密为由拒绝合作。

(续表)

治理领域	法律文书	主要内容
关于核恐怖主义的文书	2005年《制止核恐怖主义行为国际公约》	涵盖范围广泛的行为和可能的目标,包括核电厂和核反应堆;涵盖威胁和企图犯下此类罪行或参与此类活动,作为共犯;规定要么引渡或起诉罪犯;鼓励各国通过信息共享、刑事调查和引渡程序方面的相互协助,合作防止恐怖袭击;以及应对危机状况(协助各国解决这种情况)和危机后状况[通过国际原子能机构(原子能机构),确保核材料安全]。

第二,反恐治理相关的安理会决议是由安理会依据《联合国宪章》第七章主要条款制定的具有一定法律约束力的决议。① 对于这些决议,联合国成员国应建立相应的反恐机制履行决议规定的义务。换言之,对于尚未建立这种机制的国家,安理会会敦促其尽快建立相关机制;同时,由于反恐决议没有具体阐述程序问题,反恐的具体方法、途径、法律和体制机制由各国自行决定。到目前为止,安理会根据《联合国宪章》第七章(第三十九条至第五十一条)通过了46项与恐怖主义问题有关的决议,涵盖了边境安全与管理、核生化武器、金融反恐、打击恐怖分子流窜、网络反恐、恐怖主义受害者等6个治理领域。②

第三,联合国大会决议虽然没有法律约束力,但作为权威性建议,其中使用的措辞往往成为后续起草具有约束力的文书的来源,在建立国际反恐法律框架并鼓励各国政府更密切合作应对恐怖主义威胁方面发挥了重要作用。从1984年12月17日联合国第39届大会首次通过关于恐怖主义的相关决议——"坚决谴责在国家关系中采取恐怖主义政策,所有国家不要采取任何旨在进行军事干涉或占领、强行改变他国政治制度的行动"的159号决议以来,

---

① 根据《联合国宪章》第25条和第48条,各会员国有义务履行《联合国宪章》第七章赋予安理会实施强制或军事措施的决定,所以安理会的反恐决议对联合国全体会员国有法律约束力。
② 边境安全与管理方面主要为第2482(2019)、2396(2017)、2331(2016)、2322(2016)号决议;核生化武器方面主要为第2370(2017)号决议;金融反恐方面主要为第2199(2015)号决议;打击恐怖主义分子流窜方面主要为第2396(2017)号、2309(2016)号、2178(2014)号决议;网络安全方面主要为第2341(2017)号决议;援助恐怖主义受害者方面主要为第2242(2015)号决议等。详情参照反恐办公室:"资源:联合国文件",https://www.un.org/counterterrorism/un-documents。

截至 2020 年底,联合国大会共通过了 53 个与恐怖主义相关的大会决议和宣言。[①] 其中,对当前反恐治理影响最大且最为核心的是 2006 年 9 月以协商一致方式通过的《联合国全球反恐战略》(A/RES/60/288)(以下简称《战略》)。作为联合国所有会员国首次达成的打击恐怖主义的综合性联大决议,该战略包括旨在加强国家、区域和国际打击恐怖主义努力的一项决议和一份所附《行动计划》,其中决议明确给出了联合国反恐战略的四个支柱,即消除有利于恐怖主义蔓延的条件、防止和打击恐怖主义的措施、建立各国防止和打击恐怖主义的能力与加强联合国系统在这方面的作用的措施,以及确保尊重所有人的人权和实行法治作为反恐斗争根基的措施等。[②] 可以说,该战略的达成不仅传达了一个明确的信息,即一切形式和表现的恐怖主义都是不可接受的,而且还决心通过单独和集体的方式采取从加强国家打击恐怖主义威胁的能力到更好地协调联合国系统的反恐活动等一系列措施,全面防范和打击恐怖主义。此外,该战略还要求联合国毒品和犯罪问题办公室和其他国际机构支持战略执行工作,并呼吁会员国在反恐共同行动框架内加强与这些国际组织的合作。同时,联合国大会每两年对该战略进行一次审查,从而保证该战略成为一份适应各会员国反恐重点的、与时俱进的活文件。

(二)区域性国际组织治理

1. 美洲区域反恐治理

当前美洲的区域反恐治理主要是依托美洲国家组织,通过该组织制定的《美洲反恐公约》等相关区域治理规范进行反恐治理。美洲国家组织下设美洲反恐委员会(Inter-American Committee against Terrorism,CICTE),它是美

---

① 相关大会决议和宣言请参见反恐办公室:"资源:联合国文件",https://www.un.org/counterterrorism/un-documents。

② 反恐办公室:"联合国反恐战略",https://www.un.org/counterterrorism/zh/un-global-counter-terrorism-strategy。

洲地区唯一一个旨在防止和打击美洲恐怖主义的区域性实体。CICTE 秘书处是该委员会的执行机构,其主要任务是制定向其成员国提供政治和技术援助的年度工作计划,以有效支持成员国努力预防和打击恐怖主义,具体涵盖三个方面:一是为 CICTE 会议提供技术和行政支持,并保持会议之间的沟通和协调;二是响应成员国的需要和要求,向其提供技术援助和培训(主要涉及网络安全、边境控制、恐怖主义融资、大规模杀伤性武器的控制和暴力极端主义的扩散等五个方面);三是与其他国际、区域和次区域组织协调活动。[①]

美洲的区域反恐治理规范包括三类:一是美洲国家组织相关反恐公约;二是美洲反恐委员会宣言与决定;三是美洲国家组织大会决议与宣言。反恐公约主要包括1971年通过的《美国国家组织关于防止和惩治恐怖主义行为的公约》、2002年通过的《美洲反恐怖主义公约》[AG/RES. 1840(XXXII - O/02)]。美洲反恐委员会宣言与决定主要包括《加强美洲网络安全宣言》(CICTE/DEC. 1/12 rev)、《关于加强合作以预防、打击和消除恐怖主义的新半球承诺宣言》(CICTE/DEC. 1/11)、《巴拿马关于在恐怖主义面前保护半球关键基础设施的宣言》(CICTE/DEC. 1/07)、《美洲旅游和娱乐设施的安全(CICTE第八届例会通过的决定)》(CICTE/doc. 12. /08)等。美洲国家组织大会决议与宣言主要包括《推进半球安全:多维方法》[AG/RES. 2735(XLII - O/12)]、《在打击恐怖主义的同时保护人权和基本自由》[AG/RES. 2676(XLI - O/11)]、《支持在半球层面实施联合国安理会第1540(2004)号决议》[AG/RES. 2534(XL - O/10)]、《加勒比小岛屿国家的特殊安全问题》[AG/RES. 2619(XLI - O/11)]、《加勒比小岛屿国家的特殊安全问题》[AG/RES. 2397(XXXVIII - O/08)]、《采用全面的美洲战略以对抗网络安全威胁:多维

---

① OAS, "Inter-American Committee Against Terrorism (Cicte)," 17 February 2005, http://www.oas.org/en/sms/cicte/Documents/Rules/doc_4_05_rev_1_eng.pdf.

和多学科方法创建网络安全文化》[AG/RES. 2004（XXXIV-O/04）]、《关于美洲公民安全的圣萨尔瓦多宣言》[AG/DEC. 66（XLI-0/11）]等。①

2. 欧洲区域反恐治理

早在20世纪70年代,欧共体就将反恐纳入欧洲内部治理议程,反恐工作成为欧洲内部治理的一个重要方面。当前欧盟的反恐治理主要聚焦两个方面,即反恐与去极端化。2020年12月9日,欧盟委员会通过了新的反恐议程,为欧盟指明了在欧盟层面打击恐怖主义行动的前进方向,提出预测(识别漏洞,在最需要的地方建设能力)、预防(在各个层面解决极端化问题)、保护(加强外部边界,阻止恐怖分子采取行动)和应对(尽量减少影响,允许起诉,增加对受害者的支持)等四大反恐与去极端化方针。②

就反恐治理机构而言,当前欧洲主要依托欧盟内部安全治理的相关机构展开反恐治理,大致分为两类:一是欧盟整体层面的反恐治理决策、立法与行政机构,包括欧洲理事会（European Council）、欧洲议会（European Parliament）和欧盟委员会（European Commission）;二是欧盟下设的欧洲刑警组织（Europol）、欧洲司法组织（Eurojust）、欧洲边防局（Frontex）等反恐治理专门机构。拥有行政权的欧盟委员会负责提出反恐法规,欧洲理事会和欧洲议会对之进行审查、修改和批准。③ 欧盟委员会下设有反恐委员会（CDCT）。CDCT的前身为反恐专家委员会（CODEXTER）。一方面,作为负责协调欧洲委员会的反恐行动政府间机构,CDCT根据预防、起诉和保护的原

---

① 反恐治理规范详情参见 OAS, "Documents," http://www.oas.org/en/information_center/default.asp.
② European Commission, "Counter terrorism and radicalisation," https://ec.europa.eu/home-affairs/what-we-do/policies/counter-terrorism_en.
③ 欧洲理事会作为欧盟最高决策机构,还具有通过"理事会结论"（European Council conclusions）、"欧盟战略议程"（EU strategic agenda）、"政策指引"（Policy guidelines）等方式为欧盟制定政策议程,确定欧盟的总体政治方向和优先事项的职能。参见"The European Council," https://www.consilium.europa.eu/en/european-council/.

则,负责制定适当和实用的软法律文书(例如建议和指导方针);另一方面,作为交流平台,CDCT 促进成员国就反恐形势与经验进行交流,帮助所有成员国在充分尊重人权和法治的情况下打击恐怖主义,例如,CDCT 和欧洲人权法院(ECHR)提供定期更新的 ECHR 案件概况以宣传恐怖主义危害及其相关治理情况。[1] 另外,作为欧盟下设的反恐治理专门机构,欧洲刑警组织、欧洲司法组织、欧洲边防局分别就预防与打击恐怖主义犯罪、审理恐怖主义分子、预防与管控恐怖主义分子跨境流窜等三个方面,发挥着相应的反恐治理执行职能。其中,欧洲刑警组织及其下设的欧洲反恐中心(ECTC)是主力执行机构。[2] ECTC 成立于 2016 年,主要职能是为欧盟成员国的调查请求提供业务支持,对付国际恐怖分子,分享有关恐怖主义融资的情报,促进反恐当局之间的国际合作等。[3]

就欧洲区域的反恐治理规范而言,大致可以分为三类:一是反恐相关公约;二是反恐相关立法;三是反恐相关决定与战略。前两者具有法律约束力,构成了欧盟反恐治理的法律框架;后者没有法律约束力,但对欧盟反恐共识达成有着促进作用,且具有道义上的规范制约,属于欧盟反恐治理软法规范范畴。反恐相关公约主要有两部:一是 1977 年缔结的《制止恐怖主义欧洲公约》(以下简称 1977 年《欧洲防恐公约》);二是 2005 年缔结的《防止恐怖主义公约》。《欧洲防恐公约》将某些可能导致实施恐怖主义活动的行为定为刑事犯罪(例如公开挑衅、招募和训练),同时规范国家内部(国家预防政策)和国家间(修改现有引渡和互助安排以

---

[1] 2018 年和 2019 年,CDCT 主要优先事项是:制定欧洲委员会 2018—2022 年反恐战略;审查在 2005 年华沙公约中同意"恐怖主义"的泛欧法律定义的可行性;解决外国恐怖主义战斗人员和返回者的现象;应对恐怖分子使用和滥用互联网;应对恐怖主义与有组织犯罪相互勾连[将与欧洲犯罪问题委员会(CDPC)合作解决]。相关内容参见 "Council of Europe Committee on Counter-Terrorism (CDCT)," https://www.coe.int/en/web/counter-terrorism/cdct.

[2] "European Counter Terrorism Centre-ECTC," https://www.europol.europa.eu/about-europol/european-counter-terrorism-centre-ectc.

[3] "European Counter Terrorism Centre-ECTC," https://www.europol.europa.eu/about-europol/european-counter-terrorism-centre-ectc.

及其他手段)的反恐合作①。就反恐相关法律而言,主要包括与《申根协定》的法律互助②、欧洲逮捕授权③、欧洲调查④、司法冲突协调⑤、联合调查组⑥、冻结与没收资产⑦、旅客姓名登记⑧、受害者保护⑨等法规。

3. 非洲区域反恐治理

非洲区域的反恐治理主要是依托非洲联盟(简称非盟)以及萨赫勒五国集

---

① "Council of Europe Convention on the Prevention of Terrorism," https://www.coe.int/en/web/conventions/full-list/-/conventions/treaty/196.

② 参见"2000 European Union Convention on Mutual Legal Assistance and its Protocol of 2001," https://www.ejn-crimjust.europa.eu/ejn/libcategories.aspx?Id=32.

③ 参见"FD/2002/584/JHA of 13 June 2002 on the European Arrest Warrant and the Surrender Procedures between Member States Amended by FD 2009/299/JHA of 26 February 2009," http://eur-lex.europa.eu/resource.html?uri=cellar:3b151647-772d-48b0-ad8c-0e4c78804c2e.0004.02/DOC_1&format=PDF.

④ 参见"Directive 2014/41/EU Regarding the European Investigation Order in Criminal Matters," http://eur-lex.europa.eu/legal-content/EN/TXT/PDF/?uri=CELEX:32014L0041&qid=1483876303613&from=EN.

⑤ 参见"FD 2009/948/JHA of 30 November 2009 on Prevention and Settlement of Conflicts of Exercise of Jurisdiction in Criminal Proceedings," http://eur-lex.europa.eu/legal-content/EN/TXT/?uri=celex%3A32009F0948.

⑥ 参见"FD 2002/465/JHA on Joint Investigation Teams," http://eur-lex.europa.eu/legal-content/EN/TXT/PDF/?uri=CELEX:32002F0465&qid=1483877229356&from=EN.

⑦ 共有四个相关法律,一是"关于相互承认冻结法令",参见"FD 2003/577/JHA on Mutual Recognition of Freezing Orders," http://eur-lex.europa.eu/legal-content/EN/TXT/?qid=1484554469732&uri=CELEX:32003F0577;二是"关于犯罪相关罚没法令",参见"FD 2005/212/JHA on the Confiscation of Crime-Related," http://eur-lex.europa.eu/legal-content/EN/TXT/?qid=1484555342524&uri=CELEX:32005F0212;三是"关于相互承认罚没法令",参见"FD 2006/783/JHA on Mutual Recognition of Confiscation Orders," http://eur-lex.europa.eu/legal-content/EN/TXT/?qid=1484555258924&uri=CELEX:32006F0783;四是"关于冻结与没收犯罪相关工具与产物",参见"Directive 2014/42/EU on the Freezing and Confiscation of Instrumentalities and Proceeds of Crime," http://eur-lex.europa.eu/legal-content/EN/TXT/PDF/?uri=CELEX:32014L0042&qid=1484410086828&from=EN.

⑧ 参见"Directive (EU) 2016/681 of the European Parliament and of the Council on the Use of Passenger Name Record (PNR) Data for the Prevention, Detection, Investigation and Prosecution of Terrorist Offences and Serious Crime, Brussels, 27 April 2016," http://eur-lex.europa.eu/legal-content/EN/TXT/PDF/?uri=CELEX:32016L0681&qid=1479117578853&from=EN.

⑨ 参见"Directive 2012/29/EU of the European Parliament and of the Council of 25 October 2012 Establishing Minimum Standards on the Rights, Support and Protection of Victims of Crime, and Replacing Council Framework Decision 2001/220/JHA," http://eur-lex.europa.eu/LexUriServ/LexUriServ.do?uri=OJ:L:2012:315:0057:0073:EN:PDF.

团(G5 Sahel)次区域组织开展。

非盟负责反恐治理的部门是非洲恐怖主义研究中心(ACSRT),其具体职能和活动包括:就与非洲大陆预防和打击恐怖主义有关的问题向非盟相关机构提供指导;促进会员国了解全球和非洲大陆反恐框架的实施;通过提供业务和技术咨询与支持,以及提供培训和其他形式的能力建设,加强成员国的反恐能力,以解决与恐怖主义有关的问题并履行其在全球和非洲大陆制度下的义务;促进和加强国家间在司法协助和跨境反恐行动相关问题上的协作与合作;争取国际支持在非洲大陆开展反恐行动,加强非盟及其成员国和相关国际机构的关系;开展研究,以帮助评估非洲大陆不同国家和地区的恐怖主义威胁,并制定应对此类威胁的战略和建议;定期制作关于非洲恐怖主义威胁的信息并提高对相关问题的认识;发展预警能力以加强早期反应,整合危机预防管理。该中心隶属非盟委员会和平与安全部,在指导非盟反恐工作和实施非盟反恐框架方面发挥着重要作用,且为成员国和区域机制之间的互动与合作提供了一个论坛[1];同时,它与许多区域和国际合作伙伴合作,其中包括欧盟(EU)、联合国反恐怖主义委员会(CTC)及其反恐怖主义执行局(CTED)、联合国反恐执行工作队(CTITF)、联合国毒品和犯罪问题办公室、根据联合国安理会决议设立的相关委员会、国际民用航空组织(ICAO)和全球反恐论坛(GCTF)。[2] 就反恐治理规范而言,主要包括1977年7月3日通过(1985年4月22日生效)的《非统组织消除非洲雇佣军公约》、1999年7月1日通过的(2002年12月6日生效)的《非统组织防止和打击恐怖主义公约》、2004年通过的(2003年12月26日生效)的《非统组织预防和打击恐怖主义公约的非洲

---

[1] ACSRT通过国家联呼吁络点(FP)与成员国互动。FP是一个政府机构,负责在国家层面协调所有参与预防和打击恐怖主义的行动者的活动。

[2] "About the The African Centre for the Study and Research on Terrorism (ACSRT)," https://www.peaceau.org/en/page/2-3591-static-about-african-centre-for-study-and-research-on-terrorism-ACSRT.

联盟议定书》、1992年通过的《非统组织关于加强非洲国家间合作与协调的决议》、1994年通过的《非洲间关系行为守则宣言》、2002年通过的《非洲联盟预防和打击非洲恐怖主义高级别政府间会议行动计划》、2010年通过的《关于预防和打击恐怖主义的决定》、2000年通过的《非洲联盟组织法》。其中,《非统组织防止和打击恐怖主义公约》要求缔约国根据公约将恐怖主义行为界定为刑事犯罪,同时规定了国家间合作的领域,确立了国家对恐怖主义行为的管辖权,并为引渡以及域外调查和司法互助提供了法律框架,是非盟反恐治理规范的基石。[1]

萨赫勒五国集团是马里、毛里塔尼亚、布基纳法索、尼日尔和乍得于2014年2月共同成立的次区域安全组织。2017年2月,萨赫勒五国集团决定成立一支5000人的联合部队。同年7月,五国领导人在马里首都巴马科举行会晤,正式启动联合部队。[2] 需要指出的是,由于萨赫勒五国经济实力较弱、军备水平较低,自成立以来更多是依靠外部援助来维持其反恐治理运作。首先,法国作为萨赫勒五国集团的重要反恐合作伙伴,出于维持在非洲的影响力与防止难民问题以及恐怖主义渗透欧洲国家的考虑,一直积极参与萨赫勒地区的反恐行动,并且在国际社会上积极斡旋,为萨赫勒五国反恐部队筹集资金。例如,联合反恐部队的4.23亿欧元的启动预算资金中,萨赫勒五国各出资1000万欧元,欧盟提供5000万欧元,其中法国提供价值约800万欧元的70辆作战车辆及单兵通信装备。其次,美国也于2017年11月宣布向联合反恐部队提供6000万美元资助。最后,沙特阿拉伯也响应了欧洲和西非国家领导人在巴黎会议上关于"加大对非洲萨赫勒地区联合反恐部队的支持力度"的呼

---

[1] "OAU Convention on the Prevention and Combating of Terrorism," https://au.int/en/treaties/oau-convention-prevention-and-combating-terrorism.
[2] 徐晓蕾:《中国代表呼吁继续支持萨赫勒五国集团联合部队》,新华网,2018年11月16日,http://www.xinhuanet.com/mil/2018-11/16/c_129996146.htm。

第七章 消除全球政治毒瘤：国际反恐合作与反恐机制构建

吁,于同年12月表示其支持的伊斯兰反恐军事联盟将为非洲萨赫勒地区联合反恐部队提供后勤保障、情报和培训等服务。①

4. 亚洲区域反恐治理

亚洲区域的反恐治理机构主要包括聚焦中亚逐步扩展的上海合作组织、南亚次大陆的南亚区域合作联盟。

上海合作组织（以下简称上合组织）是依据中国、俄罗斯与哈萨克斯坦、乌兹别克斯坦、吉尔吉斯斯坦、塔吉克斯坦等中亚四国于2001年6月15日共同签署的《上海合作组织成立宣言》而成立的以打击"三股势力"为目标的地区安全合作机制。其反恐治理机制包括法律规范与组织机构两个方面。就前者而言,截至2020年底,上合组织已经在其框架下通过了近二十项与反恐相关的宣言和法律文件（具体情况见下表）。就后者而言,上合组织包括议事及决策机构与执行机构两大部分。其一,上合组织包括国家元首会议、政府首脑（总理）会议、外交部长会议和各部门领导人会议三级决策机构；其二,上合组织的常设执行机构包括秘书处和地区反恐机构,二者都有打击恐怖主义的职能。其中,上合组织秘书处成立于2004年1月15日,总部位于北京,是上合组织反恐合作的常设行政机构。秘书处是上合组织重要的行政机构,主要负责为组织活动提供组织和技术上的保障、参与组织框架下各机构文件的研究和落实、对组织年度预算的编制提出建议等。上合组织地区反恐怖机构是上合组织框架下的反恐专门机构,是协调各成员国打击暴力、恐怖活动、恐怖主义、分裂主义和极端主义的常设机构,下设理事会和执行委员会,其主要职能包括就打击三股势力与组织各成员国主管机关及国际组织保持工作联系和加强协调；参与准备打击"三股势力"问题的国际法律文件拟制；收集打击三股势力的

---

① 王战涛：《马克龙：为美国援助萨赫勒五国反恐感到欣慰》,环球网,2017年11月2日,https://world.huanqiu.com/article/9CaKrnK5CNR。

信息,建立资料库,为各方提供情报保障;协助准备和举行反恐怖军事演习,协助准备和进行打击三股势力的侦查活动。机构所在地在乌兹别克斯坦首都塔什干。在具体行动上:一方面,上合组织成员国通过机制化的联合反恐军事演习进行反恐合作军事行动实践,以检验上合组织成员国在合作反恐实践中的协作能力;另一方面,依托上合组织地区反恐怖机构,上合组织为成员国搭建信息交流、情报分析,以及行动协同的合作平台,同时为一线的反恐军事人员、反恐情报人员、反恐法律专业人员提供针对性业务培训。

表7-4 上海合作组织关于反恐的宣言与法律文件(2001—2020年)

时间	名称
2001年6月15日	《上海合作组织成立宣言》
	《打击恐怖主义、分裂主义和极端主义上海公约》
2002年6月7日	《上海合作组织宪章》
	《上海合作组织成员国关于地区反恐怖机构的协定》
2004年6月17日	《上海合作组织成员国关于合作打击非法贩运麻醉药品、精神药物及其前体的协定》
	《上海合作组织地区反恐怖机构资料库协定》
2005年7月5日	《上海合作组织合作打击恐怖主义、分裂主义和极端主义构想》
2006年6月15日	《上海合作组织成员国打击恐怖主义、分裂主义和极端主义2007年至2009年合作纲要》
	《关于在上海合作组织成员国境内组织和举行联合反恐行动的程序协定》
	《关于查明和切断在上海合作组织成员国境内参与恐怖主义、分裂主义和极端主义活动渗透渠道的协定》
2008年8月28日	《上海合作组织成员国组织和举行联合反恐演习的程序协定》
2009年6月16日	《上海合作组织成员国打击恐怖主义、分裂主义和极端主义2010年至2012年合作纲要》
	《上海合作组织成员国反恐专业人员培训协定》
	《上海合作组织反恐怖主义公约》

(续表)

时间	名称
2010年6月10日	《上海合作组织成员国元首理事会第十次会议宣言》
2010年8月28日	《杜尚别宣言》
2011年6月15日	《上海合作组织十周年阿斯塔纳宣言》
2012年6月7日	《上海合作组织成员国打击恐怖主义、分裂主义和极端主义2013年至2015年合作纲要》
2015年7月10日	《上海合作组织至2025年发展战略》
2017年6月9日	《上海合作组织成员国元首关于共同打击国际恐怖主义的声明》
2018年6月10日	《上海合作组织成员国元首理事会青岛宣言》
2019年6月14日	《上海合作组织成员国元首理事会比什凯克宣言》
2020年11月10日	《上海合作组织成员国元首理事会莫斯科宣言》

其次,南亚区域合作联盟于1987年11月4日签订了《南盟打击恐怖主义地区协定》(SAARC Convention on Narcotic Drugs and Psychotropic Substances),1988年8月22日生效。经过近30年的发展,南盟国家相继建立了南盟恐怖犯罪监察机构、南盟毒品犯罪监察机构等合作机制,使得南盟反恐一体化进程不断加快。阿富汗、巴基斯坦、印度、尼泊尔和斯里兰卡等国家也积极参与到了上述机构与组织的实际建设之中,但上述合作机制仅属于不具强制效力的框架性构想,在涉及如何保障反恐行动时,还缺乏明确的实施细则,尤其是反恐情报信息互换、司法合作与资金保障等关键细节。

三、基于知识的混合型反恐治理

所谓混合型治理机制,是指国际社会在治理某一或某些全球问题的过程中,众多国家和非国家行为体出于实用主义或便利的目的而组建的临时、松散且具有等级和网络化特征的合作机制。[①] 随着全球化与网络化的发展,一方面国家权力出现流散趋向使得非国家行为体参与反恐治理的多方模式成为可能;另一方面影响国际恐怖主义的发展的因素更趋复杂多元,且金融反恐、网络反恐等专业领域反恐需求的日益增多,急需加强对恐怖主义及反恐路径的深刻而全面的理性认识与实施专业化反恐举措,从而达到标本兼治的反恐效果。正是在这一背景下,基于专业知识的反恐智库与专业性反恐平台得以萌发与成长,彰显了"基于知识的混合型治理"逻辑。当前,比较具有代表性的此类治理模式的机制平台包括全球反恐论坛(GCTF)、海牙国际反恐中心(ICCT)、全球反恐网络论坛(GIFCT)、"反洗钱金融行动特别工作组"(FATF)。

全球反恐论坛(GCTF)是成立于2011年包括中国、美国、英国、土耳其、欧盟等30名成员,基于共识的非正式、非政治性的多边反恐平台,旨在为各国从事反恐工作的人员提供交流经验、信息和最佳实践的平台,动员和协调相关资源,促进现有国际反恐合作,提高有关国家应对恐怖主义挑战的能力,推动《联合国全球反恐战略》的实施。[②]

海牙国际反恐中心(ICCT)是一个独立的智囊团,在法治、预防和威胁评估方面提供多学科政策建议和实用的、以解决方案为导向的支持。ICCT的交叉主题,以及主要项目领域涉及打击暴力极端主义、法治、外国战斗人员、国家和地区分析、受害者康复、民间社会参与等。具体而言,一方面,作为连接专家、政策制定者和从业者的合作平台,ICCT通过提供专业知识交流平台,将来自不同领域的专家、决策者、民间社会行为者和从业者联系起来,从而推动预防和打击恐怖主义的创新发展。这集中体现为反恐研究与分析(与学术界

[①] 曾向红:《恐怖主义的全球治理:机制及其评估》,载《中国社会科学》,2017年第12期,第184页。

[②] 《"全球反恐论坛"打击网络恐怖主义研讨会在京举行》,2014年11月18日,https://www.fmprc.gov.cn/web/wjb_673085/zzjg_673183/swaqsws_674705/xgxw_674707/t1212284.shtml.

合作,发展包括趋势分析在内的基于法治的反恐方法相关知识)、政策建议和实施(将政策制定者、专家、民间社会行动者和一线从业者聚集在一起,分享专业知识,并提供建议、培训和能力建设)、监测和评估(系统地评估反恐政策和战略,以提供政策和实践之间的反馈循环)、支持全球反恐论坛、提供反恐培训等。另一方面,作为国际合作的中心,ICCT 与来自世界各地的国际组织、政府部门、非政府组织、学术机构、智囊团和民间社会组织的庞大而多样化的网络合作。例如,该中心与北大西洋公约组织(NATO)以及联合国反恐怖主义委员会执行局(CTED)和联合国反恐执行工作队(CTITF)等联合国各机构密切合作。

全球反恐网络论坛起初是美国脸书、微软、推特和优兔等四家公司于 2017 年 6 月 26 日宣布成立的网络反恐合作平台,旨在共同抵制恐怖主义通过互联网传播。这四家公司在当日的一份联合公告中称,该论坛将使各公司分享网络恐怖主义反制技术,包括网络信息内容探测技术方案、针对可疑内容的处理措施以及业内与会各方的经验交流等。2019 年 9 月,四家公司宣布将全球反恐网络论坛改组成独立组织,聘任独立执行董事来负责运作,同时设立技术、反恐与执行团队,并明确了三大关键任务,即:发展长久计划,以破坏恐怖分子与暴力极端主义的网络活动;打造各式回应工具,让各种平台都能减轻受到恐怖或暴力极端主义攻击的影响;借由研究专案来学习最佳实作,包括防止恐怖与暴力极端主义分子滥用数字平台。当前,除了最早的 4 家创始会员之外,全球已有愈来愈多的科技公司加入该组织,包括亚马逊、领英与 WhatsApp。迄今全球反恐网络论坛最重要的成就,在于建立了恐怖及暴力极端主义的数字指纹资料库,实现了与成员共享已知的恐怖分子图像及影片,让各平台能够快速辨识相关内容并采取行动,目前该资料库已搜集了 20 万个独立指纹以及"恐怖分子招募"的大量相关视频资料。

"反洗钱金融行动特别工作组"(以下简称"工作组")是七国集团(G7)于

1989年在巴黎成立的旨在开展联合行动以预防和打击洗钱活动的政府间国际组织。"9·11"事件后,"工作组"增加了预防和打击恐怖主义融资的重任,制定的反洗钱四十项建议和反恐融资九项特别建议(简称 FATF 40+9 项建议)已成为世界反洗钱和反恐融资领域的权威文件。在与美国、欧盟等诸多国际行为体合作的同时,"工作组"还与联合国、世界银行、国际货币基金组织、环球同业银行金融电讯协会等政府间国际组织,"沃尔夫斯堡集团"等行业间协会,巴塞尔大学等学术机构,国际标准化组织等非政府间国际组织,花旗银行、汇丰银行等跨国银行,以及涉足数据采集、珠宝、律师、房地产、信托、会计、博彩、公证等为数众多的私人公司进行合作。当前,"工作组"构建了一个涵盖从规则制定到能力建设的反恐融资风险管理体系,是基于知识的专业化反恐治理机构的典型代表。

参考文献

一、中文文献

(一) 中文著作

邓贝西:《北极安全研究》,北京:海洋出版社,2020年。

《国际条约集(1934—1944)》,北京:世界知识出版社,1961年。

何奇松:《太空安全问题研究》,上海:复旦大学出版社,2014年。

贾宇、舒洪水:《国际恐怖主义犯罪问题研究》,北京:中国政法大学出版社,2018年。

李彬:《军备控制理论与分析》,北京:国防工业出版社,2006年。

刘华秋主编:《军备控制与裁军手册》,北京:国防工业出版社,2000年。

陆俊元:《北极地缘政治与中国应对》,北京:时事出版社,2010年。

沈雪石:《国家网络空间安全战略》,长沙:湖南教育出版社,2017年。

沈逸:《美国国家网络安全战略》,北京:时事出版社,2013年。

石斌:《杜勒斯与美国对苏战略》,北京:中国社会科学出版社,2004年。

王福海、冯顺山、刘有英:《空间碎片导论》,北京:科学出版社,2010年。

王海运、许勤华:《能源外交概论》,北京:社会科学文献出版社,2012年。

吴大辉:《防范与合作:苏联解体后的俄美核安全关系(1991—2005)》,北京:人民出版社,2005年。

夏立平:《北极地区治理与开发研究》,北京:世界知识出版社,2020年。

肖洋:《北极国际组织建章立制及中国参与路径》,北京:中国社会科学出版社,2019年。

徐能武:《空间政治学——政治文明新高地的复合建构之道》,北京:中国社会科学出版社,2015年。

杨剑:《北极治理新论》,北京:时事出版社,2014年。

杨洁勉等:《国际合作反恐——超越地缘政治的思考》,北京:时事出版社,2003年。

姚建龙主编:《反恐怖学导论》,北京:北京大学出版社,2018年。

翟晓敏:《冷战后的美国军事战略——论当代美军战略转型》,西安:陕西师范大学出版社,2004年。

张家栋:《全球化时代的恐怖主义及其治理》,上海:上海三联书店,2007年。

张建新:《能源与当代国际关系》,上海:上海人民出版社,2016年。

张金平:《当代恐怖主义与反恐怖策略》,北京:时事出版社,2019年。

赵红艳:《总体国家安全观与恐怖主义的遏制》,北京:人民出版社,2018年。

赵隆:《多维北极的国际治理研究》,时事出版社2020年版。

中国国际战略学会军控与裁军研究中心:《美国网络空间安全战略文件汇编》,北京:军事谊文出版社,2009年。

中国国际战略研究基金会:《应对核恐怖主义:非国家行为体的核扩散与核安全》,北京:社会科学文献出版社,2012年。

中国现代国际关系研究所反恐研究中心:《世界主要国家和地区反恐政策与措施》,北京:时事出版社,2002年。

(二) 中文译作

[美]奥德丽·克罗宁:《恐怖主义如何终结》,宋德星、蔡焱译,北京:金城出版社,2017年。

[挪威]奥拉夫·施拉姆·斯托克、[挪威]盖尔·荷内兰德:《国际合作与北极治理:北极治理机制与北极区域建设》,北京:海洋出版社,2014年。

[美]奥兰·扬:《世界事务中的治理》,陈玉刚、薄燕译,上海:上海人民出版社,2007年。

[美]保罗·罗伯茨著:《石油恐慌》,吴文忠译,北京:中信出版社,2008年。

[美]保罗·沙克瑞恩、[美]亚娜·沙克瑞恩、[美]安德鲁·鲁夫:《网络战:信息空间攻防历史、案例与未来》,吴奕俊等译,北京:金城出版社,2016年。

[澳]大卫·戴:《南极洲:从英雄时代到科学时代》,北京:商务印书馆,2017年。

[美]丹尼尔·奥·格雷厄姆:《高边疆——新的国家战略》,张健志、马俊才、傅家祯译,北京:军事科学出版社,1988年。

[美]德内拉·梅多丝、[美]乔根·兰德斯、[美]丹尼斯·梅多丝:《增长的极限》,李涛、王智勇译,北京:机械工业出版社,2013年。

[美]杜鲁门:《杜鲁门回忆录》(上卷),李石译,北京:东方出版社,2007年。

[美]赫尔曼·康恩:《论逐步升级比喻和假想情景》,北京编译社译,北京:世界知识出版社,1965年。

[美]亨利·基辛格:《核武器与对外政策》,北京编译社译,北京:世界知识出版社,1959年。

[加]迈克尔·拜尔斯:《国际法与北极》,陈子楠译,北京:时事出版社,

2020年。

［美］劳拉·德拉迪斯：《互联网治理全球博弈》，覃庆玲、陈慧慧等译，北京：中国人民大学出版社，2017年。

［美］蕾切尔·卡逊：《寂静的春天》，吕瑞兰、李长生译，长春：吉林人民出版社，1997年。

［美］理查德·海因伯格：《煤炭、气候与下一轮危机》，王玲译，北京：社会科学文献出版社，2007年。

［美］威廉·J.德沙主编：《美苏空间争霸与美国利益》，李恩忠等译，北京：国际文化出版公司，1988年。

［美］罗伯特·吉尔平：《世界政治中的战争与变革》，宋新宇、杜建平译，上海：上海人民出版社，2007年。

［美］罗伯特·吉尔平：《国际关系政治经济学》，杨宇光等译，上海：上海世纪出版集团，2006年。

［美］罗杰·斯皮德：《八十年代战略威慑》，北京：战士出版社，1983年。

［美］罗纳德·里根：《里根回忆录——一个美国人的生平》，何力译，北京：新华出版社，1991年。

［美］马丁·C.利比基：《兰德报告：美国如何打赢网络战争》，薄建禄译，北京：东方出版社，2013年。

［美］迈克尔·沃尔泽：《正义与非正义战争：通过历史实例的道德论证》，任辉献译，南京：江苏人民出版社，2008年。

［美］麦乔治·邦迪：《美国核战略》，北京：世界知识出版社，1991年。

［美］诺伯特·维纳：《控制论》，王文浩译，北京：科学出版社，1962年。

世界环境与发展委员会：《我们共同的未来》，王之佳等译，长春：吉林人民出版社，1997年。

［英］苏珊·斯特兰奇：《国家与市场》，杨光宇等译，上海：上海人民出版

社,2012年。

[英]瓦西利斯·夫斯卡斯、[英]比伦特·格卡伊:《新美帝国主义:布什的反恐战争和以血换石油》,薛颖译,北京:世界知识出版社,2006年。

[美]约翰·阿奎拉、[美]戴维·伦菲尔德等:《决战信息时代》,宋正华等译,长春:吉林人民出版社,2001年。

[美]约翰·纽豪斯:《核时代的战争与和平》,军事科学院外国军事研究部译,北京:军事科学出版社,1989年。

(三) 中文论文

柏席峰:《信息空间的真实火力——网络赋能弹药的发展现状与趋势》,载《国防科普》,2011年第2期。

查道炯:《中国的能源安全:国际政治经济学的视角》,载《教学与研究》,2004年第8期。

陈力:《南极治理机制的挑战与变革》,载《国际观察》,2014年第2期。

陈力、屠景芳:《南极国际治理:从南极协商国会议迈向永久性国际组织?》,载《复旦学报(社会科学版)》,2013年第3期。

陈玉刚:《国际秩序与国际秩序观(代序)》,载《复旦国际关系评论》,2014年第1期。

陈玉刚:《试析南极地缘政治的再安全化》,载《国际观察》,2013年第3期。

陈玉刚、陶平国、秦倩:《北极理事会与北极国际合作研究》,载《国际观察》,2011年第4期。

陈玉刚、王婉潞:《试析中国的南极利益与权益》,载《吉林大学社会科学学报》,2016年第4期。

陈玉刚、周超、秦倩:《批判地缘政治学与南极地缘政治的发展》,载《世界经济与政治》,2012年第10期。

程道华等:《太空军事化、武器化及其治理》,载《国际关系研究》,2014年第6期。

程群:《太空安全的"公地悲剧"及其对策》,载《社会科学》,2009年第4期。

邓贝西:《"全球公域"视角下的极地安全问题与中国的应对》,载《江南社会学院学报》,2018年第3期。

邓贝西、张侠:《试析北极安全态势发展与安全机制构建》,载《太平洋学报》,2016年第12期。

董亮、张海滨:《IPCC如何影响国际气候谈判——一种基于认知共同体理论的分析》,载《世界政治》,2014年第8期。

高宁、王超海:《国际原子能机构在建构世界核秩序中的角色定位》,载《求索》,2008年第3期。

管清友、何帆:《中国的能源安全与国际能源合作》,载《世界经济与政治》,2007年第11期。

郭培清、卢瑶:《北极治理模式的国际探讨及北极治理实践的新发展》,载《国际观察》,2015年第5期。

郭培清、孙凯:《北极理事会的"努克标准"和中国的北极参与之路》,载《世界经济与政治》,2013年第12期。

郭培清、杨楠:《论中美俄在北极的复杂关系》,载《东北亚论坛》,2020年第1期。

何奇松:《太空安全治理的现状、问题与出路》,载《国际展望》,2014年第6期。

何奇松、南琳:《太空安全的困境及其出路》,载《北京航空航天大学学报(社会科学版)》,2012年第1期。

何兴强:《中国与G20框架下的全球能源治理》,载《国际石油经济》,2016

年第 9 期。

贺文萍:《伊拉克战争对非洲的影响》,载《西亚北非》,2003 年第 3 期。

胡高辰:《从国际核态势视角看国际核秩序》,载《国际政治科学》,2018 年第 1 期。

黄新焕、叶琪:《全球环境治理体系的构建与战略选择》,载《经济研究参考》,2016 年第 16 期。

黄志澄:《太空武器化与太空威慑》,载《国际技术经济研究》,2006 年第 1 期。

兰迪、刘思彤:《当代国际恐怖主义的重大发展变化及其应对策略——以"基地"组织为中心》,载《山西警察学院学报》,2019 年第 2 期。

李彬、肖铁峰:《重审核武器的作用》,载《外交评论》,2010 年第 3 期。

李昕:《G7/G8 参与全球能源治理:功能演变和制度缺陷》,载《国际展望》,2011 年第 1 期。

李昕蕾:《跨国城市网络在全球气候治理中的行动逻辑:基于国际公共产品供给"自主治理"的视角》,载《国际政治经济》,2015 年第 5 期。

蔺雪春:《变迁中的国际环境机制:以联合国环境议程为线索》,载《国际论坛》,2007 年第 3 期。

刘冬、徐梦佳:《全球环境治理新动态与我国应对策略》,载《环境保护》,2017 年第 6 期。

刘志勇:《美国跨境反恐评述与启示》,载《中国人民公安大学学报(社会科学版)》,2019 年第 4 期。

苗鲜举:《俄罗斯信息空间建设的思路与做法》,载《俄罗斯东欧中亚研究》,2017 年第 5 期。

潘敏:《论南极矿物资源制度面临的挑战》,载《现代国际关系》,2011 年第 6 期。

皮勇:《网络恐怖活动犯罪及其整体法律对策》,载《环球法律评论》,2013年第1期。

秦倩、陈玉刚:《后冷战时期北极国际合作》,载《国际问题研究》,2011年第4期。

石晨霞:《联合国在全球气候变化治理中面临的困境及其应对》,载《国际展望》,2014年第3期。

孙凯:《机制变迁、多层治理与北极治理的未来》,载《外交评论》,2017年第3期。

孙凯、武珺欢:《北极治理新态势与中国的深度参与战略》,载《国际展望》,2015年第6期。

孙凯、张佳佳:《北极"开发时代"的企业参与及对中国的启示》,载《中国海洋大学学报(社会科学版)》,2017年第2期。

唐国强:《北极问题与中国的政策》,载《国际问题研究》,2013年第1期。

王栋、尹承志:《自由国际主义的兴衰与美国大战略》,载《外交评论》,2015年第1期。

王海凡:《国际核秩序与朝鲜核问题》,延边大学博士论文,2015年。

王辉:《国际核秩序及其面临的挑战》,载《现代国际关系》,2018年第6期。

王逸群:《联合国对当代中东恐怖主义的治理研究》,西北大学硕士学位论文,2019年。

王源、张博:《赛博武器的现状与发展》,载《中国电子科学研究院学报》,2011年第3期。

王政达:《美国对国际核秩序的侵蚀与弱化》,载《国际安全研究》,2018年第2期。

吴莼思:《核安全峰会、全球核秩序建设与中国角色》,载《国际安全研究》,

2015 年第 2 期。

吴日强:《正义战争、核禁忌与无核武器世界》,载《世界经济与政治》,2009 年第 10 期。

肖洋:《北极科学合作:制度歧视与垄断生成》,载《国际论坛》,2019 年第 1 期。

肖洋:《北极理事会"域内自理化"与中国参与北极事务路径探析》,载《现代国际关系》,2014 年第 1 期。

徐能武等:《太空威慑:美国战略威慑体系调整与全球战略稳定性》,载《外交评论》,2014 年第 5 期。

徐庆超:《北极安全战略环境及中国的政策选择》,载《亚太安全与海洋研究》,2021 年第 1 期。

徐庆超:《北极全球治理与中国外交:相关研究综述》,载《国外社会科学》,2017 年第 5 期。

徐庆超:《"未定之域":中国北极问题研究十年述评》,载《中国海洋大学学报(社会科学版)》,2017 年第 5 期。

杨海霞、张侠:《经略北极,尽早行动——专访中国极地研究中心极地战略研究室主任张侠》,载《中国投资》,2018 年第 7 期。

杨剑:《域外因素的嵌入与北极治理机制》,载《社会科学》,2014 年第 1 期。

叶琪:《全球环境治理体系:发展演变、困境及未来走向》,载《生态经济》,2016 年第 9 期。

于宏源:《城市在全球气候治理中的作用》,载《国际观察》,2017 年第 1 期。

余建华、戴铁尘:《"9·11"前国际反恐合作的历史演进析论》,载《历史教学问题》,2011 年第 2 期。

曾向红：《恐怖主义的全球治理机制及其评估》，载《中国社会科学》，2017年第12期。

张家栋：《现代恐怖主义的四次浪潮》，载《国际观察》，2007年第6期。

张洁清：《国际环境治理发展趋势及我国应对策略》，载《环境保护》，2016年第21期。

张佩芷：《知识建构、议题设置和框架效应：北极理事会与北极航运环境污染问题的治理》，《四川大学学报（哲学社会科学版）》，2020年第1期。

张曙光：《威慑理论：美国国际战略学的一个重要领域》，载《美国研究》，1990年第2期。

张新宝、许可：《网络空间主权的治理模式及其制度构建》，载《中国社会科学》，2016年第8期。

章节根：《全球核权力体系与印度的战略选择》，载《南亚研究》，2009年第2期。

赵通：《中国与国际核秩序的演化》，载《国际政治科学》，2016年第1期。

赵永琛：《国际反恐怖主义法的若干问题》，载《中国人民大学学报》，2020年第3期。

赵永环：《国际反恐怖主义法的若干问题》，载《中国人民公安大学学报》，2002年第3期。

周宏仁：《网络空间崛起与战略稳定》，载《国际展望》，2019年第3期。

周秋君：《全球化背景下欧盟反恐政策的发展及其启示》，载《情报杂志》，2020年第1期。

庄贵阳、薄凡、张靖：《中国在全球气候治理中的角色定位与战略选择》，载《世界经济与政治》，2018年第4期。

邹磊磊、黄硕琳、付玉：《南北极渔业管理机制的对此研究》，载《水产学报》，2014年第9期。

邹磊磊、张侠、邓贝西:《北极公海渔业管理制度初探》,载《中国海洋大学学报(社会科学版)》,2015年第5期。

(四) 其他文献

《2002年1月29日布什总统向国会发表的国情咨文》,http://usinfo.org/USIA/usinfo.state.gov/regional/ea/mgck/archive02/0130bush.htm。

反恐办公室:"反恐中心:方案和项目",https://www.un.org/counterterrorism/zh/cct/programme-projects。

反恐办公室:"反恐中心的目标",https://www.un.org/counterterrorism/zh/cct/vision。

反恐办公室:"联合国反恐战略",https://www.un.org/counterterrorism/zh/un-global-counter-terrorism-strategy。

反恐办公室:"全球反恐协调契约:协调与连贯",https://www.un.org/counterterrorism/zh/global-ct-compact。

反恐办公室:"全球反恐协调契约协调委员会和工作组",https://www.un.org/counterterrorism/zh/global-ct-compact/coordination-committee-working-groups。

反恐办公室:"一个打击恐怖主义的国际中心",https://www.un.org/counterterrorism/zh/cct/background。

反恐办公室:"资源:国际法律文书",https://www.un.org/counterterrorism/zh/international-legal-instruments。

反恐怖主义委员会:"反恐怖主义委员会执行局(反恐执行局)",https://www.un.org/chinese/aboutun/prinorgs/sc/committees/1373/mandate.html。

联合国:"大会的职能和权力",https://www.un.org/zh/ga/about/background.shtml。

联合国安全理事会:"职能与权力",https://www.un.org/securitycouncil/zh/content/functions-powers。

联合国反恐怖主义办公室:"办公室组织结构",https://www. un. org/counterterrorism/zh/office-structure。

《联合国呼吁全球打击反恐怖主义》,https://www. un. org/chinese/aboutun/prinorgs/sc/committees/1373/Almaty. htm。

联合国维也纳办事处:"条约事务司",https://www. unov. org/unov/zh/div_treatyaffairs. html。

《美媒:德军极右翼事件数量猛增 去年增至477起》,新华网,2021年2月24日,https://baijiahao. baidu. com/s? id=1692554708137823636&wfr=spider&for=pc。

《"全球反恐论坛"打击网络恐怖主义研讨会在京举行》,2014年11月18日,https://www. fmprc. gov. cn/web/wjb_673085/zzjg_673183/swaqsws_674705/xgxw_674707/t1212284. shtml。

王战涛:《马克龙:为美国援助萨赫勒五国反恐感到欣慰》,环球网,2017年11月2日,https://world. huanqiu. com/article/9CaKrnK5CNR。

徐晓蕾:《中国代表呼吁继续支持萨赫勒五国集团联合部队》,新华网,2018年11月16日,http://www. xinhuanet. com/mil/2018-11/16/c_129996146. htm。

《右翼极端主义:全球恐怖主义新浪潮》,2020年11月05日,https://cn. weforum. org/agenda/2020/11/you-yi-ji-duan-zhu-yi-quan-qiu-kong-bu-zhu-yi-xin-lang-chao/。

岳晓勇主编:《当前全球形势演变与前瞻》,2021年1月,http://nads. ruc. edu. cn/docs/2021-02/a6193c5721954c8fb66073eb29 d7ed8e. pdf。

二、英文文献

(一) 英文著作

Alberts, D. S. et al. *Network Centric Warfare: Developing and Leveraging Information Superiority*, CCRP Publication Series, 2000.

Baylis, John et al. *Contemporary Strategy*, Vol. I, Holmes & Meier Publishers, Inc., 1987.

Beck, P. J. *The International Politics of Antarctica*, Croom Helm, 1986.

Biermann, F. et al. *Global Climate Governance beyond 2012: Architecture, Agency and Adaptation*, Cambridge University Press, 2010.

Biermann, F. & Pattberg, P. *Global Environmental Governance Reconsidered*, The MIT Press, 2012.

Bradshaw, M. J. *Global Energy Dilemmas: Energy Security, Globalization, and Climate Change*, Polity Press, 2014.

Chang, G. *Nuclear Showdown: North Korea Takes On the World*, Random House, 2006.

Clapp, Jennifer & Dauvergne, Peter. *Paths to a Green World: the Political Economy of the Global Environment*, The MIT Press, 2005.

Cooper, A. F. et al. *Governing Global Health: Challenge, Response, Innovation*, Ashgate Publishing, 2007.

Deni, J. R. *New Realities: Energy Security in the 2010s and Implications for the US Military*, US Army War College Press, 2015.

Dunn, K. A. & Staudenmaier, W. O. *Alternative Military Strategies for the Future*, Westview Press, 1985.

Floyd, Rita & Matthew, R. A. *Environmental Security: Approaches and Issues*, Taylor & Francis, 2013.

Freedman, Lawrence. *The Evolution of Nuclear Strategy*, St. Martin's Press.

Fukuyama, Francis. *The End of History and the Last Man*, Free Press, 1992.

Gardner, Garyt. *Nuclear Non-Proliferation*, Lynne Rienner Publishers, 1994.

Graaf, T. Van de, eds. *The Palgrave Handbook of the International Political Economy of Energy*, Palgrave Macmillan, 2016.

Hart, Liddell. *The Revolution in Warfare*, Praeger, 1980.

Held, D. & McGrew, A. G. *Governing Globalization: Power, Authority and Global Governance*, Polity Press, 2002.

Horsburgh, Nicola. *China and Global Nuclear Order: From Estrangement to Active Engagement*, Oxford University Press, 2015.

Jean E Rosenfeld. , ed. *Terrorism, Identity, and Legitimacy: The Four Waves Theory and Political Violence*, Routledge, 2010.

Koenig-Archibugi, M. & Zürn, M. *New Modes of Governance in the Global System*, Palgrave Macmillan, 2005.

McMahon, K. Scott. *Pursuit of the Shield: The US Quest for Limited Ballistic Missile Defense*, University Press of America, Inc. , 1997.

Michael Barnett and Raymond Duball, eds. *Power in Global Governance*, Cambridge University Press, 2005.

Moltz, J. C. *The Politics of Space Security: Strategic Restraint and the Pursuit of National Interest*, Stanford University Press, 2010.

Moran, D. & Russell, J. A. *Energy Security and Global Politics: The Militarization of Resource Management*, Routledge, 2009.

Paret, Peter, ed. *Makers of Modern Strategy: From Machiavelli to the Nuclear Age*, Princeton University Press, 1986.

Rid, Thomas & Hecker, Marc. *War 2.0: Irregular War in the Information Age*, Praeger Security International, 2009.

Rosenau, J. N. & Czempiel, E. O. *Governance without Government: Order and Change in World Politics*, Cambridge University Press, 1992.

Scarse, I. & MacKerron, G., eds. *Energy for the Future: A New Agenda*, Palgrave Macmillan, 2009.

Scholte, J. A. *Globalization: A Critical Introduction*, Palgrave Macmillan, 2005.

Shaffer, Brenda. *Energy Politics*, University of Pennsylvania Press, 2009.

Simpson, John. *Nuclear Non-Proliferation: An Agenda for the 1990s*, Cambridge University Press, 1987.

Speth, J. G. & Haas, P. M. *Global Environmental Governance*, Island Press, 2006.

Stimson, Henry & Bundy, McGeorge. *On Active Service in Peace and War*, Harper and Bros., 1947.

Strange, S. *The Retreat of the State: The Diffusion of Power in the World Economy*, Cambridge University Press, 1996.

Stulberg, A. N. *Well-Oiled Diplomacy: Strategic Manipulation and Russia's Energy Statecraft in Eurasia*, State University of New York Press, 2008.

Trachtenberg, Marc. *The Development of American Strategic Thought: Writings on Strategy, 1945—1951*, Garland Pub., 1987.

Vogel, David. *Trading up: Consumer and Environmental Regulation in a Global Economy*, Harvard University Press, 1995.

Walker, William. *A Perpetual Menace: Nuclear Weapons and International Order*, Routledge, 2011.

Yost, D. S. *Analyzing International Nuclear Order*, Social Science Electronic Publishing, 2007.

Zaloga, S. J. *The Kremlin's Nuclear Sword: The Rise and Fall of Russia's Strategic Nuclear Forces, 1945—2000*. Smithsonian Institution Press, 2002.

(二) 英文论文

Albert J. Wohlstetter. "The Delicate Balance of Terror," *Foreign Affairs*, Vol. 37, No. 2, 1959.

Andrew, Butfoy. "Perpetuating US Nuclear 'First-Use' into the Indefinite Future: Reckless Inertia or Pillar of World Order?" *Contemporary Security Policy*, July 31, 2002.

Andrews-Speed, Philip et al. "The Strategic Implications of China's Energy Needs," *Adelphi Papers*, Vol. 42, No. 346, 2002.

BeRmejo, Romualdo. "The Antarctic System: Crisis or Success of Multilateralism?" *Comparative & International Law Journal of Southern Africa*, Vol. 22, No. 1, 1989.

Boczek, B. A. "The Soviet Union and the Antarctic Regime," *The American Journal of International Law*, Vol. 78, No. 4, 1984.

Brad, Roberts. "'All the King's Men'? Refashioning Global Nuclear

Order," *International Affairs*, May 2007.

Cherp, Aleh et al. "Governing Global Energy: Systems, Transitions, Complexity,"*Global Policy*, Vol. 2, No. 1, 2011.

Chester, L. "Conceptualising Energy Security and Making Explicit its Polysemic Nature," *Energy policy*, Vol. 38, No. 2, 2010.

Choi, Jong. "Security Implications of a Nuclear North Korea: Crisis Stability and Imperatives for Engagement," *Korea Observer*, Winter, 2016.

Colin Kahl and Hal Brands. "Trump's Grand Strategic Train Wreck," *Foreign Policy*, Vol. 31, 2017.

Collis, Christy. "Critical Legal Geographies of Possession: Antarctica and the International Geophysical Year 1957—1958,"*Geo Journal*, Vol. 75, No. 4, 2010.

David C. Rapoport, "The Fourth Wave: September 11 in the History of Terrorism," *Curent History*, Vol 100, No 650, 2001.

David C. Rapoport, "It Is Waves, Not Strains, Terrorism and Political Violence," Vol 28, No. 2, 2016.

Dulles, John. "A Policy of Boldness,"*Life*, Vol. 32, May 1952.

Duta, A. Emilia. "Nuclear Business, Safety and Nuclear Security Summit," Annals of the Constantin Brancusi University of Targu Jiu-Letters & Social Sciences Series, 2014, Issue 4.

Fidler, D. "Architecture amidst Anarchy: Global Health's Quest for Governance,"*Global Health*, Vol. 1 No. 1, 2007.

Gabel, Josiane. "The Role of U.S. Nuclear Weapons after September 11,"*The Washington Quarterly*, Winter, 2004/2005.

Ganaie, Muzaffar Ahmad. "The Iran Nuclear Deal: Is It Hurting

Global Nuclear Order?"*Journal of International Relations*, Apr; 1, 2018.

Garber, Lee. "Denial-of-Service Attacks Rip the Internet," *IEEE Computer Magazine*, April, 2000.

Goldthau, A. & Witte, J. M. "Back to the Future or Forward to the Past? Strengthening Markets and Rules for Effective Global Energy Governance,"*International Affairs*, Vol. 85, No. 2, 2009.

Graaf, Thijs Van de & Colgan, Jeff. "Global Energy Governance: a Review and Research Agenda," *Palgrave Communications*, Vol. 2, No. 15047, 2016.

Graham, Allison. "Nuclear Disorder: Surveying Atomic Threats," *Foreign Affairs*, January-February, 2010.

Hanevold, Truls. "The Antarctic Treaty Consultative Meetings: Form and Procedure,"*Cooperation and Conflict*, Vol. 6, No. 1, 1971.

Hardin, Garret. "The Tragedy of the Commons,"*Science*, Vol. 162, 1968.

Cherp, Aleh et al. "Governing Global Energy: Systems, Transitions, Complexity,"*Global Policy*, Vol. 2, No. 1, 2011.

Hart Jr., T. A. "A Review of WARC-79 and Its Implications for the Development of Satellite Communications Services," *Lawyer of the Americas*,Vol. 12,No. 2,1980.

Hendrickson, David C. "Toward Universal Empire: The Dangerous Quest for Absolute Security,"*World Policy Journal*, Vol. 19, No. 3, 2002.

Hughes, L. & Lipscy, P. Y. "The Politics of Energy,"*Annual Review of Political Science*, Vol. 16, No. 1, 2013.

Iklé, F. C. "The Second Coming of the Nuclear Age," *Foreign Affairs*, January/February, 1996.

Jakobson, Linda. "China Prepares for an Ice-Free Arctic," *SIPRI Insights on Peace and Security*, No. 2010/2, March 2010.

Jervis, Robert. "The Political Effectives of Nuclear Weapons: A Comment,"*International Security*, Vol. 13, No. 2, 1988.

Johnson, D. R. & Post, D. "Law and Borders-the rise of law in Cyberspace,"*Stanford Law Review*, Vol. 48, 1996.

Karlsson-Vinkhuyzen, S. I. et al. "Global Governance for Sustainable Energy: The Contribution of a Global Public Goods Approach," *Ecological Economics*, Vol. 83, No. 7, 2012.

Kilgour, D. Marc & Zagare, Frank C. "Credibility, Uncertainty, and Deterrence,"*American Journal of Political Science*, Vol. 35, No. 2, 1991.

Kissinger, Henry. "Military Policy and Defense of the 'Grey Area'," *Foreign Affairs*, Vol. 33, No. 2, 1955.

Mitchell, Barbara. "Resources in Antarctica: Potential for Conflict," *Marine Policy*, Vol. 1, No. 2, 1977.

Mitchell, Barbara & Kimball, Lee. "Conflict over the Cold Continent," *Foreign Policy*, No. 35, 1979.

Nitzan, J. & Bichler, S. "Bringing Capital Accumulation back in: The Weapondollar-Petrodollar Coalition-Military Contractors, Oil Companies and Middle East Energy Conflicts,"*Review of International Political Economy*, Vol. 2, No. 3, 1995.

Orlov, Vladimir A. "The Great Guessing Game: Russia and the Iranian Nuclear Issue,"*Washington Quarterly*. Spring, Vol. 28, Issue 2, 2005.

Pant, Harsh V. "The US-India Nuclear Deal: the Beginning of a Beautiful Relationship?" *Cambridge Review of International Affairs*, September, 2007.

Rajagopalan, Rajesh. "China's Proper Role in the Global Nuclear Order: An Indian Response," *Bulletin of the Atomic Scientists*, March, 2017.

Rajapakse, Indika. "On Emerging Nuclear Order," *The Journal of Cell Biology*, Mar. 7, 2011.

Rakhra, Kanica. "The Nuclear Order Challengers: India and Iran," *IndraStra Global*, January 23, 2016.

Rhodes, R. A. W. "The New Governance: Governing without Government," *Political Studies*, Vol. 44, No. 4, 1996.

Schmitt, M. N. "The International Court of Justice and the Use of Nuclear Weapons," *Naval War College Review*, Vol. 52, No. 2, 1998.

Sovacool, B. K. "What are We Doing Here? Analyzing Fifteen Years of Energy Scholarship and Proposing a Social Science Research Agenda," *Energy Research & Social Science*, No. 1, 2014.

Stern, P. C. "Blind Spots in Policy Analysis: What Economics doesn't Say about Energy Use," *Journal of Policy Analysis and Management*, Vol. 5, No. 2, 1986.

Toma, P. A. "Soviet Attitude towards the Acquisition of Territorial Sovereignty in the Antarctic", *American Journal of International Law*, Vol. 50, 1956.

Torabi, Ghasem. "China and Global Nuclear Order. From Estrangement to Active Engagement," *Europe-Asia Studies*, Volume 68, Issue 3, 2016.

Vericat, Jose. "Is the Google World a Better Place," *Journal of International Affairs*, Vol. 24, No. 1.

Walker, William. "International Nuclear Order: A Rejoinder,"*International Affairs*, July, 2007.

Walker, William. "Nuclear Order and Disorder," *International Affairs*, October, 2000.

Weitz, Richard. "Will Russia Make Nuclear Security Next Victim of Ukraine Crisis?"*World Politics Review* (Selective Content), November, 2014.

Wu, T. S. "Cyberspace Sovereignty? ——The Internet and the International System,"*Harvard Journal of Law & Technology*, Vol. 10, No. 3, 1997.

Young, O. R. "Governing the Antipodes: International Cooperation in Antarctica and the Arctic,"*Polar Record*, Vol. 52, No. 263, 2015.

Young, O. R. "Governing the Arctic: From Cold War Theater to Mosaic of Cooperation,"*Global Governance*, Vol. 11, No. 1, 2005.

(三) 其他文献

"About the The African Centre for the Study and Research on Terrorism (ACSRT)," https://www.peaceau.org/en/page/2-3591-static-about-african-centre-for-study-and-research-on-terrorism-ACSRT.

"African Centre for the Study and Research on Terrorism-ACSRT/CAERT," https://caert.org.dz/3389-2/.

African Union. "Statute of the African Space Agency," January 29, 2018, https://au.int/en/treaties/statute-african-space-agency.

"Ambassador Kennedy's Statement on Stability in Space," July 31,

2012, http://geneva.usmission.gov/2012/08/01/ambassador-kennedys-statement-on-stability-in-space/.

Council of Europe Committee on Counter-Terrorism (CDCT)," https://www.coe.int/en/web/counter-terrorism/cdct.

"Council of Europe Convention on the Prevention of Terrorism," https://www.coe.int/en/web/conventions/full-list/-/conventions/treaty/196.

"Counterterrorism Spending: Protecting America while Promoting Efficiencies and Accountability," The Stimson Center, May 2018.

"Defeat-ISIS Coalition Reflects on 2017, Looks Forward to 2018," January. 1, 2018, https://www.defense.gov/News/article/article/1406615/defeat-isis-colition-reflects-on-2017-looks-forward-to-2018/.

"Directive 2012/29/EU of the European Parliament and of the Council of 25 October 2012 Establishing Minimum Standards on the Rights, Support and Protection of Victims of Crime, and Replacing Council Framework Decision 2001/220/JHA," http://eur-lex.europa.eu/LexUriServ/LexUriServ.do?uri=OJ:L:2012:315:0057:0073:EN:PDF.

"Directive 2014/41/EU Regarding the European Investigation Order in Criminal Matters," http://eur-lex.europa.eu/legal-content/EN/TXT/PDF/?uri=CELEX:32014L0041&qid=1483876303613&from=EN.

"Directive 2014/42/EU on the Freezing and Confiscation of Instrumentalities and Proceeds of Crime," http://eur-lex.europa.eu/legal-content/EN/TXT/PDF/?uri=CELEX:32014L0042&qid=14844100868 28&from=EN.

"Directive (EU) 2016/681 of the European Parliament and of the Council on the Use of Passenger Name Record (PNR) Data for the Prevention, Detection, Investigation and Prosecution of Terrorist Offences and Serious Crime, Brussels, 27 April 2016", http://eur-lex.europa.eu/legal-content/EN/TXT/PDF/? uri=CELEX:32016L0681&qid=1479117578853&from=EN.

ESA. "Space Debris Mitigation Policy for Agency Projects," https://www.unoosa.org/documents/pdf/spacelaw/sd/ESA.pdf.

"European Code of Conduct for Space Debris Mitigation," https://www.unoosa.org/documents/pdf/spacelaw/sd/European_code_of_conduct_for_space_debris_mitigation.pdf.

European Commission, "Counter terrorism and radicalisation," https://ec.europa.eu/home-affairs/what-we-do/policies/counter-terrorism_en.

"European Counter Terrorism Centre-Ectc," https://www.europol.europa.eu/about-europol/european-counter-terrorism-centre-ectc.

"FD 2002/465/JHA on Joint Investigation Teams," http://eur-lex.europa.eu/legal-content/EN/TXT/PDF/? uri=CELEX:32002F0465&qid=1483877229356&from=EN.

"FD 2003/577/JHA on Mutual Recognition of Freezing Orders," http://eur-lex.europa.eu/legal-content/EN/TXT/? qid=1484554469732&uri=CELEX:32003F0577.

"FD 2005/212/JHA on the Confiscation of Crime-Related," http://eur-lex.europa.eu/legal-content/EN/TXT/? qid=1484555342524&uri=CELEX:32005F0212.

"FD 2006/783/JHA on Mutual Recognition of Confiscation Orders," http://eur-lex.europa.eu/legal-content/EN/TXT/? qid=1484555258924&uri=CELEX:32006F0783.

"FD 2009/948/JHA of 30 November 2009 on Prevention and Settlement of Conflicts of Exercise of Jurisdiction in Criminal Proceedings," http://eur-lex. europa. eu/legal-content/EN/TXT/? uri=celex%3A32009F0948.

"FD/2002/584/JHA of 13 June 2002 on the European Arrest Warrant and the Surrender Procedures Between Member States Amended by FD 2009/299/JHA of 26 February 2009," http://eur-lex. europa. eu/resource. html? uri=cellar: 3b151647-772d-48b0-ad8c-0e4c78804c2e. 0004. 02/DOC_1&format=PDF.

Glasstone, Samuel & Dolan, P. J. *The Effects of Nuclear Weapons*, The United States Department of Defense and The United States Department of Energy, 1977.

Graeme Wood, "What ISIS Really Wants," *The Atlantic*, February 24, 2015, https://www. theatlantic. com/international/archive/2015/02/what-isis-really-wants-reader-response-atlantic/385710.

IADC. "IADC Space Debris Mitigation Guidelines," September 2007, https://www. unoosa. org/documents/pdf/spacelaw/sd/IADC-2002 – 01 – IADC-Space_Debris-Guidelines-Revision1. pdf.

IEA. *World Energy Outlook* 2009, Paris: OECD.

ITU. "ITU Recommendation ITU-R S. 1003. 2," https://www. unoosa. org/documents/pdf/spacelaw/sd/ITU-recommendation. pdf.

Johnson, Christopher. "The UN Group of Governmental Experts on Space TCBMs," https://swfound. org/media/109311/swf_gge_on_space_tcbms_fact_sheet_april_2014. pdf.

Kazeem, Yomi. "A New Space Agency Signals Africa's Focus on Harnessing Geospatial Data", February 15, 2019, https://qz. com/africa/1550551/egypt-to-host-african-space-agency/.

OAS, "Inter-American Committee Against Terrorism (CICTE)," 17 February 2005, http://www.oas.org/en/sms/cicte/Documents/Rules/doc_4_05_rev_1_eng.pdf.

OAS, "Documents," http://www.oas.org/en/information_center/default.asp.

European Commission, "Counter Terrorism and Radicalisation," https://ec.europa.eu/home-affairs/what-we-do/policies/counter-terrorism_en.

"OAU Convention on the Prevention and Combating of Terrorism," https://au.int/en/treaties/oau-convention-prevention-and-combating-terrorism.

Office of the Law Revision Counsel, *United State Code*, http://uscode.house.gov/.

Perkovich, George. "Toward Realistic U.S.–India Relations," Carnegie Endowment for International Peace, 2010.

Sethi, Manpreet. *India and the Nuclear Order: Concerns and Opportunities*, Carnegie Endowment for International Peace-Reports, June 6, 2016.

"Space Debris Mitigation Standards-United States of America," https://www.unoosa.org/documents/pdf/spacelaw/sd/United_States_of_America.pdf.

The White House, "President Delivers State of the Union Address," January 29, 2002.

https://georgewbush-whitehouse.archives.gov/news/releases/2002/01/20020129-11.html.

The White House, "Security Strategy of the United State of America,"

June 1, 2002, http://www.dni.gov/index.php/feature/2621.

The White House, National Strategy for Combating Terrorism(2006).

The White House, "A New Strategy for Afghanistan and Pakistan," March 27, 2009, https://obamawhitehouse.archives.gov/the-press-office/remarks-president-a-new-strategy-afghanistan-and-pakistan.

The White House, *National Strategy for Counterterrorism* (2018).

The White House, National Strategy for Counterterrorism of the United States of America, Oct. 1, 2018, http://www.dni.gov/index.php/feature/2621.

"Trump to Announce New Strategy and Probably More Troops for Afghanistan," Aug. 20, 2017, https://www.latimes.com/world/afghanistan-pakistan/la-fg-trump-afghanistan-20170820-story.html.

"Trump Executive Memorandum on Plan to Defeat Islamic State," January 28, 2017, https://www.voanews.com/archive/trump-executive-memorandum-plan-defeat-islamic-state.

UN Environment. "Global Environment Outlook 6, 2019," https://www.unenvironment.org/resources/global-environment-outlook-6.

United Nations Security Council, "Subsidiary Organs of the United Nations Security Council," 8 January 2021, https://www.un.org/securitycouncil/sites/www.un.org.securitycouncil/files/subsidiary_organs_factsheets.pdf.

"US Aid form the American People," https://explorer.usaid.gov/aid-trends.html.

U.S. Department of Defense, *The Nuclear Posture Review*, Washington, DC, February 2, 2018.

"2000 European Union Convention on Mutual Legal Assistance and its Protocol of 2001," https://www.ejn-crimjust.europa.eu/ejn/libcategories.aspx? Id=32.

索 引

A

爱因斯坦计划 85,86

暗网 5,334

B

暴恐集群化 327

北极地缘政治格局 220-222

北极多层治理架构 212

北极国际治理 208-210,214

北极条约 6,197,212,213

北极战略 222,223

冰上丝绸之路 228

《不扩散核武器条约》 12-14,22,24-30,51

C

次国家行为体 260,271,272

D

淡水环境治理 249,250

多层次治理 154,168,176,286

F

《反导条约》 4,11,38,41-46,50,144,146,150

《反核恐怖主义全球倡议》 62

反击控制理论 41

反恐国际治理 322,323,335,336,344,347-349,354,359,362

反恐话语权 357

反恐机制 322,371

反恐委员会 333,347,350,360,365,372-374

反恐治理 8,323,335-337,339-347,349-355,357-361,366,367,371-379,381,382,384

反恐中心 348,362-365,382

防核扩散 25,50,51,61-64

G

高边疆 5,8,71,125

共同能源利益　318

关键互联网资源　95

国际安全　1,2,4,5,8,18-20,23,49,61,
　　119,126,127,148,151,180,191,194,
　　292,307,314,315,323,357

国际反恐合作　322,336,338,341,348,
　　352,359,364,367,382

国际核治理　24,25,38,50,55,59

国际核秩序　4,10-15,18,19,23-26,
　　38,43,59-67

国际恐怖主义　7,8,90,112,113,322-
　　325,327,328,330,331,335,336,338-
　　340,343,350,353,355,381,382

国际能源机构　311,319

国际能源市场　291

国际能源秩序　287

国际政治经济学　291-297,317,319

国家安全　1-3,11,20,24,25,30,31,34,
　　43,44,49,52,53,55,61,67,81,83-
　　87,92,94,107,108,118,185,199,
　　223,292,296,305,306,317,333,342-
　　344,355,356

国家南极考察委员会办公室　227

H

海洋环境治理　251-253

和合主义　64

核安全峰会　62

核恐怖主义　8,11,21-23,54,62,67,
　　307,308,365,367,371

核领域治理　14

核武器　4,5,8,10-19,21-32,34-41,
　　44,50-58,60-63,65,66,143,144,
　　149,150,153,159,186,347,348,361,
　　368

J

极地治理　196,223,224,228,229

极地秩序　228

K

卡门线　125,126

科学共识　254,275,276

可持续发展　147,148,164,177,211,214,
　　215,228,232,233,236-242,247,
　　248,250,252,254,259-261,271,
　　273,274,282-284,286,287,314

空间轨道资源　130,135

空间频轨资源　126,127,135

空间频谱资源　128

L

"里约＋20"峰会　233,239-241,261,
　　270,284

联合国环境规划署(UNEP) 260

《联合国全球反恐战略》 348,362-365,
 372,382

M

美国优先 147,264,265,345

N

南极国际治理 197

南极条约体系 196,197,199-201,205-
 208,224,229,230

南极战略 230

南极治理格局 206,207

南极秩序 197,206-208

能源安全 8,249,269,287,290-293,295
 -297,302-304,306,307,309-314,
 317,318

能源供需安全 307,308,314,315

能源问题 287-289,291-293,305,306,
 309,310,312

能源治理 217,218,230,287,291,292,
 298-301,304,307-310,312-321

能源转型 299,300,317,319

O

欧洲反恐中心(ECTC) 350,375

P

普遍性安全 4

Q

权势 2

全球反恐论坛(GCTF) 382

全球反恐网络论坛(GIFCT) 382

全球环境治理体系 233-235,237-239,
 241,262,271,274-276,279-281,
 284,285

全球恐怖主义网络 328

R

人类核命运共同体 59-68

人类命运共同体 8,9,59,60,318

认知共同体 276,277

S

伞形国家集团 263

上海精神 341

生物环境主义 305,306

数字经济 79,89,95

T

太空安全 5,126,129,131,133,136,137,
 140,142,148,149,151,152,155,158,

414

159,161－164,166,168,175,176,
180,181,184,186,192,193

太空安全治理机制　149－151

太空多极化　154,155,158,159,166

太空军控治理　174

太空军事化　5,126,141－149,151,155,
159,162,166,174,175,181,185

太空碎片/太空垃圾　126,127,136－141,
147,155,159,162,165,166,168－
173,177,178,181,183－186

太空武器化　141,142,145,148,193

太空战略竞争　143,145,146

土地环境治理　246,247

W

外层空间　5,125－127,129,133－137,
140,141,143,144,149－157,159,163
－165,168,169,175,179,180,182,187
－195

外层空间安全　125,126,157,180,181,
192,194

外层空间国际安全治理　148

外层空间软法　155

外层空间商业化　181,187－190

《外层空间条约》　182－186,189,190

网络安全　72,81－84,86,87,89,93,101－
104,108,110,112,113,119,121,122,

365,371,373,374

网络电磁空间　5,6,8,69,71,72,79,81－
86,88－91,93－95,107,119

网络电磁空间安全博弈　101

网络空间安全博弈　101

网络空间武器　93

网络空间治理　71,100,113

网络空间主权　101,114,122,123

网络恐怖主义　111,330,332,333,349,
350,382,383

网络战　72,82,85,92,94,108－110,124

网络中心战　73－77,79

X

新安全观　8,341

新边疆　5,69

信息战　73,85

选择性安全　4

Y

远边疆　5,8,196

Z

政治化　187,324

《中导条约》　4,38,46－50,58

主权悖论　309

综合反恐　344